AF413269

राम्रो रचना मीठो नेपाली

कृष्णप्रसाद पराजुली

Ramro Rachana Meetho Nepali

by Krishna Prasad Parajuli

A Book on How to Write and Functional Nepali Grammar

ISBN: 9789937948814

Imprint: Mela Books

Edition 2023

राम्रो रचना मीठो नेपाली

(भाषा-व्याकरण)

© शाश्वत

प्रकाशक : मेला बुक्स

ललितपुर, नेपाल

सम्पर्क: 015450972, 9849694773

email: bcrprint@gmail.com

melabooks.com.np

दृष्टि-सन्दर्भ

परिचय

यस पुस्तकको निम्ति म श्री कृष्णप्रसाद पराजुलीको मुक्तकण्ठले प्रशंसा गर्दछु, किनभने यस किसिमका केही आंशिक रूपका पुस्तक हाम्रो भाषामा नभएका होइनन्, तर विकसित र पूर्ण रूपमा यस 'राम्रो रचना मीठो नेपाली' ले ठूलो अभावको पूर्ति गरेको छ । जब-जब नेपाली भाषाको प्रश्न आउँछ, समस्त शिक्षण-संस्थाहरूमा यसको समादर होला भन्ने कुरामा मलाई विश्वास छ । व्यक्तिगत पनि हाम्रा सर्वसाधारण लेखकहरूलाई यो उपयोगी हुनेछ, किनभने हाम्रा पराजुलीज्यूले परिश्रमपूर्वक यसलाई दह्रिलो-भरिलो तथा आफैँ स्वयं योग्य कवि भएकाले रसिलो समेत बनाउनुभएको छ ।

यसको प्रत्येक विषयलाई लिएर परिचय बढाउनुभन्दा यसको सबभन्दा प्रमुख गुणलाई म औँल्याउन चाहन्छु । कवि पराजुलीज्यूले यस ग्रन्थद्वारा नेपाली भाषाशास्त्रमा पाठकहरूको रुचि बसाल्ने तथा नेपाली साहित्यतिर आकर्षित गरी पाठकवर्गको विचारलाई प्रेरित गर्दै लगेर विस्तृत बनाउने सत्प्रयास गर्नुभएको छ । म विश्वस्त भएर उहाँको सफलता देख्न चाहन्छु ।

<table>
<tr><td>०२३ श्रावण १० गते</td><td align="right">बालकृष्ण सम</td></tr>
</table>

पूर्ण कलशमाथि एक थुँगा

राम्रो रचना मीठो नेपाली ! हो, नेपाली भाषाको रचना नै राम्रो छ, यसैले नेपाली भाषा मीठो भाषामा गनिन्छ । यो संस्कृतजस्तो क्लिष्ट 'मिष्ट' पनि हैन, प्राकृतजस्तो ठाडो 'मिड्ठो' पनि होइन— यो त आफैँजस्तो अनौठो मीठो छ । नेपालीको हाड सटक्क सट्कन्छ, नेपालीले केही कुरा लुकाएर सुटुक्क दिन्छ, 'अ' भन्दा 'उ' स्वर कमलो छ भन्ने उसलाई थाहा नभएर पनि थाहा छ । एकातिर हामीले ऋग्वेदको 'सो अङ्क वेद यदि वा नवेद'-को 'सो'-लाई जस्ताको तस्तै राखेका छौँ, अर्कातिर अस्ति भखरै पैँचो लिएको 'बडीगार्ड'-लाई 'बिजुली-गारत'-मा बदलिसक्यौँ । आफ्नी मातामहीसँग सुनेको वारुणयन्त्र चलाउँदा पनि चल्दैन, तर मितिनी दिदीसित सुनेको दमकल वेगले चल्छ । हामी आफ्नो कान र आफ्नो जिउरोलाई मिल्ने शब्द लिन्छौँ । कोही हिन्दीको सुरमा पुस्तक छाप्यौँ भन्छन् तर हामी आफ्नै सुरमा 'पुस्तक छापियो भन्छौँ, 'म भोलि कलकत्ता जाँदै छु' भनेर अङ्ग्रेजी तालमा अखबारमा लाख बाजि छापिए पनि हामी आफ्नै पाराले 'म भोलि कलकत्ता जान लागेको छु' भन्छौँ, संस्कृतको शैलीमा गुरुबाट पढ्दैनौँ र नेपालीकै तालमा 'गुरुसँग पढ्छौँ । व्याकरण र कोशको भरमा सिकेको भाषाले हृदयको भाव भेट्टाउन सक्तैन । जीवित भाषाका आफ्नै अभिप्राय हुन्छन्— कोश र व्याकरण यसैको पछि लाग्छन् । 'शीतलो सरस वृक्ष विहारी'-को 'शीतलो'-को अभिप्रायलाई कोशले बुझाउन सक्तैन । व्याकरण भन्छ— "बहुत्व बुझाउँदा 'हरू' प्रत्यय विकल्पले

लाग्छ, आदरार्थीको बहुत्वमा र आदरार्थीभन्दा फरक बुझाउन बहुत्वका अभिप्रायमा भने 'हरू नित्यै लाग्छ ।" तर आफ्नी दुलहीलाई 'तिमीहरू' भन्दा व्याकरण छक्किन्छ र साहिला मात्र काम लाग्छ । साइतको बेला 'कहाँ जान्छौ ?' भन्न हुन्न, तर 'कति टाढासम्म ?' भन्न सकिन्छ, यहाँ अज्ञातमा जानुले मृत्युतिर सङ्केत गर्छ, तर निर्धारित सीमासम्म जानुले यात्राको उद्देश्यस्थल बुझाउँछ । भात खायौ ?– चौकीमा बस्छ, भान्छा भयो ?– भान्छामा उक्लन्छ, खाना खायौ ?– होटेलको टेबिलमा पुग्छ । अनि भान्छा भयो ? खाएँ'– को शिष्टाचार त्यसै हराउँदै गइरहेछ ।

आज समस्या शुद्ध नेपाली रचनाले मात्र छैन, युगौँदेखि सँगालेको आफ्नोपनलाई कसरी रक्षा गर्ने र त्यसलाई कसरी युगसुहाउँदो बनाउने ?– यसैमा छ । चटक्क, चिटिक्क, चुटुक्कमा क्रमशः कोमलता छ । नेपाली भाषाको आफ्नो स्वभावलाई राम्ररी चिनेर मात्र यसमा नयाँ-नयाँ रचना गर्न सकिन्छ । यही प्रकृतिलाई बुझेर मात्र भानुभक्तले 'सुग्रीव् हो कति साख्, म हूँ कति कुसाख्, हा दैव क्या मन् दियौ' कोमल र 'बाण् बज्रो जब बालिका हृदयमा सर्वाङ्ग बाधा गरी' जस्ता ओजःपूर्ण रचना गर्न सकेका हुन् । 'बा खस्नुभो' यो मीठो हुन सक्छ तर राम्रो होइन । 'पिताजी दिवङ्गत हुनुभो' राम्रो हुन सक्छ, तर मीठो होइन, अब 'बुबा स्वर्गे हुनुभो' यो राम्रो पनि मीठो पनि हो । वाक्य-विश्लेषण र त्यसका अङ्गको वैयाकरण परिचय; वाक्य-संयोजन र योग्यता, आसत्ति, अबाधको वैयाकरण उदाहरण मात्र रचना होइन । यी सब रचनाका सामान्य आधार मात्र हुन्– यिनका मननले रचना राम्रो बन्न सक्छ, तर त्यो मीठै हुन्छ भन्न सकिँदैन । हामीलाई त राम्रो पनि चाहिन्छ र मीठो पनि चाहिन्छ । पराजुलीको 'राम्रो रचना मीठो नेपाली'-ले नामसुहाउँदो काम गर्नेछ भन्ने मलाई पूरा विश्वास छ । यो पुस्तकको शैली काव्यात्मक बन्न गएको छ । विदेशी पानातिर गइरहेको रचनालाई यसले नेपाली शैलीतिर मोडेको छ । रचनाको क्षेत्रलाई व्याकरणका प्रयोगसम्म मात्र सीमित नराखेर छन्द, अलङ्कार र रसजस्ता साहित्यिक विषयको पनि यसमा 'राम्रो' प्रयोग भएको छ । यसले गर्दा रचनामा व्याप्ति आएको छ । पराजुलीजीको सारसङ्ग्रही सत्प्रयासलाई र दिनदिन मौलाउँदै गएको मौलिक प्रतिभालाई म प्रशंसा गर्छु ।

१६ श्रावण, ०२३   माधवप्रसाद घिमिरे

प्रस्तावना

यो पुस्तकका नवयुवक लेखक श्री कृष्णप्रसाद पराजुली यो पुस्तक लेखी सबै भाषाप्रेमी नेपालीहरूको धन्यवादका पात्र हुनुभएको छ । पुस्तकमा नेपाली भाषाको विश्लेषण गरी यसका अध्येताहरूलाई नेपाली भाषामा शुद्ध रचना कसरी प्रस्तुत गर्ने तथा राम्रो नेपाली कसरी लेख्ने, सो सिकाउने सुन्दर प्रयास गरिएको छ । स्कुलका विद्यार्थीदेखि कलेजका विद्यार्थीसमेतलाई यो पुस्तक उपयोगी सिद्ध हुनेछ भन्ने कुरामा मलाई सन्देह छैन । यस्तो पुस्तक यो आकारमा लेखिएको अर्को मैले चाल पाएको छैन र यसलाई म आफ्ना विषयको महत्त्वपूर्ण पुस्तक ठान्छु ।

हाम्रा स्कुल-कलेजहरूमा नेपाली भाषा अचेल एउटा प्रमुख पाठ्यविषय भएको छ तथा यसो हुनु उचित पनि हो । तर यसलाई राम्ररी पढाउने पुस्तकहरूको हाम्रो भाषामा ठूलो अभाव छ । त्यो अभाव यो पुस्तकद्वारा निकै पूर्ति हुन्छ भन्न मलाई कत्ति सङ्कोच लागेको छैन । कुनै भाषा जान्न त्यसलाई यसरी खेलाएर पढ्न पर्छ । शब्द जानेर त्यसको मोटामोटी अर्थ बुझेर मात्र पुग्दैन । नेपाली शब्द संस्कृत वा अरू भाषाबाट अविकृत रूपमा आएको हो कि विकृत भएर आएको हो, यहाँ आएपछि माउ भाषामा त्यसको जो अर्थ थियो उही रह्यो कि त्यसमा पनि केही परिवर्तन आयो इत्यादि कुरा जान्नाले शब्दका अर्थको ज्ञान झन् गम्भीर हुन्छ । त्यति जानेपछि यसका समानार्थक शब्द के हुन्, विरोधार्थक के हुन्, यसका नजिकैको अर्थ भएका शब्द के हुन् इत्यादि कुरा विचार गरेर शब्द पढ्यो भने ज्ञानको गाम्भीर्य बढ्छ, साथै राम्रो-नराम्रो तथा उपयुक्त-अनुपयुक्तको छ्यान पनि बढ्छ । यसरी शब्दको ज्ञान प्राप्त गरी लेख्ने लेखकका रचनामा वास्तविक माधुर्य हुन्छ । त्यसैले पराजुलीजीले यो पुस्तकको नाम 'राम्रो रचना मीठो नेपाली' राख्नुभएको होला । पराजुलीजी कवि हुनुहुन्छ र यो कविताजस्तो नाम मन पराउनुभएको होला । मैले नामकरण गर्न परेको भए म यसको नेपाली रचना शिक्षा वा त्यस्तै केही नाम राख्दो हुँ ।

पुस्तक परिश्रमपूर्वक लेखिएको छ तथा यस्तो मेहनत गरी हाम्रो विद्यार्थी-समुदायलाई नेपाली रचना सिकाउने पुस्तक लेखी पराजुलीजीले ठूलो काम गर्नुभयो भन्ने मलाई लाग्छ । यसका योग्य लेखक ता कविता लेखेको भए खुसी हुनुहुन्थ्यो क्यार ! तर यो पुस्तकले भावी लेखक वा कविका मनमा नेपाली भाषाप्रति प्रेम उत्पन्न गरायो भने उनीहरू ठेलीका ठेली गद्य वा पद्यका पठनीय पुस्तक लेख्ने सामर्थ्य प्राप्त गर्नेछन् भन्ने कुराले चित्त बुझाउनपर्छ । यस्ता पुस्तक प्रथम लेखिँदाखेरि नै पूर्ण हुँदैनन् । तिनी बिस्तार-बिस्तार पूर्णता प्राप्त गर्छन् । यो पुस्तकका अनेक संस्करण होलान्, हजारौँ विद्यार्थी पढ्लान्, सयकडौँ शिक्षक पढाउलान् औ पुस्तकको प्रत्येक नवीन संस्करण केही थपिँदै, केही खारिँदै जाला भन्ने मेरो आशा छ । जसरी यो पुस्तकमा शब्दको विचार गरिएको छ उसैगरी वाक्यको पनि अझ विस्तृत विचार हुनुपर्छ । वाक्यसँगसँगै नेपाली वाक्यका विशेष तथा आफ्ना ढाँचाको निरूपण पनि उदारहणसहित हुनुपर्छ । यो पनि योग्य लेखकद्वारा सम्पन्न गरिनेछ भन्ने मलाई पूर्ण विश्वास छ ।

हाम्रा स्कुल-कलेजमा पढाउन रचना सिकाउने यस्ता पुस्तकको आवश्यकता सबै शिक्षकहरूलाई अनुभव भएको कुरा छ । यो पुस्तक निस्केर यसले जानुपर्ने बाटो देखाएको छ । अरू पनि यस्ता पुस्तक निस्कलान् । वहाँपछि नेपाली भाषा तथा साहित्य पढाउने एउटा परिपाटी बस्ला र स्कुल-कलेजको शिक्षा समाप्त गरी निस्कने नेपाली वास्तविक रूपमा नेपाली जान्ने भएर निस्कलान् । यो दिशातिर पराजुलीजीले यो पुस्तक लेखी नवीन साहित्यिक क्षेत्रमा काम थाल्नुभएको छ । त्यसैले उहाँलाई धन्यवाद छ तथा उहाँको कार्यको स्वागत छ ।

१६ श्रावण, २०२३

सूर्यविक्रम ज्ञवाली

आफ्नै कलमबाट

ढोकामा फूलपाती लिएर

नेपाली भाषा र साहित्यलाई सजाउने एउटा सिङ्गै फूलबारीको आवश्यकता धेरै अघिदेखि अनुभव भएको थियो । कुनै कुरो खोज्दा आफ्नोमा पूर्ण रूपले नपाइनु बिभ्दो कुरा हो । आफ्नै अध्ययन र अध्यापनमा पनि यस्तो अप्ठेरो भोग्नुपर्‍यो । यिनै अभाव र आवश्यकता आँखामा खेल्दै थिए, मन र मथिङ्गलमा घुम्दै थिए । सपनाले गीत गायो, बिपनाले फूल फुलाए, तर यो काम निकै उकालो पर्ने थियो । चासो र रउस, खुलदुली र रहर– यिनै कुराले मलाई यस काममा लागिपरायो ।

रचनाप्रणाली र त्यसको व्यावहारिक आवश्यकता विद्यार्थी-जीवनदेखि लेखक-जीवनसम्म हुन्छ । यस्तै, इच्छा र रुचिअनुसार कतिपय विषयमा लेख्न सकिन्छ । कुनै विषयको रचना मात्र पनि भएर हुँदैन, त्यो सबै दृष्टिबाट राम्रो र मीठो नेपाली पनि हुनुपर्छ । यसका लागि भाषा र साहित्यिक ज्ञान हुनुका साथै विचार माझिनु र मनन-चिन्तनको शक्ति बढ्नु पनि आवश्यक छ । यिनै पृष्ठभूमिमा 'राम्रो रचना मीठो नेपाली'-को रचना भएको हो ।

अङ्ग्रेजीका अक्षर-विन्यास शुद्ध लेखिन्छन्, तर नेपालीमा हिँड्दाहिँड्दै र हेर्दाहेर्दै अनेक अशुद्धि र भद्दापन आँखा चिम्लेर सहनुपर्छ । यसरी पत्रपत्रिका र प्रसार-सामग्रीमा अशुद्धि, सूचना र चिह्नपाटीमा अशुद्धि, व्यापार-व्यवसाय र कार्यालयहरूमा अशुद्धि, अनि बाहिरी रङका वा नखारिएका वाक्यशैली, लेखाइ र प्रयोगमा मनपरीपन– यी सब भएपछि भाषा कसरी उँभो लाग्न र फस्टाउन सक्छ, विचारणीय कुरो छ ।

रचनाका विभिन्न माध्यम, नेपालीको आफ्नो प्रयोग र भाषागत ज्ञान साह्रै आवश्यक कुरा हुन् । यसैले यहाँ शब्दका विभिन्न प्रवृत्ति र प्रकृतिदेखि लिएर नेपाली भाषाका विकासको विवरणसम्म छन् । ती सबै रचनाकै लागि हुन् र भाषालाई शुद्ध र सुन्दर बनाउने तथा ज्ञान हुनुपर्ने क्रम र प्रसङ्गमा माथिकै माध्यमले यस पुस्तकभित्र पारिएका छन् । यस दृष्टिले विषयहरू परस्पर पूरक हुँदै सजिलो होला र अनिवार्य ज्ञानको पूर्ति पनि गर्ला भन्ने लेखकको मनसाय हो ।

मानिसलाई जे खानु छ, पहिले त्यही कुराको खोजी हुनुपर्छ । त्यस आवश्यकतालाई छाडेर जिब्रोमा पार्ने नपर्ने र कहिलेकाहीँ माटो नपाएजस्तो अफ्कट आइपर्ने कुराको टाउकोदुखाइ चासोदेखि बाहिरका कुरा हुन् । भइरहेको संसार छाडेर अयथार्थ संसार बनाउने कल्पनामा हाम्रा कति मानिस उँधो लागिरहेछन् र वर्तमानलाई असत्य र मिथ्या बनाउने प्रयत्नमा दगुरिरहेछन् । यही मुख र आँखा नभएको भए तिनको कुन पो गति हुन्थ्यो ! यसैले उज्यालो संसार अहिलेको लागि र जीवनको लागि हो । यिनै कुराका मूल आधारमा यस पुस्तकमा पहिलो स्थान आवश्यकतालाई दिइएको छ, अनि

त्यसको उपयोगी प्रयोगलाई । यसरी प्रचलित शब्द मात्र (अक्षरादिक्रमसमेत मिलाउँदै) दिने प्रयत्न गरिएको छ र रचना, शुद्धता, भाषा र विचारमा नयाँ प्रयोग गर्ने लक्ष्य लिइएको छ । पुस्तकमा उदाहरण सकभर साहित्य, संस्कृति, कला र विचारसम्बन्धी नै राख्ने प्रयास भएको छ । त्यसमा नेपाली जीवन र तिनका आवश्यकता तथा प्रयोजनलाई ख्याल राखिएको छ । कवि-लेखकका उदाहरण दिँदा पनि सकभर नेपालीकै पारिएका छन्, किनभने आफूलाई नचिनी अरूलाई चिन्न सकिन्न । यस्तै विराम गर्दा हामी जुगौँसम्म पछि पर्दै आएका हौँ ।

'राम्रो रचना मीठो नेपाली'– यो पुस्तकको मन परेको नाउँ हो । यसको अभिप्राय त्यस विषयको ज्ञान गराउने भन्ने हो, तर यतिमै सो सीमित हुँदैन । यसको अर्थ आफ्नै किसिमको नमुना हुनु र गहिराइमा लैजान खोज्नु पनि छ । सीप र विचारका नवीनता पनि यसका लक्ष्य हुन् । यसरी नै यस पुस्तकको अभिप्राय राम्रो रचना र मीठो नेपालीको अनिवार्य आवश्यकताप्रति सङ्केतसमेत हो । यसले विचार गरेर बोल्ने र लेख्ने बानी पार्ला भन्ने आशा पनि छ ।

वनभरि राताम्मे जुन फूल फुलेका छन्, ती सबले शीत र बर्सातको आँसु तथा असिना र घामको सङ्घर्ष भोगेका छन्– 'राम्रो रचना मीठो नेपाली' त्यसै उपमाको कथा हो । पुस्तक बनारसमा छापिँदै गयो, म यहाँ बाउसे गर्दै थिएँ । यसरी हतार र व्यस्तता, श्रम र निचोराइमा हिँड्दाहिँड्दै म निदाएँ हुँला, मानसिक ताप र पीरले जीउ रन्थनाए होलान्, भित्रभित्रै घाउ बनाउँदै म पग्ले हुँ; तर यसलाई सजाउन इमानदारीपूर्वक हुनसम्म प्रयत्न गरेको छु । मैले यसमा गाग्रोमा समुद्र अटाउन खोजेको छु, कहीँ पोखरी मात्र नहोस् भनेर पनि मलाई डर लागेको छ । तर जसरी यो आएको छ, त्यसबाट मिरमिरेको झुल्कोले छोला भन्ने आशा, कल्पना र विश्वास पनि तिर्मिराइरहेछन् । यसरी यस पुस्तकले नेपाली भाषा र साहित्यको अलिकति पनि सेवा गन्यो भने आफ्नो प्रयास सफल भएछ ठानुँला ।

यस पुस्तकका विषयमा मन्तव्य लेखिदिनुहुने श्री बालकृष्ण सम, श्री माधवप्रसाद घिमिरे, श्री सूर्यविक्रम ज्ञवाली र आवरणचित्र सजाइदिनुहुने श्री लैनसिंह बाङ्देलप्रति म हार्दिक कृतज्ञता ज्ञापन गर्दछु । बेलाबेलामा सल्लाह र पुस्तक-पत्रिका दिएर सहयोग गर्नुहुने साथीहरू सर्वश्री गोविन्द भट्ट, भरतराज पन्त, भैरव अर्याल, लक्ष्मीशङ्करलाल श्रेष्ठ, श्यामप्रसाद आदिको गुनलाई पनि बिर्सन्नँ । पुस्तक तयार हुँदै जाँदा मिहिनेतपूर्वक यसमा लागिपर्ने भाइ गोविन्दप्रसाद पराजुली र भाइसरहका अरूलाई पनि हार्दिक स्नेह व्यक्त गर्छु । यसका साथै श्री काशीबहादुर श्रेष्ठलाई पनि धन्यवाद नदिइरहन सक्तिनँ । अन्तमा पुस्तक प्रकाशित गरिदिनुहुने 'सहयोगी प्रकाशन'-का श्री रमेशकुमार शर्मालाई धन्यवाद दिन्छु ।

कान्तिपुर,
पराजुली

साउन १५, २०२३

हृदयको पाना ओछ्याउँदै

'राम्रो रचना मीठो नेपाली' साधनाको एउटा प्रकाश थियो– नेपाली भाषा-साहित्यको मन्दिरमा । जुन बेला प्रस्तुत कृतिको रचना भएको थियो त्यो बेला यसले सफलताका कति किरण सँगेट्ने हो सग्लो लख थिएन । वर्ष बित्तै गए आँखाबाट । चालीस वर्षको वयमा नपुग्दै पच्चीसौँ संस्करण प्रकाशमा आएको छ । फुर्किन सुहाउँदैन, तर खुसी लुकाएर राख्न पनि सर्किंदैन । यस पुस्तकका निम्ति पाएका गनी नभ्याइँदा स्याबासी एवं प्रशंसाका पातीहरू र आफ्ना ठाउँमा यसले पाएको स्नेह-सम्मानले लेखकको उत्साहलाई हिउँचुलीमा पुर्‍याइदिएको छ ।

प्रस्तुत संस्करण अभै संशोधित-परिवर्तित भएको छ । यसमा कतैकतै रङ लागेको छ भने कतैकतै रोगन फेरिएको छ । आठौँ परिच्छेद 'शब्दशुद्धि' (वर्णविन्यास) मात्र रहेकोमा अहिले थपेर 'नेपाली वर्ण, अक्षर र वर्णविन्यास' बनाई अङ्ग र आवश्यकता पूरा गरिएको छ । नभन्दै यस्ता कृति नयाँ-नयाँ काँचुलीमा अभै सुकिला अनुहार लिएर आउँदा रहेछन्, प्रसन्नताको कुरो हो यो । पुस्तकको यो नयाँ संस्करण तयार भइरहेको बेला स्वास्थ्य र व्यस्तताका चापले चिताएसरि लाग्न पाइएन तापनि जेजति सम्भव भयो यस रूपमा प्रस्तुत छ । यस कृतिले लामो यात्रा पार गरेर ऐतिहासिक महत्ता प्राप्त गरिसकेकाले यसको प्रारम्भिक बान्कीलाई यथाशक्य जोगाई नवीन रूप दिने जमर्को गरिएको पनि छर्लङ्ग हुनेछ । यस क्रममा विभिन्न रूपबाट सघाउ पाएको छु र त्यस सघाउको ताँतीमा सबैको गुन मेरो हृदयमा रहनेछ । त्यसमा पनि मेरा स्नेही साहित्यकार तथा प्राध्यापनकालका सहकर्मी मित्रहरू श्री गोपीकृष्ण शर्मा, श्री जीवेन्द्रदेव गिरी र छोरा शाश्वत पराजुलीको सहयोगलाई बिर्सन सक्तिनँ ।

आफ्नो भाषा जातिका निम्ति प्राण र सम्मान हुन्छ । नेपाली भाषा नेपाली जातिको मुटु हो । यसैले यसप्रति निष्ठा हुनुपर्छ र हुनुपर्छ नेपाली भाषाको प्रतिष्ठा । प्रतीक्षा पूर्ण भए पनि इच्छा शेष छन् । आकाङ्क्षा सलबलाइरहेछन् अभै नयाँ क्षितिज हेर्नलाई । यस घरी म फेरि हृदयको न्यानो पाना ओछ्याउँदै छु ।

सानेपा, ललितपुर
२०६१ असार

पराजुली

...र यो नयाँ स्वरूप

विद्वान्हरूबाट पाएका उचित सुभाउलाईसमेत ध्यानमा राखेर केही परिमार्जनसहित प्रस्तुत संस्करण अभै नयाँ स्वरूप र बान्कीमा आएको छ । सधैँभैँ यसले सबैको स्नेह-ममता पाउने आशामा छु ।

सानेपा, ललितपुर
२०७०, चैत

पराजुली

विषयक्रम

रचना

हरेक मानिसका आफ्नाआफ्ना भावना र कल्पना हुन्छन्, हरेक मानिसमा नयाँ-नयाँ विचार उठ्छ, हरेक मानिसका आफुसमा केही न केही कामकुरा पर्छन्– यिनै व्यावहारिक सिलसिलामा मानिस आफ्ना मनको भाव अरूका सामुन्ने व्यक्त गर्न थाल्छ ।

मनको भाव व्यक्त गर्ने दुइटा भाषिक तरिका छन्– एउटा बोलेर, अर्को लेखेर । बोलेको कुरा लेखेको कुराभन्दा कम दिगो हुन्छ । बोलेरभन्दा लेखेर भाव प्रकाशन गर्ने परिपाटीले विचार वा भावनालाई मूर्त रूप दिने मात्र होइन, स्थायित्व पनि प्रदान गर्छ । कुनै बेला विश्वका ठूलठूला लेखक, विद्वान् र नेताहरूले बोलेका र भाषण दिएका कुरा पनि लिपिबद्ध भई प्रकाशमा आउँदा उत्तम कृति मानिएका छन् । यसबाट बोलेका कुरा पनि राम्रा रचना हुन सक्छन् भन्ने प्रमाणित हुन्छ । यसरी विस्तृत अर्थमा, बोलेर होस् वा लेखेर होस्– लिपिबद्ध रूपमा भाव प्रकाशन भएका विषयलाई 'रचना' भन्न सकिन्छ । सामान्य अर्थमा लिँदाखेरि लेखेर भाव व्यक्त गरिने कार्यकलापलाई 'रचना' भनिन्छ । यसरी–

पत्र लेखौँ वा संवाद,
डायरी लेखौँ वा निबन्ध,
कथा लेखौँ वा कविता

सबै रचनाकै माध्यम हुन् । यसैभित्र लेखाइका सम्पूर्ण कुरा आउँछन् ।

जे लेखे पनि, जुन विषयमा लेखे पनि पहिले त्यसको जग बलियो हुनुपर्छ, अनि मात्र घर ठडिन सक्छ । रचनाकलाको ज्ञान नभएसम्म राम्रो लेखाइ बन्न र सुन्दर रचनाको सिर्जना हुन सक्दैन । यसैले रचना लेखनकलाको साह्रै आवश्यक र महत्त्वपूर्ण अङ्ग हो ।

आवश्यक तत्त्व

लेखिएको कुरा अमिट हुन्छ । मनपरी किसिमले वा जस्तो पायो त्यस्तो लेख्नाले कुनै पनि कुरा राम्रो रचना हुँदैन । यसैले जुनसुकै रचना गर्दा पनि संयमित भएर, गहिरिएर र विचार पुर्‍याएर लेख्नुपर्छ । रचना शुद्ध हुनाका साथै तिनमा लेखाइमा कुशलता, भनाइमा वैचित्र्य, ढङ्गमा नवीनता, प्रस्तुतिमा चमत्कार, विचारमा वैज्ञानिकता

आदि गुणहरू चाहिन्छन् । यसरी रचनाका आवश्यक तत्त्वहरूमा भाषा, शुद्धता र विचार– यी तीन कुराको मुख्य स्थान रहन्छ ।

(क) भाषा

रचनाका निम्ति चाहिने मूल तत्त्व भाषा हो । साङ्केतिक रूपमा पनि भाव प्रकट हुन्छ तापनि मनोभाव व्यक्त गर्ने सार्थक ध्वनिको समष्टि तथा लिखित अक्षरलाई नै भाषा भनिन्छ । भाषिक समाजद्वारा यादृच्छिक ध्वनिप्रतीकका रूपमा स्वीकार गरेर भाषा प्रचलनमा आउँछ । भाषाका दुई किसिममा बोलिने भाषालाई 'कथ्य भाषा' र लेखिने भाषालाई 'लेख्य भाषा' भनिन्छ । कथ्य होस् वा लेख्य– भाषाद्वारा छिटो, छरितो र प्रस्टसित भाव व्यक्त गर्न ठूलो मद्दत मिल्छ । यति सजिलोसित भाव प्रकाशन गर्ने अरू कुनै साधन छैन । मानिस भावनाशील प्राणी हो । यसैले उसको र भाषाको अभिन्न सम्बन्ध छ । भाषा मानिसको विचार व्यक्त गर्ने महत्त्वपूर्ण माध्यम हो, शक्ति र साधन हो । यसद्वारा घच्चीघच्चीका काम हुन्छन् । भाषाका मुख्य चार प्रयोजन छन्– ठीकसित बोल्नु, सम्झनु, पढ्नु र लेख्नु, तर यत्तिकै मात्रले भाषाको उद्देश्य पूरा हुँदैन । त्यसमा सधैँभरि तलका कुराबाट जोगिनुपर्छ–

१. शब्दको अशुद्ध प्रयोग,

२. वाक्यहरूको अशुद्ध बनावट,

३. विदेशी ढङ्गबाट प्रभावित वाक्य,

४. अशिष्ट शब्दको प्रयोग,

५. अनुच्छेदको नमिल्दो रूप,

६. नराम्रो शैली,

७. अशुद्ध उखान-तुक्का,

८. त्रुटिपूर्ण विराम-चिह्न,

९. पुनरुक्ति दोष, इत्यादि ।

अनुभव र ज्ञान सञ्चित गर्ने क्रममा भाषाको विशेष भूमिका त हुन्छ नै, साथै भाषिक संरचनाका निम्ति पनि यसका विभिन्न पक्षमा खेल्नु र खली खानुपर्छ । यसै सिलसिलामा, भाषामा हुनुपर्ने आवश्यक केही गुण सिक्नु र जान्नु जरुरी छ, जो मुख्य-मुख्य निम्न प्रकार छन्–

शैली

भाषामा शैलीको विशेष महत्त्व छ । कुनै कुरालाई सिलसिला मिलाएर राम्रोसित भन्नु 'शैली' हो । अर्को किसिमले भन्दा भाव वा विचारलाई राम्ररी अभिव्यक्त गर्ने ढङ्ग हो शैली । शैली नानाभाँती हुन्छन् । जुन शैली भए पनि यो ओजःपूर्ण र अलङ्कृत हुनुपर्छ । सरलता, सजीवता र स्पष्टता पनि यसका आवश्यक गुण हुन् । शैली व्यक्तित्वको छाप हो' भन्ने विद्वान्हरूको मत छ । ठूलठूला लेखकका रचनाहरू शैलीद्वारा नै चिनिन्छन् ।

मधुरता

भाषामा शैली राम्रो भएर मात्रै हुँदैन, व्यक्त गरिएका कुरालाई मीठो ढङ्गले भन्नु पनि पर्छ । वाणीको उचित प्रयोगका साथै त्यसमा सामाजिक शील तथा भनाइको कोमलता पनि चाहिन्छ । भाषाको सरसताद्वारा हृदयमा मुहुनी लगाउनु पनि यसको विशेषता हो ।

चमत्कार

भाषालाई रमणीय तथा कलात्मक सजावट दिन चमत्कार चाहिन्छ । छरितो तथा वाग्धारायुक्त भाषाको प्रयोग र उपमा तथा प्रतीकजस्ता सौन्दर्यकुशलता भाषागत चमत्कारका कुरा हुन् । रचनामा भावअनुसार गति र प्रवाह हुनुपर्छ र त्यो प्रभावशाली पनि हुनु आवश्यक छ ।

कौशल

रचनामा शिरदेखि पुछारसम्म तारतम्य मिल्नु लेखन-कुशलता हो । यसलाई 'अभिव्यक्तिको सीप' पनि भन्न सकिन्छ । यस कारण रचनामा क्रमअनुसार वस्तुनिर्वाह पनि हुनुपर्छ । कुन कुरालाई कसरी टिप्ने र कसरी व्यक्त गर्ने त्यसको पनि कला हुन्छ, अनि त्यो विषयवस्तुको आवश्यकता र ढाँचामा पनि निर्भर गर्छ ।

(ख) शुद्धता

शुद्धताको अभिप्राय ह्रस्व-दीर्घ मात्र होइन, व्याकरणसिद्ध भाषाको प्रयोग गर्नु पनि हो । यस दृष्टिमा बिभ्ने वा खट्किने किसिमको भाषाको प्रयोग रचनामा गर्नु हुँदैन । शुद्ध भाषाको प्रयोगका निम्ति रचनामा खास गरी तलका मुख्य-मुख्य कुरामा ध्यान दिनुपर्छ–

१. शब्द र तिनका विभिन्न रूप तथा प्रकृति,

२. लिङ्ग, वचन, कारक र विभक्ति,

३. अक्षर तथा शब्दका शुद्ध रूप (वर्णविन्यास वा हिज्जे),

४. विरामचिह्नको उचित प्रयोग,

५. वाक्य-रचनाको क्रम र मेल, इत्यादि ।

(ग) विचार

रचनामा भाषा र शुद्धता मात्र भएर पनि पुग्दैन । त्यसको एउटा महत्त्वपूर्ण अङ्ग विचार हो । भाव वा विचार छैन भने जतिसुकै राम्रो रचना भए पनि त्यो खोटो र खोक्रो हुन्छ । विचारमा ध्यान दिनुपर्ने कुरा यी हुन्–

१. विचारहरूलाई दोहोऱ्याउनु हुन्न,

२. अनावश्यक र अमिल्दा विचार राख्नु हुन्न,

३. महत्त्वपूर्ण तथ्यहरूलाई भिक्नु हुँदैन र अनावश्यक तथ्यलाई राख्नु हुँदैन,

४. मूल विचार प्रस्ट हुनुपर्छ,

५. विचार शृङ्खलाबद्ध हुनुपर्छ, यो गज्याङमज्याङ हुनु हुन्न ।

यस्तै, जीवनलाई गति दिन नसक्ने र अन्धपरम्परा र अन्धविश्वासमा धकेल्दै लैजाने रचना आदर्श रचना कहलाउन सक्दैन । त्यसमा समय, अवस्था र युगानुकूल भावना दिन सक्नुपर्छ । यसरी लेखिएको रचना नै कलापक्षका साथै भावपक्षले पूर्ण हुन्छ र त्यो जोडदार बन्दछ ।

उपर्युक्त निरीक्षणबाट भन्न सकिन्छ– रचना शरीर हो भने भाषा त्यसको सौन्दर्य हो, विचार त्यसको मुटु हो र शुद्धता त्यसको स्वास्थ्य हो । त्यसैले रचनालाई जीवन्त राख्न भाषा, विचार र शुद्धतामा बढी ध्यान दिनुपर्छ । तीमध्ये कुनैमा पनि असन्तुलन आएमा रचना बेढङ्गी बन्नाका साथै आकर्षणहीन हुन जान्छ ।

व्याकरण सिकेर पनि जानिन्छ, तर भाषा र विचार आफ्नै अध्ययन र मनन, प्रयास र प्रयत्न, साधना र अभ्यासद्वारा मात्र अर्जित हुन्छ । रचनामा आफ्नैपन, आफ्नै शैली र आफ्नै व्यक्तित्वको छाप दिन सक्नु सफल रचनाकारको विशिष्ट सीप हो । यसका लागि रचनाकारले राम्रा शैली र विचारको अध्ययन गर्ने गर्नु र आफ्नै ढङ्गले विचार गर्ने पद्धति अँगाल्नुपर्छ । हरेक दिन केही न केही लेख्दै जाने र हरेक विषयमा केही न केही आफ्नै किसिमबाट सोच्ने बानी बसाल्नाले भाषा माझिँदै जाने मात्र होइन, विचार पनि परिष्कृत हुँदै जानेछ ।

शब्दसंवृद्धि र आगन्तुक शब्द

हरेक भाषाको आफ्नै इतिहास, आफ्नै परम्परा र आफ्नैपन हुन्छ । यिनै कुराले भाषालाई देशी वा विदेशी भाषासँग छुट्ट्याइदिन्छ र त्यस भाषाको निजी विशेषता पनि यही हो । भाषामा अनेक थरीका शब्द हुन्छन् । थालनीमा कुनै पनि भाषामा शब्दको यस्तो पउल सम्पत्ति हुँदैन । नयाँ कुरा वा भावका लागि मानिसलाई जब शब्दको आवश्यकता पर्छ, त्यतिखेर ऊ नयाँ शब्दको सिर्जना गर्छ वा सांस्कृतिक अस्तित्व र जातीय विकासका लागि उसलाई अन्तबाट शब्द नलिई हुँदैन । जनजिब्रोमा घोटिनाले यस्ता कतिपय शब्दका रूप फेरिने पनि गर्छन् । यसरी जातिको इतिहास र संस्कृतिसँगै भाषाका शब्दहरू बढ्दै, बन्दै र परिमार्जित हुँदै जान्छन् । कवि-लेखकको आफ्नै प्रतिभाले पनि नयाँ शब्द सिर्जना गर्छ र तिनका कृतिद्वारा भाषा सम्पन्न र समृद्ध हुन्छ । नेपालीमा पनि यस्तै विभिन्न किसिमले शब्दहरूको ओइरो लागेको छ ।

नेपाली वनपाखामा खेलेका र हुर्केका अनेक शब्द बिच्छट्टै स्वादिला हुन्छन् । अनुकरणवाचक वा क्रियाविशेषण शब्द त नेपालीको चोखो विशेषता र आफ्नै पेवा हो । विस्मयादिबोधक र निपात शब्दमा पनि आफ्नै किसिमको मौलिकता छ । केही शब्द फाँकी जोरिएर बढेका छन् त केही नानीका बोलीमा बनेका छन्; केही शब्द कवि-लेखकका प्रतिभाले सिर्जना गरेको छ औ कतिपय शब्द नेपाली पारामा आफैँ निर्मित छन् । यसरी आफ्नै मौलिक पद्धतिअनुसारका केही सक्कली नेपाली शब्द उदाहरणका रूपमा तल दिइएका छन्–

१. **भर्रा शब्द**–अगल्चो, अघाउनु, अनकनाउनु, अरनी, असिना, आरन, उछ्रनु, उभिन्डो, उन्यू, एरात्तै, ऐसेलु, कचिङल, काउबुडी, काटीकुटी, किरिमिरी, गाँसो, छप्को, छरितो, छिमल, भुँगी, ठहर (टपरीविशेष), ठाँट, थाँक्रो, थेबे, थैथै, धुलस्याउली, नाङ्लो, पेरुङ्गो, फाँक, बियो, बिर्को, लागो, सिंगौरी, हबुल्लो इत्यादि ।

२. **अनुकरणवाचक तथा क्रियाविशेषण**– कलकल, खुरखुर, गजक्क, गड्याङ्ग, घुरुक्क, ड्याच्च, चिटिक्क, चिरचिर, छुनुमुनु, छ्यालब्याल, भमक्क, टुप्लुक्क, थ्याच्च, पिलिक्क, प्याच्च, प्याट्ट, फिरफिर, भुर्र, भुरुक्क, मुरुमुरु, मुसुक्क, रिटिक्क, लटरम्म, लहलह, लुसुक्क, सुटुक्क, स्वाँस्वाँ, हरर इत्यादि ।

३. **विस्मयादिबोधक र निपात शब्द**– आम्मै, आच्छु, आत्था, कठैबरी, च्चच्च, अँ, उँ, ए, कुन्नि, खै, त, नाइँ, नि, पो, रे, ल, लौ, हँ, हाइ, है इत्यादि ।

४. **फाँकी जोरिएका द्वित्व शब्द**– आनाकानी, आनीबानी, इलमसिलम, ऐँचोपैँचो, खेलोफुर्को, चालामाला, छेउछाउ, भालेमाले, जोरीपारी, भानभुन, भुत्रोमुत्रो,

दालसाल, पखालपुखुल, पूजाआजा, फलसल, फाँडफुँड, मेलापात, रेखोपाखो, सिरीखुरी, हुनहुनामी इत्यादि ।

५. **नानीका शब्द**– काइँकोरी, गडी, चाचा, चिची, ठूली, ताती, निनी, पापा, फुई, मने, मामा, सुरी, हाउ इत्यादि ।

६. **सृजित र निर्मित शब्द**– अधिइँदा, आशालु, उडिल्याइ, काकुलिनु, गहक, गोलिँदो, चङ्ख्याइँ, चिर्मिरे, छलङ्ग्याउनु, झन्याइँ, झकिझकाउ, टाढिँदा, दुङ्गिलो, नौल्याइँ, पेटपालो, प्रस्ट्याउनु, फलाको, फस्ट्याइँ, फुलारु, बिचार्नु, बिसौनी, मारमुङ्ग्री, मुजुरप्वाँखे, रौँचिरा, लहलहाउँदो, विकासिँदो, सँगालो, सुहाउँदिलो, हिमालु इत्यादि ।

कुनै पनि भाषामा अरू भाषाबाट थुप्रै शब्द आउँछन् र सकभर भाषाको प्रकृतिअनुसार त्यसमा मिल्छन् । नेपाली भाषामा पनि अरू भाषाबाट यसरी शब्द आएर आफूमा मिलेका छन्; नेपालीले अरूबाट धेरै शब्द लिएको छ । नेपालीमा अरू भाषाबाट आएका शब्दहरूमा खास गरी संस्कृत र यसका अपभ्रंश प्राकृतबाट छन् । यसपछि उर्दू, अरबी, फारसी, अङ्ग्रेजी आदि र नेपालकै क्षेत्रीय भाषाहरूबाट शब्दहरू आएका छन् । संस्कृतसँग नेपाली भाषाको सम्बन्ध रगतको नाता जोडिएको माउ भाषाका रूपमा रहेको छ । यसबाहेक नेपालीमा अरू भाषाबाट शब्द आउनाका मुख्यतः निम्न कारण मान्न सकिन्छन्–

१. छिमेकी देश वा छिमेकी भाषाहरूको प्रत्यक्ष-अप्रत्यक्ष प्रभाव,

२. अन्तर्राष्ट्रिय क्षेत्रमा बढ्दो सम्पर्क,

३. वैज्ञानिक विकास ।

छिमेकी देशसितको सम्पर्क र सम्बन्धमा तिनका धेरथोर शब्द पनि भाषामा घुस्ने गर्छन् । जस्तो भारतमा मुसलमानी शासन चल्दा उर्दू, अरबी र फारसीका धेरै शब्द नेपाली भाषामा आए र अङ्ग्रेजी शासन चलेपछि अङ्ग्रेजी शब्दहरू । यस्तै, नेपालीभाषीहरू फैलिँदै जाँदा र विभिन्न जातिसँग तिनको भेटघाट र बसाउठी हुँदा स्थानीय भाषाका शब्दहरू नेपालीमा मिल्दै आए । अन्तर्राष्ट्रिय क्षेत्रसितको बढ्दो सम्पर्कले गर्दा पनि केही शब्द प्रयोगमा ल्याउने गरियो, जस्तो 'सोभियत' शब्द । वैज्ञानिक विकासद्वारा आविष्कार भएका चीजको आफ्नो भाषामा व्यक्त गर्ने शब्द नपाइन्जेल पनि नयाँ शब्द थपिँदै जान्छन् । रेडियो, टेलिभिजन, कम्प्युटर, टेलिफोन, भिडियो, स्पुतनिक, रकेट' जस्ता शब्दहरू नेपालीमा यसरी नै आएका हुन् ।

उपर्युक्त किसिमले नेपालीमा आएका शब्दहरूमा जुगौँजुग नेपाली माटो र पानीमा भिज्नाले कैयन् शब्द अचेल मौलिकजस्तै लाग्छन् । तद्भव शब्दको स्थान त आफ्नै पाराको र पानी-पँधेरोजस्तै भइसकेको छ भने आगन्तुक शब्दले पनि नेपाली अनुहार देखाइसकेका छन् ।

शब्दस्रोत

स्रोतका दृष्टिमा शब्दको वर्गीकरण गर्न सकिन्छ । नेपाली भाषामा शब्दस्रोत दुई किसिमका छन्– (१) मौलिक शब्द, र (२) आगन्तुक शब्द ।

मौलिक शब्द भन्नाले उत्तराधिकारका रूपमा संस्कृतबाट नेपालीमा आएका शब्द हुन् । संस्कृतबाट आएका शब्दहरू नेपालीमा प्रशस्त छन् । यी शब्दहरूको पुख्यौली खोज्दै जाँदा अपभ्रंश र प्राकृत हुँदै वा सोझै संस्कृतमा पुगिन्छ ।

आगन्तुक शब्द भन्नाले अन्य भाषाबाट पाहुनाका रूपमा नेपालीमा आएका शब्द बुझिन्छन् । संस्कृत वा त्यसअन्तर्गतका भाषाबाहेक अन्य विदेशी भाषा वा स्वदेशी (नेपालकै राष्ट्रिय/क्षेत्रीय) भाषाबाट आई नेपाली बनेका शब्द आगन्तुक हुन् । यसरी आगन्तुक शब्द भारोपेली (हिन्दी, बङ्गाली, अङ्ग्रेजी, फ्रान्सेली, रसियाली आदि) र अभारोपेली (उर्दू, अरबी, तुर्केली, नेपाल भाषा, गुरुङडी, मगराँती आदि) खलकका विभिन्न भाषाबाट नेपाली भाषामा आएका छन् ।

तत्सम र तद्भव शब्द

मौलिक शब्दमा पनि तत्सम र तद्भव दुई भेद छन्–

तत्सम– संस्कृतबाट जस्ताको तस्तै अर्थात् रूप नफेरिईकन आएका शब्द ।[१]

तद्भव– संस्कृतबाट रूप फेरिएर आएका शब्द[२]

भाषामा आएका तत्सम शब्दमा संस्कृतको 'म्' र विसर्गको लोपलाई खास परिवर्तित मानिन्न, यतिसम्म फेरिएकालाई 'तत्सम' नै भनिन्छ ।

तद्भव शब्दले भने मूलबाट नेपाली बन्दा विभिन्न रूप लिइसकेका छन् । नेपाली जिभ्रामा पचिसकेका यस्तै शब्दलाई झर्रा शब्द पनि भनिन्छ । यसरी आफ्ना पन र बान्कीमा भिजेका शब्द नेपाली भाषाका प्राण भएका छन् ।

केही तत्सम र तद्भव शब्दका रूप तल दिइएका छन्, जस्तै–

तत्सम– अंश, अक्षर, आकाश, आत्मा, ईश्वर, उद्योग, कलश, कवि, क्षेत्र, गुण, चन्द्र, जगत्, जल, ज्ञान, तपस्या, दया, दाता, देव, पत्र, पाप, फल, बालक, बुद्धि, मति, मुनि, वर्षा, विद्या, विद्वान्, शिक्षा, सूर्य, हानि आदि ।

---

१. यसअघि 'तत्सम' को अर्थ त्योजस्तै लगाई जुनसुकै भाषाबाट आएका शब्दलाई 'तत्सम' भन्ने गरिन्थ्यो, तर अहिले तत्= त्यो (संस्कृत), सम= जस्तै (तुल्य) भन्ने अर्थ लगाई माउ संस्कृतबाट जस्ताको तस्तै आएका शब्दलाई मात्र तत्सममा लिइन्छ ।

२. तद्भवमा पनि जुनसुकै भाषाबाट रूप फेरिएर आएका शब्दलाई लिने गरिन्थ्यो, तर अहिले तत्= त्यो (संस्कृत), भव= भएको भन्ने अर्थ लगाई संस्कृतबाट रूप फेरिएर आएका शब्दलाई मात्र तद्भवमा लिइन्छ ।

तद्भव– अश्रु-आँसु, आकाश-अकास, आषाढ-असार, कर्ण-कान, काष्ठ-काठ, कीट-कीरो, ग्राम-गाउँ, चैत्र-चैत, छत्र-छाता, ज्येष्ठ-जेठो/जेठ, तिक्त-तीतो, तीक्ष्ण-तीखो, दन्त-दाँत, दाडिम-दारिम, दिवस दिउँसो, दूर्वा-दूबो, धूलि-धूलो, नायक-नाइके, नासिका-नाक, पञ्च-पाँच, पत्र-पात, वाटिका-बारी, भूमि-भुइँ, मत्स्य-माछो, मयूर-मुजुर, रक्त-रगत/रातो, रात्रि-राति, रिक्त-रित्तो, रूक्ष-रूखो, लक्षण-लच्छिन, श्वास-सास, सूर्य-सुर्जे, स्थान-थान, स्थूल-ठूलो, स्पष्ट-प्रस्ट, हंस-हाँस आदि ।

यिनमा कतिपय तद्भव शब्द संस्कृतबाट प्राकृत हुँदै नेपालीमा आएका छन् । यसरी आएका शब्दहरूको रूप कस्तो बन्दै गएको छ, तिनका केही उदाहरण यी हुन्–

संस्कृत	प्राकृत	नेपाली
अग्नि	अग्गि	आगो
अद्य	अज्ज	आज
कार्य	कज्ज	काज
गभीर	गहरो	गहिरो
घृतम्	घिअ	घिउ
चतुर्दश	चउदह	चौध
तैलम्	तेल्ल	तेल
दुग्ध	दुद्ध	दूध
भगिनी	बहिणी	बहिनी
वृद्ध	बुड्ढो	बूढो
विद्युत्	विज्जु	बिजुली
सप्त	सत्त	सात
स्तम्भ	थम्भ	थाम
हस्त	हत्थ	हात

नेपाली भाषामा तत्सम र तद्भवका रूपमा धातु पनि निकै आएका छन् । जस्तै–

१. तत्सम

संस्कृत		नेपाली	
खेल्	– खेलति	खेल्	– खेल्छ
चर्	– चरति	चर्	– चर्छ
जप्	– जपति	जप्	– जप्छ
फल्	– फलति	फल्	– फल्छ
रच्	– रचयति	रच्	– रच्छ

२. तद्भव

संस्कृत		नेपाली	
कम्प	– कम्पते	काँप्	– काप्छ
दा	– ददाति	दि	– दिन्छ
भण्	– भणति	भन्	– भन्छ
वह	– वहति	बह	– बहन्छ
हस्	– हसति	हाँस्	– हाँस्छ

(प्राकृत हुँदै)

	प्राकृत		नेपाली	
खा	–	खाइ	खा	– खान्छ
छोड्	–	छोडइ	छाड्/छोड्	– छाड्छ/छोड्छ
झर्	–	झरइ	झर्	– झर्छ
फुट्	–	फुटइ	फुट्	– फुट्छ
मल्	–	मलइ	मल्	– मल्छ
उट्टी	–	उट्ट	उट्	– उट्छ
जाण	–	जाणइ	जान्	– जान्छ
पड	–	पडइ	पर्	– पर्छ
बड्ढ	–	बड्ढइ	बढ्	– बढ्छ
हो	–	होइ	हु	– हुन्छ

आगन्तुक शब्द

नेपाली भाषामा आगन्तुक शब्द पनि दुई रूपमा आएका छन्– अपरिवर्तित रूपमा (जस्ताको तस्तै) र परिवर्तित रूपमा (रूप फेरिएर), जस्तै–

अपरिवर्तित आगन्तुक शब्द

१. **भारतीय भाषाबाट–** अगुवा, अठन्नी, कच्चा, कन्जुस, खद्दर, गद्दी, जोडा (हिन्दी); चोक, तीज (गुजराती); तिहार (पन्जाबी) इत्यादि ।

२. **उर्दू, अरबी, फारसीबाट–** इनाम, जिरह, दरखास्त, माफ, हैजा (**उर्दू**); अखबार, अदालत, इज्जत, किफायत, तलब, दौलत, फौज, लायक, सनद, सवाल, साबित, हाजिर (**अरबी**); अन्दाज, कारबार, खुब, गर्दन, दुरुस्त, दरबार, बन्दोबस्त, रोजगार, शहर, सरकार, सरदार, सलाम, सवार (**फारसी**) आदि ।

३. **अङ्ग्रेजीबाट–** इन्च, कोट, क्लिप, चेक, टिकट, ड्राइभर, डिग्री, नर्स, पास, फुट, फुल (पूरा), फोटो, बम, बस, बैङ्क, मास्टर, मिटर, रबर, रेडियो, सोडा, स्कुल, होल्डर आदि ।

४. **अरू विभिन्न भाषाबाट–** पल्टन, लिलाम (**पोर्तुगाली**); कुपन (**फ्रान्सेली**); पिपा (**ल्याटिन**); गलैँचा, तोप (**तुर्केली**) आदि ।

५. **नेपालका राष्ट्रिय / क्षेत्रीय भाषाबाट–** खापा, चाकु, भ्याल, ढोका, पसल, पाचुके, भाजु, मुसी, मैजू, सिन्की (**नेपाल भाषा**); खम्बा, घ्याङ, घ्याबा, च्याङ्ग्रा, जिम्बु, भुमा, दोचा, पाखी, बक्खु, राडी, लामा (**भोटेकुरा**); आले, गुरुङ, च्यै, जाँड, तामाङ, मगर, मस्याङ्दी, मादी, मिझार, रक्सी, रिडी, लाप्चे (**मगराँती**); गादो, खुर्पा, घले, घुम, थुन्से, रोदी (**गुरुङी**), घिसिङ, डम्फु, च्याङ्बा (**तामाङ**); खम्बू, चाम्लिङ, मुन्धुम, याक्थुम्बा, लिम्बू (**किराँती**) आदि ।

परिवर्तित आगन्तुक शब्द

१. **भारतीय भाषाबाट**– अचम्मा-अचम्म, कपड्डी-कपर्दी, घुडकी-घुर्की, फापड-फापट, जेलबी-जिल्फी, ठोकर-ठक्कर (**हिन्दी**); इलैँची-अलैँची (**पन्जाबी**); गाम्छा-गग्छा, चौतारा-चौतारो, मागुर-मुग्री (माछाविशेष) (**बङ्गाली**) आदि ।

२. **उर्दू, अरबी, फारसीबाट**– जगह/जमीन-जग्गा/जमिन, तैनात-तैनाथ, हफ्ता-हप्ता (उर्दू); आईन-ऐना, इल्म-इलम, किला-किल्ला, गरीब-गरिब/गरिप, गैर-गयल, जवाब-जवाफ, जब्त-जफत, तजवीज-तजबिज, पेशा-पेसा, फजूल-फजुल, फर्क-फरक, फिक्र-फिक्री, मिजाज-मिजास, हवा-हावा (**अरबी**); आमदनी-आम्दानी, कवायद-कवाज, गर्म-गरम, गुलाब-गुलाफ, चालाक-चलाख, नौकर-नोकर, फानूस-पानस, बाजार-बजार, शामिल-सामेल, सितार-सितारा (**फारसी**) आदि ।

३. **अङ्ग्रेजीबाट**– इयरिङ-यार्लिङ, क्याप्टेन-कप्तान, गोडाउन-गोदाम, जनरल-जर्नेल, टिकेट-टिकट (स), डक्टर-डाक्टर, थिएटर-ठेटर, परेड-परेठ, बिलेट-बिल्टी, ब्रश-बुरुस, मिनिट्-मिनेट, ल्याम्प-लम्फा, सिमेन्ट-सिमन्टी, स्टेशन-स्टेसन/टेसन, हस्पिटल-अस्पताल आदि ।

४. **अरू विभिन्न भाषाबाट**– आममारियो-आलमारी, टोबेको-तमाखु, बाल्डे-बाल्टिन (**पोर्तुगाली**); कार्टुस-कार्तोस (**फ्रान्सेली**); कैची-कैंची, चक्माक-चकमक, लाश-लास (**तुर्केली**) आदि ।

५. **नेपालका राष्ट्रिय वा क्षेत्रीय भाषाबाट**– कःसि-कौसी, गुन्दु-गुन्दुक, ज्याभ-ज्यावल, दँकमि-डकर्मी, नेवा-नेवार, तुकी-टुकी, फुसा-फोसा, बइग-बुइँगल, मक-मकल, सुकु-सुकुल, सिकंमि-सिकर्मी (**नेपाल भाषा**); पैन-पैनी (**मैथिली**) आदि ।

अरू रूपफेराइ

नेपालीमा अनुहार फेरेर आएको शब्द मूल अर्थमा रूपमा मात्र रहनेछ भन्ने केही छैन, नयाँ अर्थमा पनि आउँछ; कहिले त मूल अर्थ नै पनि हराउँछ । जस्तै–

तत्समा	तद्भवमा
असाध्य– (सं०) सिद्ध नहुने	असाध्य– (ने०) धेरै ।
कङ्गाल– (सं०) मासुविनाको ।	कङ्गाल– (ने०) धेरै गरिब ।
क्षेत्र– (सं०) स्थान । भाषाको क्षेत्रमा अनुसन्धानको ठूलो महत्त्व छ ।	खेत– (ने०) खेती गर्ने जग्गा । किसान सधैँ खेतमा जान्थे ।
दण्ड– (सं०) लौरो, सजाय ।	डाँड– (ने०) जरिवाना ।
स्थान– (सं०) प्रायः मन्दिरको बोध हुने ठाउँ । देवीस्थान आदि ।	ठाउँ– (ने०) बस्ने जग्गा । तिमी कुन ठाउँमा छौ ?
शिशुपाल– (सं०) केटाकेटीलाई पाल्ने, महाभारतका एक पात्र ।	सिसुपाल–(ने०) सिट्ठी ।

तत्सम, तद्भव वा आगन्तुक शब्द भाषामा आएपछि अरू नयाँ शब्द पनि बनाइन्छ र कतै शब्दका रूप घोटिँदै वा लोप हुँदै पनि जान्छन् । जस्तै–

घर (प्रा०) = घर, घरान, घरानियाँ, घरायसी, घरे, घरेलु ।
दुग्ध (सं०) = दुद्ध (प्रा०) = दूध, दुधिलो, दूधे ।
वन (सं०) = बन, बनेली, बनैया, बनोटो, बनघारी ।
कर्नल (अङ्०) = कर्णेल/कर्नेल ।
जनरलसाहेब (जनरल (अङ्०) साहिब (अ०)– तद्भव साहेब)= जरसाहेब= जर्साब ।

आगन्तुक शब्दमा एक भाषाका शब्द अर्को भाषाका शब्दसित जोरिएर पनि नयाँ शब्द बन्छन् र त्यस्ता शब्दको एक अंश छिपेर पनि अर्थ प्रकट हुन्छ । जस्तै–

जेब (फा०) + घडी (सं०, 'घटी' को तद्भव) = जेबघडी ।
राज (सं०) + महल (अ०) = राजमहल ।
रेल (अङ्०) + घर (प्रा०) = रेलघर ।
एक्का (+ गाडी), ब्लटिन (+पेपर), मोटर (+कार) ।

प्रविष्ट शब्दको प्रयोग कसरी गर्ने ?

सकभर त आफ्नो भाषामा अर्थ वहन गर्न सक्ने सजिला र रसिला शब्द भएसम्म अरू भाषाका शब्द लिएर दुर्बोध बनाउनु हुँदैन, प्रयोग गर्दा पनि विशेष चल्तीमा आएकालाई मात्र लिने गर्नुपर्छ । खास गरी संस्कृतका प्रचलित सरस र सरल शब्द रचनामा आउँछन्– लिन सकिन्छ र यस्तो प्रयोग राम्रो पनि हुन्छ । तर जुन पायो त्यो शब्द लिनाले लेखाइको सीप रहँदैन र भाषामा पनि मीठोपन आउँदैन । यसैले जुन-जुन शब्द हाम्रो भाषाको प्रकृतिमा मेल खाँदै जनबोलीमा मिसिएर गएका छन्, तिनको प्रयोग हुनु उचित छ । यसबाहेक भाषालाई खँजाहा बनाउने शब्दको प्रयोग रचनामा हुनु हुँदैन । अझ तत्समलाई पनि आफ्नै ढङ्गले तद्भवको रूप दिने प्रयास हुनुपर्छ । यसो गर्न सके ती सबै शब्द साँचो अर्थमा नेपाली कहलाउँछन् ।

कुनै वस्तु, भाव अथवा क्रियाका लागि हाम्रो भाषामा शब्द छैनन् भने तिनलाई बोध गराउने अरू भाषाका शब्द पनि लिनुपर्छ, तर यसो गर्दा सकभर रूपसंस्कार र ध्वनिसंस्कारका साथ आफ्नो भाषाको प्रकृतिअनुकूल मिलाएर लिनु जाती हुनेछ । यस प्रकार लिइने शब्दहरूमा पनि भेट्टाइएसम्म राष्ट्रिय वा क्षेत्रीय भाषाबाट, त्यसपछि संस्कृतबाट र त्यसमा पनि नभेट्टाइए मात्र अरू विदेशी भाषाहरूबाट लिने गर्नुपर्छ ।

३

शब्दका किसिम र तिनका भेद

रचनाका दृष्टिले वाक्यमा शब्दको स्थान मुख्य हुन्छ । वाक्यमा कुन शब्दको काम केकस्तो हुन्छ भन्ने थाहा पाउन शब्द र तिनका विषयमा जान्नु आवश्यक छ । अर्थ निस्कने एक वा एकभन्दा बढी अक्षर 'पद' वा 'शब्द' हुन् । यी शब्द रूप फेरिने र नफेरिने दुई थरीका छन्– विकारी र अविकारी । वचन र विभक्तिका कारणले रूप फेरिने शब्द विकारी हुन्, त्यसरी रूप नफेरिने शब्द अविकारी हुन् । जस्तै–

विकारी– माली, मालीहरू, मालीलाई, मालीद्वारा, मालीको; म, मैले, मलाई, मेरो, ममा; रोप्न, रोप्नु, रोप्नलाई, रोप्नाले; रातो, राता, राती, रातोपन इत्यादि ।

अविकारी– आज, बिस्तार, फलक्क, हुनुन्न, तिर, सँग, अनि, पनि, ओहो, आत्था, ऐया इत्यादि ।

अर्थका हिसाबले यस्ता शब्द पाँच किमिसका छन्– नाम, सर्वनाम, क्रिया, विशेषण र अव्यय । यसरी अघिल्ला चार थरी (नाम, सर्वनाम, क्रिया, विशेषण) शब्द विकारी हुन् भने पछिल्लो अव्यय शब्द र यसका उपवर्गचाहिँ अविकारी हुन् । संरचनात्मक आधारमा सबै नेपाली शब्दका तीन पदविभाग हुन्छन्–

१. **नामिक पद** (रूपायित हुने नाम, सर्वनाम र विशेषण) ।

२. **क्रियापद** (धातुमा प्रत्यय लागी बन्ने सबै क्रियाका रूप) ।

३. **अव्यय** (रूपायित नहुने क्रियायोगी, नामयोगी, संयोजक, विस्मयादिबोधक, अव्यय र निपात) ।

नाम

रूपसाधक प्रत्यय लाग्न सक्ने र कुनै वस्तु, स्थान, अवस्था आदिको नाउँ बताउने शब्द नाम हुन् । नामलाई 'संज्ञा' वा 'विशेष्य' पनि भनिन्छ । नामलाई दृश्य वा अदृश्य वस्तु र सङ्ख्येय वा असङ्ख्येय दृष्टिले पनि छुट्ट्याउन सकिन्छ । पुस्तक, मानिस, फूल, सगरमाथा दृश्य वस्तु हुन्; माया, सुख, दुःख, धैर्य आदि अदृश्य वस्तु हुन् । त्यस्तै सङ्ख्येय नाममा पुस्तक, मानिस, रूखजस्ता एकवचन र बहुवचन दुवै हुन सक्ने शब्द पर्छन्; असङ्ख्येय नाममा चाहिँ माया, सुख, दुःख, पानी धैर्य-जस्ता एकवचनमै मात्र प्रयुक्त हुने नाम पर्छन् । व्याकरणात्मक कार्यका आधारमा नाम खास गरी तीन थरीका छन्,[१]

---

१. कति पुस्तकमा द्रव्यवाचक र समूहवाचकसमेत गरी नाम पाँच थरीका पनि दिइएका छन्, तर यी दुवै नाम सामान्य नामभित्रै पर्ने हुन् । 'चन्द्रिका' (पं० हेमराज शर्मा) र नेपाली सजिलो व्याकरण' (स्व० पुष्करशमशेर)-मा पनि नामका यिनै तीन भेद मानिएका छन् ।

१. **सामान्य वा जातिवाचक नाम**– सबै किसिमका वस्तुको साभा नाम चिनाउने । जस्तै– मानिस, घर, कलम, पुस्तक, फूल, मेच, गाई, घोडा, बाटो आदि ।

२. **विशेष वा व्यक्तिवाचक नाम**– किटेरै भनिने । जस्तै– काठमाडौँ, सगरमाथा, भानुभक्त, मोतीराम, मुना-मदन, असोज, सयपत्री आदि ।

३. **भाववाचक नाम**– भाव, गुण वा अवस्था बुभाउने । जस्तै– बसाइ, पढाइ, दया, माया, रातोपना, सुन्दरता, मित्रता आदि । भाववाचक नाम तीन किसिमले बनेका हुन्छन्–

(क) सामान्य नामबाट– केटोपन, ठिटोपन, पण्डित्याइँ, मित्रता आदि ।

(ख) धातुबाट– हँसाइ, खवाइ, टिकाउ, भनाउ आदि ।

(ग) विशेषणबाट– रातोपना, नौलोपना, अग्लाइ, मोटाइ आदि ।

उदाहरणका लागि तीनै थरी नामको प्रयोग–

बारीमा फूल फुलेको छ ।

पुस्तक, कापी र **कलम** घरमा राखौँ ।

कोसी, गण्डकी र **कर्णाली** नेपालका मुख्य **नदी** हुन् ।

भानुभक्त र **मोतीराम**लाई बिर्सन सकिँदैन ।

रिस होइन **हँसाइ**ले **दया-माया** बसाइदेऊ ।

उनीहरूको **अनुहार**मा **रातोपना** देखिन्छ ।

सर्वनाम

नामका सट्टामा वा नाम नकिटे पनि नामकै निम्ति आफैँ प्रयोग हुन आउने शब्द सर्वनाम हुन् । यी छ थरीका छन्–

१. **पुरुषवाचक**– बोल्दा-बोलिँदा पुरुष अथवा स्त्री बुभिने । यसभित्र पनि तीन पुरुष छन्–

(क) उत्तम पुरुष – म, हामी ।

(ख) मध्यम पुरुष – तँ, तिमी, तपाईं, यहाँ, हजुर ।

(ग) अन्य पुरुष – ऊ, उनी, ती, तिनी, यी, यिनी ।

वर्तमान सन्दर्भमा अहिले अङ्ग्रेजी व्याकरणको प्रभाव परेर क्रमशः (क) प्रथम पुरुष, (ख) द्वितीय पुरुष र (ग) तृतीय पुरुषको प्रचलन पनि बढ्दो छ । उदाहरणका लागि (तीनै पुरुष)–

म साँभपख आइपुगुँला । हामी सुन्दरीजल गयौँ ।

तँ फूल रोप्छस् । तिमी गीत गाउँछौ ।

तपाईं आउनुहोस् । पूजामा यहाँ पनि पाल्नुहोला ।

ऊ धनकुटा जाला । तिनी धुलिखेल गए ।

२. **दर्शक वा निश्चयवाचक**– कुनै चीज वा व्यक्तिलाई तोकेर देखाउने । जस्तै– त्यो, यो, ती, यी, तिनी, यिनी । उदाहरणका लागि–

त्यो छिटो हिँड्दैन ।   यो भर्खर आयो ।
ती जात्रू हुन् ।   यी बेस छन् ।
यिनी कहिले आए ?   तिनी कहाँ गए ?

३. **अनिश्चयवाचक–** चीज वा वस्तुलाई तोकेर नबुझाउने । जस्तै– कोही, केही, कतै, काहीँ, कुनै, जो, जोसुकै । उदाहरणका लागि–

कोही होला ।   जो भेट्टाउँछु ।
केही कुरा छ ।   जोसुकै आओस् ।
कतै पानी परेको छ ।   कुनै मानिस गएको थियो ।

४. **प्रश्नवाचक–** प्रश्न गरेको वा सोधेको बुझाउने । जस्तै– को, के, कुन, कस । उदाहरणका लागि–

कुन ल्याऊँ ?   तिमीलाई कसले बोलायो ?
को आउनुभएछ ?   यहाँ के छ ?
भोलि को जान्छ ?   कृष्णले अर्जुनसित सोधे– "तिमीले के गरेको?"

५. **सम्बन्धवाचक–** वाक्यका दुवैपट्टिको सम्बन्ध देखाउने । जस्तै– जो, जसले, जे, जुन । उदाहरणका लागि–

"लुकी सधैँ जो संसार हाँक्छ,
जसले नबोली सब काम टार्छ,
उसले गरोस् जय नेपाल देशको ......" (म० वी० वि० शाह)
जसले दिन्छ मानु, उसको सुनको छानु ।
जो बिराउँछ, ऊ डराउँछ ।
तपाईं जे भन्नुहुन्छ म त्यही गरुँला ।

६. **निजवाचक–** कर्ताका निम्ति सँगसँगै आउने । जस्तै– आफू, आफैँ, आफ्नो । उदाहरणका लागि–

ऊ आफू भन्दैन ।   तँ आफैँ घर जा ।
तिमी आफ्नो काम गर ।   म आफूलाई निर्धो ठान्दिनँ ।
सान्नानी आफ्नो छोरालाई धेरै माया गर्छिन् ।
आफू (तपाईं) कहिले पाल्नुभयो ?

क्रिया

कुनै काम भएको वा हुने कुरा बुझाउने शब्द क्रिया हुन् । बस्छु, बस्छौं, खान्छ, खान्छन् आदि रूप चलेपछिको अवस्था 'क्रियापद' बन्छ । क्रियाका साधारण रूपमा 'नु' लाग्छ । त्यस्ता रूपलाई 'क्रियार्थक संज्ञा' भनिन्छ । जस्तै– बस्नु, खानु, पढ्नु, हेर्नु, लेख्नु, दिनु आदि । क्रियार्थक संज्ञाबाट 'नु' झिक्ता जति बाँकी रहन्छ, ती धातु हुन् । जस्तै– बस्, खा, पढ्, हेर्, लेख् आदि ।

काम वा फलका आधारमा क्रिया दुई थरीका छन्–

१. **सकर्मक क्रिया**– कर्म लिने । उदाहरण–

नानी भात खान्छ ।　　　　म कुरा गर्छु ।
बाले गाई दुहुनुभो ।　　　　डाकघरमा चिठी खसाल्छन् ।
सबैले काम गर्नुपर्छ ।　　　　गाइनेले सारङ्गी बजायो ।
विद्यार्थी भकुन्डो खेल्छन् ।　　　　कमलले सुशीललाई पिट्यो ।

२. **अकर्मक क्रिया**– कर्म नलिने । उदाहरण–

बाँदर नाच्छ ।　　　　हामीहरू हाँस्छौँ ।
नानी बस्छ ।　　　　घाम लाग्यो ।
चराहरू उड्छन् ।　　　　काफल पाक्यो ।
बादल धुम्मिइरहेछ ।　　　　सल्लो सुसायो ।

सकर्मकमा 'के, कसलाई ?' भनी प्रश्न गर्दा उत्तर आउँछ । जस्तो– 'नानी के खान्छ ?'
भन्दा 'भात' भन्ने बुझिन्छ, त्यसैले खानु 'क्रिया' सकर्मक भयो; तर 'नानी के बस्छ ?'
वा 'कसलाई बस्छ ?' भन्ने प्रश्न हुँदैन– त्यसैले 'बस्नु' क्रिया अकर्मक भयो ।

सकर्मक र अकर्मक क्रिया प्रायः भूतकालमा 'ले' लाग्ने-नलाग्ने किसिमले पनि
छुट्ट्याउन सकिन्छ । भूतकालमा 'ले' लागेमा सकर्मक क्रिया र 'ले' नलागेमा अकर्मक
क्रिया हुन्छ । जस्तै– 'खानु', 'गर्नु', 'पढ्नु' क्रियाका भूतकालमा रामले भात खायो,
मैले काम गरेँ, सामुले पढी– भएकाले सकर्मक र 'डराउनु, आउनु, हुनु' क्रियाका
भूतकालमा भाइ डरायो, दिदी आइन्, बिहान भयो– भएकाले अकर्मक क्रिया भए ।
तर कुनै-कुनै क्रियाका केही धातुमा यो नियम नमिल्ने पनि हुन्छ । जस्तै– मैले
खोकेँ, हामीले नुहायौँ आदि । यसैले संस्कृत व्याकरणका अनुसार क्रियाको व्यापार
कर्तामा र फल कर्ताभन्दा बेग्लैमा रहने क्रिया सकर्मक र क्रियाको फल कर्तामा नै
रहने क्रिया अकर्मक ठहरिन्छ ।

कुट्नु, खानु, गर्नु, दिनु, पढ्नु, भन्नु, लेख्नु, सुन्नु, खेल्नु, सक्नु आदि **सकर्मक क्रिया**
र आउनु, उठ्नु, हुनु, घट्नु, चिच्च्याउनु, थाक्नु, पाक्नु, बढ्नु, बस्नु, मर्नु, रुनु, सुत्नु,
हाँस्नु, हिँड्नु आदि **अकर्मक क्रिया** हुन् ।

विशेषण

नामको गुण वा अवस्था जनाउने शब्द विशेषण हुन् । विशेषण चार थरीका छन्–

१. **गुणबोधक**– आकार, स्थान, काल, रङ्ग, पदार्थ, अवस्था आदि गुण वा अवस्था
जनाउने । जस्तै– ठूलो, सानो, मोटो, दुब्लो, पूर्वी, पश्चिमी, डोटेली, सुनौलो,
पित्तले, बलौटे, रातो, नीलो, गुलियो, राम्रो, मीठो, असल, बाठो, जेहेनदार,
खराब, नराम्रो, नुनिलो, जुनेली, रमाइलो आदि । उदाहरण–

गुलियो आँप　　　　राम्रो नानी ।
रातो फूल ।　　　　खराब बानी ।

किताब असल छ । छोरी बाठी छ ।

ऊ जेहेनदार थियो । फूलहरू राता, पहेँला र सेता हुन्छन् ।

तरकारी गुलियो छ । जुनेली रात सबैलाई रमाइलो लाग्छ ।

२. **परिमाणबोधक–** परिमाण बताउने । जस्तै– यति, उति, त्यति, जति, धेरै, थोरै, गह्रौँ, कम्ती, केही, अलिकति आदि । उदाहरण–

केही मानिस । ठेकीमा अलिकति मही होला ।

थोरै पैसा, धेरै बालक । उनी यति भात खान्नन् ।

भारी गह्रौँ थियो । बटुवाले केही गीत गाए ।

जति भाँडो उति चुबुर्को । हामीले कम्ती दुःख पाएका छैनौँ ।

३. **सङ्ख्याबोधक–** किटेर सङ्ख्या बुझाउने । जस्तै– एक, दुई, तीन, एउटा, दुगुना, पहिलो, दोस्रो, दोब्बर, सातौँ आदि । उदाहरण–

दुई मानिस, चार आँखा । एउटा बिरालो, दुइटा मुसा ।

दुगुना काम । चौगुना मोल ।

त्यसको दाम तेबर छ । शान्ति सातौँ श्रेणी (कक्षा)-मा पढ्छिन् ।

एउटी बूढी घान लाउने, बत्तीस भाइ धान कुट्ने (चपाएको) ।

४. **सङ्केतबोधक–** नजिक वा टाढाको नामलाई सङ्केत गर्ने । सर्वनामलाई नै विशेषण बनाई प्रयोग गरिने हुनाले यसलाई 'सार्वनामिक विशेषण' पनि भनिन्छ । जस्तै– त्यो, यो, ती, यी, ऊ ।[२] उदाहरण–

त्यो घोडा छिटो हिँड्दैन । ऊ विद्यार्थी असल छ ।

यो बाबु भर्खर आयो । यी नानी लेख लेख्छिन् ।

ती मानिस जात्रू हुन् । त्यहाँ डाँडामा पानी पर्‍यो ।

यी मानिस बेस छन् । उसलाई यस घरमा डाक ।

विशेषणका अवस्था

गुणबोधक र परिमाणबोधक विशेषणले तीन अवस्थामा रहेर नामको गुण जनाउँछन् । जस्तै–

पहिलो– सामान्य अवस्था । जस्तै–

फूल राम्रो छ । मेलामा गितार्‍हे धेरै थिए ।

कोइली चङ्ख हुन्छ । मलाई सुन्तला मीठो लाग्यो ।

---

२. *त्यो, यी, ती* नाम नराखी तोकेमा दर्शक वा निश्चयवाचक सर्वनाम हुन्, तर पछाडि नामसमेत राख्दा तिनै शब्द सङ्केतबोधक विशेषण बन्छन् । जस्तै–

दर्शक सर्वनाम		सङ्केतबोधक विशेषण	
दर्शक सर्वनाम	*त्यो छिटो हिँड्दैन ।*	सङ्केत-बोधक विशेषण	*त्यो घोडा छिटो हिँड्दैन ।*
	यो भर्खर आयो ।		*यो बाबु भर्खर आयो ।*
	ती जात्रू हुन् ।		*ती मानिस जात्रू हुन् ।*
	यी बेस छन् ।		*यी मान्छे बेस छन् ।*

दोस्रो– तुलनात्मक अवस्था । जस्तै–

पातभन्दा फूल राम्रो छ ।

मेलामा तमासेभन्दा गिताङ्ग्रे धेरै थिए ।

कागभन्दा कोइली चङ्ख हुन्छ ।

चाक्सीभन्दा सुन्तला मीठो लाग्यो ।

तेस्रो– विशेष अवस्था । जस्तै–

फूल सबैभन्दा राम्रो छ ।

मेलामा गिताङ्ग्रे सबैभन्दा धेरै थिए ।

कोइली सबैभन्दा चङ्ख हुन्छ ।

मलाई सुन्तला सबभन्दा मीठो लाग्यो ।

संस्कृत तत्सम शब्दमा माथिका अवस्था देखाउन मूल शब्दमा 'तर' र 'तम' जोरिन्छन् ।
जस्तै–

अधिक	अधिकतर	अधिकतम
उच्च	उच्चतर	उच्चतम
गुरु	गुरुतर	गुरुतम
प्रिय	प्रियतर	प्रियतम
महत्	महत्तर	महत्तम
मूर्ख	मूर्खतर	मूर्खतम
लघु	लघुतर	लघुतम
सुन्दर	सुन्दरतर	सुन्दरतम

अव्यय

अव्ययले नामिक र क्रियागत कार्यबाहेक अन्य व्याकरणात्मक कार्य गर्छ । 'अव्यय' भनेको नमासिने हो, अर्थात् यसमा लिङ्ग, वचन र कारक हुँदैनन् । यसैले यसका रूप प्रायः सधैँ एकनास रहन्छन् ।[3]

अव्ययका निम्नलिखित किसिम छन्–

१. **क्रियायोगी–** क्रियाको बयान गर्ने वा त्यसको प्रकार र अवस्था बुझाउने । जस्तै– गजक्क, झलक्क, भुर्र, पिलपिल, अबेर, उता, छिटो आदि । उदाहरण–

---

3. *विशेष अवस्थामा अव्यय शब्दको पनि रूप चल्न सक्छ, तर त्यस अवस्थामा ती शब्द अव्यय नरहेर नामस्थानिक हुन्छन् । जस्तै–*

अधिका मान्छे बाहिरका कुरा गर्दैनथे ।

यहाँको त्यति राम्रो छैन ।

तिम्रो 'र-र' ले मलाई पिन्यो ।

त्यहाँमाथि अर्की तला छ ।

सम्बोधनमा विभक्ति पटक्कै लाग्दैन ।

लालु गजक्क पर्छ । ऊ टुप्लुक्क आयो ।
चरो भुर्र उड्छ । दियो पिलपिल बलिरहेको थियो ।
झमक्क साँझ पर्‍यो । आज अबेर भएछ ।
तिमी उता जाऊ, म यता बस्छु । काम छिटो सके बेस हो ।

त्यस्तै, भोलि, पर्सि, हिजो, आज, भित्र, बाहिर, माथि, मनि, अघि, पछि, जब, तब, बेसरी, टुप्लुक्क, प्याट्ट, मुसुक्क इत्यादि क्रियायोगी हुन् । क्रियायोगीका दुई किसिम छन्—

> **(क) क्रियाविशेषण–** क्रियाको विशेषण वा अवस्था बुझाउने । जस्तै– राम्ररी, सरर, पिलपिल, धेरै, बिछट्ट, बिस्तारै इत्यादि ।

> **(ख) क्रियान्वयी–** क्रियापदसित सम्बन्ध राख्ने । जस्तै– हिजो, भोलि, तल, मनि, उता, छिटो, गरेर, गरी, गर्न, खाएर, खान इत्यादि ।

२. **नामयोगी–** छुट्टै रहेमा अर्थ नखुलाउने र अरू शब्दसित जोरिँदा विभक्तिझैँ भएर अर्थ प्रस्ट गर्ने । जस्तै– तिर, सम्म, सँग, सित, बाट, नेर, निम्ति, पट्टि, बिना, माथि, मनि, द्वारा, तर्फ, बाहेक आदि । उदाहरण–

बगैँचासम्म । पसलतिर । यताहुँदो ।
पटकपिच्छे । छेउपट्टि । कलमबिना ।
कान्लामनि प्याउली फुल्यो । दिदीसित म त्यहाँ गएँ ।

३. **संयोजक–** दुई थरी शब्द वा वाक्यलाई जोर्ने । जस्तै– र, तर, पनि, न, कि, किनभने, अनि, वा, अथवा आदि । प्रयोग र उदाहरण–

आगो र पानी माछापुच्छ्रे र अन्नपूर्ण हिमाल पोखरामा छन् ।
हुन त होला तर म जान्नँ । कविता अथवा कथा चाहियो ।
न जाऊँ न बसूँ भयो । तिमी घर जाने कि नजाने ?
उसले गायो अनि मैले गाएँ । काम गरौँ, नत्र फसाद पर्ला ।

४. **विस्मयादिबोधक–** हर्ष, बिस्मात, आश्चर्य, घृणा आदि जनाउने । जस्तै– अहा, आमै, बाबै, ऐया, कठै, हरे, ओहो, छिःछिः आदि । प्रयोग र उदाहरण–

अहा ! कति राम्रो खेल ! कस्तो मजाको !

ऐया नि, मरेँ आमै ! ठहरै परेँ !

आबुइ ! कत्रो बाँदर आएछ । उता हेर, हेर !

छिः छिः तिमी त ! यस्तो फोहरी काम नगर न !

कठै ! बिचराले साह्रै पो दुःख पाएछ ।

निपात पनि अव्ययवर्गमा पर्छ र निपातसमेत अव्ययका पाँच किसिम वा उपवर्ग हुन्छन् । निपात अव्यय भए तापनि यसमा पाइने भिन्नता, विविधता र मौलिकताले गर्दा यसको चर्चा अलि विस्तारमा हुनु आवश्यक देखिन्छ । निपातको परिचय तथा प्रयोगसहित यसबारे 'बहुरूपी शब्द : विशेष ज्ञान' अन्तर्गत छुट्टै प्रकाश पारिएको छ ।

४

शब्दको बनोट

भाषामा शब्दको बनोटसम्बन्धी विधि वा ज्ञानको महत्त्वपूर्ण स्थान छ । शब्दको बनोटविधिलाई 'शब्दनिर्माण-प्रक्रिया' पनि भनिन्छ । यस विधिद्वारा शब्दको अध्ययनमा डुबुल्की मार्न ठूलो सघाउ मिल्छ । भाषालाई गतिशील रूप दिन र अभिव्यक्तिशिल्पलाई प्रभावपूर्ण पार्न पनि यसको त्यत्तिकै आवश्यकता छ । शब्दको बनोटमा ध्यान दिनपर्ने कुरा के छ भने, यसमा सकेसम्म तत्समभन्दा बढी तद्भवलाई नै उकास्ने प्रयत्न हुनुपर्छ ।

व्युत्पत्तिका हिसाबले शब्द दुई किसिमका छन्– (१) मूल शब्द, (२) व्युत्पन्न शब्द । मूल शब्दलाई 'सिद्ध', 'रूढ' र व्युत्पन्न शब्दलाई 'साधित' वा 'यौगिक' शब्द पनि भनिन्छ ।

मूल शब्द भनेको माउ शब्द हो । फुक्का चालले उभिने र अर्थिने नभए तापनि शब्दको बनोटमा आउनुअधिका धातुलगायत सबै आधारपदलाई मूल शब्दमा लिइन्छ । यस्ता शब्द स्वयं बनेका वा प्रकृतिका रूपमा मात्रै रहने हुनाले तिनलाई टुक्र्याउन मिल्दैन र सग्लै हुन्छन् । जस्तै–

बाबा, आमा, घर, पुस्तक, जल आदि । (नाम)
म, तँ, ऊ, त्यो, को, जो आदि । (सर्वनाम)
लेख्, पढ्, बस्, भन्, हेर्, दि, आउ आदि । (धातु)
रातो, राम्रो, अग्लो, बाठो, ठाडो, तेर्सो आदि । (विशेषण)
अघि, पछि, तल, माथि, भित्र, बाहिर आदि । (अव्यय)

व्युत्पन्न शब्द अरू शब्दांश वा प्रत्यय जोरिएर, शब्द-शब्द मिलेर, द्वित्व भएर आदि किसिमले बन्छन् । यिनलाई व्युत्पत्ति गर्न अथवा छुट्ट्याउन सकिन्छ । जस्तै तलका प्रत्येक शब्दका विश्लेषण सार्थक घटक (संरचनाका टुक्रा)मा हुन्छन्–

उप + वन = उपवन
खेल् + औना = खेलौना
घर + एलु = घरेलु
सुगाको जस्तो रटाइ = सुगारटाइ
घर + घर = घरघर
शुभ + इच्छा = शुभेच्छा

शब्दको बनोटका टुक्रा रूपखण्ड वा रूपिम हुन् । रूपिम भाषाको लघुतम र अविभाज्य एकाइ हो । जस्तै घर+एलु-मा दुइटा र अ+मानव+ईय-मा तीनवटा लघुतम एकाइ छन् । यसरी रूपिम प्रकृति मात्र पनि हुन्छ, उपसर्ग मात्र पनि हुन्छ, प्रत्यय वा विभक्ति

मात्र पनि हुन्छ । यस्ता रूपिममध्ये स्वतन्त्र रहने मुक्त रूपिम हुन्, अरू रूपिममा जोरिने आबद्ध रूपिम कहलाउँछन् । जस्तै–

रूपखण्ड वा रूपिम < मुक्त (मूलांश) मानव, रस

आबद्ध (उपसर्ग, प्रत्यय वा विभक्ति)

अमानव, रसिलो

मुक्त रूपिम (मूलांश)-ले शब्दको अधिकांश अर्थ वहन गर्छ भने आबद्ध रूपिमले अल्पांश अर्थ । आबद्ध रूपिमको काम मूलांशको अर्थमा परिवर्तन र परिवर्द्धन गर्नु हो । यसरी रूपिम वा शब्दका लघुतम एकाइको योग नै व्युत्पन्न शब्द हुन्छ ।

व्युत्पन्न अर्थात् यौगिक शब्दहरू खास गरी तलका किसिमले बन्छन् वा बनाइन्छन्–

१. **उपसर्ग**– मूल शब्दका अगाडि शब्दांश जोरेर । यसलाई 'पूर्वसर्ग' पनि भनिन्छ ।

२. **प्रत्यय**– (फुँदा) मूल शब्दका पछाडि कृत् वा तद्धित प्रत्यय गाँसेर । यसलाई 'परसर्ग' पनि भनिन्छ ।

३. **समास**– मुक्त शब्दहरूको मेलद्वारा ।

४. **द्वित्वप्रक्रिया**– शब्द वा शब्दांश दोहन्याएर ।

५. **सन्धि र आगम**– ध्वनिहरूको एकरूपद्वारा ।

उपसर्ग

शब्दका अगाडि लागेर विभिन्न खालका शब्द बनाउने एक किसिमका अव्यय उपसर्ग हुन् । उपसर्गले शब्दको अर्थलाई उकाल्ने, ओराल्ने वा मिलाउने र फरक पार्ने काम गर्छ । संस्कृतमा उपसर्गलाई धातुको अर्थ बलैले अर्कातिर धकेल्ने रूपमा लिइन्छ ।[१] नेपाली ढाँचाको अध्ययनमा उपसर्गहरू शब्दका अगाडि नै रहेका मानिन्छन् । **प्र परा अप सम् अनु अव निस् निर् दुस् दुर् वि आ नि अधि अपि अति अभि सु उत् प्रति परि उप**– यी बाइसवटा संस्कृतका तत्सम उपसर्ग हुन् । यीबाहेक विभिन्न रूपमा आएका अ, अन, कु, न, ना, बद, बि, बे आदि अन्य आगन्तुक उपसर्ग पनि नेपालीमा प्रचलित छन् ।

उपसर्गहरू, तिनको सूक्ष्म अर्थ र ती उपसर्ग अगाडि जोरिएर बनेका शब्दहरूका उदाहरण क्रमैले तल देखाइएका छन् ।

(क) संस्कृत तत्सम उपसर्ग

उपसर्ग	सूक्ष्म अर्थ	उदाहरण
अति	उल्लङ्घन, ज्यादा	अतिक्रम, अतिरिक्त, अतिशय, अतिसार ।
अधि	धेरै, माथि	अधिकार, अधिपति, अधिराज्य, अधिवेशन ।

---

१. *उपसर्गेण धात्वर्थो बलादन्यत्र नीयते ।*
   प्रहाराहारसंहारविहारपरिहारवत् । (पाणिनि)

अनु	पछाडि, समान	अनुकरण, अनुवाद, अनुरूप, अनुहार ।
अप	खराब, हीनता	अपकार, अपमान, अपव्यय, अपशब्द ।
अभि	तिर, सामुन्ने	अभिनय, अभिमान, अभिरुचि, अभियान ।
अव	टाढा, तल	अवकाश, अवगुण, अवनति, अवहेलना ।
आ	पर्यन्त, व्याप्ति	आगमन, आजन्म, आपत्ति, आहार ।
उत्	उँचो, माथि	उत्कर्ष, उत्थान, उत्पत्ति, उत्प्रेरणा ।
उप	अड्, समीप	उपदेश, उपनाम, उपवन, उपहार ।
दुस्	खराबी, गाह्रो	दुस्सह, दुश्चरित्र, दुष्कर्म, दुश्चिन्ता ।
दुर्	तुच्छ, गाह्रो	दुर्गम, दुर्जन, दुर्गुण, दुर्दशा ।
नि	निषेध, निशेष	नियम, निरूपण, निवारण, निवास ।
निस्	निषेध, बाहिर	निःशुल्क, निस्तेज, निःसार, निस्सार ।
निर्	बाहिर, बिना	निर्दय, निर्दोष, निर्मम, निर्मल ।
परा	उल्टो, सीमा	पराजय, पराक्रम, पराकाष्ठा ।
परि	छेउछाउ, चारैतिर	परिताप, परिपूर्ण, परिभाषा, परिवार ।
प्र	धेरै, कडा	प्रख्यात, प्रबल, प्रसार, प्रहार ।
प्रति	विरुद्ध, हरेक	प्रतिकूल, प्रतिफल, प्रतिमास, प्रतिवाद ।
वि	विभिन्न, रहित	विज्ञान, विदेश, वियोग, विराग ।
सम्	राम्रो, संयोग	सङ्कल्प, संवाद, संस्कार, संस्कृत ।
सु	असल	सुगम, सुबोध, सुमार्ग, सुविचार ।

कतै-कतै उपसर्गका अघिल्तिर फेरि उपसर्ग लागी एउटै शब्दमा दुई वा दुईभन्दा बेसी उपसर्ग प्रयोग भएर पनि शब्द बन्छन् । जस्तै–

(अ) दुई उपसर्ग लागेर :

आ + प्र + वास = आप्रवास
उप + सं + हार = उपसंहार
निर् + आ + कार = निराकार
निर् + आ + धार = निराधार
दुर् + उप + योग = दुरुपयोग
सु + सं + चालन = सुसञ्चालन

(आ) तीन उपसर्ग लागेर :

दुर् + वि + अव + हार = दुर्व्यवहार
सु + सम् + आ + चार = सुसमाचार

यस्तै, एकै शब्दमा उपसर्ग लाग्दा विभिन्न अर्थ हुने केही बनोटे शब्दका उदाहरण हुन्–
करण– अनुकरण (सिको, नक्कल), उपकरण (साधन), प्रकरण (परिच्छेद, सन्दर्भ), अधिकरण (सप्तमी कारक) ।

गति–	प्रगति (अघि सर्नु), सङ्गति (मेल), अगति (मरेपछिको खराब गति), अवगति (जानकारी, खराब गति), दुर्गति (खराब अवस्था) ।

योग–	संयोग (मौका, अवसर), वियोग (बिछोड), उपयोग (काम), प्रयोग (व्यवहार), आयोग (कुनै निश्चित कामका निम्तिको सरकारी निकाय वा अङ्ग) ।

लाप–	प्रलाप (बर्बराइ), संलाप (कुरा), विलाप (बिलौना), आलाप (ताना) ।

रोध–	अवरोध (रोकावट), अनुरोध (आग्रह), निरोध (नियन्त्रण), विरोध (बाधा, अडकाउ) ।

वाद–	संवाद (कुराकानी), विवाद (तर्क), अनुवाद (उल्था), अपवाद (निन्दा), प्रतिवाद (खण्डन) ।

मान–	सम्मान (आदरभाउ), अनुमान (अन्दाज, लख), अपमान (अनादर, हेला), उपमान (उपमा दिइने वस्तु), अभिमान (घमन्ड, सेखी), प्रतिमान (प्रतिविम्ब, नमुना) ।

कार–	अपकार (बिगार), संस्कार (खार्ने काम), विकार (बिगार), अधिकार (हक), प्रतिकार (साटो), परिष्कार (मझाइ), उपकार (भलो), अलङ्कार (गहना), आविष्कार (नयाँ वस्तुको सिर्जना/पत्तो), आकार (रूप), पुरस्कार (इनाम) ।

चार–	प्रचार (फैलाउ), सञ्चार (हिँडडुल), विचार (गौर), आचार (चालचलन), दुराचार (खराब चालचलन) ।

हार–	प्रहार (हिर्काइ), संहार (नाश), अनुहार (चेहरा, स्वरूप), विहार (डुलफिर), आहार (खानेकुरा), उपहार (कोसेली), व्यवहार (चल्तीका काम) ।

भव–	अनुभव (थाहा), सम्भव (हुन सक्ने कुरा), उद्भव (उब्जाउ, जन्म), पराभव (तिरष्कार), विभव (धन, सम्पत्ति) ।

देश–	आदेश (अह्रोट), उपदेश (अर्ती), निर्देश (देखाउने काम), सन्देश (खबर), विदेश (अर्को देश) ।

शब्दमा उपसर्ग लाग्दा सन्धि भई उपसर्ग र शब्दमा परिवर्तन पनि हुन्छन् । यस्ता शब्दमध्ये केही सन्धि-प्रक्रियामा पनि परेका छन् तापनि यहाँ प्रसङ्गवश तल देखाइएका छन्–

उत्	+	आहरण	=	उदाहरण
उत्	+	स्थान	=	उत्थान
अनु	+	छेद	=	अनुच्छेद
वि	+	छेद	=	विच्छेद
प्र	+	अध्यापक	=	प्राध्यापक
सम्	+	आचार	=	समाचार
सम्	+	चालन	=	सञ्चालन

दुर्	+	आचार	=	दुराचार	
दुर्	+	उपयोग	=	दुरुपयोग	
निर्	+	अपराध	=	निरपराध	
निर्	+	आदर	=	निरादर	

(ख) अन्य उपसर्ग

उपसर्ग	सूक्ष्म अर्थ	उदाहरण
अ	अभाव, उल्टो	अज्ञान, अचेत, अबाटो, अयोग्य ।
अन	अभाव, उल्टो	अनपढ, अनपत्यार, अनमेल, अनविश्वास ।
कु	खराब, नराम्रो	कुचाल, कुमार्ग, कुरीति, कुलत ।
न	उल्टो, निषेध	नकाम, नजाती, नराम्रो, नमीठो ।
ना	तुच्छ, निषेध	नाचीज, नाबालक, नालायक, नासमझ ।
बद	खराब, बिग्रेको	बदख्वाइँ, बदनाम, बदनियत, बदमास ।
बि	अभाव, उल्टो	बिजोडा, बिसुर, बिथिति, बिसन्चो ।
बे	अभाव, उल्टो	बेचैन, बेनाम, बेताल, बेफ्चाँक ।
बै	अभाव, उल्टो	बैगुनी । इत्यादि ।

एकरूपे शब्दमा भिन्न वा उस्तै छ्यासमिसे उपसर्ग लाग्दा पनि शब्दको अर्थमा धेरथोर अन्तर पर्ने गर्छ । त्यस किसिमका केही शब्दका उदाहरण निम्न प्रकार छन्–

१. अनाम–   थाहा नभएको नाम, अज्ञात नाम ।
   कुनाम–   खराब नाम, जस नभएको नाम ।
   बदनाम–   सबैले निन्दा गरेको नाम ।
   बेनाम–   नभएको नाम वा गुमनाम ।
   सुनाम–   राम्रो वा सुप्रसिद्ध नाम ।

२. अपूत–   खराब छोरो ।
   कपूत–   आचारण बिग्रेको वा बदमास छोरो ।
   सपूत–   असल र लायक छोरो, शीलस्वभाव राम्रो भएको र कुलको इज्जत राख्ने छोरो ।

३. अबाटो–   ठाउँ नभएको, पाइक नपरेको, बिरिएको वा बेचल्तीको बाटो ।
   कुबाटो–   खराब बाटो, कुलत ।
   सुबाटो–   असल बाटो ।

४. अमन–   खान मन नलाग्नु, अरुचि ।
   बेमन–   इच्छारहित मन ।
   सुमन–   असल मन ।

५. कुरीति–   खराब रीति, कुप्रथा ।
   सुरीति–   असल रीति ।

कुनै-कुनै शब्दमा उपसर्ग लाग्दा दुवै रूपमा भन्डै एकै अर्थ भएका शब्द पनि नेपालीमा भेटिन्छन् । जस्तै–

गाल- अवगाल	घोर- अघोर	जोड- अजोड
तोड- बेतोड	नाश- विनाश	नाहक- अनाहक
बेर- अबेर	फ्चाँक- बेफ्चाँक	फाल्नु- अफाल्नु/आफाल्नु

अन्ततः ध्यान दिनुपर्ने कुरो के छ भने, खास-खास शब्दमा अभ खास-खास उपसर्ग मात्र लाग्छन् । जुन पायो त्यो शब्दमा मनलाग्दी उपसर्ग लगाएर शब्द बनाउनु हुन्न । उपसर्ग लागी बनेका शब्द र तिनको अर्थज्ञान प्रचलन र प्रयोगका आधारमा नै गर्नु उत्तम हुन्छ । जस्तै–

अ + सार	= असार	– सार नभएको ।	मलाई अचेल कामको असार भइरहेछ ।
प्र + सार	= प्रसार	– फैलाउ ।	रेडियोबाट समाचारको प्रसार भयो ।
सं + सार	= संसार	– विश्व ।	संसारले विज्ञानको उन्नति गरेको छ ।
अनु + सार	= अनुसार	– बमोजिम ।	उनी यहाँले नै भनेअनुसार आएका हुन् ।
अति + सार	= अतिसार	– अचाक्ली ।	अति गर्नू, अतिसार नगर्नू ।

उपसर्गजस्तै अगाडि लाग्ने केही शब्द

शब्द	अर्थ	उदाहरण
चिर	धेरै	चिरकाल, चिरायु, चिरञ्जीवी ।
पर	टाढा	परदेश, परचक्री, परसर्ग ।
सह	सँग, साथ	सहपाठी, सहमत, सहयोगी, सहवास ।
स्व	आफ्नो	स्वचालित, स्वजन, स्वतन्त्र, स्वदेश ।

प्रत्यय (फुँदा)

मूल शब्दबाट अर्का थरी शब्दहरू बन्दा तिनमा व्युत्पादक प्रत्यय (फुँदा) गाँसिन्छन् । प्रत्यय गाँसिने क्रियाद्वारा शब्द बन्ने-बनाउने तरिकाको बोध हुनाका साथै ती शब्दको प्रकृति (शब्दको मूल रूप) र प्रत्यय छुट्ट्याउने तथा अर्थज्ञान गर्ने काम पनि सजिलैसँग हुन्छ । जस्तै–

प्रकृति-प्रत्यय	व्युत्पन्न शब्द	अर्थ
लेख् + आइ	लेखाइ	लेख्ने काम वा किसिम
ढाल् + आन	ढलान	ढाल्ने काम
बन् + ओट	बनोट	बन्ने ढाँचा
उड् + अन्ते	उडन्ते	उड्ने खालको
रस + इलो	रसिलो	रस भएको
रातो + पन	रातोपन	रातो हुनाको भाव
राष्ट्र + इय	राष्ट्रिय	राष्ट्रसम्बन्धी

प्रत्यय गाँसिएर बन्ने शब्दका दुई भेद छन्– (१) कृदन्त (२) तद्धितान्त । यिनलाई क्रमशः प्रथम व्युत्पन्न र द्वितीय व्युत्पन्न पनि भन्ने गरिन्छ ।

कृदन्त

धातुमा प्रत्यय लागी बनेका शब्द कृदन्त हुन् र धातुमा लाग्ने प्रत्ययलाई 'कृत्' प्रत्यय भनिन्छ । यस फेटमा– नाम, विशेषण र अव्यय शब्द बन्छन् ।

कृदन्त शब्दको नेपाली भाषामा निकै महत्त्व छ । पहिलो महत्त्व हो– शब्दढुकुटीको वृद्धि र दोस्रोचाहिँ धातुबाट पनि नाम, विशेषण र अव्यय शब्द बन्ने हुँदा भाषाको स्रोत फराकिन पाउनु । जस्तै– एउटै धातुमा अ, आ, आइ, आवट, ई, एर, ओट आदि प्रत्यय लागेर लेख्-बाट लेखा, लेखाइ, लेखावट, लेखी, लेखेर, लेखो, लेखोट; यस्तै बोल्-बाट बोल, बोलाइ, बोलावट, बोली, बोलक्कड, बोलैयाजस्ता थुप्रै शब्द बन्छन् ।[२] यसरी शब्दको फाँट सधैँ लहलह भइरहन्छ ।

(अ) नेपाली कृदन्त

नेपाली कृत्-प्रत्यय र ती प्रत्यय जोरिएर बनेका शब्दका केही उदाहरण तिनका किसिमसहित तल दिइएका छन् ।

धातुबाट बनेका–

(क) नाम

प्रत्यय	धातु	नाम	धातु	नाम
अ–	खेल्	खेल	जोड्	जोड
	नाप्	नाप	बोल्	बोल
	माग्	माग	रोक्	रोक
अत–	खप्	खपत	बच्	बचत
	लाग्	लागत	लिख्	लिखत
अन–	खट्	खटन	चल्	चलन
	जल्	जलन	पेल्	पेलन
अनी–	काट्	कटनी	चाट्	चटनी
	चाल्	चलनी	ढाक्	ढकनी
	माग्	मगनी	सोध्	सोधनी
आ–	घेर्	घेरा	छाप्	छापा
	देख्	देखा	लेख्	लेखा
आइ–	उड्	उडाइ	गर्	गराइ

---

२. कुनै सामान्य कृत्-प्रत्यय (जस्तै : आइ– खेलाइ, भनाइ, बसाइ, हँसाइ, एर– खेलेर, भनेर, बसेर, हाँसेर आदि) सबै धातुमा लाग्छन् भने कुनै सीमित कृत्-प्रत्यय (जस्तै : आहा– पिराहा, मिचाहा, रिसाहा, अक– पाठक, लेखक, वाचक आदि) प्रयोग र ठाउँ हेरी मात्र लगाइन्छन् ।

प्रत्यय	धातु		धातु	
	छाँस्	छँसाइ	छाप्	छपाइ
	जोड्	जोडाइ	पढ्	पढाइ
	बस्	बसाइ	भन्	भनाइ
	लेख्	लेखाइ	हाँस्	हँसाइ
आउ–	चल्	चलाउ	टिक्	टिकाउ
	दब्	दबाउ	पक्र	पक्राउ
	बोल्	बोलाउ	भन्	भनाउ
आउनी–	टुङ्ग्याउ	टुङ्ग्याउनी	पुछ्	पुछाउनी
	बक्स	बक्साउनी	सुर्क	सुर्काउनी
आन–	उड्	उडान	काट्	कटान
	ढाल्	ढलान	लुट्	लुटान
आरो–	घचेट्	घचारो	जोत्	जोतारो
	पसार्	पसारो	पोत्	पोतारो
आवट–	थाक्	थकावट	देख्	देखावट
	मिस्	मिसावट	लेख्	लेखावट
एस–	अड्	अडेस		
ओट–	अह्राउ	अह्रोट	गाँस्	गँसोट
	जम्	जमोट	टिप्	टिपोट
	बन्	बनोट	मास्	मसोट
	लेख्	लेखोट	ढाल्	ढलोट
औट–	बन्	बनोट	बुन्	बुनौट
	मास्	मस्यौट	लेख्	लेखौट
औना–	खेल्	खेलौना	बिसाउ	बिसौना
ती–	उठ्	उठ्ती	घुम्	घुम्ती (मोड)
	चल्	चल्ती	फिर्	फिर्ती
	बढ्	बढ्ती	मिल्	मिल्ती
नु–	खा	खानु	पढ्	पढ्नु
	बस्	बस्नु	लेख्	लेख्नु

(ख) विशेषण

प्रत्यय	धातु	विशेषण	धातु	विशेषण
अक्कड–	घुम्	घुमक्कड	पिउ	पियक्कड
	बुझ्	बुझक्कड	बोल्	बोलक्कड
अन्ता, अन्ते–	उड्	उडन्ता, उडन्ते	घुम्	घुमन्ता, घुमन्ते
	पढ्	पढन्ता, पढन्ते	फिर्	फिरन्ता, फिरन्ते
	माग्	मगन्ता, मगन्ते	लेख्	लेखन्ता, लेखन्ते
अन्ती–	घोक्	घोकन्ती	धाउ	धावन्ती
आर–	धुत्	धुतार	लुट्	लुटार

आरु–	उबार्	उबारु	चिन्	चिनारु
	फुल्	फुलारु	सिक्	सिकारु
आहा–	पिर्	पिराहा	पोल्	पोलाहा
	मिच्	मिचाहा	लुट्	लुटाहा
	सन्क	सन्काहा	सुत्	सुताहा
इँदो–	कोर्	कोरिँदो	चर्क	चर्किँदो
	पग्ल	पग्लिँदो	सर्क	सर्किँदो
इलो–	कस्	कसिलो	हाँस्	हँसिलो
उवा–	चल्	चलुवा	डुल्	डुलुवा
	ढाँट्	ढँटुवा	नाच्	नचुवा
	भाँड्	भँडुवा	सर्	सरुवा
एको–	गर्	गरेको	चाल्	चालेको
	भन्	भनेको	लेख्	लेखेको
ऐया–	खा	खवैया	गाउ	गवैया
	पढ्	पढैया	बोल्	बोलैया
	सिउ	सिवैया	हान्	हनैया
औटे–	ढाल्	ढलौटे	बन्	बनोटे
औवा–	खा	खौवा	देख्	देखौवा
	बोल्	बोलौवा	लेख्	लेखौवा
तो–	खस्	खस्तो	पाक्	पाक्तो
	बस्	बस्तो	हाँस्	हाँस्तो
दो–	खा	खाँदो	गर्	गर्दो
	जा	जाँदो	भन्	भन्दो
ने–	काम्	काम्ने	खा	खाने
	गर्	गर्ने	बोल्	बोल्ने
	भन्	भन्ने	हेर्	हेर्ने

(ग) अव्यय

प्रत्यय[3]	धातु	अव्यय	धातु	अव्यय
इन्जेल, उन्जेल–	आउ	आइन्जेल, आउन्जेल	बस्	बसिन्जेल बसुन्जेल
	गर्	गरिन्जेल, गरुन्जेल	भन्	भनिन्जेल, भनुन्जेल
ई–	खेल्	खेली	गुन्	गुनी
	पढ्	पढी	हाँस्	हाँसी

---

3 अव्ययका ई, ए, एर, न प्रत्यय सबैजसो धातुमा लाग्छन् । ता-दा, तै-दै आदिमा भने प्रायः
क्, ख्, च्, छ्, ट्, ठ्, त्, थ्, प्, फ्, स् आदि ध्वनिपछाडि ता-तै र अस्मा दा-दै हुन्छन् ।

ए–	गर्	गरे	देख्	देखे
	पढ्	पढे	बस्	बसे
एर–	खेल्	खेलेर	गुन्	गुनेर
	पढ्	पढेर	हाँस्	हाँसेर
ता, दा–	कस्	कस्ता, कस्दा	खेल्	खेल्दा
	टाँस्	टाँस्ता, टाँस्दा	हाँस्	हाँस्ता, हाँस्दा
तै, दै–	कस्	कस्तै, कस्दै	टाँस्	टाँस्तै, टाँस्दै
	बस्	बस्तै, बस्दै	हेर्	हेर्दै
न–	खेल्	खेल्न	गुन्	गुन्न
	पढ्	पढ्न	हाँस्	हाँस्न

केही प्रयोग

अ	गीतको **बोल**भन्दा **लेख**को भाव राम्रो छ ।
आ	कामको **लेखाजोखा** पनि त हुनुपर्छ ।
आइ	उनको **बोलाइ, हँसाइ र हिँडाइ** राम्रो लाग्यो ।
आन	तपाईंको घरको **ढलान** कहिले गर्ने हो ?
ओट	यस किताबका **लेखोट र बनोट** दुवै बेस छन् ।
एको	**बसेको** भन्दा **हिँडेको** जाती हो ।
ऐया	तिनीहरू **पढैया र बोलैया** छन् ।
उवा	**हरुवा** मान्छेको **भगुवा** दाउ ।
ने	**बोल्ने**भन्दा **गर्ने** ठूलो ।

(आ) संस्कृत कृदन्त

नेपाली भाषामा तत्सम प्रत्यय लागेर बनेका शब्द निकै प्रचलित छन् । यस्ता शब्दको ज्ञान बनोटका दृष्टिले मात्र होइन शब्दको व्युत्पत्ति तथा अर्थ बुझ्ने सन्दर्भमा पनि आवश्यक छ । यहाँ संस्कृतका कृत्-प्रत्यय लागेर बनेका शब्दका उदाहरण प्रस्तुत छन् । तिनमा कृदन्त नामले प्रायः काम वा भाव र कृदन्त विशेषणले त्यो काम गर्ने, त्यसका निम्ति योग्य, गरेको वा भएको आदि अर्थ जनाउँछन् । जस्तै–

प्रकृति-प्रत्यय	नाम	विशेषण	अर्थ
पठ् + अ	पाठ	–	पढ्ने काम वा अंश
अन	पठन	–	पढाइ
अक	–	पाठक	पढ्ने
अनीय	–	पठनीय	पढ्न योग्य
य	–	पाठ्य	पढ्न योग्य
दृश् + अन	दर्शन	–	हेर्ने काम
ति	दृष्टि	–	हेराइ

अक	–	दर्शक	हेर्ने	
अनीय	–	दर्शनीय	हेर्ने योग्य	
य	–	दृश्य	हेर्ने योग्य	
त	–	दृष्ट	हेरिएको	
ता	–	द्रष्टा	हेर्ने	

(क) कृदन्त नाम

प्रत्यय	धातु	नाम	धातु	नाम
अ–	त्यज्	त्याग	दीप्	दीप
	नश्	नाश	पठ्	पाठ
	भुज्	भोग	युज्	योग
	लिख्	लेख	रुज्	रोग
अन (ण)–	कथ्	कथन	गम्	गमन
	दा	दान	नी	नयन
	पठ्	पठन	पूज्	पूजन
	भू	भवन	मथ्	मथन
	लिख्	लेखन	शी	शयन
	रम्	रमण	स्मृ	स्मरण
अना–	अर्च्	अर्चना	क्लृप्	कल्पना
	चित्	चेतना	याच्	याचना
ति–	कृ	कृति	गम्	गति (चाल)
	तृप्	तृप्ति	भज्	भक्ति
	मन्	मति	मुच्	मुक्ति
	वृष्	वृष्टि	शक्	शक्ति
	स्था	स्थिति	स्मृ	स्मृति

(ख) कृदन्त विशेषण

प्रत्यय	धातु	विशेषण	धातु	विशेषण
अक–	कृ	कारक	दृश्	दर्शक
	नी	नायक	पच्	पाचक
	लिख्	लेखक	वच्	वाचक
	शिक्ष्	शिक्षक	शुष्	शोषक
इका–	नी	नायिका	लिख्	लेखिका
	शिक्ष्	शिक्षिका	सेव्	सेविका
अनी (णी) य, य–				
	कृ	करणीय, कार्य		
	पूज्	पूजनीय, पूज्य		
	मन्	मननीय		

	मान्	माननीय, मान्य		
	रम्	रमणीय, रम्य		
	लिख्	लेखनीय, लेख्य		
	श्रु	श्रवणीय, श्रव्य		
	स्वी-कृ	स्वीकरणीय, स्वीकार्य (अँगाल्न योग्य)		
इत्–	कथ्	कथित	पठ्	पठित
	रच्	रचित	लिख्	लिखित
ई–	कृ	कारी (गर्ने)	दृश्	दर्शी (देख्ने)
	भुज्	भोगी	युज्	योगी
ऊक–	जागृ	जागरूक		
त–	कृ	कृत	तृप्	तृप्त
	त्यज्	त्यक्त	मुच्	मुक्त
	रम्	रत	नश्	नष्ट
तव्य–	कृ	कर्तव्य	गम्	गन्तव्य
	ज्ञा	ज्ञातव्य	दृश्	द्रष्टव्य
	भू	भवितव्य	श्रु	श्रोतव्य
ता–	कृ	कर्ता	ज्ञा	ज्ञाता
	दा	दाता	नी	नेता
	भुज्	भोक्ता	वच्	वक्ता
	श्रु	श्रोता	ह	हर्ता
न–	भिद्	भिन्न	हा	हीन
	क्षी	क्षीण	विच्छिद्	विच्छिन्न(टुटेको)

केही प्रयोग

अन–   यहाँको गमन (हिँडाइ) कहाँसम्मको हो कुन्नि, मेरो कुरा स्मरण (सम्झना) रहोस् है ?

ति–   तपाईंको कृति मेरो दृष्टि (हेराइ)-मा परेको छैन ।

अनीय, य–   पूजनीय/पूज्य (पूजयोग्य) पिताज्यूलाई, लेखनीय/लेख्य (लेखयोग्य) कुरो केही छैन ।

ता–   उनी श्रोता (सुन्ने) मात्र होइन, ज्ञाता (जान्ने) पनि छन्, दाता (दिने) पनि छन् र नेता (बाटो देखाउने) पनि छन् ।

तव्य–   हामीले कर्तव्य (गर्नुपर्ने) के हो र ज्ञातव्य (जान्नुपर्ने) के छ भन्ने कुरा विचार गर्नुपर्छ ।

कुनै-कुनै संस्कृत तत्सम र नेपाली कृदन्त शब्दलाई दाँजेर पनि तात्त्विक अर्थनजिक पुगिन्छ । यस्ता शब्दमा संस्कृतमा गाँसिने कृत-प्रत्ययको नेपालीमा प्रायः 'अन'-को 'आइ', 'अक' र 'ता'-को 'ने', 'ऊक्' को 'आ' र 'त'-को 'एको' आदि भएका छन् । जस्तै–

मूल शब्द	संस्कृत कृदन्त	मूल शब्द	नेपाली कृदन्त
गम्	गमन	हिँड्	हिँडाइ
पठ्	पठन	पढ्	पढाइ
लिख्	लेखक	लेख्	लेख्ने
दा	दाता	दि	दिने
जागृ	जागरूक	जाग्	जागा
मुच्	मुक्त	छुट्	छुटेको

तद्धितान्त

मूल र कृदन्तका नाम, विशेषण आदिबाट प्रत्यय लागी बनेका शब्दहरू तद्धितान्त हुन् । त्यस्ता शब्द बन्दा गाँसिने प्रत्ययलाई 'तद्धित प्रत्यय' भनिन्छ । तद्धितान्तमा नाम, विशेषण, अव्यय आदिबाट अर्को थरी नाम, विशेषण, क्रियापद र अव्यय शब्द बन्छन् ।

शब्दढुकुटीको वृद्धिका दृष्टिमा तद्धितान्त शब्दको पनि कृदन्तको जस्तै महत्त्व छ । अझ यसमा शब्द बन्ने र बनाउने किसिम थुप्रै हुनाले तद्धितान्त शब्दको क्षेत्र विस्तृत छ । यस्ता शब्दले मूल शब्दको अर्थ फैलाउँछन्, शब्दमा लालित्य बढी देखिन्छ, भाववाचक शब्दले सुगमता प्रदान गर्छन् । तद्धितान्त शब्दबाट भाषामा मधुरता र व्यापकता पनि आउँछ ।

(अ) नेपाली तद्धितान्त

नेपाली तद्धितान्त शब्दका केही उदाहरण प्रत्ययसहित तल दिइएका छन्–

१. नामबाट बनेका

(क) नाम

प्रत्यय	नाम	नाम	नाम	नाम
आन–	ओइरो	ओइरान	घर	घरान
	रैती	रैतान	सिर	सिरान
आरी–	छाया	छहारी	तेल	तेलारी
	पोतो	पोतारी	मुख	मुखारी
आरो–	चटपट	चटारो	छेको	छेकारो
ई–	कालिगड	कालिगडी	खेत	खेती
	चाकर	चाकरी	नोकर	नोकरी
	बोल	बोली	सलाम	सलामी

प्रत्यय	नाम		नाम	
ए–	अङ्कुश	अङ्कुशे/अङ्कुसे	काप	कापे
	कोत	कोते	जाँघ	जाँघे
एटो–	कुनु	कुनेटो	ख्वर	ख्वरेटो
	खुर्पा	खुर्पेटो	गाग्री	गाग्रेटो
	चकटो	चक्लेटो	रस	रसेटो
एन–	ढुङ्ग्रो	ढुङ्ग्रेन	ढुटो	ढुटेन
	जुठो	जुठेन	बुटो	बुटेन
एरी–	काँध	कँधेरी	घर	घडेरी
	माभ	मभेरी	मीत	मितेरी
एलो–	जुरो	जुरेलो	डाँडो	डँडेलो
औरा–	काँच	कचौरा	घाम	घमौरा
	मास	मस्यौरा		
औरो–	थुन	थु (थ) नौरो	धूप	धुपौरो
	मास	मस्यौरो	मुसो	मुसौरो
औली, औले–	केटो	केटौली, केटौले	ठिटो	ठिटौली, ठिटौले
पन, पना–	केटो	केटोपन, केटोपना	ठिटो	ठिटोपन, ठिटोपना
	भेडो	भेडोपन, भेडोपना		
याइँ–	काजी	कज्याइँ	पण्डित	पण्डित्याइँ
	मालिक	मालिक्याइँ	सुस्ती	सुस्त्याइँ
यौली–	कलश	कलस्यौली	ठट्टा	ठट्यौली
	खण्ड	खँड्यौली	रात	रत्यौली

(ख) विशेषण

प्रत्यय	नाम	विशेषण	नाम	विशेषण
अडी–	गफ	गफडी	गाँजा	गँजडी
	भाङ/भाँग	भङडी/भँगडी		
आडी–	खेल	खेलाडी	गफ	गफाडी
	जुवा	जुवाडी		
आली–	थाक	थकाली	दाङ	दङाली
	माभ	मभाली	लेक	लेकाली
आइलो–	घाम	घमाइलो	माटो	मट्याइलो
	राम	रमाइलो	हाँसो	हँस्याइलो
आलु–	ईख	इखालु	खर्च	खर्चालु
	भगडा	भगडालु	दूध	दुधालु
	बैँस	बैँसालु	माइत	मैतालु
	माया	मायालु	सीप	सिपालु

आलो–	ओइरो	ओइरालो	दियो	दियालो
	पानी	पन्यालो	भीर	भिरालो
इयाँ–	घर	घरानियाँ	चीन	चिनियाँ
	जहान	जहानियाँ	भयालखान	भयालखानियाँ
	पल्टन	पल्टनियाँ	मुगलान	मुगलानियाँ
इया–	औलो	औलिया	जाँगर	जाँगरिया
	तेल	तेलिया	बजार	बजारिया
	पहाड	पहाडिया	भारी	भरिया
	मोही	मोहिया	शहर	शहरिया
इयार–	अंश	अंशियार	मत	मतियार
	साँध	साँधियार	होस	होसियार
इयो–	खल	खलियो	बल	बलियो
इलो–	गुन	गुनिलो	चहक	चहकिलो
	जाँगर	जाँगरिलो	जोस	जोसिलो
	दूध	दुधिलो	नुन	नुनिलो
	पत्थर	पत्थरिलो	पेच	पेचिलो
	मल	मलिलो	रस	रसिलो
ई–	कलम	कलमी	गुन	गुनी
	जुम्ला	जुम्ली	हुम्ला	हुम्ली
	नेपाल	नेपाली	बैगुन	बैगुनी
ए–	अकास	अकासे	ओठ	ओठे
	टाउको	टाउके	डोको	डोके
	दाउरा	दाउरे	बेसार	बेसारे
	भात	भाते	हात	हाते
एली–	जून	जुनेली	पश्चिम	पश्चिमेली
	पूर्व	पुर्वेली	वन/बन	बनेली
एलु–	घर	घरेलु	वन	बनेलु
औटो–	घाँस	घँस्यौटो	धूलो	धुलौटो
	बालुवा	बलौटो	सम्फना	सम्फौटो
औलो–	घाम	घमौलो	माफ	मभयौलो
	रूप	रूपौलो	सुन	सुनौलो
ची–	अफीम	अफीमची	खजाना	खजान्ची
	नगरा	नगर्ची (नगरा बजाउने)		
दार–	काम	कामदार	पानी	पानीदार
	भुवा	भुवादार	माल	मालदार
	रस	रसदार	सान	सानदार

प्रत्यय	नाम	नाम	नाम	नाम
याहा–	औँसी	औंस्याहा	जाँड	जँड्याहा
	घुस	घुस्याहा	धूलो	धुल्याहा
	भुस	भुस्याहा	मूल	मुल्याहा
वाल, वाला–	गाडी	गाडीवाल, गाडीवाला	दाह्री	दाह्रीवाल, दाह्रीवाला
	मिठाई	मिठाईवाला	हक	हकवाला
	पान	पानवाल, पानवाला		
ली–	अमेरिका	अमेरिकाली	एसिया	एसियाली
	गोरखा	गोरखाली	पाल्पा	पाल्पाली
	बनेपा	बनेपाली	रसिया	रसियाली
ले–	चिली	चिलीले	ठिमी	ठिमीले
	भादगाउँ	भादगाउँले	मार्खु	मार्खुले
	लुभु	लुभुले	साँखु	साँखुले

(ग) अव्यय

प्रत्यय	नाम	अव्यय	नाम	अव्यय
न–	जुग	जुगन		
हुँ–	दिन	दिनहुँ		
इन्दा–	रोज	रोजिन्दा	साल	सालिन्दा
एनि–	वर्ष	बर्सेनि		

२. विशेषणबाट बनेका

(क) नाम

प्रत्यय	विशेषण	नाम	विशेषण	नाम
आइ–	अग्लो	अग्लाइ	उचो	उचाइ
	गहिरो	गहिराइ	गोल	गोलाइ
	चौडा	चौडाइ	मोटो	मोटाइ
आली/याली–	खुसी	खुसीयाली	हरियो	हरियाली
ई–	अमिर	अमिरी	इमानदार	इमानदारी
	कालो	काली	खराब	खराबी
	खुस	खुसी	गरिब	गरिबी
पन, पना–	जुम्सो	जुम्सोपन	फिक्का	फिक्कापन
	भद्दा	भद्दापन	मीठो	मीठोपन, मीठोपना
	राम्रो	राम्रोपना	शूरो	शूरोपना
याइँ–	चलाख	चलाख्याइँ	छुच्चो	छुच्याइँ
	दुष्ट	दुष्ट्याइँ	बाठो	बठ्याइँ
	बूढो	बुढ्याइँ	मूर्ख	मुर्ख्याइँ

(ख) विशेषण

प्रत्यय	विशेषण	विशेषण
टा, वटा, गुना, बर/बरी सरो, होरो आदि	एक	एउटा, एकवटा, एकगुना (एकाना), एकसरो, एकहोरो ।
	दुई	दुइवटा, दुइटा, दुगुना, दोबर/ दोबरी, दुइसरो, दोस्रो, दोहोरो ।
	तीन	तीनटा, तीनवटा, तिगुना, तेबर, तीनसरो, तेस्रो, तेहोरो ।
	पाँच	पाँचौटा, पाँचवटा, पाँचगुना, पाँचौँ ।
	सय	सयवटा, सयन्, सयौँ, सयकडा ।

(ग) अव्यय

प्रत्यय	विशेषण	अव्यय
अरी–	बेस	बेसरी
	राम्रो	राम्ररी
	उस्तो	उस्तरी

३. सर्वनामबाट बनेका

(क) नाम

सर्वनाम	नाम
आफू	आफन्त, आफस्त, आफुस

(ख) विशेषण

प्रत्यय	सर्वनाम	विशेषण
ति, त्र, तो[4]	ऊ	उति, उत्रो, उस्तो
	को	कति, कत्रो, कस्तो
	जो	जति, जत्रो, जस्तो
	त्यो	त्यति, त्यत्रो, त्यस्तो
	यो	यति, यत्रो, यस्तो

(ग) सर्वनाम

प्रत्यय	सर्वनाम	सर्वनाम	सर्वनाम	सर्वनाम
हाँ–[5]	ऊ	उहाँ	त्यो	त्यहाँ
	को	कहाँ	यो	यहाँ
	जो	जहाँ		

---

४. आपरिवर्तनअनुसार स् आगम हुँदा स्तो बनेको छ ।

५. हाँ प्रत्यय लाग्दा शब्दको मात्राजति भिकिन्छ अर्थात् को, जो, त्यो, यो, ऊ-को रूप क, ज, त्य, य, उ हुन्छ । हाँ लागेका यी शब्द अव्यय पनि हुन्छन् ।

(घ) अव्यय

प्रत्यय	सर्वनाम	अव्यय
ता, अरी, हिले,		
ब, ऐ, ओ आदि	ऊ	उता, उसरी, उहिले, उइले, उसै, उसो ।
	को	कता, कसरी, कहिले, कैले, कब, कसै, कसो ।
	जो	जता, जसरी, जहिले, जैले, जब, जसै, जसो ।
	त्यो	त्यता, त्यसरी, तहिले, तैले, तब, त्यसै, त्यसो ।
	यो	यता, यसरी, अहिले, ऐले, अब, यसै, यसो ।

४. अव्ययबाट बनेका

(क) नाम

प्रत्यय	अव्यय	नाम
आइ/आहट	चमचम	चमचमाइ/चमचमाहट
	टमटम	टमटमाइ/टमटमाहट
	फरफर	फरफराइ/फरफराहट
आई–	पर	पराई
ई–	बाहिर	बाहिरी
	भित्र	भित्री

(ख) विशेषण

प्रत्यय	अव्यय	नाम
आउँदो–	छङछङ	छङछङाउँदो
	चमचम	चमचमाउँदो
	सरसर	सरसराउँदो
	लहलह	लहलहाउँदो
इँदो–	कटकट	कटकटिँदो
	छङछङ	छङछङिँदो
	परपर	परपरिँदो
ई–	अन्यत्र	अन्यत्री
	पर	परत्री
ल्लो–	अगि, अघि	अगिल्लो, अघिल्लो
	तल	तल्लो
	पछि	पछिल्लो
	माथि	माथिल्लो

सानो (न्यूनता) जनाउने केही शब्द

प्रत्यय	नाम	नाम	नाम	नाम
इया–	खाट	खटिया	डालो	डलिया
	डुङ्गा	डुङ्गिया	थाल	थलिया
ई–	अम्खोरा	अम्खोरी	कचौरा	कचौरी
	गेडा	गेडी	घ्याम्पो	घ्याम्पी
	थाल	थाली	थैलो	थैली
	नाङ्लो	नाङ्ली	बटुको	बटुकी

अर्थसहित केही प्रयोग

घरान – उच्च कुल वा खानदान । वीरबहादुर मान्छे त घरानकै रहेछन् ।

मितेरी – मीतको भाव । हामी दुईको मितेरी सधैँ टिकिरहोस् ।

घमाइलो – घाम लागेको । आज त कस्तो घमाइलो दिन छ हँ ?

खर्चालु – खर्च गर्ने । मोहनको खर्चालु बानी रहेछ ।

पन्याला – पानी भएको । काँक्रो पन्यालो फल हो ।

चहकिलो – चहक भएको । कोठामा चहकिलो बत्ती नभए राति लेख्न गाह्रो हुन्छ ।

पहाडिया – पहाडको, पहाडमा हुने/बस्ने । पहाडिया जिन्दगी कसलाई मन पर्दैन र !

असारे – असारमा हुने । बारीको डिलमा असारे फूल ढकमक्क भएर फुलेछ ।

बठ्याइँ – बाठो हुनाको भाव । बठ्याइँ गरेर मात्र हुन्न, काम पनि त गर्नुपर्छ !

(आ) संस्कृत तद्धितान्त

संस्कृतका तत्सम तद्धितान्त शब्द पनि नेपालीमा प्रशस्त चल्ती छन् । जस्तो– मानव, गौरव, व्यक्तित्व, सौन्दर्य, दैनिक, चिन्तित, उपकारी, कुलीन, ग्रामीण, जातीय आदि शब्द तद्धितान्त तत्सम हुन् । यस्ता बनोटे शब्दका केही उदाहरण प्रत्ययसहित तल दिइएका छन् । यिनमा प्रायः नाममा जातिवाचक, भाववाचक, सानो (न्यूनता) जनाउने आदि र विशेषणमा सम्बन्धी, भएका, परेको, लागेको, हुने, गर्ने आदि अर्थ लक्षित हुन्छन् ।

(क) नाम

प्रत्यय	मूल शब्द	नाम	मूल शब्द	नाम
अ–	कुरु	कौरव	दनु	दानव
(सन्तान	पाण्डु	पाण्डव	भरत	भारत
जनाउँदा)	मनु	मानव	यदु	यादव
	रघु	राघव	नगर	नागर
	जनक	जानकी	जह्नु	जाह्नवी
	दनु	दानवी	पर्वत	पार्वती[६]

---

६ स्त्री सन्तान जनाउँदा ई हुन्छ ।

(भाववाचक)	कुशल	कौशल		गुरु	गौरव
	दनु	दानव		मधु	माधव
	मुनि	मौन		युवा	यौवन
	लघु	लाघव		शिशु	शैशव
(मान्ने/सम्बन्धी अर्थमा)					
	पृथिवी	पार्थिव		विष्णु	वैष्णव
	शक्ति	शाक्त		शिव	शैव
इका	कण	कणिका		पत्र	पत्रिका
	परिचय	परिचायिका		पुस्तक	पुस्तिका
इमा	अणु	अणिमा		गुरु	गरिमा
	नील	नीलिमा		महत्	महिमा
	रक्त	रक्तिमा		लघु	लघिमा
ता, त्व	कवि	कविता, कवित्व			
(नामबाट)	देव	देवता, देवत्व			
	नेता	नेतृत्व			
	प्रभु	प्रभुता, प्रभुत्व			
	मित्र	मित्रता, मित्रत्व			
(विशेषणबाट)	आवश्यक	आवश्यकता			
	एक	एकता			
	कुलीन	कुलीनता			
	दीन	दीनता			
	नवीन	नवीनता			
	मधुर	मधुरता			
	मनोहर	मनोहरता			
	मूर्ख	मूर्खता, मूर्खत्व			
य–	कुमार	कौमार्य		गम्भीर	गाम्भीर्य
	दरिद्र	दारिद्रच्य		धीर	धैर्य
	पण्डित	पाण्डित्य		मधुर	माधुर्य
	महात्मा	माहात्म्य		विधवा	वैधव्य
	सदृश	सादृश्य		सम	साम्य
	सुजन	सौजन्य		सुन्दर	सौन्दर्य

(ख) विशेषण

प्रत्यय	मूल शब्द	विशेषण	मूल शब्द	विशेषण
इक–	इच्छा	ऐच्छिक	इतिहास	ऐतिहासिक
	कल्पना	काल्पनिक	दिन	दैनिक
	धर्म	धार्मिक	नीति	नैतिक

	पितृ	पैतृक	पक्ष	पाक्षिक
	प्रकृति	प्राकृतिक	प्रजातन्त्र	प्रजातान्त्रिक
	प्रमाण	प्रामाणिक	भूगोल	भौगोलिक
	मूल	मौलिक	लोक	लौकिक
इत–	आनन्द	आनन्दित	घृणा	घृणित
	निन्दा	निन्दित	दुःख	दुःखित
	परिचय	परिचित	पूजा	पूजित
	मूर्च्छा	मूर्च्छित	हर्ष	हर्षित
इम–	रक्त	रक्तिम	स्वर्ण	स्वर्णिम
इय–	क्षत्र	क्षत्रिय	राष्ट्र	राष्ट्रिय
ई–	उपकार	उपकारी	ज्ञान	ज्ञानी
	दान	दानी	दुःख	दुःखी
	धन	धनी	परिश्रम	परिश्रमी
	मान	मानी	सुख	सुखी
इन (ण)–	कुल	कुलीन	प्राच् (पहिले)	प्राचीन
	युग	युगीन	विश्वजन	विश्वजनीन
	ग्राम	ग्रामीण	सर्वाङ्ग	सर्वाङ्गीण
ईय–	आत्म	आत्मीय	आवास	आवासीय
	केन्द्र	केन्द्रीय	जात	जातीय
	देश	देशीय	पर्वत	पर्वतीय
	भवत्	भवदीय	संसद्	संसदीय
	स्थान	स्थानीय	स्वर्ग	स्वर्गीय
तर, तम–	अधिक	अधिकतर, अधिकतम		
	गुरु	गुरुतर, गुरुतम		
	प्रिय	प्रियतर, प्रियतम		
	लघु	लघुतर, लघुतम		
	श्रेष्ठ	श्रेष्ठतर, श्रेष्ठतम		
मय–	जल	जलमय	भाव	भावमय
	रत्न	रत्नमय	सुख	सुखमय
मान, वान्–	आयु	आयुष्मान्	बुद्धि	बुद्धिमान्
	श्री	श्रीमान्	धन्	धनवान्
	गुण	गुणवान्	नीति	नीतिवान्
	बल	बलवान्	रूप	रूपवान्

(स्त्री लिङ्गमा)

मती–	आयुष्मती, बुद्धिमती, श्रीमती	
वती–	गुणवती, रूपवती, शीलवती आदि	

वी–	तप	तपस्वी	तेजस्	तेजस्वी
	यश	यशस्वी	माया	मायावी
	मेधा	मेधावी (बुद्धि भएको)		

केही प्रयोग

अ	—	कौरव र पाण्डवका युद्धको प्रसिद्ध कथालाई महाभारत भन्छन् ।
ता, त्व	—	मित्रतामा देवत्व हेरिन्छ भने आत्मीयतामा व्यक्तित्व हेर्नुपर्छ ।
इक	—	हामीलाई भौगोलिक ज्ञान मात्र होइन, ऐतिहासिक ज्ञानको पनि महत्त्व छ ।
इत	—	मान्छे बाहिरबाट जति आनन्दित देखिन्छ भित्रबाट त्यति नै दु:खित पनि हुन्छ ।
ई	—	उपकारी गुणी व्यक्ति निहुरन्छ निरन्तर ! (लेखनाथ)
ईय	—	हाम्रा पुर्खाले पर्वतीय आकाशमनि बसेर जातीय गीत गाएथे ।
तम	—	देशनिर्माणमा श्रम र सृजनाको अधिकतम आवश्यकता हुन्छ ।
वान्	—	रूपवान् हुनुभन्दा गुणवान् हुनु नै कताकता उत्तम हो ।
वी	—	तपस्वी गुरुको तेजस्वी अनुहार देख्तैमा हामी छक्क पन्यौँ ।

कृदन्तमा जस्तै तद्धितान्तमा पनि कुनैकुनै संस्कृत तत्सम शब्दको तुलना गरेर अर्थबोध गर्न सकिन्छ । यसो गर्दा संस्कृतमा गाँसिने 'अ' को नेपालीमा प्रायः 'इ', 'याइँ' र 'ता-त्व' को 'पन-पना' आदि रूप भएका देखिन्छन् । जस्तै–

मूल शब्द	सं० तद्धितान्त	मूल शब्द	ने० तद्धितान्त
युवा	यौवन	जवान	जवानी
पण्डित	पाण्डित्य	पण्डित	पण्डित्याइँ
मूर्ख	मूर्खता	मूर्ख	मुख्याइँ
रक्त	रक्तिमा	रातो	रातोपना
नवीन	नवीनता	नयाँ	नयाँपना
		नौलो	नौल्याइँ
मधुर	मधुरता	मीठो	मीठोपन, मीठोपना

प्रत्यय, उपसर्ग आदि लागेर शब्दहरू बन्दा पहिलोबाट दोस्रो र दोस्रोबाट तेस्रोमा पुगी प्रथम, द्वितीय र तृतीय व्युत्पन्नसम्म पनि भएका हुन्छन् । तलको उदाहरणले यसलाई स्पष्ट पार्छ–

मूल	प्रथम व्युत्पन्न	द्वितीय व्युत्पन्न	तृतीय व्युत्पन्न
गम्+ति	गति	प्र+ = प्रगति	—
घर+आन	घरान	+इयाँ = घरानियाँ	—
होस+इयार	होसियार	+ई= होसियारी	—
बन्+आवट	बनावट	+ई= बनावटी	+पन = बनावटीपन

नामधातु

नेपाली भाषामा नामधातुको विशेष महत्त्व छ । अरू मूल धातुमा कृत्-प्रत्यय लागेर शब्द बन्छन् । नामधातु भने नाम, विशेषण, अव्यय आदि मूल रूपमा धात्वर्थक प्रत्यय लागेर मात्र बन्छन् । यसरी धातुका रूपमा आउने शब्द नै नामधातु कहलाउँछन् । बनोटका विधिले नामधातु दुई किसिमका देखिन्छन्– अप्रत्यय नामधातु र सप्रत्यय नामधातु ।

१. **अप्रत्यय नामधातु**– नाम, विशेषण, अनुकरणात्मक आदि शब्दमा प्रत्यय नगाँसिएरै पनि विभिन्न ढाँचामा नामधातु हुन्छन् । जस्तै–

शब्द	(कोटी)	धातु	क्रिया
खर्च	(नाम)	खर्च	खर्चनु
जन्म	(नाम)	जन्म	जन्मनु
सुसेलो	(नाम)	सुसेल्	सुसेल्नु
कोप्रो	(विशेषण)	कोपर्	कोपर्नु
चिथ्रो	(विशेषण)	चिथोर्	चिथोर्नु
मैलो	(विशेषण)	मैल	मैलनु
घनक्क	(अनुकरण)	घन्क	घन्कनु
चमक्क	(अनुकरण)	चम्क	चम्कनु
झलक्क	(अनुकरण)	झल्क	झल्कनु

२. **सप्रत्यय नामधातु**– नाम, विशेषण, अव्यय, अनुकरणात्मक शब्द आदिमा 'आउ' प्रत्यय गाँसिई सकर्मक वा अकर्मक र 'ई' प्रत्यय गाँसिई अकर्मक नामधातु बन्छन् । अकर्मक 'इ' प्रत्ययको सट्टा नामधातुमा 'याउ' लागेपछि सकर्मक वा प्रेरक धातुरूप पनि हुन्छन् । तिनका उदाहरण क्रियासहित तल दिइएका छन्–

(क) नामबाट बनेको नामधातु

प्रत्यय	नाम	नामधातु	क्रिया
आउ[७]+नु	छाँट	छँटाउ	छँटाउनु
	डर	डराउ	डराउनु
	नाच	नचाउ	नचाउनु
	पछुतो	पछुताउ	पछुताउनु
	भोक	भोकाउ	भोकाउनु
	रोग	रोगाउ	रोगाउनु
	लाज	लजाउ	लजाउनु
	शोक	शोकाउ	शोकाउनु
इ+नु–	ईख	इखि	इखिनु
	काज	कजि	कजिनु

---

७. 'आउ' प्रत्यय हुँदा प्रेरणार्थिक रूप बन्दैन : छँटाउन लाउनु, नचाउन लाउनु, लजाउन लाउनु, मोटाउन लाउनु, फरफराउन लाउनु– यस्ता प्रेरणार्थिक रूप बन्छन् ।

	चुलो	चुलि	चुलिनु
	डोरो	डोरि	डोरिनु
	धूलो	धुलि	धुलिनु
	माटो	माटि	माटिनु
	मुन्टो	मुन्टि	मुन्टिनु
	सम्म	सम्मि	सम्मिन

प्रत्यय	नाम	प्रे० धातु	प्रे० क्रिया
याउ+नु—	ईख	इख्याउ	इख्याउनु
	काज	कज्याउ	कज्याउनु
	चुलो	चुल्याउ	चुल्याउनु
	डोरो	डोऱ्याउ	डोऱ्याउनु
	धूलो	धुल्याउ	धुल्याउनु
	माटो	मट्याउ	मट्याउनु
	मुन्टो	मुन्ट्याउ	मुन्ट्याउनु
	सम्म	सम्याउ	सम्याउनु

(ख) विशेषणबाट बनेका नामधातु

प्रत्यय	विशेषण	नामधातु	क्रिया
आउ+नु—	दुब्लो	दुब्लाउ	दुब्लाउनु
	भोको	भोकाउ	भोकाउनु
	मीठो	मिठ्याउ	मिठ्याउनु
	मोटो	मोटाउ	मोटाउनु
इ+नु—	अग्लो	अग्लि	अग्लिनु
	गोल	गोलि	गोलिनु
	चर्को	चर्कि	चर्किनु
	छोटो	छोटि	छोटिनु
	तेर्सो	तेर्सि	तेर्सिनु
	दोहरो	दोहरि	दोहरिनु
	बाङ्गो	बाङ्गि	बाङ्गिनु
	रित्तो	रित्ति	रित्तिनु
	लाम्चो	लाम्चि	लाम्चिनु
	सोभ्रो	सोभ्रि	सोभ्रिनु

प्रत्यय	विशेषण	प्रे० धातु	प्रे० क्रिया
याउ+नु—	अग्लो	अग्ल्याउ	अग्ल्याउनु
	गोल	गोल्याउ	गोल्याउनु
	चर्को	चर्क्याउ	चर्क्याउनु

छोटो	छोट्याउ	छोट्याउनु
तेर्सो	तेर्स्याउ	तेर्स्याउनु
दोहरो	दोह्र्याउ	दोह्र्याउनु
बाङ्गो	बङ्ग्याउ	बङ्ग्याउनु
रित्तो	रित्याउ	रित्याउनु
लाम्चो	लम्च्याउ	लम्च्याउनु
सोझो	सोझ्याउ	सोझ्याउनु

(ग) अव्ययबाट बनेका नामधातु

प्रत्यय	अव्यय	नामधातु	क्रिया
इ + नु–	टाढा	टाढि	टाढिनु
	नजिक	नजिकि	नजिकिनु
	पछि	पछि	पछिनु
	बाहिर	बाहिरि	बाहिरिनु
	भित्र	भित्रि	भित्रिनु

प्रत्यय	अव्यय	प्रे० धातु	प्रे० क्रिया
याउ + नु–	टाढा	टाढ्याउ	टाढ्याउनु
	नजिक	नजिक्याउ	नजिक्याउनु
	पछि	पछ्याउ	पछ्याउनु
	बाहिर	बाहिर्याउ	बाहिर्याउनु
	भित्र	भित्र्याउ	भित्र्याउनु

(घ) अनुकरणात्मक शब्दबाट बनेका नामधातु

प्रत्यय	अनु०	नामधातु	क्रिया
आउ + नु–	छमछम	छमछमाउ	छमछमाउनु
	फरफर	फरफराउ	फरफराउनु
	फरफर	फरफराउ	फरफराउनु
	सलसल	सलसलाउ	सलसलाउनु
इ + नु–	छक्क	छक्कि	छक्किनु
	डिच्च	डिच्चि	डिच्चिनु
	ढकढक	ढकढकि	ढकढकिनु
	फुरफुर	फुरफुरि	फुरफुरिनु

प्रत्यय	अनु०	प्रे० धातु	प्रे० क्रिया
याउ + नु–	छक्क	छक्याउ	छक्याउनु
	डिच्च	डिच्च्याउ	डिच्च्याउनु
	ढकढक	ढकढक्याउ	ढकढक्याउनु
	फुरफुर	फुरफुन्याउ	फुरफुन्याउनु

समास

'समास' भनेको परस्पर सम्बन्ध हुने मुक्त शब्दहरूको मेल हो । यसरी मिलेका शब्दलाई 'समस्त-शब्द' भन्छन् । समासमा दुई वा दुईभन्दा बढी शब्दलाई एकैसाथ मिलाएर राखिन्छ र नयाँ शब्द बनाइन्छ । यसो गर्दा आकारमा छोट्टचाइ वा कमी हुनाका साथे अर्थ पनि पूरापूर निस्कन्छ, राम्रो पनि देखिन्छ । जस्तै–

गल्लीडुलुवा मान्छे काम लाग्दैन ।   (गल्लीमा डुलुवा)
विष्णुलाई **कामलायक** मानिस चाहिएको छ ।   (कामलाई लायक)
टुँडिखेलमा धेरै मानिसले **घोडेजात्रा** हेरे ।   (घोडाको जात्रा)
दिदीले घर जान **दोमन** गरिन् ।   (दुई मनको समूह)
भाइबहिनीहरू घर आए ।   (भाइ र बहिनी)
लमकन्ने बाख्राको झमकन्ने कान   (लामा कान भएको)
पोखराको उत्तरपट्टि **माछापुच्छ्रे** हिमाल छ ।   (माछाको जस्तो पुच्छर भएको)

समासको विशेषता संक्षिप्तता हो । प्रयोगमा सजिलो हुनाका साथै सुन्दर र गम्भीर भाव व्यक्त गर्ने शक्ति यसमा लुकेको हुन्छ । यसबाट शब्दढुकुटी भरिलो हुँदै भाषाको गतिमयता आउँछ । समासको महत्त्व पनि यही हो । जुनसुकै शब्दको मेल हुँदैमा समास हुँदैन । ती शब्दसापेक्ष पनि हुनुपर्छ र व्यवहारमा चलेका तथा भाषामा प्रयुक्त हुन सक्ने पनि हुनुपर्छ ।

नेपाली भाषामा मुख्य-मुख्य समास सात थरी छन्– (१) तत्पुरुष, (२) कर्मधारय, (३) द्विगु, (४) द्वन्द्व, (५) बहुब्रीहि, (६) अव्ययीभाव र (७) अलुक् । यी समास कतै अघिल्लो पद मुख्य हुने, कतै पछिल्लो पद मुख्य हुने, कतै दुवै पद मुख्य नभई भिन्नार्थ मुख्य हुने हुन्छन् । समास हुँदा विभक्तिको लोप र ध्वनिहरूमा हेरफेर, दुई विभिन्न खालका शब्दको संयोग, संयोजक अव्ययको लोप हुने र विभक्ति वा संयोजक सबैको लोप नहुने पनि गर्छन् ।

१. तत्पुरुष समास

'तत्पुरुष' को अर्थ त्यसको वा त्यससँग सम्बन्धित हुन्छ । भित्र विभक्ति प्रत्यय अथवा 'न' शब्द भएका र प्रायः पछिल्लो शब्दको अर्थ मुख्य रहने समास 'तत्पुरुष' हो । तत्पुरुष समासमा द्वितीयदेखि सप्तमीसम्म पछिल्ला शब्द मुख्य भई समास हुँदा विभक्ति लोप हुने गर्छन्;[८] नञ् समास अभाव, अयोग्य वा न्यूनताको अर्थमा अगाडि 'न', 'अ' आदि लाग्ने हुन्छ; उपपद तत्पुरुष दोस्रो पद फुक्का भई त्यो प्रयोग हुन नसक्ने भएमा हुन्छ । जस्तै–

---

८. दिनको मध्य= मध्यदिन, रात वा रात्रिको आधा= आधारात, अर्धरात्रि, हाँसको राजा= रजहाँस आदि जस्ता अघिल्ला शब्द मुख्य भई समास हुँदा त्यो पछाडि जाने उदाहरण पनि पाइन्छन् । यस्तो समासलाई प्रथमा तत्पुरुष पनि भनिन्छ, षष्ठी तत्पुरुषकै एक भेद मानेको पनि देखिन्छ ।

(क) द्वितीया तत्पुरुष

घरलाई भँडुवा	=	घरभँडुवा
तिहुनलाई चखुवा	=	तिहुनचखुवा
पेटलाई मारा	=	पेटमारा
रौंलाई चिरा	=	रौंचिरा
आशालाई नाघेको (अतीत)	=	आशातीत

(ख) तृतीया तत्पुरुष

नदीले काट	=	नदीकाट
पानीले मरुवा	=	पानीमरुवा
प्रेमले पूर्ण	=	प्रेमपूर्ण
मदले मत्त	=	मदमत्त
शक्तिले हीन	=	शक्तिहीन

(ग) चतुर्थी तत्पुरुष

कामलाई लायक	=	कामलायक
घरलाई खर्च	=	घरखर्च
जीउलाई सुहाउँदो	=	जीउसुहाउँदो
पानीको निम्ति घाट	=	पानीघाट
भान्साका लागि कोठा	=	भान्साकोठा

(घ) पञ्चमी तत्पुरुष

घरदेखि फुट्टा	=	घरफुट्टा
भुइँदेखि फुट्टा	=	भुइँफुट्टा
बाग्मतीदेखि पूर्व	=	बाग्मतीपूर्व
देशबाट निकाला	=	देशनिकाला
लोकबाट लाज	=	लोकलाज

(ङ) षष्ठी तत्पुरुष

गाईको गोठ	=	गाईगोठ
घोडाको जात्रा	=	घोडेजात्रा
बाघको चाल	=	बाघचाल
राजको काज	=	राजकाज
वनको पाले	=	वनपाले

(च) सप्तमी तत्पुरुष

| गृहमा वास | = | गृहवास |
| वनमा वास | = | वनवास |

गल्लीमा डुलुवा	=	गल्लीडुलुवा
रातमा अन्धो	=	रतन्धो
विद्यामा कुशल	=	विद्याकुशल

(छ) नञ् तत्पुरुष

खराब काम	=	नकाम
खराब चीज	=	नाचीज
खराब काल	=	अकाल
नपढेको	=	अपढ
नबुझ्ने	=	अबुझ

(ज) उपपद तत्पुरुष

घोडामा चढ्ने	=	घोडचढी
चौकीको काम गर्ने	=	चौकीदार
भुँडीलाई फोर्ने	=	भुँडीफोर
ग्रन्थलाई बनाउने	=	ग्रन्थकार
दूर (टाढा) जाने	=	दूरगामी
श्रमले जिउने	=	श्रमजीवी

२. कर्मधारय समास

नाम र नाम, विशेषण र नाम, विशेषण र विशेषण, उपमा र उपमेय, आरोप र आरोप्य (रूपक) आदि मिलेर तथा मध्यपद लोप भएर बनेको समास 'कर्मधारय' हो । यसमा पछिल्लो शब्द तथा अर्थ मुख्य हुन्छ । जस्तै–

(क) नाम र नाम

गुरु आमा	=	गुरुमा
भानिज दाइ	=	भान्दाइ
मामा ससुरा	=	मामाससुरा

(ख) विशेषण र नाम

कालो माटो	=	कालीमाटी
नीलो कमल	=	नीलकमल
महान् राजा	=	महाराजा
लाल मोहर	=	लालमोहर
रातो गेडी	=	रातीगेडी
सानी आमा	=	सानीमा

(ग) विशेषण र विशेषण

जेठो भईकन बाठो	=	जेठोबाठो
पढेको लेखेको	=	पढलेखेको
लिएको दिएको	=	लिएदिएको
हर्ता कर्ता	=	हर्ताकर्ता

(घ) उपमा र उपमेय

गहुँभैँ गोरो	=	गहुँगोरो
प्राणभैँ प्यारो	=	प्राणप्यारो
जूनजस्तो टिकी	=	जूनटिकी
चन्द्रमाजस्तो मुहार	=	चन्द्रमुहार

(ङ) आरोप र आरोप्य (रूपक)

चरणरूपी कमल	=	चरणकमल
जीवनरूपी धन	=	जीवनधन
मुखरूपी चन्द्र	=	मुखचन्द्र
स्नेहरूपी बन्धन	=	स्नेहबन्धन

(च) मध्यपदलोपी

कान छोप्ने टोपी	=	कानेटोपी
दही हाल्ने ठेको	=	दहीठेको
भुइँमा फल्ने कटहर	=	भुइँकटहर, भैँकटहर
माखा अल्झाउने साङ्लो	=	माखेसाङ्लो
साबिकको ठाउँमा हालको	=	हालसाबिक

३. द्विगु समास

अघिल्लो शब्द सङ्ख्यावाचक (गन्ती जनाउने) छ र नामसित त्यसको संयोग भए त्यो 'द्विगु' समास हो । यस समासमा 'समुदाय' वा 'समूह' को अर्थ मुख्य हुन्छ । जस्तै–

एक आनाको समुदाय	=	एकाना, एकन्नी
दुई बाटाको समूह	=	दोबाटो
तीन मुहानको समुदाय	=	तीनमुहानी
चारवटा घेरा	=	चौघेरा
पाँच अमृतको समुदाय	=	पञ्चामृत
सातवटा कोसीको समूह	=	सप्तकोसी
नौवटा रत्नको समूह	=	नवरत्न
पच्चीस आनाको समूह	=	पच्चीसाना
एक सय बीसको समूह	=	बीसासय

४. द्वन्द्व समास

'र', 'वा', 'पनि' आदि संयोजक अव्यय लोप भएर बन्ने दोहरे समास 'द्वन्द्व' हो । यसमा प्राणीवाचक तथा विशेषण शब्द मिलेर इतरेतरयोग (यो पा त्यो जगाउने), एकवचन हुने अप्राणीवाचक शब्द मिलेर समाहार (समूह अर्थ जनाउने), यो वा त्यो आउने शब्द मिलेर वैकल्पिक (विकल्प जनाउने) र दुवै पदका अर्थ समेटेर समुच्चयार्थी (समुच्चयको अर्थ जनाउने) समास हुन्छन् । जस्तै–

(क) इतरेतरयोग

आमा र बाबु	=	आमाबाबु
ठिटा र ठिटी	=	ठिटाठिटी
भाइ र बहिनी	=	भाइबहिनी
कम र बेसी	=	कमबेसी
नीलो र कालो	=	नीलोकालो

(ख) समाहार

अन्न र पानी	=	अन्नपानी
घर र बारी	=	घरबारी
दिन र रात	=	दिनरात
फल र फूल	=	फलफूल
माना र पाथी	=	मानापाथी

(ग) वैकल्पिक

अघि वा पछि	=	अघिपछि
दस वा पन्ध्र	=	दसपन्ध्र
लिन वा दिन	=	लिनदिन
पाप अथवा पुण्य	=	पापपुण्य
सानो अथवा ठूलो	=	सानोठूलो

(घ) समुच्चयार्थी

अन्न पनि पानी पनि	=	अन्नपानी
नुन पनि तेल पनि	=	नुनतेल
लेख पनि पढ पनि	=	लेखपढ
भएको पनि नभएको पनि	=	भए-नभएको

द्वन्द्व समास दुईभन्दा बढी शब्दका माझमा हुने पनि पाइन्छन् । दुई वा दुईभन्दा बढी पदको समास हुँदा एउटै पद मात्र शेष पनि रहन्छ र त्यसलाई एकशेष द्वन्द्व भनिन्छ । दुईभन्दा बढी शब्दमा हुने समास सबै एकमेल हुन्छन् भने एकशेषमा 'हरू', 'समेत' आदिद्वारा अर्थ खुल्छ । तल (क) र (ख) मा यस्ता दुवै थरी समासका उदाहरण देखाइएका छन्–

(क) राम, श्याम र बलराम = राम-श्याम-बलराम

दाल, भात र डुकु = दाल-भात-डुकु

तन, मन र धन = तन-मन-धन

मन, वचन र कर्म = मन-वचन-कर्म

(ख) राम, श्याम र बलराम = रामहरू

मन पनि, धन पनि, जन पनि = मनसमेत

५. बहुव्रीहि समास

विशेषण र नाम जोरिई भिन्नै अर्थ लिएर बनेको समास 'बहुव्रीहि समास' हो । बहुव्रीहि समास सम्बन्धार्थी, उपमार्थी, निषेधार्थी र परिमाणार्थी– मुख्य चार किसिमका हुन्छन् । जस्तै–

(क) सम्बन्धार्थी

कालो जिभ्रो भएको = कलजिभ्रे (मानिस)

नाक काटिएको = नकटो (मानिस)

नयाँ छ युवक जुन = नवयुवक (तन्देरी)

रातो माटो छ जसमा = रातमाटे (ठाउँ, कमिला)

लामा कान भएको = लमकन्ने (बाख्रो, हात्ती)

(ख) उपमार्थी

चराको भैँ नङ्ग्रा भएको = चरीनङ्ग्रे (बोट, बिरुवा)

पानको जस्ता बुट्टा भएको = पानबुट्टे (लुगा, चङ्गा)

बाघको जस्तो मुख भएको = बाघमुखे (मानिस)

माछाको जस्तो काँडा भएको = माछाकाँडे (कपाल)

माछाको जस्तो पुच्छर भएको = माछापुच्छ्रे (हिमाल)

(ग) निषेधार्थी

दाना नभएको = बेदाना (दारिम)

मूल्य नभएको = अमूल्य (कुरा, वस्तु)

लाज नभएको = निर्लज्ज (मानिस)

विकल्प नभएको = निर्विकल्प (विषय वा कुरो)

स्वाद नभएको = बेस्वाद (खानेकुरा)

कर्मरहित = अकर्मक (क्रिया)

(घ) परिमाणार्थी

दुई हात परिमाण भएको = दुईहाते (रुमाल)

तीन फुट परिमाण भएको = तीनफुटे (काठ)

| चार कुना भएको | = | चारकुने, चौकुने (घर, ठाउँ) |
| पाँच गज परिमाण भएको | = | पाँचगजा (धोती) |

६. अव्ययीभाव समास

अव्ययसित नाम वा अव्यय पद मिलेर अव्यय नै मुख्य भई बनेको समास 'अव्ययीभाव' हो । जसको भाव परिवर्तित हुँदैन त्यो अव्ययीभाव हुन्छ । यस समासमा अव्यय पूर्वपद (अगाडि) हुने, उत्तरपद(पछाडि) हुने र उभयपद(दुवैतिर) हुने तीन तह हुन्छन् । जस्तै–

(क) अव्यय पूर्वपद

जन्मभरि	=	आजन्म, भरजन्म
काम नभई	=	बिनाकाम, बिकाम
हरेक दिन	=	हरदिन
प्रत्येक दिन	=	प्रतिदिन
दिन भएसम्म	=	भरदिन
शक्ति भएसम्म	=	यथाशक्ति

(ख) अव्यय उत्तरपद

तल्लो तिर	=	तल्तिर
कोसीको पारि	=	कोसीपारि
हरेक घरमा	=	घरैपिच्छे
दिन भएसम्म	=	दिनभर
धरहराभन्दा अगाडि	=	धरहराअगाडि
नाचेको जस्तो	=	नाचेजस्तो
फर्केको भैँ	=	फर्केभैँ
भनेको जति	=	भनेजति
लेखेको अनुसार	=	लेखेअनुसार

(ग) अव्यय उभयपद

आज नै	=	आजै
हिजोभन्दा अस्ति	=	झन्अस्ति
वर पनि पर पनि	=	वरपर
वारिदेखि पारिसम्म	=	वारिपारि
साँझमा र बिहानमा	=	साँझबिहान

७. अलुक् (अलोप) समास

नामका साथमा समास हुने तर विभक्ति वा संयोजक पद सबैको लोप नहुने समास 'अलुक वा अलोप' हो । यो समासको विशेषता विभक्ति वा संयोजक पद अलुक् रहेर

अर्थात् लोप नभएर पनि सिङ्गो पदावली एउटै हुनु हो । जस्तै–

खाद्य तथा कृषिका निम्ति मन्त्री	खाद्य तथा कृषिमन्त्री ('तथा' अलुक्)
मानविकी र सामाजिक शास्त्रको	मानविकी र सामाजिक शास्त्र
अध्ययन संस्थान	अध्ययन संस्थान ('र' अलुक्)
शिक्षा र सञ्चारको व्यवस्था	शिक्षा र सञ्चार-व्यवस्था ('र' अलुक्)
संयुक्त राष्ट्रसङ्घका निम्ति	संयुक्त राष्ट्रसङ्घका निम्ति
प्रतिनिधि	प्रतिनिधि ('निम्ति' अलुक्)
हिमाल र महाभारतको शृङ्खला	हिमाल र महाभारतशृङ्खला ('र' अलुक्)

अन्तमा सबै समासित शब्द एउटै अर्थ लिएका र एकै रूपले मात्र बनेका हुँदैनन् । ऐच्छिक अर्थ र विग्रहका भेदले कहीँ-कहीँ एउटै शब्दमा पनि विभिन्न समास हुन सक्छन् । जस्तै–

जूनटिकी–	जूनजस्तो टिकी (कर्मधारय)
	जून नै छ टिकी जसमा (बहुव्रीहि)
	जून र टिकी (द्वन्द्व)
स्नेहबन्धन–	स्नेहको बन्धन (षष्ठी तत्पुरुष)
	स्नेहरूपी बन्धन (कर्मधारय)
	स्नेह र बन्धन (द्वन्द्व)

विग्रह

समास भएका शब्दलाई टुक्र्याएर राख्नुलाई 'विग्रह' भनिन्छ । समास शब्दको मेल हो भने विग्रह त्यसको खण्ड हो । समासमा शब्दको आकार छाँटिन्छ, विग्रहमा त्यसको आकार फुक्छ । विग्रहका केही थप उदाहरण तल दिइन्छन्–

सामासिक शब्द	विग्रह	समासको नाम
गहुँगोरो	गहुँभैँ गोरो	कर्मधारय
चौकुना	चार कुनाको समूह	द्विगु
चरीचुच्चे	चराको जस्तो चुच्चो भएको	बहुव्रीहि
दोसाँध	दुई साँधको समूह	द्विगु
नदीकाट	नदीले काट	तृतीया तत्पुरुष
दोमन	दुई मनको समुदाय	द्विगु
मानापाथी	माना र पाथी	द्वन्द्व
रतन्धो	रातमा अन्धो	सप्तमी तत्पुरुष
लामखुट्टे	लामा खुट्टा भएको	बहुव्रीहि
सान्नानी	सानीनानी	कर्मधारय
हारजित	हार वा जित	द्वन्द्व

द्वित्वप्रक्रिया

भाषामा क्रमिकता र कमबेसीको अर्थ बुभाउँदा शब्दहरू कतै पुरै, कतै आंशिक रूपमा र कतै ध्वनिपरिवर्तनसमेत भएर द्वित्व हुन्छन् । यसरी दुई शब्द वा शब्दांश दोहोरिएर शब्द बन्ने ढाँचाको नाउँ 'द्वित्वप्रक्रिया' हो । यस विधानलाई 'द्विरुक्ति' पनि भनिन्छ ।

नेपाली शब्दनिर्माणका क्रममा द्वित्वप्रक्रिया निकै भरिलो छ । यस प्रक्रियाद्वारा अनेक नयाँ शब्द निर्मित हुन्छन् र तिनले वाक्यको अर्थ र अभिप्रायलाई टड्कान्याउने काम गर्छन् । द्वित्व शब्दले एकातिर वीप्सा अर्थात् प्रत्येक वा व्याप्तिको अर्थ जनाउँछन् भने अर्कातिर यी शब्द धेरै, मात्र, बरोबर, घरीघरी आदि अर्थमा आउँछन् । जस्तै–

घरघर	घरघर माटाकै चुला त हुन्छन् नि ।
बाटोबाटो	बाटोबाटोबाट जानू, खेतखेतबाट नहिँड्नू ।
राम्रोराम्रो	राम्रोराम्रो कुरा सबै मनको मायाको ।
सानोसानो	तिमीसित सानोसानो कुरा गर्नु थियो ।
फालीफाली	सानी छोरी खुट्टा फालीफाली रुन थाली ।
छमछम	पुतलीजस्ती नानी छमछम नाच्ने बानी ।

नेपाली भाषामा द्वित्व शब्द रूपका दृष्टिले अनुकरणेतरात्मक (नाम, सर्वनाम, विशेषण, क्रिया र अव्यय) र अनुकरणात्मक गरी दुई किसिमका हुन्छन् । जस्तै–

	संरचना	द्वित्व शब्द		द्वित्वात्मक किसिम
१.	घर + घर	घरघर		नाम-द्वित्व
	आफू + आफू	आफूआफू		सर्वनाम-द्वित्व
	तातो + तातो	तातोतातो	अनुकरणेतरात्मक	विशेषण-द्वित्व
	भयो + भयो	भयोभयो		क्रिया-द्वित्व
	घरी + घरी	घरीघरी		अव्यय-द्वित्व
	खै + खै	खैखै		निपात-द्वित्व
२.	छम + छम	छमछम		
	भर + भर	भरभर		अनुकरणात्मक
	पिल + पिल	पिलपिल		

द्वित्व शब्द बनोटका दृष्टिले चाहिँ पूर्ण, आंशिक र आपरिवर्तित गरी तीन किसिमका छन् । यी तिनै किसिमका अनुकरणेतरात्मक र अनुकरणात्मक शब्दको द्वित्व हुन्छ । यस्ता हरेक छिमलका द्वित्व शब्दको चिनारी र तिनका उदाहरण तल प्रस्तुत छन्–

१. पूर्ण द्वित्व

पूरै सग्ला शब्द वा आधारपद डब्लिनु 'पूर्ण द्वित्व' हो । पूर्ण द्वित्वात्मक शब्द कतै एकनासे हुन्छन्, कतै जोड दिने रूपमा अगाडि वा पछाडि अवधारणार्थक अव्यय (ही, नै) लागेर पनि बन्छन् । जस्तै–

आँसुआँसु	त्यो बिचरो आँसुआँसुमा बाँचेको छ ।
घरघर-घरैघर-घरघरै	घरघर सुख होस् । घरैघर उज्यालो होस् ।
	घरघरै रमाइलो होस् ।
तँतँ, मम, हामीहामी	तँतँ र मम गर्नुभन्दा हामीहामी भएर बाँच्नु राम्रो हुन्छ ।
तातोतातो-तातैतातो	अब तातोतातो पानीले नुहाउनु छ । आज तातैतातोले
तातोतातै	मान्यो । दूध तातोतातै छ ।
जाँदाजाँदा-जाँदाजाँदै	त्यहाँबाट जाँदाजाँदा ती अर्को देशमा पुगे ।
	मैले जाँदाजाँदै साथीलाई बाटामा भेटैँ ।
सुर्सुर्, दर्दर्	हावा सुर्सुर् चल्यो । पानी दर्दर् दर्क्यो ।

२. आंशिक द्वित्व

दुई शब्दमध्ये एउटाचाहिँ घोटिएर शब्दांश मात्र बची दोहरिनु आंशिक द्वित्व हो ।
जस्तै– बाटोबाटोको बाटबाटो, आफू-आफूको आआफू, तातोतातोको तात्तातो-तात्तातै,
भयो-भयोको भो-भो, फरफरको फर्फर आदि । प्रयोग र उदाहरण–

बाटबाटै	हामी बाटबाटै आएका हौँ ।
आआफू	आआफू मिलेर काम गरे जे पनि पार लाग्छ ।
तात्तातो-तात्तातै	उहाँले तात्तातो खबर दिनुभएछ । म पुस्तक
	छापिनासाथ तात्तातै पठाउनेछु ।
भोभो	मलाई खानेकुरा नथप्नुहोस्, भोभो पुग्यो ।
फर्फर	पुतली नाच्तछ फर्फर-फर्फर ।

३. आपरिवर्तित द्वित्व

द्वित्व शब्दका ध्वनिमा विभिन्न किसिमको परिवर्तनसमेत भई शब्द दोहरिनु आपरिवर्तित
द्वित्व हो । यस्ता द्वित्व शब्द आपरिवर्तित (गडबड) हुनाका साथै तिनमा प्रत्यय पनि
गाँसिन्छन् । जस्तै–

१. छरछिमेक	('छर' रूपछँटाइ)	छरछिमेक भनेको सबैलाई चाहिन्छ ।
भैभगडा	('भैं' रूपछँटाइ)	आफूसमा भैभगडा गर्नु राम्रो हुन्न ।
पूजाआजा	('आजा' फाँकी)	दिदी पूजाआजा गर्दै हुनुहुन्छ ।
भातसात	('सात' फाँकी)	बाटामा भातसात खान त्यस्तै भो ।
२. सजिसजाउ	(सज्+इ=सज्+आउ)	उनको कोठा सजिसजाउ रहेछ ।
फर्फरी	(फर्फर+ई)	ध्वजा फर्फरी हल्लिँदै छ ।
टिमटिमे	(टिमटिम+ए)	सान्दाइ त कस्ता टिमटिमे रहेछन् !

माथि आपरिवर्तित द्वित्वका पहिलो खालमा रूपछँटाइ भएका र फाँकी जोरिएका
समवर्णी वा विषमवर्णी द्वित्व देखिन्छन् र त्यस्ता द्वित्वमा समवर्णी प्रायः लगायतीको
अर्थमा आउँछन् अनि विषमवर्णी तुल्यता वा तुच्छतावाची हुन्छन् । दोस्रो खालमा

प्रत्यय गाँसिएका द्वित्व शब्द छन् । यस्ता द्वित्व विभिन्न अर्थमा कुनै धातुसाधित हुन्छन् भने कुनै तद्धितान्त व्युत्पन्न भएका देखिन्छन् । यस्तै द्वित्व भएका अरू उदाहरण–

१. खरखाँचो, गरगहना, जैजगेरा, भैंभमेला, तरतमसुक, परपजनी, बरबन्दोबस्त, मरमसला, सरसल्लाह, लैलगाम आदि **(समवर्णी)**; आनीबानी, आफलताफल, इलमसिलम, ऐंचोपैंचो, ओसारपसार, खर्चबर्च, घरसर, पानीसानी, रेखोपाखो, लहनतहन, सिँगारपटार, हरियोपरियो आदि **(विषमवर्णी)** ।

२. किचकाच, फोरफार, तानातान, मारामार, कुटाकुट, मिचामिच, कसाकसी, भनाभनी, काटकुट, भाँचभुँच, बसिबसाइ, बनिबनाउ, चाटीचुटी, बाँडीचुँडी, तारेतुरेको, पाछेपुछेको, सर्सरी, सर्सरे, पिलपिली, पिलपिले आदि **(व्युत्पन्न)** ।

सन्धि (वर्णहरूको एकरूप)

शब्दनिर्माणका क्रममा सन्धिको पनि भूमिका रहन्छ । कुनै दुई वर्ण मिलेर एक हुनु 'सन्धि' हो । सन्धिका माध्यमले शब्दहरू मिलाउन तथा फोर्न, तिनको ठिक्क अर्थ लगाउन र ती शब्दको मूल रूप थाहा पाउन सकिन्छ । जस्तै–

पुस्तक + आलय (घर) = पुस्तकालय– पुस्तक राख्ने घर, पुस्तकघर ।

देश + उन्नति = देशोन्नति– देशको उन्नति ।

सत् (असल) + जन (मानिस) = सज्जन– असल मानिस ।

समासमा शब्दको मेल हुन्छ, शब्दका अक्षर हराई वा यताउति भई छोटो र नयाँ शब्द बन्छ; सन्धिमा चाहिँ दुई वर्ण मिलेर एकरूप हुन्छन् । समासमा सन्धि हुन सक्छ, तर सन्धिमा समास हुनै पर्छ भन्ने केही छैन– यी दुईमा यही अन्तर छ । अनि भाषाका शब्दमा समास हुन्छ, तर सन्धि प्रायः कमै हुन्छ । नेपाली भाषामा संस्कृतबाट आएका धेरै शब्द प्रचलित हुनाले पहिले त संस्कृतकै सन्धिप्रक्रिया बुभनु लाभदायक छ ।

सन्धि तीन प्रकारका छन्– (१) स्वरसन्धि, (२) व्यञ्जनसन्धि, र (३) विसर्गसन्धि । यी सन्धिका नियम दिँदा सकभर चल्तीका र व्यावहारिक शब्द दिने प्रयास गरिएको छ ।

१. स्वरसन्धि

स्वरवर्णसित स्वरवर्ण नै मिलेर हुने सन्धि 'स्वरसन्धि' हो । यसका दीर्घ, गुण, वृद्धि, यण् र अयादि सन्धि गरी पाँच भेद छन् ।

(क) दीर्घसन्धि– अ-आ, इ-ई, उ-ऊका पछाडि तिनै समवर्णी स्वर आउँदा दीर्घ (आ, ई, ऊ) हुन्छ । जस्तै–

अ आ		हिम	+ अञ्चल	= हिमाञ्चल
+	= आ	पुस्तक	+ आलय	= पुस्तकालय
आ अ		सचिव	+ आलय	= सचिवालय
		विद्या	+ अर्थी	= विद्यार्थी

इ	ई				अति	+ इन्द्रिय	= अतीन्द्रिय
			= ई		कवि	+ इन्द्र	= कवीन्द्र
+					गिरि	+ ईश	= गिरीश
ई	इ				भूमि	+ ईश्वर	= भूमीश्वर

उ	ऊ				भानु	+ उदय	= भानूदय
			= ऊ		सु	+ उक्ति	= सूक्ति
+					वधू	+ उत्सव	= वधूत्सव
ऊ	उ				भू	+ ऊर्ध्व	= भूर्ध्व

(ख) गुणसन्धि– अ-आ- का पछाडि य-ई, उ-ऊ आएमा गुण (ए, ओ, अर्) हुन्छ । जस्तै–

अ	इ				देव	+ इन्द्र	= देवेन्द्र
			= ए		शुभ	+ इच्छा	= शुभेच्छा
+					यथा	+ इष्ट	= यथेष्ट
आ	ई				दिन	+ ईश	= दिनेश

अ	उ				देश	+ उन्नति	= देशोन्नति
			= ओ		प्रेम	+ उपहार	= प्रेमोपहार
+					लोक	+ उक्ति	= लोकोक्ति
आ	ऊ				महा	+ उत्सव	= महोत्सव

अ					देव	+ ऋषि	= देवर्षि
			= अर्		ब्रह्म	+ ऋषि	= ब्रह्मर्षि
+	ऋ				महा	+ ऋषि	= महर्षि
आ					सप्त	+ ऋषि	= सप्तर्षि

(ग) वृद्धिसन्धि– अ-आ- पछि ए-ऐ, ओ-औ आएमा वृद्धि (ऐ, औ) हुन्छ । जस्तै–

अ	ए				तथा	+ एव	= तथैव
			= ऐ		सदा	+ एव	= सदैव
+					मत	+ ऐक्य	= मतैक्य
आ	ऐ						

अ	ओ				महा	+ औषधि	= महौषधि
			= औ		वन	+ औषधि	= बनौषधि
+					प्रेम	+ औत्सुक्य	= प्रेमौत्सुक्य
आ	औ						

(घ) यण्सन्धि– असमान स्वरवर्ण आएमा यण् (य्, व्) हुन्छ । जस्तै–

इ	अ			यदि	+ अपि	= यद्यपि
+	आ	= य्		इति	+ आदि	= इत्यादि
ई	उ			उपरि	+ उक्त	= उपर्युक्त
				प्रति	+ उत्तर	= प्रत्युत्तर

उ	अ			अनु	+ अय	= अन्वय
+	आ	= व्		सु	+ आगत	= स्वागत
ऊ	ए			अनु	+ एषण	= अन्वेषण

(ङ) अयादिसन्धि– ए-ऐ, ओ-औपछि आएका स्वरमा अयादि (अय्, अव् आदि) हुन्छ ।
जस्तै–

ए				अय्	ए (अय) + अन	= अयन
+	अ	=		ने (नी) + अन	= नयन
ऐ			आय्	नै (नी) + अक	= नायक
				गै + अक	= गायक

ओ				अव्	पो (पु) + अन	= पवन
+	अ	=			
औ				आव्	पौ (पु) + अक	= पावक

२. व्यञ्जनसन्धि

व्यञ्जनवर्णसित व्यञ्जनवर्ण नै मिलेर भएको सन्धि 'व्यञ्जनसन्धि' हो । संस्कृत भाषामा व्यञ्जनसन्धिका नियम थुप्रै छन्, तर नेपालीमा ती सबै नियम लागेर बनेका सन्धिका शब्द उस्तो चल्ती छैनन् । यसैले व्यञ्जनसन्धि भएर बनेका आवश्यक केही शब्द तल दिइएका छन् ।

व्यञ्जनसन्धिमा शब्दका अन्त्य वर्ण वर्गको तेस्रो र अन्तिम वर्णसित बदलिएर, पछिल्लो शब्दको आदि वर्ण बनेर स्वरअगाडि च भए च्छ भएर, म आएमा अनुस्वार र पञ्चम वर्णमा गएर आदि किसिमले सन्धि भएका छन् । जस्तै–

(क) वर्गको पहिलो वर्ण तेस्रो वा आखिरी वर्ण भएर :

| वाक्+दान | = वाग्दान | दिक्+गज | = दिग्गज |
| अज्+अन्त | = अजन्त | षट्+दर्शन | = षड्दर्शन |

उत्+गम	= उद्गम	सत्+भाव	= सद्भाव
वाक्+मय	= वाङ्मय	षट्+मास	= षण्मास
जगत्+नाथ	= जगन्नाथ	तत्+मय	= तन्मय

(ख) पछिल्लो ध्वनि नै डब्लिएर वा छ भए च्छ भएर :

शरत्+चन्द्र	= शरच्चन्द्र	सत्+चित	= सच्चित
उत्+चारण	= उच्चारण	सत्+जन	= सज्जन
तत्+लीन	= तल्लीन	अनु+छेद	= अनुच्छेद
पद+छेद	= पदच्छेद	प्रति+छाया	= प्रतिच्छाया

(ग) म-का साथ भएमा पञ्चम वर्ण (ङ, ञ, ण, न, म) वा अनुस्वार भएर :

अहम्+कार	= अहङ्कार	ओम्+कार	= ओङ्कार
किम्+चित्	= किञ्चित्	सम्+चय	= सञ्चय
सम्+ताप	= सन्ताप	सम्+पूर्ण	= सम्पूर्ण
सम्+योग	= संयोग	सम्+वत्	= संवत्
सम्+वाद	= संवाद	सम्+हार	= संहार

३. विसर्गसन्धि

विसर्ग (:)[९] सित अर्को वर्ण मिलेर हुने सन्धि विसर्गसन्धि हो । यसमा विसर्गका ठाउँमा प्रायः 'र' वा 'श्, ष्, स्' अथवा 'ओ' हुन्छ । जस्तै–

र	>	दुः	+ आशा	= दुराशा	दुः + गुण	=	दुर्गुण
		दुः	+ योग	= दुर्योग	निः + जन	=	निर्जन
		निः	+ रव	= नीरव	निः + रस	=	नीरस
श्	>	निः	+ चय	= निश्चय	निः + चल	=	निश्चल
		निः	+ शङ्क	= निश्शङ्क	निः + छल	=	निश्छल
ष्	>	निः	+ कपट	= निष्कपट	निः + फल	=	निष्फल
		निः	+ प्रयोजन	= निष्प्रयोजन	धनुः + टङ्कार	=	धनुष्टङ्कार
स्	>	यशः	+ कर	= यशस्कर	श्रेय + कर	=	श्रेयष्कर
		तिर	+ कार	= तिरस्कार	नमः + कार	=	नमस्कार
		अन्तः	+ तल	= अन्तस्तल	मनः + ताप	=	मनस्ताप
ओ	>	तेज	+ मय	= तेजोमय	अधः + गति	=	अधोगति
		मनः	+ रञ्जन	= मनोरञ्जन	मनः + हर	=	मनोहर

---

९. *विसर्ग अकारान्त, उकारान्त र इकारान्त शब्दमा प्रायः 'दु, नि' आदि अक्षरका अगाडि हुन्छ ।*

नेपाली शब्दमा सन्धि र आगम

नेपाली भाषाका शब्दमा पनि कतैकतै सन्धि हुन्छ र यस भाषाका धेरै शब्द व्याकरणको नियमानुसारै परिवर्तन भएका पाइन्छन् । यसअनुसार नेपाली भाषामा स्वरसन्धि र व्यञ्जनसन्धि दुई प्रकारका सन्धि छन् । जस्तै–

१. स्वरसन्धि :

लि + इ = ली   दि + इ = दी

ग + इ = गै   भ + इ = भै

घि + उ = घ्यू   जी + उ = ज्यू

म + ऐ = मै   मा + उरी = मौरी

२. व्यञ्जनसन्धि :

कस + ले = कल्ले   जस + ले = जल्ले

तहि + ले = तैले   पहि + ले = पैले

बो + होतो = बोतो   लो + होटा = लोटा

नेपाली भाषाको प्रवृत्ति संश्लेषणात्मक भएकाले यस भाषाका शब्दमा खास गरी कथ्य रूपमा सन्धि हुँदा आगम (कुनै व्यञ्जनवर्ण थपिनु) वा लोप आदि पनि हुने गर्छन् । जस्तै–

खु + आउँछ   = खुवाउँछ   ('व' आगम)

सि + आउँछ   = सियाउँछ   ('य' आगम)

दि + आउँछ   = दिलाउँछ   ('ल' आगम)

तिनका वैकल्पिक रूप र सन्धि ख्वाउँछ, स्याउँछ, दियाउँछ आदि पनि हुन् ।

शब्दका रूप-विस्तार

नामिक पद र क्रियापदका रूप फेरिएनन्, चलेनन् वा वाक्यमा लिङ्ग, वचन, कारक, काल आदि छुट्टिएनन् भने शब्दहरू जिउन सक्तैनन् । यिनले शब्दलाई रूपसाधक प्रत्ययद्वारा निश्चित बाटामा लैजान्छन्, जसबाट वाक्यमा व्यवस्थितता आउँछ । माथिका कुरा मिलेपछि तिनको आफुसको सम्बन्ध पनि छर्लङ्ग हुन्छ र रचनाका अङ्ग स्पष्ट तथा शुद्ध हुन्छन् । वाक्यमा आउने शब्दमा अर्थ र अवस्थाअनुसार रूपायित हुने यस्ता शब्दविस्तारको संरचनाका दृष्टिले निकै महत्त्व छ ।

लिङ्ग

स्त्री-पुरुष र निर्जीव वस्तुका विषयमा ज्ञात गराउने शब्दको रूप 'लिङ्ग' हो । लिङ्ग तीन थरीका छन्– (१) पुलिङ्ग, (२) स्त्रीलिङ्ग र (३) नपुङ्सकलिङ्ग । पुलिङ्गले पुरुषजातिको, स्त्रीलिङ्गले स्त्रीजातिको र नपुङ्सकलिङ्गले भाले-पोथी छुट्टिन नसक्ने निर्जीव वस्तुको बोध गराउँछ । जस्तै–

पुलिङ्ग   — बा, भाइ, मामा, केटो, परेवा, घोडो आदि ।
स्त्रीलिङ्ग   — आमा, बहिनी, माइजू, परेवी, घोडी आदि ।
नपुङ्सकलिङ्ग — घर, फूल, कलम, माछा, पात, ऐना आदि ।

स्त्रीलिङ्ग बन्ने किसिम

कतिपय पुलिङ्ग र स्त्रीलिङ्ग शब्द व्यक्तिवाचक नाम भए आफैँ बुभिन्छन् । जस्तै– महादेव, राम, कृष्ण आदि (पुलिङ्ग) र पार्वती, सीता, राधा आदि (स्त्रीलिङ्ग) । अरू पुलिङ्गबाट स्त्रीलिङ्ग जनाउने शब्द तलका किसिमले कुनै स्वतः रूप फेरिएर, कुनै प्रत्यय लागेर र कुनै छ्यासमिसे पाराले बन्छन् ।

पुलिङ्ग	स्त्रीलिङ्ग	पुलिङ्ग	स्त्रीलिङ्ग
१. सबै रूप फेरिएर–			
दाजु	भाउजू	बाबु	आमा
भिनाजु	दिदी	जुर्का	साही
भाँक	मुड्डुली	वीर	भुनी
बोको	पाठी	भाजु	मैजू
मत्ता	ढोई	लोग्ने	स्वास्नी
साढुभाइ	साली	साँढे वा बहर	गाई

२. अघिल्लो रूप फेरिएर–

पुरुषपात्र	स्त्रीपात्र	बाबुसाहेब	मैयाँसाहेब
वीर बनेल	भुनी बनेल	भाले जुरेली	पोथी जुरेली
राजासाहेब	रानीसाहेब	लोग्नेमान्छे	स्वास्नीमान्छे
साना बाजे	सानी बज्यै		

३. प्रत्यय लागेर–

ई[1]	काका	काकी	केटो	केटी
	पाडो	पाडी	बाछो	बाछी
	भँगेरो	भँगेरी	साला	साली
नी[2]	कौ	कौनी	छेत्री	छेत्रिनी
	थारू	थरुनी	दनुवार	दनुवार्नी
	दमाई	दमिनी	नाति	नातिनी
	पण्डित	पण्डित्नी	माली	मालिनी
	लिम्बू	लिम्बुनी		
इनी[3]	कामी	कमिनी	बाघ	बघिनी
	माझी	मझिनी	डिट्ठा	डिट्ठिनी
	मीत	मितिनी	सुब्बा	सुब्बिनी
	थाक्से	थक्सिनी		

४. विभिन्न नियमले वा छ्यासमिस भएर–

गुरु	गुरुमा	देवर	देवरानी, देउरानी
फुपाजु	फुपू	भदो	भदै
मामा	माइजू	राजा	रानी
ससुरा	सासू		

५. संस्कृत भाषाका शब्दमा त्यसै भाषाका नियमानुसार

इन्द्र	इन्द्राणी	कवि	कवयित्री
देव	देवी	बालक	बालिका
विद्वान्	विदुषी	श्रीमान्	श्रीमती

स्त्रीलिङ्ग जनाउँदा जात, थर, दर्जा आदिमा स्त्रीलिङ्गी रूप व्यवहार हुने वा पुलिङ्गसरह नै रहने दुवै हुन्छन् । खास गरी पुरुषको माध्यमले चिनाउँदा स्त्रीलिङ्गी रूप चल्ने गरेको छ, स्त्री आफैँ चिनिँदा पुलिङ्गसरहकै रूप प्रयोग भएका पाइन्छन् । जस्तै–

१. 'आ, ओ'-का ठाउँमा प्रायः ई भएको छ ।

२. त्यसै वा शब्दको आखिरी ह्रस्व बनाई 'नी' थपिएका छन् । कतै अगाडिको स्वर 'आ' पनि 'अ' भएको छ ।

३. प्रायः 'आ' झिकेर वा अगाडिको 'आ'-लाई 'अ' गरी 'इनी' र कतै 'एनी' पनि थपिएका छन् ।

१. बाहुनी बज्यै, अर्जेल्नी आमै, दमिनी दिदी, शर्मिनी भाउजू, थपिनी, पौडेल्नी, घर्तिनी आदि (जात र थर); मास्टर्नी, सुब्बिनी, डाक्टर्नी, लप्टन्नी आदि (दर्जा) ।

२. बिमला चौधरी, कमला पौडेल, मीरा राणा, अनुराधा रानाभाट, शोभा बस्नेत, नायब सुब्बा हरिमाया श्रेष्ठ, शिक्षा सहायक मन्त्री सरला विष्ट, डाक्टर प्रेमलता गुरुङ, प्राध्यापक सरस्वती राई आदि ।

विशेषणका स्त्रीलिङ्गी रूप देखाउँदा राम्रो-राम्री, सानो-सानी, ठूलो-ठूली, मोटो-मोटी, पातलो-पातली, एउटा-एउटी, पहिलो-पहिली आदि हुन्छन् । मानवेतर नामका निम्ति आउने विशेषणमा स्त्रीलिङ्गको यस्तो प्रयोग हुँदैन, तर कतिपय यौगिक शब्दमा भने स्त्रीलिङ्ग रूप भएका पाइन्छन् । जस्तै– कालीढुङ्गो, कालीखोलो, कैलीगाई, सेतीनदी, पहेँलीमकै, कान्छीऔँलो, ठूलीचौर आदि ।

नेपाली भाषामा मानवेतर नाम भएका स्त्रीलिङ्ग भए तापनि तिनका क्रियापद पुलिङ्गजस्तै गरी व्यवहार हुन्छन् । जस्तै– गाई आयो । गाईले दूध दियो । बाख्रो ब्यायो । भेडाले पाठी पायो । भैँसी भीरबाट लड्यो । पाडी दूधकटुवा भयो । उच्चतम आदरार्थीका विशेषणवत् आउने अघिल्लो फ्याकका शब्दमा पनि लिङ्गको प्रयोग हुँदैन । जस्तै– बडामहारानी, मुमा बडामहारानी, जेठा अधिराजकुमारी, कान्छा अधिराजकुमारी । गीत-कविता आदि रचनामा कोमलता आओस् भन्नाका लागि नपुङ्सकलिङ्गका केही शब्द स्त्रीलिङ्गका रूपमा पनि प्रयोग गरिन्छन् । जस्तै–

नदी कलकल बग्दै थिइन् ।

हिमालमा उषाले सधैँ लाली लगाउँछिन् ।

यो रूपमा प्रकृति नै लजाउँदी हुन्छे ।

यो कान्तिमा जुनेली नै फीका-फीका बन्छे ।

वचन

एक वा अनेक छुट्ट्याउने शब्दको नाम वचन हो । वचन दुई थरीका छन्– (१) एकवचन, (२) बहुवचन । एउटालाई बुझाउने शब्द 'एकवचन' र धेरैलाई बुझाउने शब्द 'बहुवचन' हुन्छन् ।

बहुवचन बनाउँदा सङ्ख्येय (गन्न सकिने) नाममा प्रायः 'हरू' जोडिन्छ । एकारान्त र ओकारान्त शब्द भए आकारान्त गराएर 'हरू' जोड्नुपर्छ वा आकारान्त मात्र पनि हुन्छ । जस्तै–

एकवचन	बहुवचन	एकवचन	बहुवचन

१. हरू जोडेर–

एकवचन	बहुवचन	एकवचन	बहुवचन
घर	घरहरू	परेवा	परेवाहरू
नदी	नदीहरू	फूल	फूलहरू
पुस्तक	पुस्तकहरू	मान्छे	मान्छेहरू

२. आकारान्त पारी वा 'हरू' समेत जोडेर–

दानु	दाना, दानाहरू	छानु	छाना, छानाहरू
मानु	माना, मानाहरू	तुनु	तुना, तुनाहरू
केटो	केटा, केटाहरू	छोरो	छोरा, छोराहरू

तलका जस्ता शब्दमा माथि (२) को नियम नलागी सोझै 'हरू' जोरिन्छन्–

टापु	टापुहरू	धनु	धनुहरू
बाबु	बाबुहरू	साधु	साधुहरू

सर्वनाम बहुवचन बनाउँदा धेरैमा रूप नै फेरिएर 'हरू' लाग्छ । एउटालाई बुझाउने आदरार्थीमा भने कहीँ पनि 'हरू' लगाउनु हुँदैन । जस्तै–

म	हामी, हामीहरू	तँ	तिमी = हरू
त्यो	तिनी = हरू	ऊ	उनी = हरू
यो	यिनी = हरू	आफू	आफू = हरू

विशेषण बहुवचन बुझाउँदा एकारान्त वा ओकारान्तको आकारान्त हुन्छ, 'हरू' लाग्दैन । आकारान्त नहुने शब्दमा भने नामका पछाडि मात्र 'हरू' लगाइन्छ । जस्तै–

१.

मसिनु	मसिना	राम्रो	राम्रा
सानु वा सानो	साना	रमाइलो	रमाइला
सलसलाउँदो	सलसलाउँदा		

२.

असल छात्र	असल छात्रहरू	जाती गुरु	जाती गुरुहरू
बेस मान्छे	बेस मान्छेहरू		

'वटा' लगाउँदा र 'गण', 'वर्ग'[४], 'वृन्द' वा 'जन' जोड्दा 'हरू' लाग्दैन । यी स्वतः बहुवचन हुन्छन् । जस्तै–

वटा– दुईवटा (दुइटा) कापी, पाँचवटा कलम, सातवटा किताब

गण– लेखकगण, देवगण, सदस्यगण

वर्ग– छात्रवर्ग, नारीवर्ग, मित्रवर्ग

वृन्द– महिलावृन्द, छात्रवृन्द, सज्जनवृन्द

जन– गुरुजन, भक्तजन, मान्यजन

बहुवचन पनि धेरै बुझाउने भए अनेकार्थी, आदर बुझाउने भए आदरार्थी र इत्यादिको अर्थमा अर्कै रूपले आउने भए प्रकारार्थी हुन्छन् । जस्तै–

अनेकार्थी– छोराहरू आए ।   फूलहरू फुल्लान् ।

आदरार्थी– सीता गइन् ।   सूर्य उदाए ।

प्रकारार्थी– गोविन्दहरू (गोविन्द, शङ्कर, दीना) आए ।

पुस्तकहरू (पुस्तक, कापी, कलम) किन ।

---

४. वर्गका प्रमुखको नामबाट नामकरण हुँदा भने बहुवचन नभई एकवचन मात्र पनि हुन्छ । जस्तै– कालवर्ग, स्वरवर्ग आदि ।

कारक र विभक्ति

क्रियामा भनिएको काम गर्ने नाम-सर्वनामका विभिन्न अवस्था र रूप 'कारक' हुन् । यी आठ किसिमका छन् । क्रियासितको सम्बन्ध बुझाउन कारकमा लाग्ने अलग-अलग चिह्न (रूप-प्रत्यय)-लाई 'विभक्ति' भनिन्छ । कारक र विभक्ति दुवैका उदाहरण तल देखाइन्छन्–

कारक	चिह्न	विभक्ति
कर्ता (गर्ने)	ले, बाट	प्रथमा
कर्म (गरिने)	कन, लाई	द्वितीया
करण (कारक)	ले, द्वारा	तृतीया
सम्प्रदान (दान)	लाई, लागि	चतुर्थी
अपादान (स्थान)	देखि, बाट	पञ्चमी
सम्बन्ध (नाता)	को-का-की, रो-रा-री	
	नो-ना-नी	षष्ठी
अधिकरण (आधार)	मा	सप्तमी
सम्बोधन (पुकार)	हे, ओ, ए	सम्बोधन

कारकका उदाहरण–

	(क)	(ख)
कर्ता	भानुभक्तले रामायण लेखे ।	खरायो दगुर्‍यो ।
कर्म	रामायण नेपालीलाई प्यारो भयो ।	सीता मृगलाई हेर्छिन् ।
करण	रामायणद्वारा साहित्यको जग उठ्यो ।	रूख फलले लटरम्म थियो ।
सम्प्रदान	म गुरुलाई रामायण दिन्छु ।	म तिमीलाई पुस्तक दिन्छु ।
अपादान	भानुभक्त तनहुँदेखि आए ।	रूखबाट पातहरू झर्छन् ।
सम्बन्ध	उनको आफ्नो साधना सफल भयो ।	उनको, तिम्रो र मेरो भेट भयो ।
अकरण	रामायणमा मौलिकता छ ।	सबै छायामा विश्राम गर्न गए ।
सम्बोधन	हे भानुभक्त! रामायणसँगसँगै तिमी छौ!	ए भाइ, यता आऊ ।

सम्बोधनको गणना प्रथमा विभक्तिकै विशेष रूपमा हुन्छ र यस अवस्थामा विभक्ति सातवटा मात्रै मानिन्छन् । विभक्ति-प्रत्यय पनि सबैतिर रहिरहँदैनन् । शब्दको सामान्य रूप देखिने गरी प्रथमा, द्वितीया, सप्तमी र सम्बोधनमा कतै दबिने गर्छन् । जस्तै–

अर्जुन (-ले) गीत गाउँछन् ।

म आकाश (-लाई) हेर्न मन पराउँछु ।

भोलि सखारै रानीवन (-मा) जाऔँ ।

(हे) बाबु, आजको गोरखापत्र ल्याऊ त ।

स्वरूपका आधारमा नेपालीमा कारक सरल, तिर्यक् र सम्बोधन गरी तीन किसिमका छन् । विभक्ति नलागेर पनि कारक बुझाउने र मूल रूपमा फेरफार नहुने नाम-

सर्वनामलाई 'सरल कारक' भनिन्छ । विभक्ति लाग्ने र मूल रूपमा फेरफार हुने कारकलाई 'तिर्यक् कारक' भनिन्छ । बोलाउँदा सम्बोधन-सूचक अव्यय प्रयोग हुनेचाहिँ 'सम्बोधन कारक' हुन्छ । जस्तै—

सरल कारक —   अर्जुन गीत गाउँछन् । म आकाश हेर्न मन पराउँछु । तिमी पर गयौ । यो ठिटो मेहनती छ ।

तिर्यक् कारक —   मैले उनलाई आँखाले सान गरेँ।यस काममा सबैको सहयोग चाहिन्छ। तिमीले घरबाट के-के ल्यायौ त ? यस ठिटाले मेहनत गरेको छ ।

सम्बोधन कारक —   ए केटाकेटी हो, नकराऊ न । ओ भाइ ! तिमी कता जाने ? हे राम ! तिमी कहाँ छौ ? कान्छा हो ! घर आऊ रे !

शब्दका रूप

संज्ञा शब्द 'मामा'

विभक्ति	एकवचन	बहुवचन
प्रथमा	मामा, मामाले	मामाहरू, मामाहरूले
द्वितीया	मामालाई	मामाहरूलाई
तृतीया	मामाले	मामाहरूले
चतुर्थी	मामालाई	मामाहरूलाई
पञ्चमी	मामादेखि-बाट	मामाहरूदेखि-बाट
षष्ठी	मामाको-का-की	मामाहरूको-का-की
सप्तमी	मामामा	मामाहरूमा
सम्बोधन	ए मामा !	ए मामाहरू !

सर्वनाम शब्द 'म'

विभक्ति	एकवचन	बहुवचन
प्रथमा	म, मैले	हामी, हामीहरूले
द्वितीया	मलाई	हामीहरूलाई
तृतीया	मैले	हामीहरूले
चतुर्थी	मलाई	हामीहरूलाई
पञ्चमी	मदेखि-बाट	हामीहरूदेखि-बाट
षष्ठी	मेरो-रा-री	हाम्रो-म्रा-म्री
सप्तमी	ममा	हामीहरूमा

यसरी नै—

आमा, आमाले	आमाहरू, आमाहरूले
छोरा, छोराले	छोराहरू, छोराहरूले
दाजु, दाजुले	दाजुहरू, दाजुहरूले

तँ, तैंले   तिमीहरू, तिमीहरूले
त्यो, त्यसले, त्यल्ले   तिनीहरू, तिनीहरूले
ऊ, उसले, उल्ले   उनीहरू, उनीहरूले इत्यादि

क्रियामा–

खानु   खानालाई   खानाले   खानामा
बाल्नु   बाल्नालाई   बाल्नाले   बाल्नामा
हेर्नु   हेर्नलाई   हेर्नले   हेर्नामा इत्यादि ।

काल र पक्ष

कालले क्रियाका विभिन्न अवस्था र समयलाई जनाउँछ । काल मुख्य तीन थरीका छन्– वर्तमान, भूत र भविष्यत् । तिनको स्थिति सङ्केत यसरी गर्न सकिन्छ–

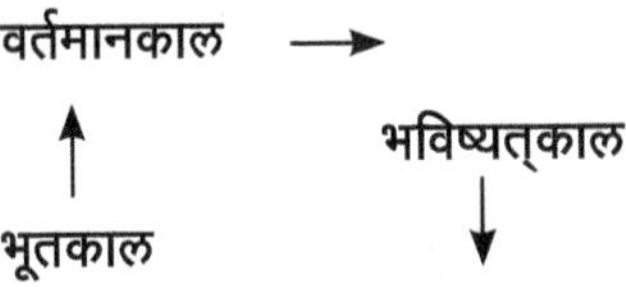

भइरहेको समय वर्तमानकाल, बितेको समय भूतकाल र आउने समय भविष्यत्काल हुन् । यिनै काल वा समय जनाउँदा धातुमा विभिन्न प्रत्यय वा सहायक क्रिया (यिनलाई 'तिङन्त' वा 'आख्यात' प्रत्यय पनि भनिन्छ) जोरिएर क्रियाको रूप चल्दै जान्छ । त्यसै रूपका आधारमा क्रियाका कालमा निम्न प्रकारका कार्य हुन्छन्–

१. वर्तमानकालीन क्रियाबाट भर्खरै थालिएको तर सकिइनसकेको बुझिन्छ, जस्तै–
    जीवन गीत गाउँछ ।
    हरि पत्रिका पढ्छ ।
    म घर फर्कन्छु ।

२. भूतकालीन क्रियाबाट पहिले नै भइसकेको बुझिन्छ । जस्तै–
    जीवनले गीत गायो ।
    हरिले पत्रिका पढ्यो ।
    म घर फर्कें ।

३. भविष्यत्कालीन क्रियाबाट काम पछि मात्र हुने कुरा बुझिन्छ । जस्तै–
    जीवनले गीत गाउनेछ ।
    हरिले पत्रिका पढ्नेछ ।
    म घर फर्कनेछु ।

क्रियाका कालमा जोरिने प्रत्यय दुई किसिमका छन्–

        १.   करण–   'हो' जनाउने ।
        २.   अकरण–   'होइन' जनाउने ।

करण-प्रत्यय

काल	पुरुष	प्रत्यय	एकवचन	स्त्री ए० व०	बहुवचन	स्त्री एकलाई बुझाउने आदरार्थी
वर्तमानकाल	उत्तम पुरुष	छु, छौँ	म हुन्छु	—	हामीहरू हुन्छौँ	—
	मध्यम पुरुष	छस्, (छेस्)[५] छौ (छ्यौ)	तँ हुन्छस्	हुन्छेस्	तिमी=हरू हुन्छौ	हुन्छ्यौ
	अन्य पुरुष	छ (छे), छन् (छिन्)	त्यो हुन्छ	हुन्छे	तिनी=हरू हुन्छन्	हुन्छिन्
भूतकाल	उ० पु०	एँ, यौँ	म भएँ	—	हामी=हरू भयौँ	—
	म० पु०	इस्, यौ	तँ भइस्	—	तिमी=हरू भयौ	—
	अ० पु०	यो (ई), उ (इन)	त्यो भयो	भई	तिनी=हरू भए	भइन्
भविष्यत्काल	उ० पु०	नेछु, नेछौँ	म हुनेछु	—	हामीहरू हुनेछौँ	—
	म० पु०	नेछस्, नेछौ	तँ हुनेछस्	—	तिमी=हरू हुनेछौ	—
	अ० पु०	नेछ (नेछे), नेछन्	त्यो हुनेछ	हुनेछे	तिनी=हरू हुनेछन् [६]	—

५. कोष्ठभित्रका प्रत्यय स्त्रीलिङ्गी हुन् । तालिकामा देखाइएबाहेक स्त्रीलिङ्गका अरू रूप पुलिङ्गजस्तै हुन्छन् ।
६. 'छ, हो' जस्ता सहायक क्रियाको वर्तमानमा छु, हुँ र भूतमा थिएँ, थियौँ रूप चल्छ ।

अकरण-प्रत्यय

काल	पुरुष	प्रत्यय	एकवचन	स्त्री ए० व०	बहुवचन	स्त्री एकलाई बुझाउने आदरार्थी
वर्तमानकाल	उत्तम पुरुष	नँ, इनँ, नौँ, ऐनौँ	म हुन्नँ, हुँदिनँ	–	हामीहरू हुन्नौँ, हुँदैनौँ	–
	मध्यम पुरुष	नस्, ऐनस्, नौ, ऐनौ	तँ हुन्नस्, हुँदैनस्	–	तिमी=हरू हुन्नौ, हुँदैनौ	–
	अन्य पुरुष	न, ऐन (इन), नन्, ऐनन् (इनन)	त्यो हुन्न, हुँदैन	हुन्न, हुँदिन	तिनी=हरू हुन्नन्, हुँदैनन्	हुन्नन्, हुँदिनन्
भूतकाल	उ० पु०	इनँ, एनौँ	म भइनँ	–	हामीहरू भएनौँ	–
	म० पु०	इनस्, एनौ, इनौ	तँ भइनस्	–	तिमी=हरू भएनौ	भइनौ
	अ० पु०	एन (इन), एनन् (इनन)	त्यो भएन	भइन	तिनी=हरू भएनन्	भइनन्
भविष्यत्काल	उ० पु०	नेछैन, नेछैनौँ	म हुनेछैन	–	हामीहरू हुनेछैनौँ	–
	म० पु०	नेछैनस्, नेछैनौ	तँ हुनेछैनस्	–	तिमी=हरू हुनेछैनौ	–
	अ० पु०	नेछैन, नेछैनन्	त्यो हुनेछैन	–	तिनी=हरू हुनेछैनन्[७]	–

---

७. अकरण, क्रियापदमा 'न' तीन किसिमले जोरिन्छन्–

अगाडि–   नहुँला, नखेल, नभने ।

माझमा–   हुँदैनन्, भएनथ्यो, गएनछ ।

पुछारमा–   हुनेछैन, गरेन, आओइन इत्यादि ।

तपाईं, उहाँ आदिमा संयुक्त क्रियाको नियम भएकाले अधिल्तिर क्रियार्थक संज्ञा जोडिई प्रथम पुरुष एकवचन पुलिङ्गअनुसार हुन्छ । जस्तै– तपाईं=हरू हुनुहुन्छ, उहाँ=हरू हुनुहुन्छ, यहाँ=हरू जानुहुन्न आदि ।

माथिका सबै उदाहरण सामान्य कालका हुन् । त्यसबाहेक हरेकमा पूर्ण र अपूर्णसमेत गरी एक-एक कालका जम्मा तीन-तीन पक्ष छन् । यस्तै भूतकालका दुई र भविष्यत्को अर्को एक रूप पनि छन् । यसरी तल देखाइएअनुसार काल र पक्षका तेह्र रूप हुन्छन्,

पक्ष/काल ➡	वर्तमान	भूत	भविष्यत्
सामान्य	म हुन्छु, हामी हुन्छौँ; म लेख्छु, हामी लेख्छौँ	म भएँ, हामी भयौँ मैले लेखेँ, हामीले लेख्यौँ	म हुनेछु, हामी हुनेछौँ म लेख्नेछु, हामी लेख्नेछौँ
अपूर्ण	म हुँदो छु, हुँदी छु, हुँदै छु; म लेख्तो छु, लेख्तै छु	म हुँदो थिएँ, हुँदै थिएँ, म लेख्तो थिएँ, लेख्तै थिएँ	म जाँदो हुनेछु, जाँदै हुनेछु[8] म लेख्तो हुनेछु, लेख्तै हुनेछु
पूर्ण	म भएको छु, भएकी छु; मैले लेखेको/ लेखेकी छु	म भएको थिएँ, भएकी थिएँ मैले लेखेको थिएँ, लेखेकी थिएँ	म भएको हुनेछु, होउँला, हुँला मैले लेखेको हुनेछु, होउँला, हुँला
अभ्यस्त	–	म हुन्थेँ, हामी हुँथ्यौँ म लेख्थेँ, हामी लेख्थ्यौँ	– –
अज्ञात	– –	म भएछु, भइछु मैले लेखेछु, लेखिछु	
सम्भावना	– –	– –	म होउँला म देखुँला इत्यादि[9]

यसरी सबै क्रियाका सबै काल र पक्षमा पुरुष र वचन मिलाई रूप चलाउनुपर्छ । तिनका अकरण रूप पनि चल्छन् । जस्तै– म हुन्नँ, हामी हुन्नौँ; म भइनँ, हामी भएनौँ; म हुनेछैन, हामी हुनेछैनौँ (**सामान्य**), म हुँदो-हुँदै छैन, म हुँदो-हुँदै थिइनँ, म जाँदो हुनेछैन (**अपूर्ण**), म भएको-की छैन (**पूर्ण**), म हुँदैनथेँ-हुन्नथेँ (**अभ्यस्त**), म भएनछु-भइनछु (**अज्ञात**), म नहोउँला-नहुँला (**सम्भावना**) आदि ।

क्रियाको प्रयोग एउटै ढाँचाले विभिन्न कालमा गर्न सकिन्छ । यसबाट वाक्यको शुद्ध बनोटका साथै भाव व्यक्त गर्ने कुशलतामा पनि सघाउ मिल्छ । जस्तै–

---

8. हुँदो, खाँदो आदिभन्दा हुँदै, खाँदै आदि जोड दिएका रूपकै बढ्ता चल्ती छ ।
9. नेपालीमा भखरै थाहा हुने एउटा रूप पनि छ । यसलाई तत्काल (भखर) ज्ञात भन्नु ठिक्क होला । जस्तै– म रहेछु, ऊ रहेछ, उनी लेख्दा रहेछन् ।

१. **पूर्ण वर्तमानकालको प्रयोग–** गुरु कक्षामा छिटै आउनुभएको छ । उहाँले विद्यार्थीहरूलाई लेख्न लगाउनुभएको छ । नलेख्ने केटासित उहाँ रिसाउनुभएको छ । उहाँले अबदेखि सधैँ लेख्नुपर्छ भन्नुभएको छ । उहाँले लेख्नका लागि नमुना पनि देखाउनुभएको छ ।

२. **अपूर्ण भूतकालको प्रयोग–** भर्खर उज्यालो हुँदै थियो । चराचुरुङ्गी कराउँदै थिए । हिमाली चुचुरामा घामका किरण फैलिँदै थिए । बाटामा मानिसहरू हिँड्दै थिए । म कोठामा बसेर लेख्दै थिएँ ।

३. **सम्भावना भविष्यत्को प्रयोग–** म भरे घर जाउँला । तिमी र म त्यहीँ भेटौँला । एक छिन गफ गरौँला । म केही गीत गाउँला, केही कथा सुनाउँला । तिमी पनि गफ गरौला, पुराना कुरा बताउँला; अनि हामी हाँसौँला, रमाऔँला ।

क्रियाका अरू रूप

क्रियाका अरू पनि रूप छन् । तीमध्ये चार रूप यी हुन्– (१) विध्यर्थी क्रिया, (२) पूर्वकालिक क्रिया, (३) उत्तरकालिक क्रिया र (४) प्रेरणार्थक क्रिया ।

१. **विध्यर्थी क्रिया–** इच्छा र आज्ञा वा अह्वोटको भाव (अर्थ) जनाउने । जस्तै–

पुरुष	एकवचन	बहुवचन
(क) इच्छार्थक :		
उ॰ पु॰	म होऊँ	हामी, हामीहरू होऔँ
म॰ पु॰	तँ भएस्	तिमीहरू भए
अ॰ पु॰	त्यो होओस्	तिनीहरू होऊन्

(ख) आज्ञावाचक :

यो क्रिया हुँदा मध्यम पुरुषमा मात्र रूप फेरिन्छ, जस्तै–

म॰ पु॰	तँ हो, तँ पढ्[१०]	तिमीहरू होओ
	तिमीहरू पढ	

२. **पूर्वकालिक क्रिया–** कुनै काम सकेर अर्को काम थालेको वा थाल्ने कुरा बुझाउने । जस्तै–

भिखारीलाई देखी गौतमको मन पग्ल्यो ।

हामी सांस्कृतिक कार्यक्रम हेरी आयौँ ।

राजु परदेखि हाँसेर आयो ।

दीपकले फूल टिपेर माला उन्यो ।

धातुमा 'ई, एर' प्रत्यय लगाउँदा पूर्वकालिक क्रिया बन्छन् । जस्तै पढ्+ ई = पढी, भन्+ई = भनी, हाँस्+एर = हाँसेर, गाउ+एर = गाएर आदि । पूर्वकालिक क्रियामा कतै 'ई, एर' प्रत्ययसँग 'कन', 'वरी' वा 'वरीकन' थपिन्छन् ।

---

१०. नू प्रत्यय लगाएर मात्रै पनि आज्ञावाचक क्रिया बन्छ । जस्तो– तँ हुनू, तैँले पढनू, तिमीहरू जानू आदि ।

अवधारणा अर्थमा 'नै' प्रत्यय पनि जोरिन्छन् र त्यसको छोटकरी रूप 'एरै' हुन्छ । जस्तै–

म पढीकन घर जान्छु, तिमी लेखीकन आऊ ।

ऊ भात खाईवरी काममा हिँड्यो ।

त्यो मान्छे खबर सुनाईवरीकन गयो ।

तिमी खाएरै आऊ, म कुरेरै बसुँला ।

३. **उत्तरकालिक क्रिया–** कुनै काम पछि गरिने वा हुने कुरा बुझाउने । जस्तै–

धनु भर्खरै भात खान गयो ।

दुलही किनमेल गर्न बजार गइन् ।

म भरे नाटक हेर्न जान्छु ।

मानिसहरू टुँडिखेलमा घाम ताप्न थाले ।

उत्तरकालिक क्रिया बुझाउँदा धातुमा 'न' प्रत्यय लाग्छ । यसको अरू रूप कतै पनि फेरिँदैन । जस्तै– खा+न = खान, गर्+न = गर्न, हेर्+न = हेर्न, ताप्+न = ताप्न आदि ।[११]

४. **प्रेरणार्थक क्रिया–** प्रेरणा अर्थात् कुनै काम गर्न लगाउने अर्थ जनाउने । जस्तै–

केटाकेटीहरू भुरुङ घुमाउँछन् ।

सबै नेपालीलाई पढाउनु छ ।

इन्द्रजात्रामा लाखे नचाउनुपर्छ ।

घोडेजात्रामा घोडा कुदाउनुपर्छ ।

आमाले नानीलाई दूध खुवाइन् ।

प्रेरणार्थक क्रिया बनाउँदा मूल धातुमा 'आउ+नु' प्रत्यय थपिन्छन् । जस्तै–

मूल धातु र प्रत्यय		प्रेरणार्थक	प्रेरणार्थक क्रिया
खेल्	+ आउ	खेलाउ	खेलाउनु
घुम्	+ आउ	घुमाउ	घुमाउनु
नाच्	+ आउ	नचाउ	नचाउनु
पढ्	+ आउ	पढाउ	पढाउनु
बस्	+ आउ	बसाउ	बसाउनु
लेख्	+ आउ	लेखाउ	लेखाउनु

प्रेरणार्थक क्रियाका रूप पनि मूल क्रियाकै किसिमले चल्छन् । जस्तै– खेलाउँछु, खेलाउँछौँ, खेलाउँछस् (छेस्), खेलाउँछौ, खेलाउँछ (छे), खेलाउँछन् (**सामान्य वर्तमान**); नचाएँ, नचायौँ, नचाइस्, नचायो (ई), नचाए (**सामान्य भूत**); पढाउनेछु, पढाउनेछौँ, पढाउनेछस्, पढाउनेछौ, पढाउनेछ, पढाउनेछन् (**सामान्य भविष्यत्**) इत्यादि ।

कुनै-कुनै क्रियामा 'लाउनु'(लगाउनु) क्रिया पारेर मात्र प्रेरणार्थक अर्थ बुझिन्छ । यस्तै 'आउ' प्रत्ययान्त प्रेरणार्थक क्रिया बेग्लै हुने धातुमा आफैँ 'लाउनु' थपिएर प्रेरणार्थक

---

११. शब्दको बनोटका क्रममा पूर्वकालिक क्रिया र उत्तरकालिक क्रिया क्रियाबोधक अव्यय हुन् ।

रूप बन्छन् । जस्तै—

गाउनु लाउनु	गाउन लाउनु, गाउन लाउँछ ।
हुनु लाउनु	हुन लाउनु, हुन लाउँछ ।
नुहाउनु	नुहाउन लाउनु, नुहाउन लाउँछ ।
लजाउन	लजाउन लाउनु, लजाउन लाउँछ ।

मिलित क्रिया

छुट्टाछुट्टै क्रिया (पहिलो मुख्य क्रिया र दोस्रो खास क्रिया मात्र) मिलेर एउटैजस्तो बनी विशेष अर्थ बुभाउने क्रियालाई 'मिलित क्रिया' वा 'संयुक्त क्रिया' भनिन्छ । जस्तै— तलका क्रिया मिलित क्रिया हुन्—

भनिदेऊ	(भन्+इ देऊ)
लिइहाल	(लि+इ हाल)
गइसक्यो	(जा+इ सक्यो)
गरिदिनुहुन्छ	(गर्+इ दि+नु हुन्छ)

मिलित क्रिया दुई वा दुईभन्दा धेरै क्रिया मिलेर एकजीउ भई बन्छन् । जस्तो मुख्य क्रिया भन्नु, लिनु, जानु र खास क्रिया दिनु, हाल्नु, सक्नु आदि हुन् । मुख्य क्रियाले अर्को क्रियालाई छान्दा अर्को क्रियाले चाहिँ पहिलेको आफ्नो अर्थ पनि छाड्छ । तिनलाई फोर्दा र मिलाउँदाका दुवै रूप तल दिएअनुसार हुन्छन्—

१.	भनी देऊ	२.	भनिदेऊ
	लिई हाल		लिइहाल
	गई सक्यो		गइसक्यो
	गरी दिनु हुन्छ		गरिदिनुहुन्छ

दाहिनेपट्टिका हारमा 'भनेर अनि देऊ', 'लिएर फेरि हाल' भन्ने आदि अर्थ छन् । त्यसैले यी पूर्वकालिक क्रिया हुन् । तर देब्रेतिरका हारमा 'भनिदेऊ'-बाट 'भन' भन्ने र 'लिइहाल' बाट 'लेऊ' भन्ने कुरा मात्र बुभिन्छ । यस प्रकारका दुइटा छुट्टाछुट्टै अर्थ दिने क्रिया मिलेर विशेष अर्थ निकालेकाले यी मिलित क्रिया भए । जस्तै—

पूर्वकालिक क्रिया	मिलित क्रिया
गई सक्यो– गएर गर्ने काम सक्यो ।	गइसक्यो– गयो ।
ल्याई दियो– ल्याएर दिने चीज दियो ।	ल्याइदिया– ल्यायो ।
हेरी हाल– हेरेर हाल्नुपर्ने कुरा हाल ।	हेरिहाल– हेर ।
गरी दिनु हुन्छ– गरेर दिनलाई हुन्छ ।	गरिदिनुहुन्छ– गर्छको आदरार्थी

दुई वा दुईभन्दा बेसी क्रिया मिलेर मिलित क्रिया बन्दा पहिलोचाहिँ क्रिया मुख्य हुन्छ, त्यससँग जोरिने अर्थात् मिल्ने दोस्रो खास क्रिया सहायक हुन्छ । जस्तै— आइछाड्नु मिलित क्रियामा पहिलो 'आउनु' क्रिया मुख्य हो भने 'छाड्नु' क्रियाचाहिँ सहायक क्रिया हो । तलका खासखास क्रिया मूल क्रियासित मिलेर मिलित क्रिया बनेका छन्—

सहायक क्रिया	मिलित क्रिया
छाड्नु	आइछाड्नु, गरिछाड्नु, लिइछाड्नु, भनिछाड्नु ।
दिनु	गरिदिनु, भनिदिनु, गर्दिनु, भन्दिनु ।
पर्नु	गर्नुपर्नु, छुनुपर्नु, जानुपर्नु, हुनुपर्नु ।
बक्सनु	गरिबक्सनु, दिइबक्सनु, लिइबक्सनु, होइबक्सनु ।
रहनु	गइरहनु, परिरहनु, बसिरहनु, सुनिरहनु ।
राख्नु	बसिराख्नु, भनिराख्नु, लेखिराख्नु, गरिराख्नु ।
सक्नु	गइसक्नु, लगिसक्नु, लेखिसक्नु, बसिसक्नु ।
हाल्नु	खाइहाल्नु, दिइहाल्नु, भनिहाल्नु, लिइहाल्नु ।
हुनु	आउनुहुनु, जानुहुनु, हेर्नुहुनु, पढ्नुहुनु ।
हेर्नु	गइहेर्नु, पढिहेर्नु, भनिहेर्नु, हेरिहेर्नु इत्यादि ।

मिलित क्रियाका रूप पनि प्रायः अरू क्रियाका रूपजस्तै भएर चल्छन् । जस्तै–
आइछोड्छु, आइछोड्छौं, बसिरहिस्, बसिरह्यौ, ... इत्यादि । तर 'बक्सनु' क्रियाको
आदरार्थी बहुवचन मात्र हुन्छ । जस्तै– हामीबाट यो काम गरिबक्सन्छ-गरिबक्स्यो,
हजुरबाट यो काम गरिबक्सन्छ-गरिबक्स्यो-गरिबक्सनेछ ।

आवश्यकता बुझाउने 'पर्नु' र आदर बुझाउने 'हुनु' क्रिया मूल क्रियासित मिल्दा सबै
कालमा तृतीय पुरुष नपुङ्सकलिङ्ग एकवचनका रूप हुन्छन् । अरू मिलित क्रियाको
जस्तो यी क्रियामा 'नु' प्रत्ययको उकार लोप पनि हुँदैन । जस्तै–

पर्नु तपाईंले यति काम गर्नुपर्छ– गर्नुपर्‍यो-गर्नुपर्नेछ-गर्नुपर्ला । उहाँलाई घरको खबर
भन्नुपर्छ-भन्नुपर्‍यो-भन्नुपरेको थियो ।

हुनु तपाईंहरू जानुहुन्छ-जानुभयो-जानुहुनेछ । उहाँहरू आउनुहुन्छ-आउनुभयो-
आउनुहुनेछ । तपाईं लेख्नुहोला, उहाँले पुस्तक दिनुहोला इत्यादि ।

वाच्य

वाक्यमा कर्ता, कर्म र भावको काम बुझाउँदा फेरिने क्रियाको रूपलाई 'वाच्य' भनिन्छ ।
वाच्यको अर्थ हुन्छ क्रियाका सम्बन्धले 'कहिने' वा 'भनिने' । वाच्य तीन थरीका छन् ।

१. कर्तृवाच्य

जुन वाक्यमा कर्ता मुख्य हुन्छ, त्यसअनुसार क्रियापद हुने वाच्य 'कर्तृवाच्य' हो ।
यो सकर्मक र अकर्मक दुवै थरी क्रियाद्वारा बन्छ । जस्तै–

म किताब हेर्छु ।	हामी खेतमा जान्छौं ।
मैयाँ माला उन्छे ।	तिनी आउँछिन् ।
उनले गीत गाए ।	गीता रमाइन् ।
तिनीहरू नाटक खेल्छन् ।	हामीहरू हाँस्नेछौं ।

२. कर्मवाच्य

जुन वाक्यमा कर्म मुख्य हुन्छ, त्यसअनुसार क्रियापद हुने वाच्य 'कर्मवाच्य' हो । यो सकर्मक क्रियाद्वारा मात्रै बन्छ । जस्तै–

मबाट (किताब) हेरिन्छ ।   काम गरियो ।
उनीद्वारा (गीत) गाइयो ।   सामान घर लगिन्छ ।
लट्टीले ओँप झारियो ।   चिठी पठाइयो, चिठीहरू पठाइए ।
तिमी राम्रो देखियौ ।   खेल हेरिएला ।

३. भाववाच्य

जुन वाक्यमा भाव अर्थात् क्रियाको अर्थ नै मुख्य हुन्छ, त्यसअनुसार क्रियापद हुने वाच्य 'भाववाच्य' हो । यो अकर्मक क्रियाबाट मात्रै बन्छ र बुभिन्छ । जस्तै–

मबाट/द्वारा बसिन्छ, बसियो, बसिएला ।   आइन्छ र गइन्छ ।
सखारै हिँडियो ।   बेलैमा घर पुगिनेछ ।
उठिन्छ । आइनेछ ।   भइँदैन । हाँसिएला ।

कर्मवाच्य र भाववाच्य क्रिया बुभाउँदा सबै धातुमा इकार थपिन्छन् । यसरी सकर्मक क्रियामा इकार थपिएपछि कर्मवाच्य र अकर्मक क्रियामा इकार थपिएपछि भाववाच्य क्रिया बन्छन् । जस्तै–

	कर्तृवाच्य	कर्मवाच्य
	खान्छ	खाइन्छ, खाइयो, खाइनेछ, खाइएला, खाइन्थ्यो, खाइँदो हो आदि ।
	गर्छ	गरिन्छ, गरियो, गरिएला, गरिनेछ ।
सकर्मक	देख्छ	देखिन्छ, देखियो, देखिनेछ, देखिएला ।
	धुन्छ	धोइन्छ ......
	पाउँछ	पाइन्छ ....
	लेख्छ	लेखिन्छ ....
	आउँछ	आइन्छ, आइयो, आइनेछ, आइएला, आइन्थ्यो आदि ।
	उठ्छ	उठिन्छ, उठिन्थ्यो .... ।
अकर्मक	जान्छ	जा (ग) इन्छ १२
	नुहुन्छ	नुहिन्छ ...
	बस्छ	बसिन्छ ...
	हुन्छ	हो (भ) इन्छ ... ।

---

१२. 'जा-हुइ'-को वर्तमान र भविष्यत्मा मात्र दुई रूप चल्छ, अन्त एकोहोरो रूप नै चल्छ । जस्तै– गइयो, गइएथ्यो, गइएन, भइयो, भइएथ्यो, भइएन ।

शब्दका अर्थ र प्रयोग

विभिन्न अवस्थामा शब्दका विभिन्न अर्थ र प्रयोग हुन्छन् । व्यक्त गरिएका कुराको ठीक अर्थ निस्कोस् भन्ने कुरामा ध्यान दिनुपर्छ र यस क्रममा शब्दका अर्थ र प्रयोगको महत्त्वपूर्ण भूमिका रहन्छ । आफ्नै किसिमका विशेषता राख्ने यस्ता अर्थ र प्रयोगद्वारा शब्द तथा भाषाको भित्री तहसम्म घुस्न र त्यसमा राम्रो अधिकार पाउन सकिन्छ । यसैले रचनाका निम्ति तिनको जानकारी धेरै आवश्यक छ । यहाँ ती सबै शब्दका अर्थ र प्रयोगका विषयमा यथाक्रम वर्णन गरिएको छ ।

पर्यायवाची शब्द

कुनै शब्दका उस्तै अर्थ दिने शब्दलाई 'पर्यायवाची शब्द' भनिन्छ । जस्तै–

आँखा
- नयन — आँसु बग्लान् तर नयनमा बोक्न बर्सात आएँ ।
- नेत्र — दुवै नेत्र खोलेर हेर ।
- नैन — आँखाको कानो, नाउँ नैनसुख (**उखान**) ।
- लोचन — 'लोचनका तारा हे मेरा प्यारा ! यो जाति बिलाए ।'

(देवकोटा)

- चक्षु — नेपालमा चक्षुदान यज्ञ हुने भएको छ ।

मानिस
- नर — 'कुन् हो धनी सब् नरले कह्याको ?
  सन्तोषले जो छ खुसी रह्याको ।'

(भानुभक्त)

- मनुज — हाम्रो धर्मै मनुजहरुको गर्नु हो नित्य सेवा ।
- मानव — मानव-जातिको उत्पत्ति आजको होइन ।
- मान्छे — कुनै मान्छे गफले लङ्का हाँक्छन्, तर काम केही गर्दैनन् ।

पर्यायवाची शब्दको ज्ञानले अर्थ राम्ररी लगाउन र मनमाफिक शब्द राखेर रचना गर्न सजिलो पर्छ । कति पर्यायवाची शब्दहरूका अर्थ उस्तै ता हुन्छन्, तर तिनमा जानिंदो वा नजानिंदो फरक पनि हुन्छ । त्यसैले पर्यायवाची शब्दको प्रयोग तिनको मिहिन अर्थ बुझेर ठीक ठाउँमा गर्न सकेमा नै रचना राम्रो बन्छ । यस विषयमा बडो गहिरिएर विचार पुऱ्याउनुपर्छ । जस्तै–

अल्सी	–	काम गर्न मनै नगर्ने ।
जुम्सो	–	काम गर्नमा ढिलो ।
लोसो	–	गाह्रोसित काम गर्ने ।
अलगर्जी	–	काम गर्ने तर बिस्तारै ।

कचकचे	–	मन नलाग्ने किसिमले कुरा गरेर वाक्क पार्ने ।
कुरौटे	–	एक जनाको कुरा अरूसित गर्ने वा धेरै कुरा गर्ने ।
गफी	–	भए-नभएको कुरा गर्ने ।
बतुरो	–	भएको कुरालाई बढाएर गर्ने ।
फटाहा	–	नभएको कुरा गर्ने ।

खास गरी प्रचलित र आवश्यक अर्थ मात्र दिई पर्यायवाची केही शब्द तल दिइएका छन्–

अकस्मात्	–	अचानक, अपर्‍हंट, एक्कासि ।
अकास	–	नभ, गगन, सगर, आकाश, अम्बर, अन्तरिक्ष, व्योम, वायुलोक ।
अन्दाज	–	अनुमान, अडकल, अन्जाम, लख ।
अबेला	–	बेर, विलम्ब, अबेर, बियाँलो, ढिलो ।
अमृत	–	पीयूष, सुधा, मधु ।
आँखा	–	नयन, नैन, नेत्र, लोचन, चक्षु, नजर, अक्षि ।
आगो	–	अग्नि, अनल, पावक, दारुण, वह्नि ।
आमा	–	माता, मा, मुमा, जननी, महतारी, अम्बा ।
आश्चर्य	–	छक्क, जिल्ल, अचम्म, विस्मय, अनौठा, वाल्ल, पक्क, ताजुप ।
ईश्वर	–	ईश, नारायण, जगदीश, भगवान् ।
उपहार	–	कोसेली, सौगात, भेट, नजराना, ओलक, सिसार ।
कमजोर	–	निर्धो, फितलो, दुब्लो, निर्बलियो, लुरो, लुलो, निफर, पानीआन्द्रे ।
कमल	–	पङ्कज, जलज, नीरज, नलिनी, सरोज, पद्म ।
कलङ्क	–	बदनाम, दोष, दाग, खोट, टाटो ।
काथर	–	नामर्द, काँतर, कातर, भीरु, डरछेरुवा ।
केलाउनु	–	छान्नु, छुट्ट्याउनु, बिन्नु, रोज्नु ।
कोसिस	–	प्रयत्न, प्रयास, यत्न, चेष्टा, जमर्को ।
गहना	–	अलङ्कार, भूषण, आभूषण ।
गोडा	–	चरण, पाद, खुट्टा ।
घमन्ड	–	सेखी, गर्व, अभिमान, तमक, तुजुक, मैमत्ता, अहमत्याइँ ।
घर	–	गृह, शाला, गेह, आलय, आवास, सदन, बास, निवास, निकेतन ।
चलाख	–	चङ्ख, चतुर, बाठो, चनाखो, चनाखिलो ।
चाँडो	–	झट्ट, छिटो, तुरुन्त, शीघ्र ।
छोरो	–	पुत्र, सुत, तनय ।

जीउ	—	शरीर, अङ्ग, आङ, तन, काय ।
जीवन	—	जुनी, जिन्दगी, जिन्दगानी ।
जून	—	चन्द्रमा, चन्द्र, इन्दु, शशि, निशाकर, विधु ।
ज्यादा	—	धेरै, साह्रै, चौपट्ट, बिछट्ट, धुमधाम, खुब, असाध्य, उधुम, प्रशस्त, थुप्रै, बिघ्नै, अति, उग्र ।
डाहा	—	असन्तोष, आरिस, लोभ ।
दिन	—	दिवा, दिउँसो, दिवस ।
दुःख	—	तकलिफ, फिक्री, सुर्ता, पीर, ताप, पीडा ।
नदी	—	सरिता, तटिनी, गङ्गा ।
नयाँ	—	नव, नौलो, नूतन, नवीन, अभिनव, ताजा ।
नरम	—	कमलो, कलिलो, कोमल, मुलायम, गिलो, नम्र ।
पहाड	—	पर्वत, गिरि, शैल, अचल ।
पात	—	पत्र, पर्ण ।
पानी	—	जल, नीर, अम्बु ।
पृथ्वी	—	धर्ती, धरणी, धरा, अवनि, भू, भूमि, वसुन्धरा, वसुधा, मेदिनी ।
पोखरी	—	सर, दह, रह, ताल, तलाउ, पुष्करिणी ।
प्रसिद्ध	—	प्रख्यात, विख्यात, नामी, नामुद्दार, कहलिएको, चिनिएको ।
फरक	—	बेग्लो, छुट्टो, अन्तर, अलग, फुट्टै, भिन्न, पृथक् ।
फूल	—	पुष्प, कुसुम, सुमन, प्रसून ।
फेर्नु	—	साट्नु, बदल्नु, उल्टाउनु ।
बगैँचा	—	उद्यान, उपवन, कानन, वाग, वाटिका, फलफूलबारी ।
बल	—	तागत, सामर्थ्य, जोड, पराक्रम, शक्ति, कुद्रथ, पुरुषार्थ, पावर ।
बाटो	—	मार्ग, पथ, सडक ।
बादल	-	मेघ, घन, घटा, वारिद ।
बाबु	—	पिता, जनक, बा, बाबा, बुबा ।
भाग	—	हिस्सा, अंश, खण्ड, टुक्रा ।
भीड	—	हूल, जमात, बथान, बगाल ।
महादेव	—	शिव, शम्भु, शङ्कर, पशुपति, भोला, गिरीश, हर, त्रिलोचन, शशिशेखर ।
मन	—	अन्तःकरण, चित्त, हृदय, दिल, कल ।
माटो	—	मृत्तिका, मट्टी, माटी, जग्गा ।
मानिस	—	नर, मनुज, मानव, मान्छे, मनुष्य ।
मुना	—	मुजुरा, मुन्टो, अङ्कुर, पालुवा, पाउला, चिउला ।
राजा	—	नृप, नरेश, भूप, भूपाल, नृपति, भूपति ।
रात	—	रात्रि, राति, रजनी, यामिनी, विभावरी, निशा ।

रिस	—	जङ, भोक, रन्को, क्रोध ।
रूख	—	तरु, द्रुम, वृक्ष, विटप, शाखी ।
लोभी	—	लालची, किरन्टोकी, कन्जुस, कृपण, छुच्चो, मक्खीचुस, चुय्याँ ।
वन	—	अरण्य, जङ्गल, विपिन, कानन ।
सँगाल्नु	—	जोगाउनु, बचाउनु, जतन गर्नु, फारु गर्नु ।
सन्तान	—	वंश, खलक, कुल, सन्तति ।
सफा	—	सुघ्घर, चोखो, शुद्ध, निर्मल, सिनित्त ।
समय	—	बेला, बखत, मौका, अवसर, औसर, काल, याम, मुहूर्त, ताक ।
समुद्र	—	सागर, सिन्धु, जलधि ।
साथी	—	सँगी, सँगाती, मित्र, सखा, दौँतरी ।
सामान्य	—	मामुली, साधारण, लरतरो, चानचुने, जस्तोतस्तो ।
सित्तैँ	—	बिनसित्ति, व्यर्थ, बित्था, अकार्थ, अकारण, बेमतलब ।
सुनसान	—	शून्य, चकमन्न, निर्जन, निछ्च्याम, एकान्त, एकलास ।
सूर्य	—	रवि, भानु, भास्कर, आदित्य, दिवाकर, प्रभाकर, दिनकर, सविता
स्वास्नीमान्छे	—	महिला, नारी, स्त्री, आइमाई ।
हावा	—	पवन, वायु, समीर, मारुत, अनिल ।
हवाईजहाज	—	विमान, वायुयान, व्योमयान, हावाजहाज, चीलगाडी ।
हात	—	कर, बाहु, हस्त ।

अनेकार्थक शब्द

कतिपय शब्द प्रसङ्ग वा स्थानअनुसार अनेक अर्थमा प्रयुक्त हुन्छन् । त्यस्ता शब्दलाई 'अनेकार्थक शब्द' भनिन्छ । जस्तै–

पुतली
- खेलौना । नानीहरूले पुतलीको बिहे गरे ।
- कीराविशेष । फूलमा पुतलीहरू उड्दै आउँछन् ।
- आँखाको नानी । तिमी मेरो आँखाकी पुतली हौ ।

तर
- दूधमाथि लागेको जालो । आज दूधमा खुब तर लागेको छ ।
- पानीमाथि जमेको ठाँटो । हिउँदमा पोखरीको पानीभरि तर परेको हुन्छ ।
- निथ्रुक्क । बाटामा पानीले रुभेर म तर भएँ ।
- परन्तु । कति पर्खिसकेँ तर ऊ आएन ।
- पार गर । सुनकोसी तर र पूर्व जाऊ ।

हार
- माला । सुनको हारलाई 'सिक्री' भनिन्छ ।
- लाम । बसमा हार लागेर चढ्नु राम्रो हो ।
- पराजय । देव र दानवको युद्धमा दानवको हार भयो ।

यस्तै विभिन्न रूपमा प्रयोग हुने केही अनेकार्थक शब्द तिनका विभिन्न अर्थसहित तल दिइएका छन्–

अङ्क — सङ्ख्या, चिह्न, पाख, नाटकको परिच्छेद ।

अर्थ — मतलब, कारण, धन, काम, फल, अभिलाषा ।

उत्तर — जवाफ, पछाडि, एक दिशा ।

कर — हात, ढिपी, तिरो, किरण, हात्तीको सुँड ।

कल — झगडा, हल्ला, मिसिन (यन्त्र), धारा, मन ।

कलम — लेखनी, महल, रकम, एउटा बोटवृक्षबाट अर्को बिरुवा निकाल्ने काम, हाँगाहरूको छँटाइ ।

कैँडा — फर्सीका चिचिला, पिडौँलाको पीडा, तिघ्रो ।

कोठी — महाजनको बैठक, ठूलो घर, शरीरमा हुने तिल आकारको चिह्न, वेश्या बस्ने ठाउँ ।

खरी — यसै नामको वृक्ष, सिलोट वा पाटीमा लेख्न प्रयोग हुने एक थरी नरम पत्थर, बाजाको छालामा लगाइने मसला, खरो स्वभावकी ।

खोटो — रूखको चोप, दाग भएको, चल्तीमा नआउने (ढक, तौल, पैसा आदि) ।

गोल — अँगार, बाटुलो, हल्ले ।

चाल्नु — चाल्नी, सबै ठाउँमा पुग्ने काम, चाल्नाबाट छिराउने क्रिया ।

चुरो — अन्न वा काठको भित्री भाग, हातमा लगाउने काँच आदिको बाला, नपाकेको भातको अंश, सारतत्त्व ।

जाल — छलछाम, माछा छोप्ने पासो, आँखाका नानीमा लाग्ने सेतो पर्दा ।

टीका — दसैँमा लगाइने सगुन, चिह्न, तिलक, सिँगार, सबै अर्थ खुलाइएको व्याख्या ।

तान — स्वर, बुन्ने सामान, तान्ने काम गर ।

ताल — ढङ्ग, आग्लो सार्ने हतियार, पोखरी, पटक, गानाको ठेक्का, थपडीको आवाज, एक वृक्ष ।

दर — भाउ, तीजमा खाने विशेष खानेकुरो, आड, दर्ने काम गर ।

नाल — फोहर फ्याँकिने ठाउँ, घोडाको टापमा ठोकिने खुरा, चन्द्राकार फलाम, नानी जन्मँदा नाइटोसित जोरिएको नली, बन्दुकको फलामे ढुङ्ग्रो, कोदालीको पातोमाथिको बाक्लो भाग ।

पत्र — पाता, पात, चिठी, खबरकागज, तह ।

पर्दा — कपडाको आवरण, मर्यादा वा आबरु, बाजाको स्वर निक्लने ठाउँ, जालो, पर्ने काम हुँदा (जस्तो– लागिपर्दा, आइपर्दा आदि) ।

पाटी — विश्राम गर्ने घर, लेख्ने फल्याक/ढुङ्गाको सिलोट, गणित, हलाको चुकुल ।

पाल — कपडाको अस्थायी घर, पाल्ने काम गर, रक्षक (जस्तो– भूपाल, शिशुपाल) ।

पेच	–	घुमाएर कस्ने कीला, बखेडा, व्यङ्ग्य, षड्यन्त्र, कुस्ती खेल्दा पछार्ने जुक्ति, कल्की ।
पेटी	–	पिँडी वा सिकुवा, कम्मरमा बाँध्ने लोकतो, सानु बाकस, मानिस हिँड्ने मूल सडकको छेउ ।
बल	–	भकुन्डो, शक्ति, सल्किय ।
भाले	–	खास गरी पन्छीको लोग्ने जात, भाला लिने वा भाला लिई युद्ध गर्ने, पुलिङ्ग जनाउने शब्द, सबैमाथि म हुँ भन्ने ।
मान	–	आदर, मूल्य, मान्ने काम गर ।
माल	–	गाई-गोरुको गलामा झुन्डिएको मासुको लुँदो, चीजबीज, तिरो उठाउने अड्डा, असल किसिमको गाँजा ।
मास	–	महिना, दालविशेष, मास्ने काम गर ।
मेसो	–	सुकाएको तामा, कामको मेलो, एकैतिर फर्किएको झारपात आदिको तह, बुनाइको काइदा ।
लाई	–	द्वितीया विभक्ति-चिह्न, जस्तो– रामलाई, श्यामलाई; सागपातमा लाग्ने मसिना कीरा ।
लाटा	–	मकै पाक्ता आउने पहेँलो कीरो, लोकखेलमा भनिने शब्द, बोल्न नजान्ने व्यक्ति ।
साँचो	–	सत्य, ताल्चा खोल्ने वस्तु, ढलान गर्ने पात्र ।
हाल	–	खबर, अवस्था, अहिले, मिलाऊ, खन्याऊ आदि ।

एकार्थक शब्द

एकै किसिमका उस्तै अर्थ दिने दुई भिन्न शब्दलाई 'एकार्थक' वा 'एकार्थबोधक शब्द' भनिन्छ । त्यस्ता कतिपय शब्दमा सामान्य किसिमले समानता पाइए तापनि तिनको प्रयोगमा भिन्नता हुन्छ । रचनामा यसको पनि विचार पुऱ्याउनु आवश्यक छ । जस्तै–

प्रेम	–	परस्परको हार्दिक र आकर्षक सम्बन्ध । मधुर प्रेमले जीवनमा स्वर्गीय आनन्द दिन्छ ।
स्नेह	–	आफूभन्दा सानाप्रति गरिने प्रेम । म नानीहरूलाई औधी प्रेम गर्छु ।
अवस्था	–	उमेर । अहिले यहाँको अवस्था के छ ?
आयु	–	सम्पूर्ण जीवनकाल । सादा जीवन बिताउने मानिस धेरै लामो आयु पाएका देखिन्छन् ।
दुधालु	–	दूध दिने । अछामी गाई दुधालु हुन्छन् ।
दुधिलो	–	दूध भएको । भदौमा दुधिलो (दूधे) मकैको फाँडो खान्छन् ।

एकार्थबोधक शब्दका अरू केही उदाहरण र तिनका अर्थान्तर यी हुन्–

| अनुभव | — | गरेर वा परेर जानिने कुरा । |
| अनुभूति | — | हृदयमा गडेर बोध भएको कुरा । |

| अस्त्र | — | हातले हुत्त्याएर हिर्काउने हतियार । |
| शस्त्र | — | हातैले हिर्काउने हतियार । |

| ईर्ष्या | — | अर्काको उन्नतिमा हुने डाहा । |
| द्वेष | — | कारणवश अरूसित गरिने वैर । |

| उत्साह | — | काम गर्ने उमङ्ग । |
| साहस | — | काम गर्ने आँट । |

| कृपा | — | आफूभन्दा सानुप्रति गरिने दया । |
| करुणा | — | कुनै दुःखलाग्दो स्थिति हटाउन हुने आकुलता । |

खेद	—	कुनै दुःखलाग्दो स्थिति हटाउन हुने पछुताउ ।
दुःख	—	मनको पीडा ।
शोक	—	बिछोडमा हुने दुःख ।

| घटिया | — | नराम्रो । |
| घटुवा | — | घटेको । |

| चेष्टा | — | काम गर्ने इच्छा, कोसिस । |
| प्रयास | — | सफलताको छनक दिने उद्यम । |

| जनावर | — | पशु । |
| प्राणी | — | सबै किसिमका जीव । |

| दया | — | अरूको कष्ट हटाउन स्वतः उब्जने सहानुभूतिको भाव । |
| माया | — | सबै प्रकारको प्रेम । |

प्रेम	—	परस्परको अनुराग ।
स्नेह	—	आफूभन्दा सानाप्रति गरिने प्रेम ।
अनुराग	—	कुनै वस्तुप्रति गहिरो ममत्व ।

| भ्रम | — | असावधानीबाट हुने भ्रान्ति । |
| सन्देह | — | आशङ्का । |

| मित्र | — | हितचिन्तक साथी । |
| साथी | — | साथमा रहने व्यक्ति । |

| विराम | — | अडान । |
| विश्राम | — | बिसाइँ, विश्रान्ति । |

समवेदना	–	कसैको दुःखमा दिइने धैर्य ।
सहानुभूति	–	कसैको सुख-दुःखप्रति त्यस्तै हुने भाव ।
स्त्री	–	कुनै पनि स्वास्नीमान्छे ।
पत्नी	–	विवाहिता स्वास्नी ।

श्रुतिसम भिन्नार्थक शब्द

कति शब्द सुन्नमा त उस्तै लाग्छन्, तर वर्ण वा मात्राको हल्का हेरफेर मात्र हुनाले तिनको उच्चारण केही मिलेझैँ भए पनि अर्थमा आनका तान फरक हुन्छ । यस्ता शब्दलाई 'श्रुतिसम भिन्नार्थक शब्द' वा 'प्रायः समोच्चारित शब्द' पनि भनिन्छ । जस्तै–

आलु काट्नु (टुक्रा पार्नु) पर्छ ।

बत्ती कात्नु (कपास बटारेर धागो पार्नु) पर्छ ।

एक भुत्ता (भुप्पा) मकैमा भुट्टा (असत्य) कुरा नगर ।

डर (त्रास) ले दर (भाउ) किट्तैन ।

नशा (मात) ले नसा (शरीरका रगत बग्ने नदीहरू) लोलिए ।

फूल (पुष्प) को बोटमा फुल (डिम्मा) अड्केछ ।

कोयो (फलफूलभित्रको साह्रो वस्तु) चुस्ने को यो ? (को हो ?)

फागुन मैन्हा (महिना) मा मैना (चरो) आयो ।

श्रुतिसम भिन्नार्थक शब्दहरूको अर्थ राम्ररी जानेमा नै रचनामा प्रयोग गर्न सजिलो पर्छ । यस्तै शब्दमा कतिले प्रायः भूल गरेको पनि देखिन्छ । यसैले विभिन्न श्रुतिसम भिन्नार्थक शब्द र तिनका फरक अर्थ तल प्रस्तुत गरिएका छन् ।

ट र त

आँट– साहस ।	आँत– भित्री भाग ।
काट्नु–टुक्रा पार्नु, हिँड्नु, बिताउनु ।	कात्नु– कपास बटारेर धागो पार्नु ।
कुट– पिट, कुट्ने काम गर ।	कूत– बाली ।
कुटी– छाप्रो, पिट्ने काम गरी ।	कुती– कुकुर (केटाकेटीको बोलीमा), तिब्बतको एक शहर ।
कोट– लगाउने लुगा, किल्ला ।	कोत– खरखजाना राख्ने ठाउँ ।
खट– बोक्ने रथ, घर बनाउँदा अड्न बनाएको काठ वा बाँसको तख्ता ।	खत– घाउको डाम, दोष ।
खाट– काठको सुत्ने ओछ्यान ।	खात– थुप्रो ।
गोटा– गन्ती, वटा, जमेको दिसा ।	गोता– सास्ती ।
घट– कम्ती होऊ ।	घत– जोखना, असर ।
भुट्टा–भूटो, असत्य ।	भुत्ता– भुप्पा ।
टक– किरण, सिक्का ।	तक– सम्म ।

टाटो– दाग, चिह्न ।	तातो– गरम, न्यानो, हडबडी ।
टाप– घोडाको खुर ।	ताप– गरम, आँच, पीर ।
टार– पानी नलाग्ने खेती ।	तार– धातुको डोरी, टेलिग्राम, पारि लग ।
टार्नु– काम चलाउनु ।	तार्नु– खोलापारि पुन्याउनु, घिउतेलमा भुट्नु ।
टाल– बन्द गर ।	ताल– तलाउ, गानाको ठेक्का, ढङ्ग, आग्लो सार्ने हतियार ।
टालो–कपडाको टुक्रा ।	तालो– आग्लो सार्ने हतियार ।
टोक्नु–दाँतले घाउ पार्नु वा च्याप्नु ।	तोक्नु– किटेर देखाउनु
टोटा–गोली ।	तोता– सुगा ।
टोप– घेरा हालेको ठूलो टोपी ।	तोप– ठूलो गोला हान्ने अस्त्र ।
पाट– क्यात्तुके, सन आदिको बोक्रो ।	पात– रूख आदिको पत्र ।
पाटा– कुनै वस्तुको चेप्टो भाग ।	पाता– पाना ।
पाटी– काठ वा ढुङ्गाको लेख्ने सामान, सत्तल ।	पाती– पत्री, पातापाती ।
मोटी–हृष्टपुष्ट भएकी ।	मोती– रत्न ।
रट्न–घोक्न ।	रत्न– जवाहरात विशेष ।
रेट– अलिअलि गरी काट ।	रेत– एक ज्यावल, पानीको धार ।
लट्टा– रौँको गुजुल्टो ।	लत्ता– कपडाको लर्को ।
हट्– सर् ।	हत्– धत् (तिरस्कारमा) ।
हाट– बजार	हात– शरीरको अङ्ग, बाहु, बाहाँ, हस्त ।

ठ र थ

जेठा– पहिलो जन्मेको सन्तान ।	जेथा– सम्पत्ति ।
ठान– सम्झ, मान ।	थान– कपडाको फर्दा ।
ठाम– ठाउँ ।	थाम– खम्बा, अड्याउ ।
ठुटे– टुप्पो नभएको ।	थुते– खोसे ।
ठोक– हान, पिट ।	थोक– चीज ।
पाथी–आठ माना नापोको भाँडो ।	पाठी– पाठाको पोथी ।
मठ– जोगीको अखाडो, तुलसीको चौको ।	मथ– मथ्ने काम गर ।
लठ– लट्ठ ।	लथ– भिजाइ, निथ्रुक्क ।
साठी–पचास र दसको सङ्ख्या, तीन बीस ।	साथी– दौँतर, मित्र ।

ङ र द

डर–	त्रास ।	दर–	भाउ ।
डाम–	पोल्ने काम गर ।	दाम–	रुपियाँ ।
आडर–आज्ञा ।		आदर–	सम्मान ।
डिल–	छेउ ।	दिल–	मन ।
बन्डा–भाग, हिस्सा ।		बन्दा–	बन्दकोपी ।
हौडा–हल्ला, कोलाहल ।		हौदा–	हात्तीमा बस्नलाई कसिने गद्दी ।

ड र ढ तथा र

कडी– किल्ली, युक्ति, हात-खुट्टा बाँध्ने साङ्लो ।	कढी– महीको तर्कारी ।
गडी– टोकेर खानेकुरा (बालबोलीमा), गड्ने काम गरी ।	गढी– किल्ला, सुरक्षाका निम्तिको ठाउँ ।
झाडी–बाक्लो वन ।	झारी– एक किसिमको जलपत्र
नारी– स्त्री ।	नाडी– पाखुरा ।
लहर–ताँती ।	लहड– तरङ्ग ।

ढ र ध

ढक– जोखतौलको नापो ।	धक– सरम, सङ्कोच ।
ढाक– छोप ।	धाक– बोक्रे रबाफ, आडम्बर, हैकम ।
ढुवाउनु– बोकाउनु ।	धुवाउनु–धुन लाउनु ।
ढेर– रास, थुप्रो ।	धेर– अधिक, चाहिनेभन्दा बढी ।
ढोई– पोथी हात्ती, मत्ता, हस्तिनी, ठूलो जीउ भएकी ।	धोई– धुने काम गरी ।
ढोका– द्वार ।	धोका– छल, कपट ।

ण र न

अणु– अति सानो ।	अनु– पछि, पछाडि (जस्तो– अनुवाद, अनुगामी) ।
अरणी–आगो पार्ने काठ ।	अरनी– खाजा ।
कण– सानो टुक्रो ।	कन– अँ-अँ गर ।
गण– बथान ।	गन– गन्ती गर ।
चरण–गोडा, पाउ ।	चरन– वस्तुभाउ चर्ने ठाउँ ।
मणि– रत्नविशेष ।	मनि– तल ।
राणा–क्षत्रिय जात ।	राना– माहुरीको माउ, एक थर ।

श, ष र स

कोश– ढुकुटी, भण्डार । कोस– दुई माइलको नापो ।
तलाश–रौँ, त्यान्द्रो आदि तलास– खोज्ने काम ।
     मिलाउने काम ।
दिशा–पूर्व-पश्चिम, उत्तर-दक्षिणका दिसा– विष्ठा ।
     भाग, निर्देशन ।
नशा– मात, घमन्ड । नसा– शरीरका रगत बग्ने नली ।
यश– कीर्ति । यस– यो ।
शर– बाण । सर– एक जातको निगालो ।
शव– मुर्दा, लास । सब– सबै ।
शाला–घर । साला– पत्नीको भाइ ।
शील–असल स्वभाव । सील– माछा आदि उनिएको
                  माला वा कप्टेरो ।
शूर– वीर । सूर– अन्धो ।
शेर– सिंह । सेर– चार पाउ वजनको परिमाण ।

ह्रस्व र दीर्घ

आउँ– पेटको दिसासम्बन्धी रोग । आऊँ– आउने काम गरूँ ।
उनी– ती, अन्य पुरुषको आदरार्थी ऊनी– ऊनबाट तयार भएको ।
     सर्वनाम, तिनी ।
कुट– पिट । कूट– छल, जटिल, पर्वतको चुचुरो ।
कुलिन–सानो गोल्फु । कुलीन– राम्रो कुलको ।
खालि–केवल । खाली– रित्तो ।
खिप– खुट्ने काम गर, उन । खीप– घोडाको पैतलामा ठोकिने टाप,
                पेटी, पाइन्टमा लगाइने क्लिप ।
खुन– कसूर । खून– रगत, हत्या ।
खेरि– बेलामा । खेरी– खेरेर ।
चिन– थाहा पाऊ, जान । चीन– एक देश ।
जाति–जात । जाती– असल, राम्रो, बेस, एक
                जातको फूल ।
जुन– जो । जून– चन्द्रमा ।
ज्यापु– कपासको बियाँ । ज्यापू– नेवारको एक जात ।
तिर– तर्फ, चुक्ता गर । तीर– बाण, किनारा ।
दिन– दिवस, चौबीस घण्टाको समय, दीन– दुःखी ।
     सूर्य उदाएदेखि अस्ताउने
     बेलासम्मको समय ।

नाउ– डुङ्गा ।
नाउ– एक जात ।

निर– नेर ।
नीर– आँसु, पानी, नीलो रङ ।

निल– एक किसिमको काँडा,
मुखबाट भित्र पठाऊ ।
नील– जीउमा लागेको डाम, शून्य ।

पट्टि–तर्फ ।
पट्टी– घाउ-खटिरामा बाँध्ने
औषधीयुक्त लुगाको टुक्रो ।

पारि– पल्लोतिर ।
पारी– पार्ने काम गरी, धोतीको
किनारा ।

पालि–पटक, खेप ।
पाली– पेटीलाई ओत दिन घरको
गाह्रोमा गाँसेको सानु छाना,
अर्माली, एक भाषा ।

पुरा– खाएर बचेको चीज ।
पूरा– पूर्ण, सिङ्गो ।

फिस–तुच्छ, फुस्सा ।
फीस– शुल्क ।

फुल– डिम्मा ।
फूल– पुष्प ।

फेरि– अनि, अर्कोपल्ट ।
फेरी– बदली, घोडालाई कुदाएर तह
लाउने काम । जोगीले चक्कर
मार्ने क्रिया, फेरो मार्ने काम ।

बाबु– बा, पिता ।
बाबू– मान जनाउने शब्द ।

रति– प्रेम, समागम ।
रती– तौलको लाल, थोरै ।

लिन– समाल्न ।
लीन– मिलेको ।

लेउ– थिग्रेनी, माटामा जमेको पत्रपत्र ।
लेऊ– लिय, लिने काम गर ।

सुत– सुत्ले काम गर ।
सूत– धागो ।

पदको योग-वियोग

आउँछ– आउने काम गर्छ ।
आउँ छ– आउँको रोग छ ।

काम्छ– कँपकँपाउँछ ।
काम छ– गर्ने काम बाँकी छ ।

कोपर्छ– चिथोर्छ ।
को पर्छ ?–यो को हो, के नाता छ ?

कोयो– फलफूलभित्रको साह्रो वस्तु ।
को यो ?– यो को हो ?

खाजा– दिउँसोको चमेना, पोतेका
छरिएको गेडा ।
खा जा– पहिले खा, त्यसपछि जा ।

गर्नुहुन्छ– गर्छको आदरार्थी ।
गर्नु हुन्छ– काम गर्नु ठीक छ ।

गाउँछन्–गाउने काम गर्छन् ।
गाउँ छन्– गाउँहरू छन् ।

तिर्जा– तिरोको रसिद ।
तिर् जा– तिरेर जा ।

दालचिनी–खाने मसलाविशेष ।
दाल चिनी–दाल र चिनी ।

पर्सिदिन्छ–जीउ थर्काइदिन्छ ।
पर्सि दिन्छ–पर्सिको दिन दिन्छ ।

बन्दछ– तयार हुन्छ ।
बन्द छ– रोकिएको/थुनिएको छ ।

भागछ– सुइँकुच्चा हुन्छ ।   भाग छ–   खण्ड छ ।
हार्छ–   पराजित हुन्छ ।   हार छ–   माला/लाम/पराजय छ ।

अनुनुस्वार-अनुस्वार

काट– टुक्रा पार ।   काँट–   औगात, मेल, छाँट ।
काठ– रूखको टुक्रा ।   काँठ–   शहरको छेउछाउ ।
खाडी– ठूलो दलदले खाडल वा   खाँडी–   बाक्लो कपडा, कोरा ।
        पोखरी ।
भिजो–झर्को ।   भिँजो–   सुकेको मसिनो हाँगोबिँगो ।
दाइ– दाजु ।   दाइँ–   गोरुद्वारा कुल्चीमिल्ची र
                                     माडमुड पारी धान झारेर
                                     लिने काम ।
नाउ– डुङ्गा ।   नाउँ–   नाम ।
पहेली–कूट प्रश्न ।   पहेँली–   पहेँलो रङ्ग भएकी ।
बाझी–झगडा गरी ।   बाँझी–   छोराछोरी नपाएकी स्त्री ।
भाडा–महसुल ।   भाँडा–   पात्र, बर्तन ।
राडी–काम्लो ।   राँडी–   विधवा, स्त्रीजातिलाई गाली
                                     गर्ने तुच्छ शब्द ।

खुट्टो काट्नु र नकाट्नु

काम्– काँप् ।   काम–   काँप, कार्य ।
खोल्–उघार् ।   खोल–   उघार, ढकनी ।
फेर्– बदल् ।   फेर–   दौराको पुछार, फेरि ।
बोल्– कुरा गर् ।   बोल–   कुरा गर, कबुल, वचन ।
मानिस्–मान्ने काम गरिस् ।   मानिस–   नर, मान्छे ।
सुन्– सुन्ने काम गर् ।   सुन–   सुन्ने काम गर, सुवर्ण ।

हिज्जेका अन्य भेद

अन्न–अनाज ।   अन्य–   अरू, अर्को ।
अशुद्धि–भूल ।   असुद्धी–   सुद्धी नभएको, बेहोसी ।
आवास–घर ।   आभास–   झलक ।
कृया– मर्दाको जुठो, आशौच ।   क्रिया–   काम ।
खुटी– खुट्ने काम गरी ।   खुट्टी–   खुट्टा ।
दूत– समाचार दिने मानिस ।   दूध–   दुग्ध ।
पथ– बाटो ।   पथ्य–   उपयुक्त आहार ।
बस– बस्ने काम गर, ठूलो मोटर । वश–   अधीन ।
बाघ– हिंस्रक जनावर ।   वाग–   बगैँचा ।

बात– कुरा ।
बिना– बाहेक ।
बेस– असल ।
मैना– एक थरी चरो ।
लरी– भारी ओसार्ने मोटर ।
शीत– तुसाराको कण ।

बाथ– वायु रोग ।
वीणा– बाजा ।
वेश– पहिरन ।
मैन्हा– महिना ।
लहरी– छाला ।
सित– सँग ।

विपरीतार्थक शब्द

कुनै शब्दको विपरीत अर्थात् बिल्ल्याँटो वा उल्टो अर्थ दिने शब्दलाई 'विपरीतार्थक शब्द' भनिन्छ । जस्तै–

उज्यालो-अँध्यारो नन रोए दिन अँध्यारो हुन्छ ।
अँध्यारो-उज्यालो मन हाँसे जगत् उज्यालो हुन्छ ।
खँदिलो-खोक्रो स्वाडी मान्छे खोक्रो हुन्छ ।
खोक्रो-खँदिलो धेरै मानिस खँदिलो विचार चाहन्छन् ।
हार-जित सत्यता छ भने हार पनि जित हो ।
जित-हार दुष्टता छ भने जित पनि हार हो ।

रचनामा विपरीतार्थक शब्द अलग्गै मात्र प्रयोग हुन्नन् । ती शब्द एकैचोटि पनि लेखिन्छन् । जस्तै– तलका वाक्यमा शब्दका दुवै रूप सँगसँगै प्रयुक्त भएका छन्–

गफी मानिस कुरा गर्दा आकाश-पाताल जोड्छन् ।

कामको उठान-बैठान राम्रो हुनुपर्छ ।

यो कागत प्रमाणित-अप्रमाणित कस्तो हो ?

सन्चो-बिसन्चोको खबर छिटै पाऊँ ।

उनको अभिनय स्वाभाविक छ कि अस्वाभाविक ?

केही विपरीतार्थक शब्द तल दिइएका छन् । विचारणीय छ, यी शब्दमध्ये केही दुवै रूपबाट विपरीतार्थक बन्न सक्छन् । जस्तै– दिन-लिन=लिन-दिन, दुःख-सुख=सुख-दुःख, सानो-ठूलो=ठूलो-सानो आदि । तर धेरैजसो शब्द एकोहोरो रूपमा मात्र विपरीत अर्थमा प्रयोग हुन्छन्; दुवै रूपमा प्रयोग गरिएमा सुहाउँदो नहुनाले ती शब्द भाषामा रत्तिन सक्दैनन् ।

अघि-पछि	अनकूल-प्रतिकूल	अमृत-विष
आकाश-पाताल	आदि-अन्त	आय-व्यय
आशा-निराशा	इच्छा-अनिच्छा	इज्जत-बेइज्जत
उकालो-ओरालो	उचित-अनुचित	उठान-बैठान
उदय-अस्त	उपकार-अपकार	उल्टो-सुल्टो
एक-अनेक	कटु-मधु	कालो-गोरो
किन-बेच	खति-उपति	खस्रो-मसिनो
गुण-दोष	गुन-बैगुन	घाम-छाया वा पानी

चोर-साधु	जस-अपजस	जीवन-मरण
जेठो-कान्छो	भरी-बादल	ढिलो-चाँडो
तल-माथि	ताल-बेताल	थाल्नु-टुङ्ग्याउनु
दिन-लिन	दिन-रात	दुःख-सुख
धनी-गरिब	धेरै-थोरै	नजिक-टाढा
नयाँ-पुरानो	नाफा-नोक्सान	पक्ष-विपक्ष
पर्ती-आबाद	पाप-पुण्य	प्रश्न-उत्तर
फुका-थुनुवा	बस-उठ	फेद-टुप्पो
भरी-रित्तो	भलो-कुभलो	भित्र-बाहिर
मर्द-नामर्द	मान-अपमान	मीठो-नमीठो
मूर्ख-विद्वान्	योग-वियोग	राजा-प्रजा
राजी-बिराजी	लाभ-हानि	लेक-बेसी
लेन-देन	शुभ-अशुभ	सज्जन-दुर्जन
सत्-असत्	सन्चो-बिसन्चो	सपना-बिपना
सम्झौनी-बिर्सौनी	सम्पन्न-विपन्न	साँचो-भूटो
साँझ-बिहान	साजी-बासी	साहू-असामी
सुख-दुःख	सुलभ-दुर्लभ	स्वदेश-विदेश
हर्ष-बिस्मात	हलौं-गह्रौं	हिउँद-वर्षा

अनुकरणात्मक शब्द

'अनुकरणात्मक शब्द' भन्नाले कुनै पनि वस्तु वा कुराको ध्वनि, आवाज र आभास दिने शब्दहरू हुन् । यी शब्द क्रियाविशेषणका रूपमा आउने र दोहरिँदा अघिल्लोअनुसार उच्चारण हुने हुन्छन् । अनुकरण जनाउने यस्ता शब्दमा शब्दगत ध्वनि वा दृश्य र अर्थका बीचमा एक किसिमको सम्बन्ध पनि गाँसिएको हुन्छ ।

अनुकरणात्मक शब्द सजीवको ध्वनि, निर्जीवको आवाज र क्रियावस्तु एवं दृश्यवस्तुको अनुकरण गरी बन्ने गर्छन् । यसैले यिनलाई तीन किसिममा छुट्ट्याउन सकिन्छ–

१. **ध्वन्यात्मक–** सजीव प्राणीको ध्वनिलाई कान र जिभ्रोसुहाउँदो गरी टिपेर बनाइएका शब्दहरू । जस्तो– का-का, कोहो-कोहो, काफल-पाक्यो, चिर्र-चिर्र, ढुकुरकुर, भयाउँ-भयाउँ, म्याउ-म्याउ, बाँबाँ, भ्याभ्या, भुँभुँ, कुखुरी-काँ आदि ।

२. **अनुकरणात्मक–** सबै खालका धातु, काठ, ढुङ्गा, पानी आदि निर्जीव पदार्थको रगडबाट निस्की आवाजको आधारमा बनेका शब्दहरू । जस्तो– टन्न, ट्याङट्याङ, गड्याङ्ड, चट्याङ्ड, पट्याकपुटुक, कलकल, सरसर, घारघुर, चिरिक्क, हरहर आदि ।

३. **दृश्यात्मक–** कुनै घटना, क्रियाकलाप, दृश्यलाई देखेर अनुकरण गरिएका शब्दहरू । जस्तो– छ्याङ्ड, भल्ल, भलमल्ल, भमक्क, टन्टलापुर, मिलिक्क, ढकमक्क, टहटह, पिलपिल, मुसुक्क, मिरमिर आदि ।

अनुकरणात्मक शब्दको उत्पत्ति अनुकरणपद्धतिबाट भएकाले अरू शब्दको ज्ञान छिटो नभए पनि यसले सबै भाषाभाषीलाई प्रभावित पार्छ । यसै हुनाले भाषाको उत्पत्तिमा अनुकरणात्मक सिद्धान्त पनि एउटा मानिएको छ । अनुकरणात्मक शब्दको प्रयोगचाहिँ विशेषतः बोलचाल र साहित्यिक अभिव्यक्तिमा हुन्छ ।

एउटा उदाहरण–

बिहानको सिरसिरे जाडोले ऊ लगलगी काम्दै थियो । केही छिनमा झलमल्ल घाम लाग्यो । उसले जुरुक्क उठेर घाममा खलखली पसिना आउन्जेल काम गर्‍यो र कलकली पानी खायो । झमक्क साँझ परेपछि ऊ थकाइले लल्याकलुलुक पर्दै घर पुगेर थचक्कै बस्यो । आमाले सपासप भात खाएर मिरमिर हुन्जेल लमतन्न परेर सुत भन्नुभयो । ऊ पनि कक्ब्राककुक्रुक परी ओछ्यानमा सुत्यो । अनि तातोले रमरम हुँदै बिहान कुखुरीकाँ नगरुन्जेल भसभसी निदाइरह्यो ।

अनुकरणात्मक शब्द अव्ययवर्गभित्र पर्छन् । तिनको मुख्य काम हो– क्रियाविशेषण भई क्रियालाई तिक्खर पार्नु । अनुकरणात्मक शब्दको प्रयोग हुँदा वाक्य आफआफैँ बान्किला भएर चम्कन थाल्छन् । यस्ता शब्दले भाषालाई रसिलो र चिल्लो मात्र होइन, स्वादिलो र लयालु पनि बनाइदिन्छन् । अनुकरणात्मक शब्दको विशेषता पनि यही हो ।

अनुकरणात्मक शब्द एक किसिमले नेपाली भाषाका गहना हुन् । यी शब्दले भाषालाई सुन्दर र मधुर पार्नाका साथै जनमानसमा भिज्नेपनलाई भरिलो पारेका छन् । यिनले आफ्नो मौलिकतालाई पनि मनग्गे जगेर्ना गरेका छन् । नेपाली भाषाका शब्दहरू नियाल्दा के थाहा हुन्छ भने यसमा अनुकरणात्मक शब्दको छेलोखेलो मात्र छैन, नेपाली भाषाका शुब्दढुकुटी यस्ता शब्दहरूले समृद्ध पनि भएको छ ।

रचनाका आधारमा अनुकरणात्मक शब्द अन्तमा संयुक्ताक्षर क्क, क्ख, ङ्ङ, च्च, ट्ट, ड्ड, न्न, प्प, म्म, य्य, र्‍र, ल्ल, स्स आदि हुने पाइन्छन् । यस्ता दुई वा तीनअक्षरे अनुकरणात्मक शब्द र तीसँग सम्बन्धित विशेष क्रियाका केही उदाहरण तल दिइएका छन् ।

क्क–	टक्क (अड्नु)	ट्वाक्क (भेट्नु)
	छक्क (पर्नु)	भुक्क (उक्सनु)
	कक्रक्क (कक्रिनु)	कटक्क (काट्नु)
	कपक्क (खानु)	किटिक्क, कुटुक्क (टोक्नु)
	खुरुक्क (जानु, निस्कनु)	गमक्क (पर्नु, गम्किनु)
	घुटुक्क (निल्नु)	घुरुक्क (उघ्रनु)
	डिसिक्क (हाँस्नु)	चटक्क (छोड्नु)
	छपक्क (छप्काउनु)	जुरुक्क (उठ्नु)
	झपक्क (छोप्नु)	झिलिक्क (देख्नु)
	टुप्लुक्क (आउनु)	तुरुक्क (चुहुनु)

	थपक्क (राख्नु)	धपक्क (बल्नु)
	निश्चुक्क (भिज्नु)	पुलुक्क (हेर्नु)
	फतक्क (गल्नु)	बुलुक्क (उफ्रनु)
	भुलुक्क (भुल्कनु, आउनु)	भुसुक्क (डढ्नु, निदाउनु)
	मसक्क (ओँट्नु, मस्काउनु)	लमक्क (लम्कनु)
	लुसुक्क (पर्नु)	सपक्क, सुपुक्क (खानु)
	हलक्क (बढ्नु)	हिरिक्क, हुरुक्क (हुनु, मर्नु)
क्ख–	मक्ख (पर्नु)	जक्ख (हालिनु, खाँदिनु)
ङ्ङ–	छ्याङ्ङ (उघ्रनु)	दङ्ङ (पर्नु)
	खड्ग्रङ्ङ (सुक्नु)	ठिङ्ग्रङ्ङ (उभिनु)
	छर्लङ्ङ (देख्नु)	पर्लङ्ङ (पल्टनु)
च्च–	क्याच्च (किच्नु)	ङ्याच्च (पर्नु)
	थ्याच्च (बस्नु)	प्याच्च (बोल्नु)
ट्ट–	च्याट्ट (पर्नु)	पट्ट (फुट्नु)
	प्याट्ट (हिर्काउनु)	निष्पट्ट (अँध्यारो हुनु)
ड्ड–	लड्ड (लड्डिनु)	स्वाँड्ड (सोड्ड्याउनु)
त्त–	खित्त (हाँस्नु)	फुत्त (निस्कनु)
	सुत्त (तान्नु)	हुत्त (हुत्तिनु)
न्न–	टन्न (बज्नु, अघाउनु)	फन्न (घुम्नु)
	रन्न (रन्कनु)	सन्न (सन्कनु)
	टिनिन्न (बज्नु)	हुनुन्न (हुनहुनाउनु)
प्प–	टप्प (टिप्नु, समाउनु)	च्याप्प (च्याप्नु, समाउनु)
	थप्प (राख्नु)	धप्प (बल्नु वा निभ्नु)
म्म–	चिम्म (चिम्लनु)	डम्म (अघाउनु)
	भिम्म (भिम्क्याउनु)	चुलुम्म (डुब्नु)
य्य–	सुइँय्य (हावा चल्नु)	हुइँय्य (हवाईजहाज कराउनु)
र्र–	खुर्र (दगुर्नु)	ग्वार्र (आउनु)
	घ्यार्र (आवाज निस्कनु)	तुर्र (खस्नु, चुहिनु)
	भुर्र (उड्नु)	हुर्र (हुत्त्याउनु)
ल्ल–	कल्ल (बग्नु, पानी खानु)	गल्ल (हाँस्नु)
	सल्ल (बग्नु)	हवाल्ल (आउनु)
	गलल्ल (हाँस्नु)	सलल्ल (बग्नु)
स्स–	च्यास्स (घोच्नु)	भस्स (देख्नु)
	फ्यास्स (फुस्कनु)	ह्वास्स (गन्हाउनु)

अनुकरणात्मक शब्दले क्रियालाई नचाउँछन् र अनुप्रासयुक्त हुँदै ध्वनिसौन्दर्य पनि बढाउँछन् । जस्तै– घनक्क घन्कन्छ, चमक्क चम्कन्छ, चरक्क चिरिन्छ, छटक्क छिन्छ, छपक्क छप्काउँछ, जरक्क जर्कन्छ, झुलुक्क झुल्कन्छ, टपक्क टिप्छ, ठसक्क ठस्कन्छ, ढपक्क ढाक्छ, तनक्क तन्कन्छ, पलक्क पल्टन्छ, फनक्क फन्कन्छ, फरक्क फर्कन्छ, भनक्क भन्किन्छ, लसक्क लस्कन्छ ।

दोहोरा अनुकरणात्मक शब्द

सुँक्क-सुँकसुँक, खुरुक्क-खुरुखुरु, धपक्क-धपधप, धुरुक्क-धुरुधुरु, टुलुक्क टुलुटुलु, पिटिक्क-पिटीपिटी, पिटिकपिटिक, फनक्क-फनफन, मुसुक्क-मुसुमुसु, ठङ्ङ-ठङठङ, छङ्ङ-छङछङ, चट्ट-चटचट, पट्ट-पटपट, फट्ट-फटफट, छन्न-छनछन, छननन, झन्न-झनझन, झननन, टन्न-टनटन, टननन, गम्म-गमगम, चिम्म-चिमचिम, झिम्म-झिमझिम, घर्र-घरघर, चिर्र-चिरचिर, भ्वार्र-भ्वारभ्वार, स्वार्र-स्वारस्वार, ह्वार्र-ह्वारह्वार, कल्ल-कलकल, भुल्ल-भुलभुल, भुलुभुलु आदि ।

क्रमिकता तथा शीघ्रताको अभिप्रायमा बीचको अक्षर आकारान्त वा एकारान्त भएर आउने द्वित्व अनुकरणात्मक शब्दका केही उदाहरण अर्थसहित यी हुन्–

कपाकप	(खानु)	खचाखच	(भरिनु)
चकाचक	(हुनु, सिँगारिनु)	चटाचट	(छिन्नु)
टनाटन	(भरिनु)	फटाफट	(हिँड्नु)
भकाभक	(खानु, मर्नु, गर्नु)	सरासर	(जानु, हिँड्नु)
तानतुन	(गर्नु)	थामथुम	(पार्नु)
जन्याकजुरुक	(उठ्नु)	टस्याकटुसुक	(बस्नु)

'बटुवाले कलकली पानी खायो, उनले भलभलती आँसु बगाइरहिन् ।' यसरी अनुकरणात्मक शब्द किसिम वा शीघ्रताको भाव जनाउँदा 'इ' वा 'ती' प्रत्यय लागेर बनेका पनि हुन्छन् । जस्तै–

ई–	कलकली	(पिउनु)	खलखली	(पसिना काढ्नु)
	जुरजुरी	(उठ्नु)	झलझली	(सम्झनु)
	ठसठसी	(कन्नु, गन्हाउनु)	तपतपी	(चुहुनु)
	दनदनी	(बल्नु)	पचपची	(किरिया हाल्नु)
	पटपटी	(फुट्नु)	परपरी	(भुट्नु)
	फनफनी	(घुम्नु, बेर्नु)	फुतफुती	(निस्कनु)
	बरबरी	(आँसु, झार्नु)	भसभसी	(डढ्नु, निदाउनु)
	भुरभुरी	(उड्नु)	मरमरी	(चपाउनु)
	सलसली	(बग्नु, निल्नु)	सरासरी	(हिँड्नु)
	हलहली	(बढ्नु)	हुरहुरी	(बल्नु)
ती–	क्वारक्वारती	(हेर्नु)	खनखनती	(गन्नु)
	खलखलती	(पसिना आउनु)	गमगमती	(भर्नु)

चरचरती	(चिर्नु)	धुमधुमती	(बस्नु)
प्याकप्याकती	(मुख बाउनु)	भलभलती	(आँसु बगाउनु)
सरसरती	(हेर्नु)	हुतहुती	(हुत्याउनु)

अनुकरणात्मक शब्दको रूपात्मक भेद र अर्थमा विभिन्न किमिसले अन्तर पर्छ । एउटै मूल अनुकरणबाट विभिन्न अनुकरणात्मक शब्द बन्छन् र तिनको मात्रा रूपात्मक भेदले स्पष्ट पार्छ । अर्थका आधारमा पनि ठाउँ हेरी अवस्था, काल, रीति, गति, भाव आदि जनाउने विभिन्न किसिमका अनुकरणात्मक शब्द बन्छन् । जस्तै–

हावा	सर्र	(अ)	चल्यो ।	(ठिक्क)
हावा	सुर्र	(उ)	चल्यो ।	(थोरै)
हावा	सिर्र	(इ)	चल्यो ।	(अभ थोरै)
हावा	स्यार्र	(या)	चल्यो ।	(धेरै)
हावा	स्वार्र	(वा)	चल्यो ।	(अभ धेरै)
हावा	सर्रर	(सरसर)	चल्यो ।	(लगातार)

यस्तै, प्रयोगबाट छुट्टिने र अर्थिने खानु, बस्नु, रुनु, हाँस्नु र हेर्नु– पाँच क्रियाका किसिम वा अवस्थालाई जनाउने अनुकरणात्मक शब्दका बाँकी तल दिइएका छन्–

खाने किसिम – कप्प, कपक्क, कप्लक्क, कुप्लुक्क, कुपुकुपु, कपाकप, खपाखप, खुपुखुपु, चुब्लुक्क, चुब्लुकचुब्लुक, चुबुरचुबुर, सपक्क, सुप्लुक्क ।

बस्ने किसिम – थ्याच्च, थचक्क, थुचुक्क, टुक्रुक्क, टुसुक्क, ढसमस्स ।

रुने किसिम – पिच्च, पिचिक्क, धुरुक्क, धुरुधुरु, सुँक्क, सुँकसुँक, च्याँच्याँ, ह्वाँह्वाँ ।

हाँस्ने किसिम – खित्त, खितित्त, ङिच्च, ङिचिक्क, ङिस्स, ङिसिक्क, फिस्स, मुसुक्क, मुसुमुसु, गलल्ल, हलल्ल ।

हेर्ने किसिम – टुल्ल, टुलुक्क, टुलुटुलु, ट्वाल्ल, पुलुक्क, पुलुपुलु इत्यादि ।

अनुकरणात्मक शब्दको प्रभाव र गतिशीलता प्रयोगमै निर्भर गर्छ । तल केही अनुकरणात्मक शब्दका अर्थ र प्रयोग दिइएका छन् । एक्लो शब्द अनुकरण नबनी दोहरिएर अनुकरण हुने र निरन्तर भइरहनुको अर्थमा आउने द्वित्व अनुकरणात्मक शब्दका केही उदाहरण पनि यहीँ समाविष्ट छन् ।

कटक्क–	पेट काट्ने चालासित ।	हिजो आलुको अचार खाएको आज त पेट कटक्क काटिहाल्यो ।
कुकुक्क–	शरीर खुम्चने किसिमले ।	माग्ने जाडोले कुकुक्क परिरहेछ ।
टिनिन्न–	घण्टी बज्ने किसिम ।	बीरुले साइकलको घण्टी टिनिन्न बजायो ।
निश्चुक्क–	बेसरी भिज्ने गरी ।	बाटामा पानीले म त निश्चुक्क भएँ ।
भकमक्क–	सिँगारिने छाँटमा ।	दुलही नानी गहना र लुगाले भकमक्क भएकी छन् ।
ढकमक्क–	ढाकिएर फुल्ने गरी ।	बारीमा सयपत्री ढकमक्क फुलेको छ ।

छङछछङ–	जोडले बगेझैँ ।	मर्स्याङ्दी नदी छङछछङ बगेको टाढैबाट सुनिन्थ्यो ।
चिरविर–	चरा कराउने किसिमले ।	बिहान हुनासाथ चरा चिरविर गर्छन् ।
झटपट–	काम छिटो गर्ने गरी ।	खेतालाहरू झटपट काममा लागे ।
गनगन–	फतफताउने किसिमले ।	तिमी व्यर्थको गनगन नगर ।
झमझम–	एकनास ठूलो पानी पर्ने किसिमसित ।	हिजो रातिदेखि पानी झमझम परेको पन्यै छ ।
ठाकठुक–	अलिअलि बाभ्ने छाँटमा ।	तिनीहरूमा पहिलेदेखि ठाकठुक परेको छ ।
टुकुटुकु–	केटाकेटी भखरै हिँड्दाको चाल झिकेर ।	सौजू टुकुटुकु हिँड्न थाल्यो ।
मगमग	मीठो बास्ना आउने गरी ।	चमेली फूलको मगमग बास्ना आइरहेछ ।
मिरमिर–	उज्यालो हुनेहुने गरी ।	हामी मिरमिर हुँदा देउराली पुग्यौँ ।
सिमसिम–	बिस्तार पानी परिरहेर ।	लेकमा सिमसिम पानी पन्यो ।
टिलपिल–	तारा चम्कने किसिमले ।	आकाशमा तारा टिलपिल गर्दै थिए ।
टहटह–	चहकिलो जून लागेझैँ भएर ।	आज टहटह जून लागेको छ ।
लहलह–	बाली भरेली भई झुल्ने गरी ।	फाँटमा धान लहलह भइरहेछ ।
किरिङमिरिङ–	केरमेट हुने चालसित ।	तिनका अक्षर किरिङमिरिङ रहेछन् ।
कुरुमकुरुम–	आवाज निकालेर चपाउने किसिमले ।	उसले भुटेको मकै कुरुमकुरुम चपायो ।
अल्याङमल्याङ–	आलटाल गर्ने छाँटमा ।	काममा अल्याङमल्याङ नगर ।
लस्याङपस्याङ–	काम ढिलो गर्ने किसिमले ।	चम्पा काममा लस्याङपस्याङ गर्छिन् ।
हस्याङफस्याङ–	दौडेर आउने चालमा ।	हस्याङफस्याङ गर्दै तपाईं कतातिर हो ?
गड्याङगुडुङ–	बादल गर्जने किसिमसित ।	आकाशमा बादल गड्याङगुडुङ गन्यो ।
छप्ल्याङछुप्लुङ–	पानीमा खेल्दाको आवाज निकालेर ।	केटाकेटी पानीमा छप्ल्याङछुप्लुङ गर्छन् ।

पारिभाषिक-प्राविधिक शब्द

'पारिभाषिक-प्राविधिक शब्द' भन्नाले कुनै खास प्रयोगक्षेत्रसँग सम्बन्धित र भाषाद्वारा निश्चित अर्थबोध हुने शब्द हुन् । सामान्यतः पारिभाषिक शब्दको सम्बन्ध पारिभाषासित हुन्छ अनि प्राविधिक शब्दको सम्बन्ध प्रविधिसित । जस्तो– प्रवक्ता, रस, शिलान्यास आदि पारिभाषित गर्नुपर्ने खालका शब्द पारिभाषिक शब्द हुन् भने ट्रलीबस, भूउपग्रह, स्पुतनिक आदि प्रविधि जनाउने वा त्यस क्षेत्रसँग सम्बन्धित शब्द प्राविधिक शब्द हुन् ।

नेपाली भाषामा पारिभाषिक र प्राविधिक शब्द व्युत्पत्ति र अर्थका दृष्टिले बेग्लै भए तापनि झन्डै समानार्थी रूपमा प्रयुक्त हुँदै आएका छन् । प्राविधिक क्षेत्रमा पनि पारिभाषिक शब्द हुने र पारिभाषिक शब्द पनि प्राविधिक स्वभावका बन्ने भएकाले यिनमा अर्थको अन्तर्मिश्रण पाइन्छ । यसरी प्रयोगमूलक रूपमा रुढ अर्थ झन्डै एउटै देखिने पारिभाषिक वा प्राविधिक शब्दका खास विशेषता के हुन् भने यी शब्द सामान्य शब्दका तुलनामा लक्षणामूलक हुन्छन् र कुनै सिद्धान्त वा मान्यताको प्रतिनिधित्व हुने अर्थग्रहण गर्नाका साथ विशिष्टता वा प्राविधिकतासमेत अँगाल्न पुग्छन् ।

पारिभाषिक-प्राविधिक शब्दहरूको भूमिका बौद्धिक गतिविधि र विकासमा आधारित देखिन्छ । यस दृष्टिले सबै सक्षम भाषामा पारिभाषिक-प्राविधिक शब्द हुन्छन् । नेपाली भाषा यस दिशामा लम्कँदो स्थितिमा छ तापनि ज्ञान-विज्ञानको प्रगति तथा नयाँ-नयाँ मान्यता र धारणाले यसलाई प्रभावित पार्दै छ । फलस्वरूप यस भाषालाई स्तरीकरण गर्ने सन्दर्भमा अनेक पारिभाषिक वा प्राविधिक शब्द नेपालीमा हुर्कँदै छन्, जन्मँदै छन् ।

आधुनिक विचार, धारणा र ज्ञान-विज्ञानसम्बन्धी अभिव्यक्तिका निम्ति पारिभाषिक वा प्राविधिक शब्दहरूको विशेष आवश्यकता हुन्छ । तिनको अर्थचाहिँ प्रयोगक्षेत्रका आधारमा लगाउनुपर्छ र त्यसैअनुसार वाक्यमा प्रयुक्त हुन्छन् । जस्तै–

शब्द		प्रयोगक्षेत्र	अर्थ
अभिलेख	१.	इतिहास	धातुका पाता, ढुङ्गा आदिमा कपिएको ऐतिहासिक महत्त्वको लेख ।
	२.	जनप्रशासन	कागतपत्रको विवरण, महत्त्वपूर्ण कामसँग सम्बन्धित प्रमाणकागत ।
ध्वनि	१.	भाषा	वाक्अवयवबाट उच्चारित हुने आवाज ।
	२.	साहित्य	चमत्कारी अर्थ बुझाउने प्रयोग वा हितको भावयुक्त कुनै लुकेको गम्भीर अर्थ ।

सन्दर्भगत प्रयोग

अभिलेख	१.	भाषाको अध्ययनमा अभिलेखको ठूलो महत्त्व छ ।(इतिहास)
	२.	कार्यालयसम्बन्धी कामको अभिलेख राम्ररी राख्नुपर्छ । (जनप्रशासन)
ध्वनि	१.	स्पष्ट उच्चारण हुने वर्णको नाउँ ध्वनि पनि हो । (भाषा)
	२.	देवकोटाका कवितामा प्रशस्त ध्वनि व्यञ्जित भएको पाइन्छ । (साहित्य)
दूरसञ्चार		नेपालमा पनि टाढासम्म कुराकानी गर्न दूरसञ्चारको विस्तार भइरहेछ । (सञ्चार)
मापन		भाषाको स्तरीय मापन वैज्ञानिक पद्धतिले नै हुन्छ । (शिक्षा)
लेखा		लेखा राख्ने पद्धतिले आयव्ययलाई सन्तुलित पार्न सकिन्छ । (व्यापार-वाणिज्य)

पारिभाषिक-प्राविधिक केही शब्द

१. मानविकी र सामाजिक शास्त्र क्षेत्रका

अधिमूल्यन–	कुनै वस्तु वा मुद्राको विशेष स्थितिमा कायम हुने बढी मूल्य ।

अनुभूति–	कुनै पनि कुराबाट पाइने सुखदुःखको मानसिक अनुभव ।

अनुमोदन–	कुनै विषयमा वा कुनै व्यक्तिलाई सम्बन्धित व्यक्तिद्वारा दिइने समर्थन, मातहतका कार्यालयबाट गरेका काममा माथिल्लो तहको कार्यालयबाट दिइने स्वीकृति ।

अनुसूची–	कुनै कुरा प्रस्ट्याउन वा नमुना देखाउनका निम्ति कृतिका अन्तमा दिइएको विस्तृत विचारात्मक अंश ।

अलङ्कार–	साहित्यलाई सिँगार्ने शब्द वा अर्थको चमत्कारी रूप ।

अवमूल्यन–	सरकारद्वारा अरू देशका मुद्राको दाँजोमा आफ्नो देशका मुद्राको मूल्य घटाउने काम ।

आवासीय–	अर्को देश, सरकार वा संस्थाको निश्चित प्रवासमा बसेर काम गर्ने प्रतिनिधि ।

आशुकवि–	धाराप्रवाह रूपमा वा तुरुन्तातुरुन्तै कविता लेख्न सक्ने कवि ।

उपभोक्ता–	कुनै वस्तुको उपभोग गर्ने व्यक्ति ।

उपसंहार–	कुनै पुस्तक वा लेखको मुख्य विषय टुङ्गिएपछि लेखिएको अन्तिम अंश ।

एकाधिकार–	कुनै कामकुरा वा व्यापारमा हुने एकलौटी अधिकार ।

कार्यविधि–	कुनै काम गर्नका लागि निर्धारित सिद्धान्त वा नियम ।

छन्द–	वर्ण, मात्रा आदिको गणना र विराम आदिको नियम हुने वाक्यवृत्, कविता लेख्ने एक किसिमको शैली ।

नायब–	मुख्य हाकिमभन्दा मुनिको कर्मचारी वा प्रतिनिधि भई काम गर्ने व्यक्ति, सहायक ।

निरस्त्रीकरण–	हातहतियार हटाउने र कुराकानीद्वारा शस्त्रास्त्रको उत्पादन एवं उपयोग घटाउने कुरामा राष्ट्र-राष्ट्रका बीच समता ल्याउने काम ।

पदपूरक–	कुनै पदको रिक्त स्थान पूरा गर्ने क्रम वा अवस्था ।

परिशिष्ट–	पुस्तकका अन्तमा दिइएको बाँकी रहेका कुरा स्पष्ट पार्ने अंश ।

पुरातत्त्व–	प्राचीन कला-संस्कृतिको अध्ययन र अनुसन्धानसित सम्बन्धित विशेष किसिमको विद्या ।

प्रतीक–	दृश्य वा अदृश्य वस्तुको प्रतिविम्बका रूपमा प्रयोग हुने वस्तु वा चिनु ।

प्रत्याह्वान–	अगाडि छनोट गरेर माथिल्लो तहमा पठाइएको व्यक्ति वा पदाधिकारीलाई फिर्ता बोलाउने काम ।

प्रवक्ता–			कुनै विषयमा बोल्न अधिकार भएको व्यक्ति ।

प्रस्तर–			फैलिएर रहेका विभिन्न किसिमका ढुङ्गा ।

भाषिका–			कुनै भाषाको क्षेत्रीय भेद । नेपाली भाषाका पुर्वेली, माझाली आदि भाषिका छन् ।

भूपरिवेष्टित–		चारैतिर समुद्र नभई जमिनैजमिनले घेरिएको पहाड, पर्वत, उपत्यका-मैदान र वन, खोलानाला आदि ।

भूप्रकृति–		पृथ्वीका सतहको बनोटद्वारा स्थानीय विशेषता प्रकट हुने भुइँको गुण तथा स्वरूप ।

भूराजनीति–		आफ्नो देशको भौगोलिक स्थिति ध्यानमा राखी अँगालिएको राजनीतिक प्रक्रिया ।

मुख्तियार–		पहिले-पहिले प्रधानमन्त्री पछिको दोस्रो दर्जा (चीफसाहेब) ।

मुद्रास्फीति–		विशेष अवस्थामा वस्तुको मूल्यभन्दा बढी मुद्रा चल्तीमा आउने स्थिति ।

रस–			विभाव, अनुभाव र व्यभिचारी भावको संयोगले हृदयमा सञ्चारित हुने अनुभव । शृङ्गार, करुण, वीर, हास्य आदि नौ रस हुन्छन् ।

राग–			सङ्गीतमा शास्त्रीय पद्धतिअनुसार स्वर र गायनक्रियाद्वारा निस्कने सुन्दर र आकर्षक ध्वनिक्रम ।

रागिनी–			सङ्गीतमा स्वरको आरोह-अवरोहमा मूर्च्छना घटित हुने छ रागका तीस योगिनी ।

रेखाचित्र–		रेखैरेखाद्वारा तयार भएको चित्र, कुनै विषयवस्तु प्रस्तुत गर्न तयार पारिएको प्रारम्भिक रूपरेखा ।

विनिमय–			एक देशको मुद्रा अर्को देशको मुद्रासँग साट्ने काम, मुद्रा र वस्तु वा विभिन्न वस्तुका बीच गरिने साटफेर ।

विशिष्ट–			प्रथम श्रेणीभन्दा माथिल्लो दर्जा, अरूभन्दा विशिष्ट गुण भएको व्यक्ति वा स्थान ।

विस्थापित–		रहिरहेको कुनै वस्तुलाई हटाएर अर्को वस्तु गई बसेको वा शरणार्थी भएर अन्यत्र जाने र घरबार नभएको ।

विहार–			बौद्ध भिक्षुहरू बस्ने मठ ।

वृत्तचित्र–		कुनै व्यक्ति, घटना, जीवनी आदिका शृङ्खलाको छायाङ्कन ।

शाक्त–			शक्तिलाई सर्वोपरि मानेर उपासना गर्ने ।

शिलालेख–		ढुङ्गामा कुँदिएको ऐतिहासिक महत्त्व राख्ने लेख ।

शिविर–			सेना बस्ने ठाउँ (छाउनी) वा भ्रमणको मुकाम ।

शीतयुद्ध–		युद्धको घोषणा नभएको, हातहतियार प्रयोग नहुने तर भित्रभित्रै विरोध चल्ने वैचारिक वा मौखिक तानातानीको अवस्था ।

सन्दर्भ–	कुनै ग्रन्थमा रहेको विषयवस्तुसँगको सम्बन्ध स्पष्ट गर्ने अंश, प्रसङ्ग ।
सहअस्तित्व–	सबै साथै बाँचौँ, साथै रहौँ भन्ने विचार ।
सहभागिता–	उद्योग-व्यापार आदिमा श्रम र धन लगाएर त्यसबाट प्राप्त लाभहानिको साभेदारी हुने अवस्था ।
स्तूप–	बुद्ध वा बौद्ध महात्माहरूका केश, दन्त, अस्थि आदि भित्रपट्टि राखी खास किसिमले बनाइएको ढिकुरो ।
स्मारिका–	कुनै कुरा सम्भाउने सानो आकारको चित्र वा पुस्तिका ।
हिमनदी–	हिउँले ढाकिएको पर्वतबाट भार बेसी भई हिउँकै प्रवाहमा बग्दै जाने नदी ।

२. शिक्षा र सञ्चार क्षेत्रका

अध्याय–	ग्रन्थको खण्ड अथवा भाग ।
अभिक्षमता–	मनोविज्ञानअनुसार व्यक्तिमा पाइने अभिरुचि वा योग्यता ।
अभिप्रेरणा–	कुनै उद्देश्य प्राप्त भएपछि त्यसैअनुरूप व्यवहार गर्न थालिने मानसिक प्रक्रिया ।
अभिवृत्ति–	कुनै व्यक्ति वा वस्तुप्रति प्रतिक्रिया जनाउने पूर्ववृत्ति वा धारणा ।
दीक्षान्त–	विश्वविद्यालयको अध्ययन वा कुनै कामको निर्धारित अवधि समाप्त भएको अवस्था ।
नामाङ्कन–	कुनै काम वा विषयका निम्ति नाउँ दर्ता गर्ने-गराउने काम
निःशुल्क–	कुनै विद्यालय वा सामाजिक संस्थाले प्रदान गर्ने सेवाबापतको शुल्क नलिने प्रक्रिया ।
परियोजना–	कुनै विषय वा कामका ससाना योजना ।
पुनःपरीक्षा–	सत्रान्त परीक्षामा अनुत्तीर्ण भएका विषयमा लिइने अर्को परीक्षा (मौका परीक्षा) ।
प्रत्यक्षीकरण–	कुनै घटना वा वस्तुलाई प्रत्यक्ष देख्ने वा ज्ञानेन्द्रियले अनुभव गरी बुभ्ने काम ।
प्रसारण–	ध्वनियन्त्रका सहायताले विविध विषय, कार्यक्रम आदि व्यापक रूपले फिँजाउने वा प्रचार गर्ने काम । जस्तो– रेडियो नेपालबाट विभिन्न कार्यक्रमको प्रसारण हुन्छ ।
प्रश्नावली–	खास विचार वा उत्तरका निम्ति प्रस्तुत प्रश्नहरूको समूह ।
प्राश्निक–	लिखित परीक्षाका लागि प्रश्नपत्र तयार पार्ने (व्यक्ति) ।
बहुद्देश्यीय–	धेरै किसिमका उद्देश्य समावेश भएको (योजना, विद्यालय आदि) ।
बहुमुखी–	धेरै लक्ष्य भएको वा एकभन्दा बढी विषयको पढाइ हुने ।
मूल्याङ्कन–	उचित परीक्षण गरी निर्णय दिने काम ।

व्यक्तिवृत्त–   कुनै पनि व्यक्तिका जीवनको समग्र तथ्यपूर्ण विवरण ।

सत्र–   शिक्षा योजनाअनुसारको शैक्षिक अवधि वा वर्ष ।

राग्परीक्षाण–   पहिले मूल्याङ्कन भइसकेका काम वा वस्तुको अझै राम्रोसँग पुनर्मूल्याङ्कन गर्ने काम ।

सामान्यीकरण–अरूसँग मिसिने गुणका आधारमा कुनै पनि वस्तुलाई सामान्य पार्ने काम ।

सावधिक परीक्षा– निश्चित वा तोकिएको समयमा हुने परीक्षा ।

सुपरिवेक्षक–   नियम-विधिअनुसार उचित किसिमले काम भएको छ-छैन भनी रेखदेख गर्ने व्यक्ति ।

सबलीकरण–   आफ्नो पक्ष र प्रस्तावलाई तर्क, तथ्य र प्रोत्साहनका आधारमा बलियो बनाउने काम ।

समायोजन–   परिस्थिति र वातावरण अनुकूल पार्ने वा बस्ने काम ।

३. कानुन क्षेत्रका

अधिकारपृच्छा–कसैले कुनै व्यक्ति वा संस्थाको सार्वजनिक पदमा गैरकानुनी तरिकाले आधिपत्य गरेमा 'त्यसो गर्ने के अधिकार छ ?' भनी सोधिने विशेषाधिकारसम्पन्न आदेश ।

अधिवक्ता–   अदालतमा बहस गर्ने वकिल ।

अध्यादेश–   प्रतिनिधिसभा नबसेको बेलामा आवश्यक पर्दा राष्ट्रप्रमुखले जारी गर्ने ऐनसरहको आदेश ।

अभिकर्ता–   अड्डा-अदालतमा लेखापढी गर्ने कानुनी व्यवसायी ।

अभिवक्ता–   अदालतमा वकालत गर्ने अधिवक्ताभन्दा तल्लो तहको व्यक्ति ।

आज्ञप्ति–   उच्चस्तरीय आदेश ।

उत्प्रेषण–   कुनै तल्लो न्यायिक वा अर्धन्यायिक निकायको त्रुटिपूर्ण निर्णय सच्याउन लगाउन सर्वोच्च निकायबाट दिइने आदेश ।

जमानत–   कसैले आफ्नो दायित्व पूरा नगरेमा आफूले पूरा गरिदिने कबुलियत वा करार ।

तहकिकात–   हत्या आदिको दुर्घटनास्थलमा प्रहरीद्वारा जाँचबुझ गरी तथ्य पहिल्याउने काम ।

तारि(रे)ख–   अड्डा-अदालतबाट झगडियालाई यो दिन हाजिर हुनू भनी तोकिदिएको म्याद ।

देवानी–   सम्पत्ति वा लेनदेनको हकसम्बन्धी (विषय वा मुद्दा) ।

परमादेश–   कुनै त्रुटिपूर्ण कार्यको विरुद्ध सम्बन्धित प्रशासनिक कार्यालय वा अदालतलाई सर्वोच्च अदालतले दिने आदेश ।

पुनरावलोकन–आफूले गरेको निर्णयमाथि पुनर्विचार ।

फौजदारी– कुटपिट, चोरी-डकैती, झगडा आदिसम्बन्धी मुद्दा वा घटना ।

बिगो– नालिस दिँदा खुलाइएको विपक्षीउपर दाबी लिइने धनमाल वा हानि-नोक्सानीको जम्मा रकम ।

मुचुल्का– कुनै घटना वा काम-कारबाहीको तथ्य पत्ता लगाउन सम्बन्धित स्थलमा लिइने बयानको कागज ।

मुलतबी– अर्को अड्डामा परेको मुद्दाको निर्णय नभएसम्म कारबाही स्थगित राख्ने आदेश ।

रहजनी– बाटाघाटामा एकान्त पारी डकैती गर्ने काम ।

लालमोहर– विशेष कागतपत्रमा लगाइने सरकारी रातो छाप, त्यस्तो छाप लागेको कागत ।

वारेसनामा– मुद्दा-मामिलाको पैरवी वा कुनै कामकुरो गर्नका निम्ति वारिस पठाउँदा लेखेर दिइने कागत ।

विधेयक– विधायिकामा छलफलका निम्ति प्रस्तुत हुने विषय ।

समाह्वान– फौज्दारी मुद्दाको नालिस परेपछि प्रतिवादी र प्रमाणका मानिसहरूलाई कारबाईका निम्ति झिकाइने पुर्जी ।

सरजमिन– कुनै कुराको जानकारी लिन अड्डा-अदालतले त्यो कुरा देखेजानेका व्यक्तिबाट लिने बयान ।

४. विज्ञान र प्रविधि क्षेत्रका

आकाशगङ्गा– आकाशमा उत्तरदेखि दक्षिणसम्म फैलिएका तारा र नक्षत्रहरूको विशाल समूह । (हाम्रो सौरजगत् पनि आकाशगङ्गाभित्रै पर्छ ।)

ऊर्जा– विभिन्न किसिमका काममा प्रयोग हुने शक्तिविशेष ।

ऋणात्मककण– धनविद्युत् कण (प्रोटन)-का चारैतिर घुम्ने र नटुक्रिने ऋणविद्युत् शक्ति (इलेक्ट्रोन)-को सूक्ष्म कण ।

क्षेप्यास्त्र– टाढैबाट विस्फोट हुने गरी हुत्त्याएर प्रहार गरिने हतियार ।

चालकशक्ति– वस्तुको गतिबाट ताप सञ्चालित हुने विशेष शक्ति ।

जीवकोश– आफैँमा परिपूर्ण भएका सूक्ष्म जीवाणु ।

जीवावशेष– उत्खननद्वारा निस्केका प्राचीन कालका जीवजन्तुहरूको अवशेष ।

तापक्रम– गर्मी घटबढ हुने क्रिया ।

तापमान– शरीर वा वायुमण्डलका तापको मात्रा ।

तारापुञ्ज– राति आकाशमा झल्कने प्रकाशपिण्डको समूह ।

दूरदर्शन– कुनै सूक्ष्म यन्त्रद्वारा टाढासम्म देख्न सकिने काम ।

निर्जीवीकरण– चिरफार गर्दा मासु मार्ने काम, सजीव वस्तुलाई निर्जीव बनाउने प्रक्रिया ।

प्रक्षेपण– अन्तरिक्षयान, भूउपग्रह आदि अन्तरिक्षमा पठाउने काम ।

यौगिक– रासायनिक क्रियाद्वारा दुई भिन्न पदार्थ मिलाउँदा बनेको वस्तु ।

विकिरण–	बीचमा कतै नतताई शून्यबाट तापशक्ति सर्ने क्रिया ।

विद्युत्घात–	ऋणात्मक विद्युत्कणबाट धनात्मक विद्युत्कणतर्फ शक्ति प्रवाहित
	गर्ने र त्यस्तो आघात पुन्याउने प्रक्रिया ।

व्यास–	वृत्तको परिधिको एक ठाउँदेखि अर्को ठाउँसम्म केन्द्रबिन्दु हुँदै पुग्ने
	कल्पित रेखा ।

संवाहन–	तरल पदार्थको माध्यमले ताप सर्ने वा ग्याँस ताल्ने क्रिया ।

सापेक्षिक आर्द्रता–	वायुमण्डलमा रहेको पानीका मात्राको चिसोपन ।

स्नायु–	शरीरका अङ्गप्रत्यङ्गको नियन्त्रण र सञ्चालन गर्ने नाडी ।

५. कृषि, वन, चिकित्सा र इन्जिनियरिङ क्षेत्रका

अब्बल–	पहिलो दर्जाको जग्गा ।

दोयम–	दोस्रो दर्जाको जग्गा ।

सिम–	तेस्रो दर्जाको जग्गा ।

चाहार–	चौथो दर्जाको जग्गा ।

ऐलानी–	कसैको दरानतिरानमा नपरेको जग्गा (पाखो) ।

कित्ता–	जग्गाको निर्धारित सीमा वा भाग ।

कुत–	मोहीले तल्सिङलाई बुझाउने तिरोभरो ।

जिरायत–	जमिनदारको खान्कीमा तोकिएको वा उसले तिरो उठाएबापत
	पाएको जग्गा ।

दसगजा–	दुई देशको सिमाना छुट्ट्याउने र कुनै पनि देशको अधिकार नहुने
	क्षेत्र ।

पर्ती–	खनजोत नभएको बाँझो जग्गा ।

मोठ–	जग्गाको कित्ता छुट्टिने गरी तयार पारिएको लगतदर्ता किताब ।

सुकुमबासी–	घर, जग्गा आदि वा जीविकाको साधन नभएको ।

आरक्ष–	वन्यजन्तु तथा पक्षीसम्पदा र तिनका बासस्थानको संरक्षण एवं
	व्यवस्था गर्न छुट्ट्याइएको क्षेत्र ।

इन्धन–	तापशक्ति प्रदान गर्ने दाउरा, कोइला, मट्टीतेल, पेट्रोल आदि ।

उपकरण–	सम्बन्धित कामका निम्तिको औजार (हातहतियार) ।

कटानी–	रूख काट्ने-कटाउने काम ।

खण्डवृष्टि–	सानो भूखण्डमा मात्र परेको पानी, व्यापक रूपमा नभएको वर्षा ।

खण्डाश्मित–	वरिपरि खोलाले काटेर बाँकी रहेको, ढुङ्गाका टुक्रा ओछ्याउने काम
	गरिएको ।

छत्र–	घाम र शीतबाट कलिला बिरुवाहरू बचाउन दिइने स्याउला,
	चित्रा आदिको छहारी, अचेलभरि खेती गरिएका छाताको आकारमा
	फर्किने च्याउ

छपान–	जङ्गलको रूख काट्ने आदेश दिँदा रूखको फेदमा चिनो लगाई नम्बर टाँस्ने काम ।

निकुञ्ज–	बनैयाँ जन्तुको सुरक्षाका निम्ति पालिएको जङ्गल ।

भूक्षरण–	खोला, बाढी, पैरो आदिले जमिन खिइँदै नासिने काम ।

अन्तरङ्ग–	अस्पतालमा भर्ना भएका बिरामीलाई उपचार गरिने (विभाग) ।

बहिरङ्ग–	अस्पतालमा बाहिरका बिरामी जाँची उपचार गरिने (विभाग) ।

आम्ल–	कुनै वस्तुमा हुने अमिलोपन ।

कीटाणु–	सूक्ष्मदर्शक यन्त्रद्वारा मात्र देख्न सकिने मसिना जीव ।

कुपोषण–	उचित पोषणको कमी ।

जीवाणु–	आँखाले देख्न नसकिने सूक्ष्म जीव, जुन कुनै रोग फैलाउने र कुनै शरीरलाई फाइदा गर्ने हुन्छन् ।

नशच्छेदन–	परिवार-नियोजनका निम्ति शुक्रकीटाणु रोक्न नसो छिनाल्ने काम ।

निदान–	कुनै रोग वा कामको मूल कारणको पत्तो ।

परागण–	फूल, बिरुवा आदिको बीज बन्नुभन्दा पहिलेको क्रिया ।

प्रजाति–	बेग्लै खालका बिरुवालाई वैज्ञानिक तरिकाले सम्मिश्रण गर्दा उत्पादन हुने नयाँ बिरुवा ।

प्रतिरोपण–	एक ठाउँमा उमारिएको बिरुवालाई अर्को ठाउँमा सार्ने काम ।

प्रशोधन–	औषधी आदिको मद्दतले कुनै वस्तुमा भएको मिश्रण वा विकास हटाई शुद्ध पार्ने काम ।

महामारी–	हैजा, प्लेग, शीतला आदि सङ्क्रामक रोग ।

रक्तचाप–	मुटुबाट शरीरमा चलिरहेको रगतका प्रवाहको गति ।

लवण–	नुन वा नुनिलो तत्त्व भएको पदार्थ ।

शल्यचिकित्सा–	चिरफारद्वारा गरिने उपचार ।

सङ्क्रामक–	रोग, व्याधि आदिले फैलिने वा सर्ने । जस्तो– औलो, हैजा, कमलपित्त आदि सङ्क्रामक रोग हुन् ।

कार्यशाला–	कुनै वस्तुको प्रयोगका निम्ति बनाइएको घर ।

कालोपत्र–	सडकलाई टिकाउ, सफा र चिल्लो पार्नका निम्ति लगाइने एक किसिमको पदार्थ, अलकत्रा ।

क्षेत्रीयपुस्तिका–	कुनै निश्चित क्षेत्रका वा त्यस क्षेत्रभित्र पर्ने जमिन आदिको विवरण, तथ्याङ्क आदि लेख्ने पुस्तिका ।

गणक–	हिसाब आदि गणना गर्ने व्यक्ति वा त्यस्तो यन्त्र ।

घोडेटो–	पहाडी क्षेत्रमा घोडा हिँड्न हुने गरी बनाइएको बाटो ।

चक्रेटो–	कुनै पनि चक्कागाडी आवतजावत हुने गरी बनाइएको फराक र सफा बाटो ।

ढलान–	फलाम, डन्डी, सिमेन्ट, इँट आदि मिलाएर जमाई पानी नतर्किने किसिमले पक्का पार्ने काम ।
तालिका–	कुनै काम गर्नका निम्ति बनाइएको सूची ।
बोलपत्र–	ठेक्कामा कुनै कामका निम्ति तोकिएको मालसामान दिन वा निर्माणकार्य गर्न ठेकदारले लेखिदिने दरभाउ ।
विद्युतीकरण–	सबै क्षेत्रमा विद्युत्शक्ति वा सेवा पुन्याउने काम ।
शिलान्यास–	घर, मन्दिर आदि बनाउँदा जगमा विधिपूर्वक सर्वप्रथम ढुङ्गा हाल्ने काम ।
सर्वेक्षण–	कुनै विषय वा स्थानमाथि पूर्ण रूपमा दृष्टि दिने, विचार पुन्याउने आदि काम ।
सारिणीकरण–	कुनै विषयवस्तुको प्रगति प्रस्टिने गरी तालिका बनाउने र क्रमबद्ध रूपमा लेख्ने काम ।
स्थपति–	वास्तुशास्त्र जान्ने व्यक्ति, घर-मन्दिर बनाउन जान्ने व्यक्ति, कालिगड ।

६. व्यापार-वाणिज्य र जनप्रशासन क्षेत्रका

अग्रिम–	काम हुनुभन्दा पहिल्यै दिइएको रकमको अंश, पेस्की ।
अधिकृत–	कुनै काम गर्ने अधिकार पाएको व्यक्ति, शाखाको प्रमुख ।
अन्तःशुल्क–	आफ्नो देशभित्र बनेका वस्तुमा आफ्नै देशको सरकारले लगाउने कर ।
आपूर्ति–	ग्राहकहरूको आवश्यकता र उपभोगअनुसार बजारमा चाहिने सामान अधिकृत रूपमा पूर्ति गर्ने काम ।
आयव्ययक–	कुनै निश्चित अवधिमा गरिने आम्दानी-खर्चको अनुमित/ अनुमानित हिसाब ।
कार्यवाहक–	कसैको अनुपस्थितिमा उसको कामको जिम्मेवारी लिने गरी नियुक्त ऊभन्दा तल्लो तहको व्यक्ति ।
गण–	धेरै सेनाको खास समूह, जस्तो– शेरगण, श्रीनाथगण, कालीबहादुरगण ।
गुल्म–	सेनाको गणअन्तर्गतको एक विभाग, जस्तो– कालीजङ गुल्म, चन्दननाथ गुल्म, तारादल गुल्म ।
चलानी–	एक ठाउँबाट अर्को ठाउँमा मालसामान पठाउँदा त्यसको लगत लेखी साथमा पठाइने पुर्जी, एक कार्यालयद्वारा अर्को कार्यालयमा पठाइने चिठी चलाउने काम ।
जमानत–	अड्डा वा संस्थाले चाहेको बखतमा कुनै व्यक्ति वा सम्पत्तिलाई उपस्थित गराउने जिम्मेवारी ।
ज्ञापन–	जानकारीका उद्देश्यले कुनै काम, अवस्था आदिको वास्तविक स्थिति बोध गराउने काम, त्यसै निमित्त लेखिएको पत्र आदि ।

तदर्थ–	कुनै काम गर्न बनाइएको, त्यो काम सकिएपछि खारेज हुने (समिति आदि) ।

तेजारथ–	पहिले-पहिले कर्मचारीलाई ऋण सापटीको रूपमा पैसा दिने अड्डा । (कर्मचारी सञ्चयकोष खडा हुनुभन्दा पहिले यस रूपमा तेजारथ थियो ।)

धनादेश–	आफ्नै देशभित्र एक ठाउँबाट अर्को ठाउँमा हुलाकद्वारा लिनेदिने गरी पठाइने रुपैयाँ ।

निकासी–	स्वदेशका मालसामान विदेशमा पठाउने काम ।

निक्षेप–	निश्चित ब्याज पाइने वा नपाइने गरी बैङ्कमा जम्मा हुन आएको धन ।

निगम–	सरकारको नियम-कानुनको अधीनमा रही व्यक्तिसरह नै लाभहानिको उपभोग गर्ने स्वतन्त्र अस्तित्व भएको संस्था ।

निलम्बन–	अर्को निर्णय नहुन्जेल कुनै काम वा कर्मचारीलाई रोक्का गरिने काम ।

निवृत्तिभरण–	निश्चित अवधिसम्म काम गरी अवकाश पाउने कर्मचारीहरूलाई आजीवन दिइने मासिक तलब ।

पदेन–	कुनै पदको हैसियतले वा त्यो पद नरहुन्जेल अर्को सङ्घ-संस्थामा स्वतः सदस्य आदिको अधिकार पाउने अवस्था ।

पदोन्नति–	अड्डाखाना वा संस्थानमा कर्मचारीहरूको तल्लो पदबाट माथिल्लो पदमा हुने बढुवा ।

पन्जिका–	सङ्ख्या, विषय, काम आदि क्रमैसित खुलाई लेखिने कागत, विषयसूची ।

परमाधिपति–	राज्यको सर्वोच्च सत्तासम्पन्न व्यक्ति वा सेनाको मुख्य व्यक्ति ।

परिवहन–	एक देश वा ठाउँबाट अर्को देश वा ठाउँमा मालसामान चलान हुने काम ।

पारपत्र–	लोग्नेस्वास्नीको सम्बन्धविच्छेद (पारपाचुके) हुँदा परस्परमा लेखिदिने कागत, बाहिरी देशमा जानका लागि राज्य वा सरकारतर्फबाट परिचय र प्रशासनिक सुरक्षासमेतको माग गरी दिइने अनुमतिपत्रको कागत (राहदानी) ।

पारवहन–	कुनै पनि देश वा राष्ट्रले एउटा देश हुँदै अर्को देश वा राष्ट्रसँग गर्ने आयात-निर्यात ।

परिपत्र–	केन्द्रीय स्तरबाट मातहतका कार्यालयहरूमा पठाइने एउटै सूचना वा आदेश ।

पैठारी–	विदेशबाट स्वदेशमा मालमत्ता भिकाउने काम ।

प्रविष्टि–   कुनै व्यक्तिलाई प्रमाणित रूपले प्रवेश गराउन नाम आदि दर्ता गर्ने काम, आम्दानी-खर्च चढाउने काम ।

फरफ्यौट–   खरिदबिक्री पा लेनदेनको हिसाब युक्त्याउने काम ।

बट्टा–   नोट, रुपियाँ आदि साट्दा लाग्ने दस्तुरी ।

बेरुजू–   हिसाबमा नमिलेको वा मिल्न नआएको अङ्क ।

मसौदा–   पछि सुधारिने वा छाँटकाँट गरी तयार पारिने लेख, खेस्रा ।

मुद्दती–   खास अवधिमा मात्र झिकिने र तोकिएको ब्याज पाइने रकमको खाता ।

राजस्व–   कर, शुल्क आदिका रूपमा राज्यलाई प्राप्त हुने धन ।

रथी–   शाही सेनामा उपल्लो स्तरको अधिकृत एक दर्जा (जर्नेल) ।

विनियोजन–   राष्ट्रका विभिन्न काम योजनाबद्ध रूपमा पूरा गर्न विभिन्न शीर्षकमा आर्थिक रकम छुट्ट्याई उपयोग गर्ने काम ।

संयोजक–   कुनै काममा समन्वय ल्याउने वा कुनै सभा, गोष्ठी आदिको प्रबन्ध मिलाउनका निम्ति तोकिएको व्यक्ति ।

सेनानी–   सेनातर्फ एक अधिकृत दर्जा (मेजर) वा गणनायक ।

बहुरूपी शब्द : विशेष ज्ञान

कति शब्दहरू एउटै अर्थमा किटिएका वा एकै थरी मात्र हुँदैनन्, अवस्था हेरी ती दुई रूपमा वा त्यसभन्दा बढी रूपमा पनि आउँछन् । यस किसिमका शब्दको त्यही अनुहार ठाउँअनुसार बेग्लाबेग्लै रूपमा प्रकट हुने मात्र होइन, तिनको रमणीयता पनि आफ्नै ढाँचाको हुन्छ । प्रयोगद्वारा नै यस्ता शब्दको अर्थ ठीकसित लाग्छ र व्यक्त गरिएको अभिप्राय बुभन सकिन्छ ।

यहाँ जुन प्रसङ्गमा 'बहुरूपी शब्द' को नाउँ लिइएको छ एउटै शब्दले दुई वा दुईभन्दा बढी पदवर्गको काम गर्ने रूपका शब्द हुन् । यस क्रममा अन्य प्रयोग र उस्तै ढाँचा, वस्तु वा मात्राका निम्ति विविध रूप प्रचलित हुने शब्द पनि दिइएका छन् । नेपाली भाषामा निपात शब्दको आफ्नै विशेषता छ र यस्ता विशेष ज्ञान हुनुपर्ने शब्द पनि यहीँ समावेश गरिएका छन् ।

दुई रूपमा आउने शब्द

दुई थरी पदवर्गको काम गर्ने रूपमा आउने शब्दहरू नेपाली भाषामा निकै छन् । यी शब्द खास गरी नाम र विशेषण, नाम र क्रिया, विशेषण र क्रिया आदि भएर प्रयुक्त हुन्छन् । जस्तै–

असार–	(ना०)	आषाढ महिना ।	असारमा रोपाइँ गरिन्छ ।
	(वि०)	सार नभएको ।	मलाई कामको सधैँ असार छ ।
तार	(ना०)	धातुको डोरी ।	जताततै बिजुलिको तार टाँगिँदै छ ।
	(क्रि०)	पारि पुन्याऊ ।	आऊ न आऊ माझी दाइ, डुँगियामा पारि तार ।
भरी–	(वि०)	पूर्ण ।	करुवामा पानी भरी छ ।
	(क्रि०)	भर्ने काम गरी ।	बहिनीले बाल्टीमा पानी भरी ।
नाना–	(वि०)	धेरै, अनेक ।	नाना फूल फुले, सबैतिर छुटे बास्ना स्वयं हहर ।
	(ना०) लुगा (बालबोलीमा) ।		नानीले राम्रो नाना लगायो ।

शब्दका यी रूपमा धेरै ठाउँमा त उच्चारणभेदले मात्र पनि अर्थको फरक पर्छ । यसको सामान्य नियम के भने, अकारान्त शब्द छन् भने प्रायः नाम र विशेषणमा हलन्त (खुट्टो काटेर) भैँ र क्रियामा अजन्त (पूरा) उच्चारण हुन्छन् । जस्तै–

कन्या–　　　(ना० 'क' ले 'न'-लाई तानेर) कुमारी ।
　　　　　　(क्रि० 'क' मा जोड नदिई) चिलाइ मेट्न कोतर् ।
गाँस–　　　(ना० हलन्तभैँ) बुजो, जोर्नी ।
　　　　　　(क्रि० अजन्त) गाँस्ने काम गर, थप ।
छोप–　　　(ना० ह०) धूलो अचार ।
　　　　　　(क्रि० अ०) ढाक, पासोमा पार ।
मान–　　　(ना० ह०) आदर, पदवी ।
　　　　　　(क्रि० अ०) भनेको कुरा गर, आदर गर ।

दुई रूपमा प्रयोगमा आउने सबै खालका अरू केही शब्द अर्थसहित तल क्रमैले दिइएका छन्–

उदास– (ना०) नेपालको एक जाति ।　　　(वि०) विरक्त, दिग्दार ।
कडा–　(ना०) मुन्द्रो, बाला ।　　　　　(वि०) साह्रो ।
कस–　(ना०) कुनै वस्तुमा लाग्ने मैला ।　(क्रि०) जोडसँग बाँध ।
खनियो–(ना०) फेदमा फल फल्ने　　　　(क्रि०) ओइरियो, खन्ने
　　　　　बोटविशेष ।　　　　　　　　　काम गरियो ।
खेद–　(ना०) अफसोच, लाचार ।　　　　(क्रि०) धपाऊ, लघार ।
खोटो– (ना०) रूखको चोप ।　　　　　(वि०) चल्तीमा नआउने (पैसा,
　　　　　　　　　　　　　　　　　　　ढक आदि), काम नलाग्ने ।
खोल– (ना०) ढकनी, आवरण ।　　　　(क्रि०) उघार ।
गरियो– (ना०) तेल हाल्ने ठेकी ।　　　(क्रि०) गर्ने काम सकियो ।
गाल–　(ना०) गाफिल ।　　　　　　　(क्रि०) पगाल ।
गुनी–　(वि०) गुन भएको वा देख्ने ।　　(क्रि०) गर्ने काम गरी, गौर गरी ।
गोल–　(ना०) कोइला, अँगार ।　　　　(वि०) बाटुलो ।
चल–　(वि०) सार्न हुने ।　　　　　　(क्रि०) चल्ने काम गर ।
चल्ला– (ना०) हाँस-कुखुराका बच्चा ।　(क्रि०) चल्ने काम गर्ला, हिँड्ला ।
चाख–　(ना०) अभिरुचि ।　　　　　　(क्रि०) स्वाद लेऊ ।
चिलाउने– (ना०) एक जातको रूख ।　　(वि०) चिलचिलाहट हुने ।
छाप–　(ना०) चन्दनको टीको, प्रभाव ।　(क्रि०) मुद्रण गर ।
जोडी– (वि०) जोडा ।　　　　　　　(क्रि०) मिलाई, थपी ।
भार–　(ना०) घाँस ।　　　　　　　(क्रि०) ओराल, तल ल्याऊ ।
टाट–　(ना०) सन आदिको मोटो कपडा　(वि०) धेरै गरिब ।
टेक–　(ना०) घमन्ड ।　　　　　　　(क्रि०) भुइँमा पाउ राख ।
डबल– (ना०) दुई मोहरको सिक्का ।　　(वि०) दोबर ।
तान–　(ना०) बुन्न फिँजाएको धागो वा　(क्रि०) खिच ।
　　　　　डोरी, सङ्गीतको स्वर ।

थाम– (ना०) खम्बा ।	(क्रि०) रोक, अड ।
थाल– (ना०) थलिया ।	(क्रि०) सुरु गर ।
दागी– (वि०) दोषी, कसूरदार, इखालु ।	(क्रि०) ताकी ।
दाप– (ना०) खुकुरी आदिको खोल ।	(क्रि०) मिच ।
दिन– (ना०) दिवस ।	(क्रि०) सुम्पन ।
दियो– (ना०) बत्ती बाल्ने भाँडो ।	(क्रि०) प्रदान गर्‍यो ।
दुना– (ना०) पातलो खोचो ।	(वि०) दोबर ।
धान– (ना०) अन्नविशेष ।	(क्रि०) निर्वाह गर ।
धानी– वि०) पहेलछ्या हरियो ।	(क्रि०) निर्वाह गरी ।
नगर– (ना०) शहर ।	(क्रि०) काममा हात नहाल ।
पल्टन– (ना०) फौजको जमात ।	(क्रि०) लेट्न ।
पुङ्माङ–(ना०)दुवैतिर प्वाल भएको भुँडुल्को ।	(वि०) हुस्सू, बेहोसी ।
बाँकी– (ना०) बचत, शेष, दिनुपर्ने रकम ।	(वि०) बचेको ।
भारी– (ना०) बोभ, गठरी, ठूलो पोको ।	(वि०) ठूलो, राम्रो ।
भावी– (ना०) दैव, भाग्य ।	(वि०) पछिबाट हुने ।
मखमली– (ना०) एक किसिमको फूल ।	(वि०) मखमलजस्तो वा मखमलबाट बनेको, कोमल ।
मसिनी–(ना०) मसीको भाँडो ।	(वि०) मसिनो बोली भएकी ।
माड– (ना०) भात, पीठो आदि पकाउँदा निस्केको लेदो ।	(क्रि०) बेसरी दल ।
माझ– (ना०) बीच, मध्य ।	(क्रि०) सफा गर ।
मूल– (ना०) उत्पन्न भएको ठाउँ ।	(वि०) मुख्य ।
मास– (ना०) दालविशेष, महिना ।	(क्रि०) खर्च गर, नष्ट गर ।
मुडुली– (ना०) पोथी मृग ।	(वि०) कपाल नभएकी ।
मान्छे– (ना०) मानिस, मनुष्य ।	(क्रि०) अह्रोट पूरा गर्छे ।
रोजी– (वि०) मन परेको ।	(क्रि०) छानी ।
लम्पट– (ना०) बिछ्याउना ।	(वि०) आसक्त ।
साँचो– (ना०) ताल्चा उघार्ने यन्त्र, ज्यावलविशेष ।	(वि०) सत्य ।
सियो– (ना०) सिउने सुइरो ।	(क्रि०) सिउने काम गर्‍यो ।
सिट्टी– (ना०) मैनबत्ती बाल्ने धागो वा सो बलेर रहेको भाग ।	(वि०) दुब्लो ।
सुन– (ना०) मूल्यवान् धातु ।	(क्रि०) श्रवण गर ।
हार– (ना०) माला, पराजय ।	(क्रि०) नजित ।

विभिन्न रूपमा आउने शब्द

यसअन्तर्गत के देखिन्छ भने विशेषण वा क्रियाविशेषण आदिमा प्रयोग हुने शब्द कहिलेकाहीँ नामका रूपमा पनि प्रयोगमा आउँछन् । जस्तै–

१. राम्रोलाई नबिगार ।   कालो लाग्न नदेऊ ।

केही गए, केही आइरहेछन् ।   भलाको सङ्गत गर ।

सोफालाई नजिस्क्याऊ ।   हरियो मन पर्छ ।

२. कट्याङकुटुङ खाइयो ।   गङ्याङगुडुङ हुन थाल्यो ।

कामको चटाचटी छ ।   यिनी हाटहुट मात्र गर्छन् ।

भोलि झिसमिसेमै हिँड्नुपर्छ । आफुसमा ठाकठुक गर्नु हुँदैन ।

यसरी नै कतिपय शब्द विभिन्न रूपमा– नाम, सर्वनाम, विशेषण, क्रिया, क्रियाविशेषण आदि भएर व्यवहृत हुन्छन् । जस्तै 'तर' को अर्थ नाम हुँदा 'दूधको जालो' हुन्छ, क्रिया हुँदा 'पारि जाऊ' हुन्छ, क्रियाविशेषण हुँदा 'निथुक्क' हुन्छ र संयोजक हुँदा 'परन्तु' हुन्छ । अवस्थाअनुसार विभिन्न रूप लिने यस्ता केही शब्दका उदाहरण तल दिइन्छन्–

के	सर्वनाम–	हातमा तिमीले के लियौ ?
	विशेषण–	उनी के काम गर्छिन् ?
	क्रियायोगी–	के कराइरहन्छौ, चुप लाग !

छली	नाम–	कालीको बहिनीको नाम छली हो ।
	क्रिया–	मीनाले साथीलाई वीरगन्ज लैजान्छु भनेर छली ।
	विशेषण–	छली मानिस फटाहा हुन्छन् ।
	क्रि० यो०–	त्यो बाटो छली बिहानै गएछ ।

पछाडि	नाम–	पर्दाको पछाडि पात्रहरू छन् ।
	विशेषण–	काम गर्दा पछाडिको ख्याल राख्नुपर्छ ।
	क्रि० यो०–	भाइ पछाडि आउँदै छ ।
	नामयोगी–	घरपछाडि निगालो टुसायो ।

बस	नाम–	अचेल साझा बसको खुब चल्ती छ ।
	क्रिया–	तिमी त्रिशूलीमा गएर बस, म आउँछु ।
	विस्मयादिबोधक–	बस, अहिलेसम्म गरेको यत्ति हो !

बाली	नाम–	यसपालिको बाली राम्रो भएको छ ।
	क्रिया–	चमेलीले आगो बाली ।
	क्रि० यो०–	ऊ साँझको बत्ती बाली आई ।

भन्ने	नाम–	भन्नेलाई फूलको माला ।
	विशेषण–	कथा भन्ने मानिस रौसिला हुन्छन् ।
	संयोजक–	तपाईं आउनुहोला भन्ने मलाई आशा थियो ।

सय	नाम–	ज्ञानु सय गन्न सक्छ ।
	विशेषण–	सय ओप किनेर लेऊ ।
	क्रि० यो०–	सयचोटि भनिसक्यौँ, नमाने के !

हरियो	नाम–	हरियो मन पर्छ ।
	क्रिया–	उसको आफ्नो भन्नु सबै हरियो ।
	विशेषण–	हरियो वन, नेपालको धन ।

शब्दका अन्य प्रयोग

शब्दका अन्य केही यस्ता रूप-प्रयोग पनि छन्, जसको बोध रचना-ज्ञानका निम्ति सहायक हुन्छ । ती प्रयोग हुन्– उल्टा शब्द वा शब्दांशमा अर्थको फरक, उल्टापाल्टीमा पनि समानार्थक शब्द र दुवैतिरबाट पढ्दा एकै हुने शब्द । शब्दमा यस किसिमका प्रयोग तल क्रमैले दिइएका छन्–

(क) उल्टा शब्द वा शब्दांशमा अर्थको फरक

कट–	जाँड-रक्सीको छोक्रा ।	टक–	सिक्का,पानीमा परेको छाया
काटकुट–	टुक्र्याउने काम ।	कुटकाट–	पिँध्ने काम ।
गदा–	प्राचीन कालको एक हतियार ।	दाग–	टाटो, चिह्न ।
घाम–	सूर्यको प्रकाश ।	मघा–	एक नक्षत्र ।
चकचक–	चुलबुल, चलिरहने काम ।	कचकच–	करकर, फतफत ।
चना–	एक जातको प्रसिद्ध अन्न ।	नाच–	नृत्य, नाच्ने काम गर ।
चाटचुट–	चाटीचुटी गर्ने काम ।	चुटचाट–	कुटपिट गर्ने काम ।
जेब–	बगली ।	बजे–	घडीको समय ।
टप–	कानको लोतीमा लगाइने गहना।	पट–	चित्र ।
टालो–	लुगाको टुक्रा ।	लोटा–	पानीको भाँडोविशेष ।
ताना–	सुर ।	नाता–	साइनु, सम्बन्धी ।
तामा–	बाँसको तरकारी खाइने टुसा, धातुविशेष ।	माता–	आमा ।
ताल–	तलाउ, पोखरी, गानाको ठेक्का, ढङ, पटक ।	लता–	लहरा ।
तोता–	सुगा ।	तातो–	गरम, पोल्ने ।
दाद–	छालाको रोगविशेष ।	ददा–	नानी हेर्ने टहलुवा ।
नखरा–	हाउभाउ, ढाँचा, स्वाङ ।	राखन–	अड्याउन (राखनधरन)
नदी–	ठूलो खोला ।	दीन–	गरिब, दुःखी ।
नस–	नाकमा हाल्ने औषधी, नसा ।	सन–	पाट ।
नहर–	पानी लैजाने ठूलो कुलो ।	रहन–	रहने वा बस्ने काम ।

पाखो–   छेउ, कोल्टो, मकै आदि
उब्जाउने जग्गा ।

भलो–   असल, कल्याण ।

माला–   फूल आदिको हार, पङ्क्ति ।

रक्षा–   बचाउ ।

रथ–   बग्गी ।

रमरम–   अलिअलि पीरो ।

रस–   झोल ।

राजहंस–   ठूलो हाँस, रजहाँस ।

रीत–   तरिका, चलन, रिवाज ।

रिस–   डाहा, क्रोध ।

लत–   बानी ।

वश–   अधीन ।

सब–   सबै, रिजिमन्ट ।

खोपा–   भित्तामा माल राख्न
बनाइएको प्वाल ।

लोभ–   लालच ।

लामा–   सेर्पा, तामाङ जातिका
गुरु वा पुरोहित ।

क्षार–   नुन ।

थर–   खलकको नाम वा थरी ।

मरमर–   चपाउँदा वा कुल्चँदाको
आवाज ।

सर–   तलाउ, एक जातको
निगालो, असर, जितबाजी ।

हंसराज–   फूलविशेष ।

तरी–   पार भई ।

सरी–   समान, जस्तो ।

तल–   मनि ।

शव–   मुर्दा, लास ।

बस–   रहू, बस्ने काम गर,
मोटर ।

(ख) उल्टापाल्टीमा पनि समानार्थक शब्द

आमाबाबु–	बाबुआमा	आवतजावत–	जावतआावत
उठबस–	बसउठ	खालासाला–	सालाखाला
खुसीराजी–	राजीखुसी	छातछूत–	छूतछात
टिपटाप–	टापटिप	दिनरात–	रातदिन
देखरेख–	रेखदेख	पाटपिट–	पिटपाट
पारपुर–	पुरपार	पालपोल–	पोलपाल
फाकफुक–	फुकफाक	भरदिन–	दिनभर
भरमुलुक–	मुलुकभर	भरसक–	सकभर
माडमोड–	मोडमाड	हारजित–	जितहार

(ग) दुवैतिरबाट पढ्दा एकै हुने शब्द

दुई अक्षरमा :   का का   चा चा   चौ चौ

छिः छि   थुः थु   धौ धौ

ना ना   नु नु   पा पा

पा ल पा   बा बा   बु बु

मा मा   लौ लौ   हो हो

तीन अक्षरमा :	ई(इ) सा ई	उ ना उ	का लि का
	ज हा ज	त ख त	न छा न
	न भ न	न मा न	न य न
	न वी न	न हा न	नु हु नु
	बि ना बि	म ल म	मा झ मा
	र ब र	र ह र	ला उँ ला
	स य स	स क स	स र स
	स मा स	स रे स	स र्क स

धेरै अक्षरमा :	न व जी व न	म ल या ल म (भारतको एक भाषा)
	बा बु को बु बा	रा धा को धा रा
	ल म क क म ल	वं दे दे वं इत्यादि ।

मात्राबोधक शब्द

कुनै शब्दबाट वस्तुका मात्राको बोध हुन्छ । यस्ता मात्राबोध गराउने शब्द दुई किसिमले आउँछन्– धेरै जनाउने र थोरै जनाउने । यी शब्दहरू खास गरी वस्तुअनुसार आफ्नै पारामा प्रकट हुन्छन् । जस्तै–

१.	उनलाई के दुःख ! बाकसमा नोटको खात छ, बुइँगलमा मकैको कुन्यू छ, आँगनमा दाउराको खलियो छ । (धेरै जनाउँदा)

२.	घरमा तेलको थोपो छैन, नुनको ढिकी छैन, दाउराको भरो छैन– कसरी निर्वाह गर्नु ! (थोरै जनाउँदा)

(क) धेरै जनाउने

अङ्गुरको	झुप्पो	आगाको	खली, राँको
उखुको	कुयेर	उन्यूको	घारी, झाङ
कमिलाको	ताँती	केराको	घरी
चौपायाको	बथान	डोरीको	गुजुल्टो
ढुङ्गाको	थुप्रो	दाउराको	खलियो
धूवाँको	मुस्लो	धूलोको	रास
निगालाको	झाङ	नोटको	खात
परालको	चाङ, कुन्यू	पर्वतको	माला, शृङ्खला
पानीको	ताल, दह	पुस्तकको	तङ्री, खात, चाङ
फर्सीको	झाल	फूलको	माला
बाँसको	झाङ	बाख्राको	बथान
भिक्षुको	सङ्घ	भेडाको	बगाल
मकैको	थाँक्रो, कुन्यू	माउरीको	गोलो
माटाको	डङ्गुर	मानिसको	हूल, भीड, डफ्फा

मित्रको	मण्डली	मूलको	ड्याङ
रूखको	लहर	रौँको	गुजुल्टो
लट्ठीको	बिटो	लहराबेहराको	झाल
विद्वान्को	सभा	बैरागीको	अखडा
संन्यासीको	दल	सिपाहीको	फौज, पल्टन

(ख) थोरै जनाउने

अचारको	पित्को	अनारको	दाना/ दानु
आँखाको	गेडी, नानी	आगाको	झिल्को
आलुको	टुक्रो	ऐँसेलुको	टोप्रो
कलमको	डोब, टाँका	काँक्राको	चिरो
काठको	फग्ल्याँटो	केरा, केराउको	कोसो
खेतको	गरो, फगटो	खोर्सानीको	ढिँडी
घाँसको	त्यान्द्रो	घामको	झुल्को
घिउको	चुस्को	डोरीको	पोयो
तरुलको	टुन्को	तेलको	थोपो
तोरीको	गेडो	दाउराको	छेस्को
दूधको	तुर्को, सिर्को	धागाको	फुर्को
धानको	बालो	धूलोको	कण
निगालाको	चोयो	नुनको	ढिको
पानीको	घुट्को, छिटो, थोपो	पिँडालुको	सेलो
फर्सीको	कैँडो	फूलको	कोपिलो
बयरको	गेडो	बारीको	सुर्को
भातको	सितो	मकैको	दानु, गेडो
मसीको	थोपो	मासुको	चौटो
मिस्रीको	चक्की	मूलाको	चानु
रूखको	पोथ्रो	रोटीको	टुक्रो
लसुनको	बिजुलो	सागको	त्यान्द्रो
सिस्नुको	मुन्टो	सुन्तलाको	केस्रो

नानीका शब्द

साना नानीहरूले बोल्दा वा उनीहरूसित कुरा गर्दा त्यसै किसिमका कमला र सजिला शब्दको प्रयोग हुन्छ । शिशुपन तथा स्नेहपूर्ण व्यवहारमा आउने ती शब्दहरू परिवर्तित रूपका र आफ्नै पनका हुन्छन्– उच्चारण र शब्दको बनोटमा पनि । हरेक भाषामा झैँ नेपालीमा पनि यस्ता अनेक किसिमका मीठा र गुलिया शब्द छन् । यी शब्दको मुख्य विशेषता ध्वन्यात्मकता र अनुकरणात्मकता हो । यस्ता केही शब्द र तिनका अर्थ यस प्रकार छन्–

शब्द :

अचाइ–	अचार ।	आइँ–	भैँसी ।
आची–	फोहर वस्तु ।	काइँकोरी–	कपालकोराइ ।
काउबुडी–	कुतकुती ।	कुती–	कुकुर ।
कुरी–	कुरो ।	गडी–	टोकेर खाने कुरो (गेडा)।
गुजी–	कीरो ।	घाँसी–	घाँस ।
घुँघुँ–	सुँगुर ।	चरी–	चरो ।
चाचा–	गहना, खेलौना ।	चिची–	मासु ।
जीउ–	ढोग, प्रणाम ।	फी–	घाउ ।
भयाइँ–	बाजा ।	भयाइँभयाइँ–	जात्रा ।
ठूली–	ढोग, प्रणाम ।	ताँती–	पाइलोसराइ, हिँड्ने काम।
तेते–	तेल ।	दुदु–	दूध ।
द्यौतीमाता–	देवता, जून ।	नाना–	लुगा ।
नानी–	केटाकेटी ।	नाम्लो–	राम्रो ।
निनी–	सुत्ले काम, गाई ।	नुनु–	सुत्ले काम ।
पची–	दिसा, आची ।	पटे–	पटुका ।
पाँ–	पानी ।	पापा–	गुलियो खानेकुरा ।
पैपै–	पैसा ।	पोर–	पर ।
फुई–	आगो ।	बब–	गाई ।
बाँ–	गाई, गाईको आवाज ।	बाबा–	बाबु ।
बुजी–	कीरा ।	बुबु–	दूध ।
मने–	पाठो ।	माना–	पानी ।
माम–	भात ।	म्याउ–	बिरालो ।
साई–	साग ।	सुरी–	बिरालो ।
हरहर–	नुहाइ ।	हाउ–	बुजी, कीरा ।
हापुङ्–	खाने किसिमसँग ।	हुनुन्न–	मोटर-बस ।

वाक्यांश :

ककनन गर्नु–	पढ्नु ।	काटीकाटी गर्नु–	काट्नु ।
टची गर्नु–	बस्नु ।	पा/पाइ गर्नु–	कुट्नु, पिट्नु ।
ढुकु गर्नु–	सुत्नु ।	थिरि गर्नु–	उठ्नु ।
पाकीपाकी गर्नु–	पकाउनु ।	पुँ गर्नु–	पिउनु ।
फा हुनु–	पोखिनु ।	फाइ गर्नु–	फ्याँक्नु ।
बुई गर्नु–	बोक्नु ।	बुङ्ग हुनु–	लड्नु ।
हटहट गर्नु–	घोडा चढ्नु ।	हाम्म गर्नु–	खानु ।

बच्चाका नाम र प्राणीका आवाज

नेपाली भाषामा प्राणीपिच्छे बच्चालाई सम्बोधन गरिने बेग्लाबेग्लै नाम छन् । सबै पशुका बच्चाको नाउँ पनि एउटै हुन्न, सबै पक्षीका चल्लाको नाउँ पनि एउटै हुन्न र सबै मानिसका छोरा-छोरीको नाउँ पनि एउटै हुन्न– चल्तीअनुसार नै सबैको नाम प्रयोग गरिन्छ । ती प्राणीसहित तिनका बच्चालाई भनिने नाउँको सानो सूची तल दिइएको छ–

पशु :

उँटको	उल्लू	कुकुरको	छाउरो-छाउरी
खरायोको	पाठो-पाठी		वा डाँगो-डाँगी
गधाको	गाँड्दु, पाजी	गाईको	बाछो-बाछी
गैँडाको	केटो-केटी	घोडाको	बछेडो-बछेडी
बाख्राको	पाठो-पाठी	बाघको	डमरु
बिरालाको	छाउरो-छाउरी	भालुको	गठु, गद्दु
भेडाको	पाठो-पाठी/छतौरो	भैँसीको	पाडो-पाडी
सुँगुरको	पाठो-पाठी, बुचो-बुची	हात्तीको	छावा

पक्षी :

कुखुराको	चल्ला	चराको	बच्चो, बचेरो
माउको	चल्ला, बच्चा	हाँसको	टिउरो

मानिस :

छोरा-छोरीको	नाति-नातिनी	दाजुभाइको	भतिजा-भतिजी
दिदी-बहिनीको	भान्जा-भान्जी	मानिसको	छोरा-छोरी, नानी

हरेक प्राणीका आवाज पनि आफआफ्ना र छुट्टाछुट्टै हुन्छन् । ढुकुर कुर्लन्छ भने कुखुरो बास्छ, परेवा घुर्छ त भँवरा भुनुभुनु गर्छ । यस्ता किसिमले प्राणीका विभिन्न आवाज जनाउने थुप्रै शब्द छन् । जस्तै–

कुकुर	भुक्छ, घुक्छ ।	कुखुरो	बास्छ ।
कोइली	कुहु-कुहू गर्छ ।	कौवा	काका गर्छ ।
गधा	घिँचीघिचीं गर्छ ।	गाई	बाँबाँ गर्छ ।
घोडा	हिनहिनाउँछ ।	भिँगा	भनभनाउँछ ।
भ्याउँकीरी	भ्याउँभ्याउँ गर्छ ।	ढुकुर	कुर्लन्छ ।
परेवा	घुर्छ ।	पाठो	म्याम्या गर्छ ।
फ्याउरो	फ्याउफ्याउ गर्छ ।	बाघ	गर्जन्छ ।
बालक	च्याहाँ-च्याहाँ गर्छ ।	बिरालो	म्याउँ गर्छ ।
भँगेरा	चिरबिर गर्छ ।	भँवरा	भुनभुन गर्छ ।
भेडो	भ्या गर्छ ।	भ्यागुतो	ट्याराट्यार गर्छ ।

भैंसी	वाइँवाइँ गर्छ ।	मानिस	बोल्छ ।
मुसो	चीँचीँ गर्छ ।	मौरी	हुनहुनाउँछ ।
लामखुट्टे	टुइँय्य गर्छ ।	साँढे	डुक्रन्छ ।
सुँगुर	च्वाँ-च्वाँ गर्छ ।	स्याल	हुइयाँ-हुइयाँ गर्छ ।
हाँस	क्वाँ-क्वाँ गर्छ ।	हात्ती	कुँज्छ ।
हाप्सिलो	हापहाप गर्छ ।		

थातबासका नाम

सबै स्थायी रूपमा बस्ने वा बिसाइँ मार्ने ठाउँका आफआफ्ना नाउँ छन् । मानिस घरमा बस्छन् । तर ऋषि बस्ने ठाउँलाई 'आश्रम' वा 'कुटी' भनिन्छ । गाईवस्तुको गोठ हुन्छ भने चराचुरुङ्गीको गुँड । थातबासका यस्ता केही नामको विवरण तल दिइएको छ,

कीरा :	कमिला–	गोलो	धमिरा–	देवल
	माकुरो–	जालो	माछो–	कुर
	माहुरी–	चाका	मुसो, सर्प–	दुलो
पशु :	गाईवस्तु–	गोठ	घोडा–	तबेला
	बाखा, सुँगुर–	खोर	बाघ भालु–	ओडार
	हात्ती–	हात्तीसार		
पक्षी :	कुखुरा–	खोर	चराचुरुङ्गी–	गुँड
	चमेरो–	दलिन	परेवा–	गन्ज, गुँड
मानिस :	ऋषि–	आश्रम, कुटी	कैदी–	जेल
	जोगी–	मठ	बौलाहा–	पागलखाना
	भिक्षु–	विहार	मानिस–	घर
	राजा–	दरबार	सिपाही–	ब्यारेक, छाउनी

निपात

वाक्यमा अर्थ खुलस्त्याउन ठाउँअनुसार आफैँ झुल्किने शब्दको नाउँ 'निपात' हो । नेपालीमा निपात नौलो चराको नाउँ नभए तापनि यसको परिभाषा एकमतले तोकेको भेटिन्न । संस्कृतमा उपसर्गलाई पनि निपात भनिन्छ, तर उपसर्ग शब्दरचनाअन्तर्गत आउने पूर्वसर्ग हुन्, निपातचाहिँ अनियमित ढाँचाले उब्जेका छुट्टै शब्द हुन्छन् । मोटोमोटी रूपमा निपातलाई 'अव्यय' भनिए तापनि अव्ययका अरू उपवर्ग र निपातमा फरक छ । फेरि निपात अव्यय त हुन्छन्, तर अव्यय जम्मै निपात हुँदैनन् । निपातमा तलका कुरा खुल्नु पनि पर्छ, मिल्नु पनि पर्छ–

१. निपात आफूमा फुक्का हुन्छ ।

२. वाक्यमा शब्दसित कतै नगाँसिई बेग्लै बस्छ, र

३. नाना अर्थमा प्रयोग हुन्छ, त्यस प्रयोगले इच्छा, स्वीकार, जोर, भुकाउ, आश्चर्य, सन्देह आदि अर्थ बुझाउँछ ।

यसरी, प्रायः छुट्टै नअर्थिने र एक्लै चल्तीमा पनि नआउने तर वाक्यमा प्रयुक्त हुँदा अर्थवान् भई भाव व्यक्त गर्ने निक्षिप्त अव्ययलाई 'निपात' भनिन्छ । यस्ता निपात शब्द आकारका दृष्टिमा खास गरी एक-दुईअक्षरे हुन्छन् ।

एकअक्षरे निपात : अँ, आ, उँ, ए, कि, क्या, खै, त, ता, नि, पो, र, रे, ल, लौ, हँ, है आदि ।

दुईअक्षरे निपात : अरे, क्यार, कुन्नि, नाइँ, ब्यारे, हाइ, हाउ आदि ।

अरू अव्यय वाक्यमा प्रयुक्त नभए वाक्यको बनोट नै बिग्रन्छ, तर निपात प्रयोग नभए पनि वाक्यमा त्यतिसारो अन्तर पर्दैन । वाक्यलाई सरल र सरस बनाउनचाहिँ निपातको विशेष भूमिका हुन्छ । जस्तै–

चरो भुर्र उड्यो ।	(क्रियायोगी)
चरो रूखमाथि बस्यो	(नामयोगी)
तिमी र म चरो हेरौं	(संयोजक)
अहा ! चरो राम्रो छ ।	(विस्मयादिबोधक)
चरो त भुर्र उड्यो	(निपात)
चरो रूखमाथि पो बस्यो	(निपात)
तिमी र म चरो हेरौं है ?	(निपात)
अहा ! चरो राम्रो छ नि ।	(निपात)

निपातको अस्तित्व स्वतन्त्र हुन्छ र यसको सबभन्दा ठूलो रहनी मिलाउनु हो । यसैले निपात शब्द खास गरी बोलीचालीमा आउँछन् । निपातले वाक्य कति बान्किला हुन्छन् तलका प्रयोगले देखाउँछन्–

निपात शब्द	प्रयोग
अँ	अँ, स्वीकृति हिजै घर आएछ !
आ	आ, के गरिरहेको होला !
उँ	उँ, तिमीसित म बोल्दै बोल्दिनँ ।
ए	मैले त चिठी ल्याउन भुसुक्कै बिर्सेछु ए !
खै	देउरालीमा कैले पुग्न सकिएला खै ?
त/ता	तिमी त (ता) कस्ता उल्लू रहेछौ !
नि	घरमा एक्लै भएपछि के गरेर बस्नु नि !
पो	उनी यहाँसम्म आए पो हुन्थ्यो ।
र	परीक्षा पनि कति दिन बाँकी छ र !
रे	हरि कलकत्ता गएको थियो रे !
ल	फेरि भेट्टुँला ल, अहिले बिदा भएँ ।

लौ	कस्तो न गरुँला भनेको, के भइसक्यो लौ !
हँ	त्यहाँ सञ्जय के गर्दै छन् हँ !
है	तिमी चौतारामा पुगेर आऊ है ?
हाउ	हाउ, तिमीहरू कहाँबाट आइपुग्यौ ?

अब के कुरा टड्कारो हुन्छ भने निपातको पहिलो विशेषता आहाने प्रयोग हो । यसैमा सरलता हुन्छ, सरलतामै निकटता आउँछ, निकटतामा आकर्षण बढ्छ र त्यही आकर्षणभित्र सौन्दर्य छिपेको छ । त्यो सौन्दर्यमा निक्खरापन झल्कन्छ, चमक देखिन्छ र मधुरता पनि आउँछ । निपातको दोस्रो विशेषता यी शब्दको खास अर्थ स्पष्ट रूपमा व्यक्त्याउन गाह्रो भए तापनि तिनको भाव वाक्यअन्तर्गतका प्रसङ्ग र परिवेशमा बुझिनु हो । यसरी वाक्यमा प्रयुक्त हुँदा निपातले विभिन्न रूपमा वाक्यको धारणा व्यक्त गरी अर्थ स्पष्ट गर्छन् । जस्तै–

शब्द	वाक्य	धारणा
ल, हँ आदि	ल म गइहालेँ । किन बोलाएको हँ ?	(प्रतिक्रिया)
ए, ऐ आदि	ए राम ! तिमी कहाँ छौ ? के गरेको ?	(सम्बोधन)
पो, त/ता	त्यो पो धनी छ, म त/ता गरिब छु ।	(निश्चय)
नै	पहिले तिमी नै आऊ न ।	(जोड)
ब्यारे	मैले भात खाइसकेँ– ब्यारे त्यसै भनेको ।	(सन्देह)
रे	विनोद क्याम्पस आउँदैन रे ।	(उद्धरण)

कुनै निपातले पूरै वाक्यलाई प्रभावित पार्छन् भने कुनै निपातले पद वा पदावलीको प्रयोगमा मात्र जोड दिन्छन् । यसरी कार्यस्थानिक रूपमा निपात प्रायः तीन किसिममा आउँछन्– शिरमा, बीचमा, पुछारमा । जस्तै–

स्थान	निपात	उदाहरण
शिरमा	अ, आ, ए, खै आदि	१. अँ, म आएँ ।
		२. खै तपाईंले भनेको ?
बीचमा	न, नि, त, ता, पो आदि	१. राम नै आए छ ।
		२. उनको चाला गजब पो छ ।
पुछारमा	अरे, क्या, क्यार, नाइँ आदि	१. माधव घर गए क्यार !
		२. यति काम गरुँला नाइँ ।

निपातबारे माथि जुन कुरा भनिए तिनलाई तलको प्रयोग र उदाहरणले अझै छर्लङ्ग पार्छ : वाक्यमा निपातका अनेक अर्थ र स्थिति हुँदा रहेछन् भन्ने पनि थाहा हुन्छ ।

अँ–	सम्झना ।	अँ, म बिहानै गएर आइसकेँ ।
	अडान ।	हामी बाहिर गइसकेका थियौँ ।
		अँ, त्यसपछि के भयो ?
	आश्चर्य ।	अँ, कुरो त त्यस्तो पो रहेछ ।
	उपहास ।	अँ, तिमीलाई कत्तिको भो !

नि–	पक्का ।	गोर्खालीको बहादुरी ठूलो हो नि ।
	पनि ।	निम्तोमा तिमी नि गएका थियौ, होइन ?
	आग्रह ।	घरमा चिठी पठाइदिनू नि ?
	प्रश्न ।	तिमीले कलम ल्यायौ नि ?
	अवस्था ।	के भनूँ नि दिदी, म त पीरैले मरूँ !
पो–	सम्भावना ।	उनी त जागिरे पो होलान् ।
	सन्देह ।	यो कलम चिनियाँ पो हो कि ?
	जोर ।	काम गरे पो माम पाइन्छ ।
	पक्का ।	माल त आएकै पो हो ।
	अनिश्चय ।	त्यहाँ शम्भु के पो होला !
ल, लौ–	स्वीकृति ।	ल, भरेभोलि भेटूँला । लौ, म छिटै आउँला ।
	उदेक ।	ल कस्तो अप्ठेरो परेछ ! लौ मान्यो !
	आग्रह ।	एकखेप घरमा भेटौँला ! पुस्तक लिएर आउनू लौ !
	विरोध ।	तिमीले भन्दैमा मानौँला ल (लौ) !
नाइँ–	अनुमति ।	खालास् नाइँ, के पीर छ !
	उपेक्षा ।	उसले बल्ल स्वाद पायो नाइँ ।
	सामर्थ्य ।	त्यति भए पनि गन्यो नाइँ ।
हाइ–	खेद ।	हाइ, बिचरा गएछ !
	दया ।	उसलाई पनि हाइ, विचार गर न !
	खेद ।	हाइ (हाउ) कस्तो कुरा गरेको कान्छाले !

यस्तै अरू निपातका अर्थ र प्रयोग पनि बुझ्नुपर्छ । निपात शब्दको चमत्कार अनुभवीका जिभ्रामा हुन्छ अथवा कुशल कलाकारका कलममा । नेपाली भाषामा निपातको आफ्नै मूल्य छ, आफ्नै मौलिकता छ । तिनले भाषामा रमाइलो पाराको ठाउँ लिएका छन् ।

नेपाली वर्ण, अक्षर र वर्णविन्यास

१. नेपाली वर्ण (Phoneme)

उच्चारणका अवयवबाट निस्केका उस्तै ध्वनिहरूको समूहलाई बुझाउने भाषिक एकाइ वर्ण हो । जस्तै– 'क्' वर्णले यसका विभिन्न भेदहरूको प्रतिनिधित्व गर्छ र वर्ण कहलाउँछ । यसरी नै अ, आ, क्, ख्, ग् आदि वर्ण हुन् । वर्ण आफैँमा अर्थपूर्ण हुन्न, तर शब्दमा प्रयोग हुँदा अर्थभेदक बन्दछ । नेपालीमा वर्ण दुई किसिमका छन्– स्वरवर्ण र व्यञ्जनवर्ण । वर्णलाई 'स्वनिम' पनि भनिन्छ ।

स्वरवर्ण (Vowel)

श्वासप्रवाहमा कुनै बाधा नपरी निर्बाध रूपमा उच्चारण हुने वर्णलाई 'स्वरवर्ण' भनिन्छ । स्वरवर्णहरूको उच्चारणमा टड्कारो घर्षण, सङ्घर्ष वा सङ्कीर्णता हुँदैन । यसको उच्चारण अविरल प्रवाहका साथ हुन्छ । सबै स्वरवर्ण सघोष वर्ण हुन् ।

नेपाली स्वरवर्ण

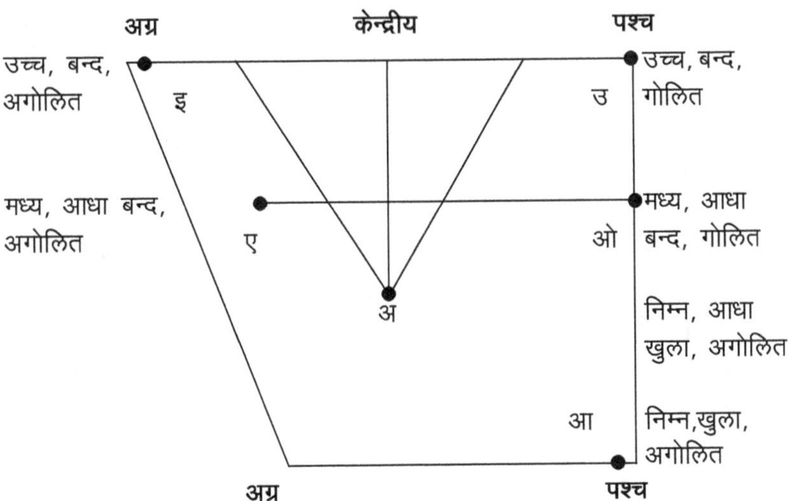

माथिको चित्रमा देखाइएअनुसार नेपाली स्वरवर्ण छवटा छन्– अ/आ/इ/उ/ए/ओ । यी छवटा स्वरवर्णलाई विभिन्न आधारमा वर्गीकरण गर्न सकिने भएकाले तल यससम्बन्धी चर्चा गरिएको छ–

ओठको गोलाइका आधारमा

ओठको गोलाइका आधारमा नेपाली स्वरवर्ण दुई किसिमका छन्–(क) गोलित स्वरवर्ण, र (ख) अगोलित स्वरवर्ण ।

(क) गोलित स्वरवर्ण :

उच्चारणका क्रममा ओठ गोलो हुने अथवा ओठ गोलाकार भई उच्चारण गरिने स्वरवर्णलाई 'गोलित स्वरवर्ण' भनिन्छ । नेपालीमा उ, ओ गोलित स्वरवर्ण हुन् ।

(ख) अगोलित स्वरवर्ण :

उच्चारणका क्रममा ओठ गोलो नहुने अथवा ओठ फिँजारिएको अवस्थामा उच्चारण गरिने स्वरवर्णलाई 'अगोलित स्वरवर्ण' भनिन्छ । नेपालीमा अ, आ, इ, ए अगोलित स्वरवर्ण हुन् ।

जिभ्राको उचाइका आधारमा

जिभ्राको उचाइका आधारलाई ख्याल गरेर नेपाली स्वरवर्णहरूलाई निम्न लिखित चार किसिममा बाँड्न सकिन्छ–

(क) संवृत वा बन्द स्वरवर्ण : जिभ्रो पूरै उठेर उच्च विन्दुमा पुगी मुखद्वार नै बन्द हुने स्थितिमा उच्चारण गरिने स्वरवर्णलाई 'संवृत' वा 'बन्द स्वरवर्ण' भनिन्छ । इ, उ-लाई नेपालीका संवृत स्वरवर्ण मानिएको छ । यी उच्च स्वरवर्ण हुन् ।

(ख) अर्धसंवृत वा आधा बन्द स्वरवर्ण : जिभ्रो केही उठेर बीचको विन्दुमा पुगी मुखद्वार आधाजसो बन्द हुने स्थितिमा उच्चारण हुने स्वरवर्णलाई 'अर्धसंवृत' वा 'आधा बन्द स्वरवर्ण' भनिन्छ । नेपालीका ए, ओ अर्धसंवृत स्वरवर्ण हुन् । यी मध्य स्वरवर्ण हुन् ।

(ग) अर्धविवृत वा आधा खुला स्वरवर्ण : मुखद्वार प्रायः खुला रहे पनि जिभ्रो केही उठेको स्थितिमा उच्चारण हुने स्वरवर्णलाई अर्धविवृत वा आधा खुला स्वरवर्ण भनिन्छ । नेपालीमा अ-लाई 'अर्धविवृत' स्वरवर्ण मानिएको छ । यो निम्न स्वरवर्ण हो ।

(घ) विवृत वा खुला स्वरवर्ण : जिभ्रो मुखको सतह वा निम्न विन्दुमा रही मुखद्वार पूरै खुला रहेको स्थितिमा उच्चारण हुने स्वरवर्णलाई विवृत वा खुला स्वरवर्ण भनिन्छ । नेपालीमा आ-लाई विवृत स्वरवर्ण मानिएको छ । यो निम्न स्वरवर्ण हो ।

जिभ्राको सक्रियताका आधारमा

उच्चारणका क्रममा जिभ्राको कुन भाग सक्रिय रहेको छ भन्ने आधारमा नेपाली स्वरवर्णहरूको अग्रपश्चताको चिनारी गराइएको पाइन्छ । यस आधारमा नेपाली स्वरवर्णहरू तीन भागमा विभक्त हुन सक्छन्– (क) अग्र, (ख) केन्द्रीय र (ग) पश्च ।

(क) अग्र स्वरवर्ण : जिभ्राको अघिल्लो भाग सक्रिय भई उच्चारण हुने स्वरवर्ण अग्र स्वरवर्ण हुन् । इ, ए-लाई नेपालीका अग्र स्वरवर्ण मानिएको छ ।

(ख) केन्द्रीय स्वरवर्ण : जिभ्राको बीचको भाग सक्रिय भई उच्चारण हुने स्वरवर्ण केन्द्रीय स्वरवर्ण हुन् । कसैले अ-लाई र कसैले आ-लाई नेपालीमा मध्य स्वरवर्ण मानिआएकामा हाल केन्द्रीय स्वरवर्णको अस्तित्व नरहेको मत पनि देखा पर्न थालेको छ ।

(ग) पश्च स्वरवर्ण : जिभ्राको पछिल्लो भाग सक्रिय भई उच्चारण हुने स्वरवर्ण पश्च स्वरवर्ण हुन् । उ, ओ-लाई सर्वसम्मत रूपमा नेपालीका पश्च स्वरवर्ण मानिआएकामा हाल अ, आ-लाई पनि पश्च स्वरवर्णमा समावेश गर्न थालिएको छ ।

मूलस्वर र द्विस्वरका आधारमा :

मूलस्वर अर्को स्वरसँग नमिली एक्लै उच्चरित हुन्छ । अ, आ, इ, ए, उ, ओ मूलस्वर हुन् । दुईवटा स्वरहरूको मिलनद्वारा संयुक्त रूपमा द्विस्वर उच्चारित हुन्छ । ऐ (अ+इ), औ (अ+उ) द्विस्वर हुन् ।

मौखिक र अनुनासिकताका आधारमा

मौखिक र अनुनासिकताका आधारमा स्वरवर्ण दुई प्रकारका छन्–

(क) मौखिक स्वरवर्ण : नाकबाट सास ननिस्किई मुखबाट मात्र सास बाहिर निस्की उच्चारण हुने स्वरवर्ण मौखिक स्वरवर्ण हुन् । नेपालीमा अ, आ, इ, उ, ए, ओ मौखिक स्वरवर्णका उदाहरण हुन् ।

(ख) अनुनासिक स्वरवर्ण : मुखका साथै नाकबाट पनि सास बाहिर निस्की उच्चारण हुने अर्थात् नासिक्य ध्वनिले रञ्जित हुने स्वरवर्ण अनुनासिक स्वरवर्ण हुन् । अँ, आँ, इँ, उँ, एँ, ओँ अनुनासिक स्वरवर्णका उदाहरण हुन् ।

व्यञ्जनवर्ण (Consonant)

श्वासप्रवाहमा कहीँ न कहीँ बाधा उत्पन्न भएर उच्चारण हुने वर्णलाई 'व्यञ्जनवर्ण' भनिन्छ । व्यञ्जनवर्णहरूलाई उच्चारणस्थान, उच्चारणप्रयत्न, घोषत्व र प्राणत्वका आधारमा बेग्ल्याउन सकिन्छ । नेपाली व्यञ्जनवर्णहरू यस प्रकार छन्– क्, ख्, ग्, घ्, ङ्, च्, छ्, ज्, झ्, ट्, ठ्, ड्, ढ्, त्, थ्, द्, ध्, न्, प्, फ्, ब्, भ्, म्, य्, र्, ल्, व्, स्, ह् । यिनलाई विभिन्न आधारमा निम्नानुसार वर्गीकरण गर्न सकिन्छ–

उच्चारणस्थानका आधारमा

उच्चारणस्थानका आधारमा नेपाली व्यञ्जनवर्णहरू निम्नानुसार सात प्रकारका छन्–

(क) ओष्ठ्य (Labial) : तल्लो र माथिल्लो दुवै ओठ जोडिई उच्चारण हुने प्, फ्, ब्, भ्, म्, व् वर्णहरूको उच्चारणस्थान ओष्ठ (ओठ) हो । यसैले यी ओष्ठ्य व्यञ्जनवर्ण हुन् ।

(ख) दन्त्य (Dental) : जिभ्राको टुप्पाले माथिल्ला दाँतलाई छोएर उच्चारण हुने त्, थ्, द्, ध् वर्णहरूको उच्चारणस्थान दन्त (दाँत) हो । त्यसैले यी दन्त्य व्यञ्जनवर्ण हुन् ।

(ग) वर्त्स्य (Alveolar) : जिभ्राको टुप्पो वा फलकले वर्त्स्यलाई छोएर उच्चारण हुने च्, छ्, ज्, भ्र, न्, र्, ल्, स् वर्णहरूको उच्चारणस्थान (दाँतका जरा भएको भाग) हो । त्यसैले यी वर्त्स्य व्यञ्जनवर्ण हुन् ।

(घ) मूर्धन्य (Retroflex) : जिभ्राको अघिल्लो भाग केही दोब्रिएर मूर्धास्थानमा ठोक्किई उच्चारण हुने ट्, ठ्, ड्, ढ् वर्णहरूको उच्चारणस्थान मूर्धा (दन्तमूलको पछिल्तिरको भाग) हो । त्यसैले यी मूर्धन्य व्यञ्जनवर्ण हुन् ।

(ङ) तालव्य (Palatal) : जिभ्राको टुप्पातिरको भागले कठोर तालुलाई छोई उच्चारण हुने य् वर्णको उच्चारणस्थान तालु हो । त्यसैले यो तालव्य व्यञ्जनवर्ण हो ।

(च) कण्ठ्य (Velar) : जिभ्राको पछिल्लो भागले कोमल तालुलाई छोई उच्चारण हुने क्, ख्, ग्, घ्, ङ् वर्णहरूको उच्चारणस्थान कण्ठ (घाँटी) हो । त्यसैले यी कण्ठ्य व्यञ्जनवर्ण हुन् ।

(छ) स्वरयन्त्रमुखी (Glottal) : स्वरचिम्टीको संलग्नताबाट उच्चारण हुने ह वर्णको उच्चारणस्थान स्वरयन्त्रमुख हो । त्यसैले यो स्वरयन्त्रमुखी व्यञ्जनवर्ण हो ।

उच्चारणस्थानलाई निम्न प्रकारले तालिकामा पनि देखाउन सकिन्छ–

ओष्ठ्य	दन्त्य	वर्त्स्य	मूर्धन्य	तालव्य	कण्ठ्य	अतिकण्ठ्य/ स्वरयन्त्रमुखी
प्, फ्, ब्, भ्, म्, व्	त्, थ्, द्, ध्	च्, छ्, ज्, भ्र, न्, र्, ल्, स्	ट्, ठ्, ड्, ढ	य्	क्, ख्, ग्, घ्, ङ्	ह

उच्चारण-प्रयत्नका आधारमा

कुनै ध्वनिको उच्चारणका सिलसिलामा वाग्यन्त्र (Vocal Apparatus) का अवयवहरू (Vocal organs) ले गर्ने प्रयत्नलाई नै उच्चारणप्रयत्न मानिएको छ । उच्चारणका क्रममा फोक्सोबाट बाहिर निस्केको सासको प्रवाह मुखविवर र नासिकाविवरमा पुगेर विभिन्न तरिकाले मोरिन्छ । व्यञ्जनहरूको वर्गीकरणमा प्रयत्नलाई पनि एक प्रमुख आधार मानिएको छ । प्रयत्नका आधारमा नेपाली व्यञ्जनवर्णहरूलाई निम्नलिखित वर्गमा विभाजन गरेर चिनाउन सकिन्छ–

(क) **स्पर्शी (Plosive)** : कुनै एक उच्चारण-अवयवले अर्को उच्चारण-अवयवलाई स्पर्श गर्दा उच्चरित हुने वर्णलाई स्पर्शी वर्ण भनिन्छ । यस प्रकारको वर्णको उच्चारणमा भित्रबाट आउने वायु मुखविवरको कुनै स्थानमा पूरै अवरुद्ध भएर बाहिर निस्कन्छ । नेपालीमा क्, ट्, त्, प्, ख्, ठ्, थ्, फ्, ग्, ड्, द्, ब्, घ्, ढ्, ध्, भ् स्पर्शी व्यञ्जनवर्ण हुन् ।

(ख) **स्पर्शसङ्घर्षी (Affricate)** : उच्चारण-अवयवहरू परस्परमा छोइनाका साथै घर्षणसहित उच्चरित हुने वर्ण स्पर्शसङ्घर्षी वर्ण हो । यसमा पनि खास उच्चारणस्थानमा पूरै अवरुद्ध सास बाहिर निस्कँदा उच्चारणमा घर्षणको प्रभाव पर्दछ । नेपालीका च्, छ्, ज्, झ् स्पर्शसङ्घर्षी व्यञ्जनवर्ण हुन् ।

(ग) **सङ्घर्षी (Fricative)** : उच्चारण-अवयवहरू एक-अर्कामा स्पर्श नगर्दैको स्थितिमा घर्षण भई उच्चारण गरिने वर्ण सङ्घर्षी वर्ण हो । सङ्घर्षी वर्णको उच्चारणमा स्पर्शी र स्पर्शसङ्घर्षीमा जस्तो सास पूरै अवरुद्ध हुँदैन । स्, ह नेपालीका सङ्घर्षी ध्वनि हुन् ।

(घ) **नासिक्य (Nasal)** : फोक्सोबाट निस्किएको सास सीधै मुखबाट मात्र निस्कने क्रियामा बाधा उत्पन्न भई नाकबाट निस्कँदा उच्चरित हुने ध्वनि नासिक्य ध्वनि हो । यस वर्गको उच्चारणमा कोमल तालु तल झुकेर सास निस्कने मौखिक मार्गमा बाधा पुऱ्याउँछ । नेपालीका म्, न्, ङ् नासिक्य व्यञ्जनवर्ण हुन् ।

(ङ) **प्रकम्पित (Trilled)** : दाँतका पछिल्तिरको भागलाई जिभ्राका टुप्पाले पटक-पटक हिर्काउँदा प्रकम्पन वा थरथरी उत्पन्न भई उच्चरित हुने वर्ण प्रकम्पित वर्ण हो । नेपालीको 'र' प्रकम्पित व्यञ्जनवर्ण हो ।

(च) **पार्श्विक (Lateral)** : फोक्सोबाट आएको सास मुखविवरबाट बाहिर निस्कने क्रियामा जिभ्राले बाधा पुऱ्याई जिभ्राको पार्श्वभाग वा छेउछाउबाट सास बाहिर निस्कँदा उच्चरित हुने वर्ण पार्श्विक वर्ण हो । नेपालीको 'ल्' पार्श्विक व्यञ्जनवर्ण हो।

(छ) **अर्धस्वर वा अन्तःस्थ (Semivowel)** : स्वर र व्यञ्जन दुवैका आंशिक विशेषता भएका तथा व्यञ्जनका उच्चारणमा जस्तो श्वासप्रवाहमा बाधा उत्पन्न नभई उच्चरित हुने र स्वरको उच्चारणको अवस्थामा भन्दा जिब्रो माथि उठ्ने वर्ण अन्तःस्थ वा अर्धस्वर हुन् । नेपालीमा 'य्' र 'व्' यस्तै वर्ण हुन् ।

माथि दिइएको उच्चारण-प्रयत्नलाई सजिलाका निम्ति निम्नलिखित रूपमा पनि देखाउन सकिन्छ–

स्पर्शी	स्पर्शसंघर्षी	नासिक्य	संघर्षी	पार्श्विक	प्रकम्पित	अन्तःस्थ
क्, ख्, ग्, घ्, ट्, ठ्, ड्, ढ्, त्, थ्, द्, ध्, प्, फ्, ब्, भ्	च्, छ्, ज्, झ्	ङ्, न्, म्	स्, ह	ल्	र	य्, व्

घोषत्वका आधारमा

स्वरचिम्टी नजिक रहेका अवस्थामा फोक्सोबाट आएको सासको दबाब परेर स्वरचिम्टीमा प्रकम्पन भई उच्चारित हुने ध्वनि सघोष ध्वनि हुन् भने स्वरचिम्टीहरू आआफ्नै ठाउँमा वा एक-अर्कोबाट टाढै रहेको अवस्थामा प्रकम्पनबिना उच्चरित हुने ध्वनि अघोष ध्वनि हुन् । नेपालीका सघोष र अघोष व्यञ्जनवर्ण यस प्रकार छन्–

सघोष : ग्, ज्, ड्, द्, ब्, घ्, झ्, ढ्, ध्, भ्, ङ्, न्, म्, य्, र्, ल्, व्, ह् ।

अघोष : क्, च्, ट्, त्, प्, ख्, छ्, ठ्, थ्, फ्, स् ।

प्राणत्वका आधारमा

फोक्सोबाट बाहिर निस्कने सासको मात्राका आधारमा कुनै ध्वनि महाप्राण र कुनै अल्पप्राण बन्न जान्छन् । फोक्सो बढी खुम्चिएको अवस्थामा बाहिर निस्कने सासको मात्रा बढी हुन्छ र महाप्राण ध्वनिहरू उच्चरित हुन्छन् । फोक्सो कम खुम्चिएको अवस्थामा बाहिर निस्कने सासको मात्रा कम हुन्छ र अल्पप्राण ध्वनिहरू उच्चरित हुन्छन् । नेपाली महाप्राण र अल्पप्राण व्यञ्जनवर्णहरू यस प्रकार छन्–

महाप्राण : ख्, छ्, ठ्, थ्, फ्, घ्, झ्, ढ्, ध्, भ्, स्, ह् ।

अल्पप्राण : क्, च्, ट्, त्, प्, ग्, ज्, ड्, द्, ब्, य्, र्, ल्, व्, ङ्, न्, म् ।

समग्रमा व्यञ्जनवर्णहरूलाई स्थान, प्रयत्न, घोषत्व र प्राणत्वका आधारमा चिनाउन सकिन्छ । जस्तै– ख्, च्, म्, र्, ह् को परिचय यसरी दिन सकिन्छ–

ख्– कण्ठ्य, स्पर्शी, अघोष, महाप्राण व्यञ्जन ।

च्– वर्त्स्य, स्पर्शसङ्घर्षी, अघोष, अल्पप्राण व्यञ्जन ।

म्– ओष्ठ्य, नासिक्य, सघोष, अल्पप्राण व्यञ्जन ।

र्– वर्त्स्य, प्रकम्पित, सघोष, अल्पप्राण व्यञ्जन ।

ह्– स्वरयन्त्रमुखी, सङ्घर्षी, सघोष, महाप्राण व्यञ्जन ।

उल्लिखित मुख्य व्यञ्जनवर्णहरूका साथै नेपालीमा तीनवटा संयुक्त व्यञ्जनवर्ण पनि छन्, ती हुन्–

क्ष .... क् + ष

त्र .... त् + र

ज्ञ .... ज् + ञ

२. नेपाली वर्णहरू र देवनागरी लिपि

नेपाली भाषामा अर्थभेदक हुन सक्ने उच्चार्य वर्ण (Phoneme) यस प्रकार छन्–
(क) खण्डीय वर्ण, (ख) खण्डेतर वर्ण ।

(क) खण्डीय वर्ण– खण्ड गर्न सकिने र स्वतन्त्र रूपमा उच्चारण गरिने वर्णलाई खण्डीय वर्ण भनिन्छ । नेपाली खण्डीय वर्ण यस प्रकार छन्–

(अ) स्वरवर्ण : अ, आ, इ, उ, ए, ओ ।

(आ) व्यञ्जनवर्ण : क्, ख्, ग्, घ्, ङ्, च्, छ्, ज्, झ्, ट्, ठ्, ड्, ढ्, त्, थ्, द्, ध्, न्, प्, फ्, ब्, भ्, म्, य्, र्, ल्, व्, स्, ह् ।

(ख) खण्डेतर वर्ण – खण्ड गर्न नसकिने र स्वतन्त्र रूपमा उच्चारण गर्न नसकिने वर्णलाई खण्डेतर वर्ण भनिन्छ । नेपाली खण्डेतर वर्ण यस प्रकार छन्–

(अ) अनुनासिक– ँ   (आ) अनुस्वार– ं

यी वर्णहरू लेखिने लेख्यचिह्नलाई अक्षर (Letter) भनिने गरेको छ । नेपाली वर्णहरू देवनागरी लिपिमा लेखिँदै आएका छन् । देवनागरी लिपिको लामो परम्परा छ । प्राचीन ब्राह्मी लिपिबाट गुप्तलिपि र कुटिललिपि हुँदै इसाको नवौँ शताब्दीमा देवनागरी लिपि विकसित भएको मानिन्छ । बाह्रौँ शताब्दीमा विकसित भएको मानिने आधुनिक देवनागरी लिपिमा संस्कृत, हिन्दी, मैथिली, भोजपुरी आदि आधुनिक आर्य भाषाहरू लेखिन्छन् । यस परम्पराबाट आएका वर्णहरू नेपाली भाषामा पनि प्रचलित छन् । त्यसैले उच्चारणका दृष्टिले उपर्युक्त वर्णहरू भएको नेपालीमा निम्नलिखित वर्णहरू परम्परागत रूपमा चलनचल्तीमा छन्–

(क) खण्डीय वर्ण

   (अ) स्वरवर्ण   :   अ, आ, इ, ई, उ, ऊ, ऋ, ए, ऐ, ओ, औ ।

   (आ) व्यञ्जनवर्ण   :   क्, ख्, ग्, घ्, ङ्, च्, छ्, ज्, झ्, ञ्, ट्, ठ्,, ड्, ढ्, ण्, त्, थ्, द्, ध्, न्, प्, फ्, ब्, भ्, म्, य्, र्, ल्, व्, श्, ष्, स्, ह्, क्ष्, त्र्, ज्ञ् ।

(ख) खण्डेतर वर्ण

   (अ) अनुनासिक–   ँ   (अँ, इँ आदि)

   (आ) अनुस्वार–   ं   (अं, आं आदि)

   (इ) विसर्ग–   :   (अः, उः आदि)

यी परम्परागत नेपाली वर्णमालामध्ये कतिपय नेपाली भाषाका निम्ति अनावश्यक रहेको कुरा तुलना गरेर हेरेमा स्पष्ट हुन्छ । ई, ऊ-को उच्चारण इ, उ- भन्दा फरक छैन । ऋ-का निम्ति रि उच्चारण गरिन्छ । ऐ र औ– अ+इ र अ+उ- बाट बनेका संयुक्त वर्ण हुन् । यसरी नै अ+म्-बाट अं र अ+ह्-बाट अः बन्ने कुरा पनि सजिलैसँग बुझिन्छ । ञ्, ण्-को उच्चारण न हुने, श्, ष्-को उच्चारण स् हुने भएकाले नेपालीमा तिनको औचित्य देखिँदैन । क्ष्-को उच्चारण क्च्य/छ्य; छे-का रूपमा, त्र-को उच्चारण त्+र-का रूपमा र ज्ञ-को उच्चारण ग्यँ-का रूपमा हुने गरेका छन् । त्यसैले देवनागरी लिपिका केही वर्ण नेपालीमा छैनन् ।

देवनागरी लिपिअनुसारकै मात्रा चिह्न (। ि ी ु ू े ै ो ौ) र संयुक्त अक्षरका केही विशिष्ट रूप (जस्तै क्र, ह्र, ट्ट, ड्ड, र्क, ज्य) आदि नेपालीमा प्रचलित छन् । नेपालीमा केही आफ्नै निजी वर्ण पनि विकसित भएका छन् । अ, ऋ, फ, ऋ, झ, ल, ल, श, श, ण, रा, क्ष, द्ध जस्ता एउटै वर्णका विविध रूप यस भाषामा प्रचलित छन् ।

उपर्युक्त कतिपय विशेषता तथा देवनागरी परम्परासँगको उच्चारणगत भिन्नताले गर्दा नेपाली वर्णमालामा सुधारका विभिन्न प्रस्ताव देखा पर्न थालेका छन् । नेपालीको मौलिक विशेषताअनुरूप वर्णमालालाई वैज्ञानिक तुल्याउने प्रयास सराहनीय छन् । वर्तमान कम्प्युटर र टड्ड्नको युगलाई ख्याल गरेर सर्वमान्य रूपमा आवश्यक सुधार गर्नु युक्तिसङ्गत पनि देखिन्छ ।

३. नेपाली अक्षरको परिचय

भाषामा वर्ण वा स्वनिमभन्दा ठूलो र रूपभन्दा सानो ध्वन्यात्मक एकाइलाई 'अक्षर' भनिन्छ । अक्षरको उच्चारण सासको एक झड्कामा हुन्छ । एक वा एकभन्दा बढी स्वनिमबाट अक्षर बन्दछ भने एक वा एकभन्दा बढी आक्षरिक इकाइबाट रूप वा शब्दको निर्माण हुन्छ । 'आ' एक अक्षरीय शब्द हो भने 'बरु' दुई अक्षरीय । अक्षर-सङ्ख्याअनुसार शब्दहरू एकअक्षरी, दुईअक्षरी, तीनअक्षरी आदि हुन्छन् ।

फोक्सोबाट सास निस्कँदा मुखको ओडारमा कुनै बाधा उत्पन्न नभई उच्चारण हुने वर्ण आक्षरिक वर्ण हुन् । त्यसैले सम्पूर्ण स्वर र तरल ध्वनि आक्षरिक वर्ण हुन् । व्यञ्जनवर्णको उच्चारणमा भने आन्तरिक वायुप्रवाहमा व्यवधान उत्पन्न हुने भएकाले ती अनाक्षरिक वर्ण कहलाउँछन् ।

नेपाली अक्षरको संरचना

नेपाली अक्षरको संरचना केलाउँदा प्रत्येक अक्षरमा कम्तीमा पनि एउटा स्वर अनिवार्य रूपमा रहेको देखिन्छ । त्यसमा व्यञ्जन हुनै पर्ने आवश्यकता देखिँदैन । त्यसैले अक्षरमा व्यञ्जन अनिवार्य तत्त्व होइन । व्यञ्जन + व्यञ्जनको योगबाट अक्षर बन्दैन, व्यञ्जनचाहिँ स्वरसँग टाँसिएपछि मात्र अक्षर बन्दछ । स्वर भने एक्लै अक्षर बन्न सक्छ । दुईवटा स्वरको संयुक्त स्थितिमा दुई स्वर मिलेर एक अक्षर बन्ने अवस्था पनि आउन सक्छ । जस्तै– अउल्= औल्मा अ र उ दुईवटा स्वर मिलेर एउटै अक्षर 'औ' बनेको छ ।

स्वर र व्यञ्जनका विन्यासक्रमका दृष्टिले नेपाली अक्षरको संरचना तल प्रस्तुत गरिएको छ–

स्वर	—	आ, ए, ऐ, ओ, औ
स्वर + व्यञ्जन	—	आस्, इख्, उस्, एक्
व्यञ्जन + स्वर	—	जा, ले, को

व्यञ्जन + स्वर + व्यञ्जन   —   कोट्, भात्, तिन्
व्यञ्जन + व्यञ्जन + स्वर   —   त्यो, क्या, न्वा
व्यञ्जन + व्यञ्जन + स्वर + व्यञ्जन   —   भ्याल्, प्वाल्,

उदाहरण—

तलका उद्धरित शब्दहरू कति अक्षरले बनेका छन् भन्नेतर्फ ध्यान पुर्‍याएर अक्षरबारे अझ स्पष्ट हुन सकिन्छ—

शब्द : दियो, मसला, दाल, इमानदार, आमा, सहभागिता, ऐना, मौलिक, अनौपचारिक ।

दि + यो	—	दुईअक्षरी
म + स + ला	—	तीनअक्षरी
दाल्	—	एकअक्षरी
इ + मान् + दा + री	—	चारअक्षरी
आ + मा	—	दुईअक्षरी
स + ह + भा + गि + ता	—	पाँचअक्षरी
ऐ + ना	—	दुईअक्षरी
मौ + लिक्	—	दुईअक्षरी
अ + नौ + प + चा + रिक्	—	पाँचअक्षरी

अक्षरको केन्द्रीय र परिधीय भाग

अक्षरमा केन्द्रीय र परिधीय भाग रहन्छन् । केन्द्रीय भागचाहिँ अक्षरको प्रमुख भाग हो । यस भागमा स्वर रहन्छ । यसका अघिल्तिर र पछिल्तिर अथवा आरम्भ र अन्त्यमा रहने भाग परिधीय भाग हुन् । परिधीय भागमा व्यञ्जनहरू रहन्छन् । केन्द्रीय भाग प्रत्येक अक्षरमा अनिवार्य हुन्छ । तर परिधीय भाग भने ऐच्छिक हुन्छ । 'बस्' अक्षर तीनवटा वर्ण ब् + अ + स् मिलेर बनेको छ । यसमा 'अ' केन्द्रीय भागमा छ भने परिधीय भागमा 'ब्', 'स्' छन् ।

केन्द्रीय भागमा पछाडिपट्टि व्यञ्जन ध्वनि रहेको अक्षरलाई बन्द अक्षर तथा सो नरहेको अक्षरलाई खुला अक्षर भनिन्छ । **खेल्** बन्द अक्षर हो भने **जा** खुला अक्षर हो । तलका अक्षरमा केन्द्रीय र परिधीय भाग छुट्ट्याएर तालिकामा देखाइएको छ—

ओ, एक, देश, ला, छाल

दिइएका अक्षर	परिधीय भाग	केन्द्रीय भाग	परिधीय भाग
ओ	—	ओ	—
एक	—	ए	क्
देश	द्	ए	श्
ला	ल्	आ	—
छाल	छ्	आ	ल्

४. शब्दशुद्धि (वर्णविन्यास)

शब्दमा रहने अक्षरको व्यवस्थित क्रमलाई 'वर्णविन्यास' भनिन्छ । यसका अरू नाउँ 'हिज्जे, वर्तनी, खिप्ती' आदि हुन् । वर्णविन्यास वा हिज्जे उचित किसिमले नरहे शब्द अशुद्ध हुन्छन् । राम्रो लेख्न पनि शब्द शुद्ध छैनन् भने त्यस्ता रचना अपूर्ण नै ठहरिन्छन् । यसैले शब्दमा ह्रस्व-दीर्घ, खुट्टो काट्नु र नकाट्नु, य-ए आदि, विसर्ग, ब र व, श-ष-स, पदयोग तथा वियोग आदिको ठीक-ठीक व्यवहार हुनुपर्छ । यी सबैको ज्ञानका निम्ति जान्ने-केलाउने इच्छा र शुद्ध गरी लेख्नै जाने अभ्यास चाहिन्छ । शुद्ध लेख्नका निम्ति तिनका सामान्य केही नियम र उदाहरण तल दिइएका छन् ।

ह्रस्व-दीर्घ

ह्रस्वको उच्चारण कम समयमा र दीर्घको उच्चारण अलि धेरै समयमा हुन्छ । इ-उ बाहेक अरू अक्षर ह्रस्व-दीर्घ दुई किसिमले लेखिँदैनन् । इ-उ ह्रस्व-दीर्घ भनेको क्रमशः इकारमा बाइमात्रा, दाहिना, उकारमा तर्कुले, बर्धन्ने लगाउनु हो । यसरी, ह्रस्व-दीर्घका चिह्न यी हुन्–

ह्रस्व :	इ	ि	(बाइमात्रा)	उ	ु	(तर्कुले)
दीर्घ :	ई	ी	(दाहिना)	ऊ	ू	(बर्धन्ने)

इ-उ ह्रस्व-दीर्घमा नेपाली शब्द अगाडि र बीचमा प्रायः ह्रस्व-प्रवृत्ति छ । आखिरका इ-उ ह्रस्व-दीर्घ हुने नियम सजिलो छ । पहिले आखिरमा इ-उ ह्रस्व-दीर्घ हुने र त्यसपछि अगाडि वा बीचमा इ-उ ह्रस्व-दीर्घ हुने शब्द तल क्रमैले दिइएका छन् ।

(क) पदान्तमा ह्रस्व हुने शब्द

१. भाले नाउँ– बाबु, दाजु, भाइ, नाति, जुवाइँ, जेठाजु, साधु इत्यादि (हात्ती, सम्धी, स्वामी– यी तीनवटाबाहेक) ।

२. भाववाचक नाम (कृदन्त आइ, आउ र तद्धित आइ, याइँ प्रत्यय लागेका) र 'नु' क्रियाहरू– पढाइ, बसाइ, लेखाइ, हँसाइ, भनाउ, जनाउ, टिकाउ, गोलाइ, मोटाइ, छुच्याइँ, मुख्याइँ, पण्डित्याइँ; बस्नु, जानु, लिनु, दिनु इत्यादि ।

३. 'अरी' प्रत्ययबाहेकका अव्यय तथा निपात शब्द– मनि, पनि, अनि, अघि, पछि, माथि, नेरि, निम्ति, लागि, खेरि, कि, किनकि, चाहिँ, फेरि, बरु, छिः, खालि, चोटि, पट्टि, बाजि, पालि, वरिपरि, भोलि, पर्सि, कुन्नि, हगि, नाइँ, एक्कासि, हम्मेसि, कि, नि, उँ, खोइ इत्यादि ।

४. नपुङ्सक एकारान्त शब्द– आलु, उखु, केराउ, घिउ, गाउँ, छानु, दानु, मानु, तालु, पिँडालु, चाकु, डाडु, मासु, स्याउ, हिउँ इत्यादि ।

५. सर्वनाममा प्रत्यय जोरिएका (परिमाण जनाउने) शब्द– यति, उति, त्यति, कति, जति इत्यादि ।

६. विशेषण एकारान्त शब्द (आरु, आलु, एलु प्रत्यान्त)– मायालु, दयालु, बैंसालु, मैतालु, निम्तारु, सिकारु, फुलारु, घरेलु, बनेलु इत्यादि ।

७. पछाडि ति, धि, नि, पि, वि, षि आएका शरीरका भाव बुझाउने संस्कृत तत्सम शब्द– मति, शक्ति, भक्ति, क्षति, शान्ति, क्रान्ति, नीति, रीति, विधि, अवधि, प्रतिनिधि, समाधि, बुद्धि, सन्धि, लिपि, अद्यापि, सृष्टि, दृष्टि, हानि, ग्लानि, मुनि, पाणिनि, शनि, कवि, रवि, छवि, ऋषि, कृषि, अस्थि, तिथि, नाभि, रुचि, त्रुटि, त्राहि इत्यादि ।

(ख) पदान्तमा दीर्घ हुने शब्द

१. पोथी नाउँ– दिदी, बहिनी, छोरी, बुहारी, भाउजू, माइजू, फुपू, सासू, रानी, बाहुनी, माई, गाई, भैंसी, नैनी, गुरुङ्सेनी, कमिनी इत्यादि ।

२. भाववाचक इकारान्त र विशेषण (इकारान्त मात्र र आखिरमा 'लु', 'रु' भएका– मायालु, सिकारु आदिबाहेक उकारान्त प्रायः जोड अक्षर पनि)– गरिबी, इमानदारी, जवानी, बोली, नोकरी; ज्ञानी, धनी, इलमी, बैगुनी, जाती, राम्री, गोरी, नेपाली, एसियाली, असी, पचासी; भग्गू, लग्गू, छट्टू पत्रू, फाल्टू, उल्लू आदि ।

३. सर्वनाम शब्द– तिमी, हामी, ऊ, उनी, ती, तिनी, यी, यिनी, तपाई, आफू, अरू आदि ।

४. इच्छा र अह्राेट जनिएका, 'एर' अर्थ दिने र स्त्रीलिङ्गी क्रियाहरू– खानू, सुत्नू, आऊ, लेऊ, जाऊँ, लेखूँ, हूँ, लुकाई, खुवाई, बसाई, लम्की, गई, हेरी, चढीकन, सुनीकन, देउली, लिई, पाउली, हिँडी इत्यादि ।

५. पेसा, दर्जा, जात, थर र सम्बन्धी शब्द– खेती, व्यापारी, हली, साहू, ज्यामी, विद्यार्थी; मन्त्री, सेक्रेटरी, बिचारी, सिपाही; क्षत्री, दमाई, थारू, कसाई, गुभाजू, मैथिली, नेपाली, हिन्दू; लोहनी, रेग्मी, पराजुली, मैनाली; महोत्तरी, सर्लाही, कास्की, गुल्मी इत्यादि ।

६. नपुङ्सक इकारान्त र मोरेको अक्षरसँग मिलेको एकारान्त शब्द– फर्सी, टोपी, कौसी, चिम्टी, डाली, पानी, मिठाई, सलाई, जुरेली, कोइली; पन्यूँ, कुन्यू, पिठ्यूँ, घ्यू, उन्यू, रफ्फू इत्यादि ।

७. आदरार्थी तथा स्नेहार्थी शब्द र सम्बन्धमा 'की, री, नी' प्रत्यय– श्री, सुश्री, दाज्यू, माइज्यू, मन्त्रीज्यू, भाउज्यू, पिताजी, शर्माजी; ज्ञानू, सानू; उनकी, उसकी, रामकी, मेरी, हाम्री, आफ्नी इत्यादि ।

८. 'अरी' प्रत्यान्त शब्द– त्यस किसिमको अर्थ जनाउने र चाहिँबाहेकका अन्त्यमा 'हीं' आउने शब्द– यसरी, उसरी, बेसरी, राम्ररी, उस्तरी, झलझली, पटपटी, सरासरी, सलसली; यही, उही, त्यही, कोही, जोही, जहीँ, तहीँ इत्यादि ।

(ग) अगाडि वा बीचमा ह्रस्व हुने शब्द

१. सामान्यतया धेरै र नेपाली सबैजसो शब्द– किताब, कमिला, कुखुरो, खुकुरी, गुज्जा, ढुकुर, चिउरा, चिनु, छिमेक, तरुल, बटुको, बाहिर, भित्र, भिउँट, सुकुल, सुकुमेल, सिन्को इत्यादि ।

२. एकाध अपवादबाहेक क्रियाका सम्पूर्ण रूप– लिनु, लियो, चम्किनु, चम्कियो, फर्किनु, फर्किन्छ, फर्किएला, सुमसुम्याउनु, हुरिनु, हुरिन्छ, गुनगुनाउनु, गुनगुनाउँछ, लम्पिनु, लम्पिएछ, गुटमुटिएन इत्यादि ।

३. बनोटे शब्द– अनुहार, दुर्बल, निर्दोष, विज्ञान, विचेत, अधिकार, सुपुत्र, कुपुत्र (उपसर्ग); पुस्तिका, कसिङ्गर, सुब्बिनी, हतियार (नाम); सामाजिक, वैज्ञानिक, रचित, लिखित, चिनियाँ, चहकिलो, उड्डुवा, दुधालु, नुनिलो, पग्लिँदो (विशेषण); उहिले, कहिले, कतिन्जेल, बसुन्जेल (अव्यय) इत्यादि ।

(घ) अगाडि वा बीचमा दीर्घ हुने शब्द

अगाडि र बीचमा खास गरी संस्कृतबाट जस्ताको तस्तै आएका र थोरै शब्द मात्र दीर्घ हुन्छन् । यस्ता दीर्घ हुने केही शब्द तल दिइएका छन्–

१. केही सङ्ख्यावाची र इयादि प्रत्ययान्त विशेषण शब्द– दुई, तीन, आत्मीय, जातीय, अभिनीत, मनोनीत इत्यादि ।

२. विध्यर्थ क्रिया– जाऊन्, दिऊन्, गरून्, बसून्, पढून्, लेखून्, होऊन्, हून् इत्यादि ।

३. अगाडि वा बीचमा दीर्घ लेखिने केही शब्द :

अगाडि– ईश्वर, ऊन, कीरो, कीर्तन, गीत, गीता, चीज, जीर्ण, जीवन, जीविका, जून, झूटा, टीका, तीज, तीर, तीर्थ, दूबो, दूर, धीर, धूप, धूलो, नीद, नीति, नूतन, पीडा, पूजा, पूर्ति, पूर्व, प्रीति, फूल, भीख, भीर (ड), भूगोल, भूमि, भूमिका, भूल, मीठो, मीत, मूल, मूर्ख, मूर्छा, मूर्ति, मूल्य, रीत (ति), रूख, रूप, वीणा, वीर, शीत, शीतल, शीर्षक, शील, शून्य, सीमा, सूचना, सूर्य, स्वीकार, हीरा, हीन, हूल इत्यादि ।

बीचमा– अचूक, अजीव, अतीत, आत्मीय, आशीर्वाद, उत्तीर्ण, कस्तूरी, गम्भीर, ग्रामीण, जातीफल, तल्लीन, नवीन, निरूपण, निर्मूल, परीक्षा, प्रतीक, प्रवीण, प्रसूति, प्रसून, प्राचीन, मयूर, मञ्जूषा, विहीन, रङ्गीन, व्यतीत, शरीर, समीप, शुश्रूषा, समूह इत्यादि ।

खुट्टो काट्नु र नकाट्नु

नेपालीमा अकारान्त शब्द खुट्टो काटेर बोल्ने गरे तापनि लेख्दा खुट्टो नकाटीकनै लेखिन्छ । जस्तै–वन, फूल, घर, कलम, असल, बेस, जुगन । सामासिक र अनुकरणात्मक शब्दमा पनि खुट्टो काटिँदैन । जस्तै– घरकाज, भरदिन, दोमन, सकभर, कलकल, छमछम, रिमिकझिमिक, सरसर इत्यादि ।

अन्यत्र पदका अगाडि र बीचमा हेरेर काट्नुपर्छ । क्रियाका रूप भने जस्तो बोलिन्छन्, त्यस्तै लेखिन्छन् । जस्तै– पढ्छ, खेल्छ, जान्छन्, बस्छन्, भुल्दिनन्, गर्लिन्, सम्झन्छन्, हेर् इत्यादि ।

खुट्टो काटिने केही शब्द– अकस्मात्, अर्थात्, आपत्, उपनिषद्, एवम्, कदाचित्, किञ्चित्, कैयन्, जगत्, भन्, दण्डवत्, धत्, धनमान्,[१] परम्, परिषद्, पश्चात्, पृथक्, बुद्धिमान्, महान्, यावत्, विद्युत्, भगवान्, विद्वान्, विपद्, विराट्, शुभम्, श्रीमान्, संवत्, संसद्, सत्, सम्यक्, सम्राट्, साक्षात्, स्वयम्, स्वागतम्, हत् ।

य-ए आदि

१. सर्वनाम आदिमा– त्यस, त्यसले, त्यल्ले, त्यति, त्यस्तरी, त्यसरी, त्यत्रो, त्यस्तो, यहाँ, त्यहाँ, यहीँ, त्यहीँ, यिनी, यसले, यल्ले, यत्रो, यस्तो, यस्तरी, यसरी आदि ।

२. विशेषण शब्दको अन्त्य, 'ता' प्रत्ययअगाडि– अनुयायी, प्रेरणादायी, स्नेहमयी, श्रद्धामयी, रचयिता, सञ्चयिता इत्यादि ।

३. अकारान्त उच्चारण र मोरिएका अक्षरमा– निश्चय, हृदय, ज्येष्ठ, ध्येय, प्रत्येक, पूज्य, वाक्य, क्याबात्, स्याबास, बस्यो, लेख्यो इत्यादि ।

४. क्रियापद र कृदन्तमा, एउटा आदि शब्दहरूमा–गए, लिए, थिए, पाए, आएँ, भएँ, दिएर, लिएर, हराएको, आएको; एउटा, एक, एकनास, एकान्त, एकलास, एकसरो, एघार इत्यादि ।

शिरबिन्दु र चन्द्रबिन्दु

शिरबिन्दुको चिह्न अक्षरमाथि (̇) र चन्द्रबिन्दुको चिह्न अक्षरमाथि चन्द्रमा र थोप्लो (̐) हो । शिरबिन्दुको उच्चारण गर्दा नाकबाट सास निस्कन्छ भने चन्द्रबिन्दुको उच्चारण गर्दा नाक र मुख दुवैबाट सास निस्कन्छ ।

(क) शिरबिन्दु (टिकी)

अक्षरमाथि थोप्लो (बिन्दु) लाग्ने भएकाले यसलाई नेपालीमा शिरबिन्दु (टिकी) भनिन्छ । यसको नाम अनुस्वार पनि हो । शुद्ध स्वरको उच्चारणपछि नाके ध्वनि हुँदा शिरबिन्दु वा अनुस्वार लाग्छ । यस्ता केही शब्द हुन्–

अंश, वंश, संयम, संरक्षण, संवत्, संशय, संशोधन, संस्कार, संस्था, संहार, सारांश आदि ।

संस्कृतबाट आएका क, च, ट, त, प वर्गका तत्सम शब्दमा शिरबिन्दु वा अनुस्वारको साटो त्यस वर्गको पञ्चम अक्षर लेख्ने गरिन्छ । जस्तै– अङ्क, शङ्ख, गङ्गा, सङ्घ, घण्टा, मण्डल, पञ्चम, दन्त, शम्भु आदि ।

नेपाली भाषामा अनुस्वारको चिह्न कम लाग्छ । यसको साटो कतैकतै पञ्चम वर्ण लागे तापनि सबैतिर पञ्चम वर्णको नियम चलाउँदा लेखाइ र उच्चारण अमिल्दो हुन्छ र नेपाली जिब्रो नलगाए शब्दै पनि अशुद्ध हुन्छन् । जस्तै–

---

१. 'मान' प्रत्यय लागेका शब्द नाम हुँदा खुट्टा काटिँदैन । जस्तै– धनमान र बुद्धिमान दाजुभाइ हुन् ।

शुद्ध : निम्की, सिन्की, चम्चा, सम्झना, मान्छे आदि ।

अशुद्ध : निङ्की, सिङ्की, चञ्चा, सञ्झना, माञ्छे ।

संस्कृत तत्समबाहेक अरू भाषाबाट आएका र तद्भव शब्दहरूमा पनि भाषाको आफ्नै प्रकृतिअनुसार ङ, न वा म हलन्तको प्रयोग हुन्छ । जस्तै– ट्याङ्की, पन्जाब, लन्डन, वीरगन्ज, स्वीट्जरल्यान्ड, कम्पुचिया, टन्टा, झन्झट, भकुन्डो आदि । यस्तै हलन्त क्रियापदको बीचमा कतै पनि शिरबिन्दुको प्रयोग हुँदैन । जस्तै– तुङ्छ, रुङ्छ, खान्छ, जान्छ, जम्छ, झुम्छ इत्यादि ।

(ख) चन्द्रबिन्दु (जूनटिकी)

डिकमाथि चन्द्रमा र थोप्लो लागेकाले यसलाई चन्द्रबिन्दु (जूनटिकी) भनिएको हो । नाकेबोलीबाट उच्चारण हुने शब्दहरूमा (खास गरी अ, आ, इ, उ आदि स्वर वा ती मिलेका व्यञ्जनको टाउकोमा) यो चिह्न लाग्छ । जस्तै– अँजुली, अँध्यारो, आँखा, आँगन, काँस, बाँस, जाँच, साँचो, हाँस, नाउँ, गाउँ, जाँगर इत्यादि ।

क्रियाका उत्तम पुरुषका रूपमा– गएँ, लिएँ, भन्नुँला, हेरुँला इत्यादि । (मुद्रणको असुविधामा दसैं, पैंचो, सक्यौं, गन्यौं आदि पनि चलेको छ र यस्ता शब्दमा शिरबिन्दु लगाए पनि चन्द्रबिन्दुकै उच्चारण हुन्छ, तर अचेल कम्प्युटर (सुसाङ्ख्य) का अक्षरमा यस्तो समस्या छैन ।)

विसर्ग

विसर्गको चिह्न दुई थोप्ला (ः) हो । जसो, भैँ वा गरी अर्थ दिने अन्तमा य, श, त भएका शब्दपछि, अगाडि दु, नि र त्यसपछि शु, स, ष छन् भने तिनका बीचमा विसर्ग (ः) लाग्छ । जस्तै– प्रायः, प्रायशः क्रमशः, वस्तुतः विशेषतः, सम्भवतः, स्वतः, स्वभावतः, दुःशासन, निःसन्देह, निःशेष इत्यादि ।

विसर्ग हुने अरू शब्द– ई: ऊः, छिःछिः थुःथुः, दुःख, वाः ।

ऋ र रि

ऋको प्रयोग संस्कृत तत्सम शब्दमा मात्र हुन्छ । नेपाली भाषाका शब्दमा 'ऋ'-को ठाउँमा 'रि'-को प्रयोग हुन्छ वा आफैँ 'रि' लेखिन्छ ।

१. ऋ लेखिने शब्द– ऋग्वेद, ऋचा, ऋतु, ऋण, ऋणी, ऋषि, ऋष्यमूक, नैऋत्य आदि ।

२. रि लेखिने शब्द– रितु, रिन, रिखी, रिखीडोरो (रक्षाबन्धन), रिट्ठो, रित्तो, रिमझिम इत्यादि ।

क्ष र छे–छ्य

नेपाली भाषाका शब्दमा 'क्ष'-को प्रयोग पाइन्न, संस्कृत शब्दमा भने यस्ता शब्द निकै भेटिन्छन् । जस्तै– अक्षता, अभक्ष, क्षमा, क्षत्री, पक्ष, पक्षी, भक्षक, रक्षक, रक्षा, शिक्षक, शिक्षण, शिक्षा, दीक्षा, भिक्षा, राक्षस, वृक्ष, सक्षम, इत्यादि ।

नेपाली भाषाका शब्दमा 'क्ष'-को ठाउँमा र आफैँ पनि 'छ-छे' वा 'छ्य' लेखिन्छन् । जस्तै– अछेता, अभच्छे, छेमा, छेमकुशल, छेत्री, पन्छी, रच्छे, राच्छेस, छ्याङ्ड, छ्यान, छ्याप्नु, ओछ्यान इत्यादि ।

ज्ञ र ग्याँ

'ज्ञ'-को प्रयोग पनि संस्कृत तत्सम शब्दहरूमा नै हुन्छ । तद्भव वा नेपाली शब्दमा 'ग्याँ' प्रयोग गरिन्छ । जस्तै–

ज्ञ– ज्ञाता, ज्ञान, ज्ञानी, ज्ञापन, आज्ञा, प्रज्ञा, प्रतिज्ञा, विज्ञ, विज्ञान, संज्ञा आदि ।
ग्याँ– ग्याँचे, ग्याँटिस, ग्याँठगोभी, ग्याँस, ग्याइँग्याइँ आदि ।

ब, व र ओ

ब र व-को फरक के हो भने 'ब'-मा पेट चिरिन्छ, 'व'-मा पेट चिरिँदैन । 'ब'-को उच्चारण ओठबाट हुन्छ, 'व'-को उच्चारण ओठ र दाँत दुवै (दन्त्यौष्ट) बाट साथै गरिन्छ । ब र व उच्चारणअनुसार लेखिनुपर्ने हो– नेपाली शब्दमा लेखिन्छन् पनि, तर संस्कृत तत्सम शब्दमा यो झमेला पर्छ र तिनले अलमल्याउँछन् । यसका निम्ति विचार गरी बानी पार्नुपर्छ । 'ओ'-को उच्चारणचाहिँ घाँटी र तालुबाट साथै गरिन्छ ।

ब–

१. प्रस्ट ब उच्चारण हुने र हलन्त तथा जोरिएका अक्षरमा– बन्दी, बन्धन, बन्धु, बल, बालक, बुध, बुद्धि, अम्बा, चुम्बन, ब्रह्मा, ब्राह्मण, शब्द, सम्बन्ध इत्यादि ।

२. सबै क्रिया- कृदन्त र बि, बे, बद आदि उपसर्ग लागेका शब्दमा– बुन्नु, बुनाइ, बेर्नु, बेरुवा, बनाउनु, बनोट, बनोट, बोल्नु, बोलाइ, बोलक्कड, बोलैया; बिकाम, बिखर्ची, बेजोड, बदनाम, बदमास इत्यादि ।

३. झर्रा र तद्भव जम्मै नेपाली शब्दमा– खाँबो, बखत, बगम्फुस, बङ्झारो, बजार, बथान, बाकस, बाटुलो, बाडुली, बालुवा, बिलौना, बिसौनी, बुइँगल, बुजो, बेर्ना इत्यादि ।

४. नेपाली उच्चारणमा ढल्केका र चल्तीमा 'ब'-को पनि प्रयोग भएका– अबस्से, बेथा, बेपार, बन, बसन्त, बाण, बास, बिचारी आदि ।

व–

१. संस्कृत तत्सम शब्द (अव, वि-वे र सं भएका शब्द, रेफमनि, खुट्टो फर्काउँदा, मोर्दा आदिमा)– अवतार, अवश्य, अवसर, अवहेलना; विकास, विग्रह, विलास,

विवश, विवेक, वैवाहिक; वंश, संविधान, संवेदना; पर्व, पूर्व, वर्णन, वर्षा, वृक्ष, वृत्त, वृथा, वृष्टि; व्यथा, व्यवहार, व्याकुल, व्याधा; कवि, देवता, भवन, भावुक, वाच्चा, वायु, वेद, शिव, सेवा इत्यादि ।

२. आवट, उवा, वाल, वाला, वत्, वान्, वती आदि प्रत्यय लागी बनेका शब्दमा— देखावट, बनावट, बोलावट, सजावट; गँसुवा, चुसुवा, फुकुवा, मरुवा; खेतीवाल, गाडावाल, बहालवाला, हकवाला; आत्मवत्, मातृवत्, गुणवान्, धनवान्, गुणवती, शीलवती इत्यादि ।

३. उच्चारणअनुसार— पावर, मावल, वकिल, वजन, वटा, वतन, वर, वलक, वल्लो, वस्ताज, वाकवाक, वाक्क, वाङ, वाट, वारपार, वारि, वारिस, वास्ता, हावा आदि ।

ओ–

१. प्रायः शब्दका अगाडि– ओखती, ओखर, ओखल, ओगट्नु, ओच्च्यान, ओभेल, ओभानो इत्यादि ।

२. क्रियापदमा– आओ, ल्याओ, खाओस्, गाओस्, जाओस्, पाओस् इत्यादि ।

श, ष र स

वर्णमालामा पाइने तीन किसिमका 'स'मध्ये तालुबाट बोलिनेलाई 'तालव्य श', मूर्द्धाबाट बोलिनेलाई 'मूर्धन्य ष' र दाँतबाट बोलिनेलाई 'दन्त्य स' भनिन्छ । यी तीन थरी 'श, ष, स'-को फरक देखाउने नियम पनि अप्ठेरो छ, तैपनि सामान्य सङ्केतसहित प्रचलित केही श, ष, स तल दिइएका छन् । विचारणीय के छ भने संस्कृत तत्सम शब्दमा श र ष त्यही रूपमा मोटो 'श' अलि धेरै र पेट फान्यो ष थोरै हुन्छन् । रूप बिग्रेर आएका र नेपाली भाषामा छ्यासछ्यास्ती पाइने 'स' चाहिँ पातलो 'स' नै लेखिन्छन् ।

श–

(अगाडि शिरबिन्दु र 'य' भए, क-सित, द, दे- पर र च, छ-पूर्व तथा संयुक्ताक्षर आदिमा) अंश, अधिवेशन, अवकाश, अवश्य, अश्लील, आकाश, आदर्श, आवश्यक, आशय, आशा, आशीर्वाद, आश्चर्य, आश्रम, आश्वासन, आश्विन, इशारा, ईश, ईश्वर, उपदेश, उपनिवेश, काशी, काश्मीर, कुश, कुशल, केश, केशव, कोश, दशरथ, दर्शन, दृश्य, देश, नाश, निराश, निश्चय, परामर्श, पशु, पश्चिम, पिशाच, प्रकाश, प्रवेश, प्रश्न, प्रायशः, यश, वंश, वंशी, विशाल, विशेष, विशेषण, विश्वास, शङ्कर, शङ्का, शङ्ख, शक्ति, शत्रु, शनिबार, शम्भु, शय्या, शरण, शरद, शरीर, शर्मा, शाक्य, शाखा, शान्त, शान्ति, शाला, शिक्षा, शिर, शिला, शिव, शिशिर, शिष्य, शीतल, शुक्रबार, शुद्ध, शुभ, शून्य, शूल, शेष, शैली, शोक, शोभा, श्रद्धा, श्रम, श्रेय, श्रेणी, संशय, सन्देश, स्पर्श इत्यादि ।

ष—

(ऋसित, 'ट, ठ, ण'-का अगाडि आदि) आविष्कार, आषाढ, उत्कर्ष, उषा, उष्ण, ऋषि, ऋष्यमूक, औषधी, कृषक, कृषि, कृष्ण, घनिष्ठ, घोषणा, दूषित, द्वेष, दोष, नष्ट, निमेष, निष्कर्ष, परिभाषा, परिषद्, पुरुष, पौष, प्रतिष्ठा, भाषण, भाषा, भीषण, भीष्म, वर्ष, वर्षा, विषय, वृष्टि, विषाद, शेष, सङ्घर्ष, सन्तोष, सहिष्णु, सुषमा, हर्ष, हितैषी इत्यादि ।

स—

(तद्भव र मौलिक शब्द जम्मै तथा दाँतलाई हलुको किसिमले छुनेमा) अकास, अनुसार, अवस्से, अवसाद, असर, असार, असोज, आस, कसर, पुस, प्रशंसा, बिसौनी, मास्टर, विकास, विसर्जन, श्वास, सङ्कल्प, सङ्ख्या, संसद्, संहार, सचिव, सदस्य, सभा, समिति, सरकार, सर्व, सर्ग, साङ्ख्य, साथ, साधु, सिद्धान्त, सिन्को, सुसुल्को, सेवा, हौसला इत्यादि ।

पदयोग र पदवियोग

लेख्दा शब्दहरू कहीँ जोड्नुपर्ने हुन्छ र कहीँ छुट्ट्याउनुपर्ने । यसरी पदयोग तथा पदवियोग गर्नुपर्ने नियम-उदाहरण तल दिइएका छन् ।

(क) पदयोग (जोड्ने)

१. विभक्ति प्रत्यय र नामयोगी शब्द— नानीहो, सबले, मलाई, तिमीकन, सबैद्वारा, उनीदेखि, उनीबाट, रामहरूको, तिनीहरूको, देखेकोमा; ऊभन्दा, त्योचाहिँ, घरमनि, छानामाथि, मन्दिरपछाडि, बाटोअगाडि, त्यतापट्टि, नियमअनुसार, खेलविना, कान्लामन्तिरदेखि, घरमास्तिरबाट, तापनि, किनकि, किनभने, धेरैजसो, थोरैजसो, गर्दाहुँदी, मान्छेपिच्छे, बेलुकीपख, गाग्राभरि, दुनियाँभर, घुम्नुबाहेक, सबसरह, भावअनुकूल, टुँडिखेलसम्म इत्यादि ।

२. नाममा क्रिया मिली बनेका विशेषण शब्द— रिसउठ्दो, हाँसउठ्दो, झोकचल्दो, मनपर्दो, पाहिकपर्दो, मनमिल्दो, हलमिल्दो, उदेकलाग्दो, उराठलाग्दो, खाइलाग्दो, खाइहाल्दो, भावसुहाउँदो इत्यादि ।

३. सामान्य र संयुक्त क्रिया तथा जोड वा उल्टा अर्थ दिने 'न'— भनेछ, भनेथे, भन्नुहुन्छ, भन्नुपर्छ, खेलिहोली, लेख्नेछ, पढ्नेछ, लिइहेर, भनिदिएँ; बसिहाल, गरेन, नभन्नुहोला, नलेओस्, नचल, गरेनछ, गइनछु, दिइनछस्, लौन, नखाएर, नलगी, नराम्रो, नजाती इत्यादि ।

४. सामासिक, अनुकरणात्मक र युगल वा द्वित्व शब्द— आलुघडी, घरकाज, सुघापढाइ, भरदिन, बसउठ, हिजोआज, वारिपारि, चरीनङ्ग्रे, तीनकुने, रामझुपडी, पुस्तकघर, पानीरोटी, कट्याककुटुक, झिलिकमिलिक, टिकटिक, बरबर, सिलङमिलङ, सुइँसुइँ, लडीबुडी, भुलभुल, छनछन, भतभत, रमझम, सरसर, आनीबानी, कामसाम, झैझगडा, मरमिजास इत्यादि ।

पदवियोग (छुट्ट्याउने)

१. बीचमा विभक्ति-प्रत्यय वा सम्बन्धपदले छेकेपछि, क्रियाविशेषण हुँदा र संयोजक नभई अरू नै हुन जाँदा– श्यामका भन्दा, उसलाई चाहिँ, उसको अगाडि, आफ्नो पछाडि, मेरो द्वारा, लेखेको बाट, भनेको छ, भनेका थिए, बसेकी छ, लिएकी होलिन्, गरिसकेको छ, हामी माथि जान्छौं, कथा भन्दा रमाइलो हुन्छ, त्यो अघि जान्छ, ऊ पछाडि आउँछ, धेरै जसो गर्छन्, काम हुन त समय लाग्ला, यो कुरा सुन्दा उनले किन भने ।

२. क्रियाका 'तो', 'दो' प्रत्ययपछि, पूर्वकालिक क्रियामा र 'गर्ने कुनै छ' भन्ने अर्थ आउँदा– बस्तो छ, खस्तै होलान्, जाँदै थिए, खाँदो छ, भन्दो हो, लिए हुँला, गर्दा होला, गइनँ हुँ; ल्याई दियो (ल्याएर अनि दियो), गर्नु हुन्छ (गर्नलाई हुन्छ), बसे छ (बसेदेखि ठाउँ छ), भन्नु छ (भन्नुपर्ने कुरा छ) इत्यादि ।

३. संयोजक र निपात आदि शब्द (र, अनि, तथा, पनि, नै, पो, त-ता आदि र दुइटै नाइँ अर्थ दिने 'न') राम र श्याम, काम अनि कुरा, तिमी नै, तर पनि, हामी पो, म त जान्छु, बस्न त पर्ला, भनि पनि हाल्यो, न बस्छ न जान्छ, खानु न बिराउनु, न हलो न गोरु ।

शुद्ध र अशुद्ध केही शब्द

तल केही शब्द दिइएका छन्, जुन शब्दमा धेरै मानिस प्रायः अशुद्ध गरिरहन्छन् । यस्तो अशुद्धि नदेख्ने, हेलचेक्र्याइँ गर्ने वा जानी-जानी हुन जाने गर्छ । अतः यस्ता शब्दको प्रयोग गर्दा सावधानीसाथ अशुद्धिबाट बच्ने र शुद्ध प्रयोग गर्ने गर्नुपर्छ ।

अशुद्ध	शुद्ध	अशुद्ध	शुद्ध
अठारह	अठार	अध्यायन	अध्ययन
अनुयाई	अनुयायी	आमूलतः	आमूल वा मूलतः
आलस्यता	आलस्य	आवश्यकीय	आवश्यक
उज्वल	उज्ज्वल	उपरोक्त	उपर्युक्त
क्ये	के	क्रोधित	क्रुद्ध
गरिन्दैन	गरिँदैन	गौरवित	गौरवान्वित
घनिष्ट	घनिष्ठ	चौदहौँ	चौधौँ
तेश्रो	तेस्रो	त्रसित	त्रस्त
थरि	थरी	दोन्द	द्वन्द्व
दोश्रो	दोस्रो	धैर्यता	धैर्य वा धीरता
नाँउ	नाउँ	पनी	पनि
पन्द्रहौँ	पन्ध्रौँ	५ वाँ	पाँचौँ
पार्वतीय	पर्वतीय/पार्वत्य	पुरष्कार	पुरस्कार
पूज्यनीय	पूजनीय वा पूज्य	प्रतिष्ठीत	प्रतिष्ठित

फाल्गुन	फाल्गुन, फागुन	मान्यनीय	माननीय वा मान्य
माधुर्यता	माधुर्य वा मधुरता	यझे	यज्ञ
यथेष्ठ	यथेष्ट	यौवनावस्था	युवावस्था
रिति	रीति	लक्ष (उद्देश्य)	लक्ष्य
विषेशता	विशेषता	वैद्युतिक	विद्युतिक
व्यवहारित	व्यवहृत	श्रेष्ट	श्रेष्ठ
सकुशलपूर्वक	कुशलपूर्वक वा सकुशल	सङ्कित	शङ्कित वा सशङ्क
सविनयपूर्वक	सविनय वा विनयपूर्वक	७ वाँ	सातौँ
सम्बन्धीय	सम्बन्धी	सम्परक	सम्पर्क
सुचना	सूचना	सौजन्यता	सौजन्य वा सुजनता
स्ही	सही	सौन्दर्यता	सौन्दर्य वा सुन्दरता
स्वास्थ	स्वास्थ्य	हुन्दैन	हुँदैन

दुवै रूप चलेका शब्द

अवसर	औसर	दक्षिण	दक्खिन
अहिले	ऐले	दुःख	दुक्ख
उपरान्त	उप्रान्त	देउराली	द्यौराली
एउटा	यौटा	पृथ्वी	पृथिवी
कर्णेल	कर्नेल	फाल्टू	फाल्तू
कहिले	कैले	व्यापार	बेपार
कायदा	काइदा	मयूर	मजुर/मुजुर
किताप	किताब	यमुना	जमुना
कोश	कोष	युक्ति	जुक्ति
गुण	गुन	वर्ष	बर्स, बर्ख
गुनिउँ	गुन्यू	विष	बिख
जहिले	जैले	व्यथा	बेथा
तखता	तख्ता	सर्सिउँ	सर्स्यूँ
तरुणी	तरुनी	क्षण	छिन
तसबिर	तस्बिर	क्षत्री	छेत्री

चिह्न-प्रयोग

शब्द र वाक्यको पारस्परिक सम्बन्ध जनाउन, अडानका लागि तथा भाव र अर्थ राम्ररी खुलाउन लेख्दा वाक्यहरू बुभिने गरी प्रस्टसित लेख्नुपर्छ । यसका निम्ति ठाउँठाउँमा आवश्यकताअनुसारका चिह्न दिनुपर्ने हुन्छ, ती चिह्नलाई विराम-चिह्न भनिन्छ । विराम-चिह्न नभएका वाक्यलाई बुभन बडो अप्ठ्यारो हुन्छ । कहिले त अर्थको अनर्थ पनि हुन जान्छ । यसैले शुद्ध रचनामा विराम-चिह्नको प्रयोग गर्नुपर्छ । नेपालीमा चलेका केही मुख्य विराम-चिह्न हुन्– अल्पविराम, अर्द्धविराम, पूर्णविराम, प्रश्न-चिह्न, उद्गार-चिह्न, उद्धरण-चिह्न, निर्देशक-चिह्न, योजक-चिह्न आदि ।

अल्पविराम ,

अल्पविराम-चिह्न पद, वाक्यांश वा खण्डवाक्य छुट्ट्याउँदा र सम्बोधनमा छोटो अडानका निम्ति लाग्छ । उदाहरण–

इन्द्रेनीमा रातो, नीलो, हरियो, पहेँलो, सुन्तला र बैजनी रङ्ग हुन्छन् ।

राम, श्याम, गोपाल र म घर गयौँ ।

जीवनमा लेख्नु, पढ्नु, हाँस्नु, खेल्नु सबै कुरा चाहिन्छन् ।

वैशाख, २०२३

हो, ऊ यहाँ आएका थियो ।

अँ, तिमी एक खेप घर पुगेरै आऊ ।

नाइँ, म त यो काम गर्न सक्दिनँ ।

घुम्न जाँदा रमाइलो हुन्छ, फाइदा पनि गर्छ ।

पार्सल आएको रहेछ, मलाई थाहा भएन ।

जीवन, तिमीले भनेको मानिस, पोखरा गयो ।

ए बाबु, यता एकचोटि हेर त ।

अर्द्धविराम ;

वाक्यमा अर्द्धविराम-चिह्न कम लाग्छ र यसको साटो प्रायः विराम-चिह्न प्रयोग गर्ने गरिन्छ; तैपनि कतै-कतै अर्द्धविराम-चिह्न नलगाई हुँदैन । खास गरी लामो र मिश्रित वाक्यलाई छुट्ट्याउन र वाक्यको सम्बन्ध अलि परको देखाउनुपरेमा यो चिह्नको प्रयोग हुन्छ । उदाहरण–

काम गरौँ, पढौँ; समय सित्तैँ नफालौँ ।

पुस्तक त राम्रो छ; मोल भने कति चर्को !

तपाईंले भनेको कुरा मनासिब हो; मेरो पनि यस्तै लख थियो ।

छोटकरीमा आजका लेखक-लेखिकाका लेखमा चामल होस्, भुस नहोस्; सार होस्, असार नहोस्; अर्थ होस्, अर्थ न बर्थको नहोस् । (पारसमणि प्रधान, भारती)

पूर्णविराम ।

वाक्य पूरा भएपछि अडानका निम्ति पूर्णविराम-चिह्न लाग्छ । यस्ता वाक्य प्रश्नवाचक, विस्मयादिबोधक वा निर्देशक भए सम्बन्धित चिह्न मात्र लाग्छन्, यो चिह्नको प्रयोग फेरि त्यसमा हुनु हुँदैन । उदाहरण–

नेपाल सुन्दर देश हो ।

गौतम बुद्ध रूपन्देहीमा जन्मेका थिए ।

मुक्तिक्षेत्र मुस्ताङ जिल्लामा पर्छ ।

सीताजीसितको वियोग जब भयो श्रीराम् विरक्तै भया । **(भानुभक्त)**

चिटिक्क परेका र बान्कीदार हुनु नेपाली लोककथाको विशेषता हो । कतिपय लोककथा गीतमा पनि भेटिन्छन् ।

प्रश्न-चिह्न ?

कसैसँग कुनै कुरा सोध्दा र आवेग, शङ्का वा व्यङ्ग्य प्रकट गरिँदा पनि प्रश्न-चिह्नको प्रयोग हुन्छ । उदाहरण–

तिमी को हौ ? यहाँ किन आयौ ?

संसारको अग्लो चुली सगरमाथा कति अग्लो छ ?

ऊ किन आएन ? तिमी घर जान्छौ त ?

कुरो नबुझी भोक्किनुपर्छ, मैले के भनैँ र ?

सुनारैको जाबीमा ढुकुरको छाती

कहाँ जान्छौ परदेशी, सन्जे-बेला राति ? **(लोकगीत)**

उद्‌गार-चिह्न !

उद्‌गार-चिह्न हर्ष, विस्मात, घृणा, आश्चर्य आदिको भाव प्रकट गर्दा र सम्बोधनमा पनि लाग्छ । उदाहरण–

अहो ! आजको साँझ कति रमाइलो छ !

कठै बिचरा ! सानु भञ्याङबाट लडेछ !

धिक्कार हो मकन बस्नु नराखी कीर्ति ! **(भानुभक्त)**

कमिलाले जाँतो बोक्यो भुसुनाले रिगायो ! **(लोकगीत)**

अहा ! हिमालका चुच्चुरामा घामको लाली कति राम्रो देखिएको !

आगा ! छिटो आउनुस् न ।

अरूका कुरा पनि सुन्नुपर्छ, भाइ !

उद्धरण-चिह्न ` ' " "

प्रायः शब्दको विशेष जोडमा वा तिनलाई महत्त्व दिंदा, कुनै कुराको उद्धरणमा एकोहोरो (' ') र बोलेको कुरा जस्ताको तस्तो राख्नुपर्दा, कुराकानी र सवाल-जवाफमा दोहोरो (" ") उद्धरण-चिह्नको प्रयोग गर्नु उचित हुन्छ । उदाहरण—

स्व० लेखनाथ पौडेललाई 'कविशिरोमणि'-को उपाधि दिइएको थियो ।

महाकवि देवकोटाको 'मुनामदन' लोकप्रिय कृति हो ।

'लौ त बस्नोस्, म जान्छु' भनेर परदेशी बाटो लागिहाल्यो ।

बाजेले भन्नुभयो— "पढेर भन्दा परेर जानिन्छ ।"

स्वामी विवेकानन्दले भनेका थिए— "उठ, अनि यो चक्कामा काँध लगाऊ, नत्र जीवन कत्ति पो लामो छ र ? तिमी यो संसारमा आएका छौ, केही चिनो छोडेर आऊ । नत्र तिमी, ढुङ्गा र रूखपातमा के पो भिन्नता रह्यो र ? तिनीहरू पनि जन्मन्छन्, कुहुन्छन्, अनि मर्छन् ।"

"के हो ठूलो जगतमा ?" "पसिना, विवेक ।"

"उद्देश्य के लिनु ?" "उडी छुनु चन्द्र एक" । **(देवकोटा)**

निर्देशक-चिह्न —

कुनै कुरालाई व्याख्या वा उद्धृत गर्दा, अर्थ्याउँदा र बातचितमा बोल्नेका पछाडि निर्देशक चिह्न लगाइन्छ । उदाहरण—

सप्तकोसीमा सात नदी छन्— सुनकोसी, इन्द्रावती, दूधकोसी, तामाकोसी, लिखु, अरुण र तमोर ।

संसारमा खालि दुई शक्ति छन्— तरबार र कलम । अन्त्यमा सधैँ तरबारको हार र कलमको जित हुन्छ । **(नेपोलियन)**

माया कहाँ पुगिन्, के गर्छिन्— मलाई थाहा छैन ।

मेरी छोरी— ऊ अहिले सात वर्षकी छ, चौथो श्रेणीमा पढ्छे ।

उपहार— कोसेली, सौगात ।

गृह— घर, आलय, सदन ।

नवीन— नयाँ, नौलो

सगर— आकाश, नभ

शिक्षक— तिम्रो घर कहाँ हो ?

छात्र– जनकपुर ।

शिक्षक– काठमाडौँ कहिले आएको ?

छात्र– वर्ष दिन भो ।

कृपया निम्नलिखित पुस्तक पठाइदिनुहोस्–

   १. रमाइला नानी भाग १, २ र ३

   २. राम्रो रचना मीठो नेपाली

भवदीय–/तपाईंको–

योजक-चिह्न –

दुई शब्दलाई जोड्नुपर्दा र हारको आखिरीमा शब्द नअटाई अर्को हारमा लेख्नुपरेमा योजक-चिह्नको प्रयोग गर्ने गरिन्छ । उदाहरण र प्रयोग–

   रात-दिन   सुख-दुःख

   दीन-दुःख   हर्ष-विस्मात

   सचेत लेखक-कविहरू संसारका सर्वश्रेष्ठ शक्ति हुन् ।

   यो पीर-मर्का बुभ्ने को होला ?

   मुनाले बन-बुटेन, छहरा-पहरा र लेक-बेसी गर्दै तिनैसित मितेरी लगाई सुख-दुःख पोखी ।

   हाम्रो छिमेकमा वृन्दावन नामका एक जना असल साथी थिए । उनी सबैसित राम्रो व्यवहार गर्थे ।

कोष्ठक-चिह्न ( ) [ ] { }

कोष्ठक-चिह्नहरू शब्द र मूल वाक्यसित असम्बन्धित कुरामा क्रम वा विषय छुट्ट्याउँदा कोष्ठ ( ), कुनै विशेष स्थिति र कुरामा बन्धनी [ ] र ढाक्नुपर्दा जुँघे चिह्न { } लगाइन्छ । यी सबै चिह्न हिसाबमा धेरै प्रयोग हुन्छन् । उदाहरण–

   तिमीले भेट्न खोजेको मानिस (सुशील) यहीँ छन् ।

   हिमालका लेकतिर नम्बु, बक्खु, लुकुनी (राडीको कोट), जमठ, फुरु (काठको बटुको) र आरी पनि बनाउँछन् ।

   कोशलको राजधानी पहिले अयोध्या (साकेत) भए तापनि पछि राप्ती (अचिरावती) नदीका किनारको श्रावस्ती थियो भन्ने टुङ्गो लागिसकेको छ ।

   नेपाली भाषाबाट अन्य भाषामा अनुवाद (१) मुनामदन, (२) उसैको लागि, (३) प्रह्लाद ।

(शारदा मासिक, १९९१)

$$\left.\begin{array}{cc} अ & आ \\ & + \\ आ & आ \end{array}\right\} = आ \qquad\qquad [८ + ६ - (३-२) - ४] = ?$$

अरू केही चिह्न ० ๎ ...

लाघवचिह्न ०– यो चिह्न प्रचलित वा विशेष शब्दको छोटकरी उच्चारणमा लगाइन्छ । जस्तै–

रच०–	रचना ।	ले०–	लेखक ।
अनु०–	अनुवादक ।	पं०–	पण्डित ।
ऐ०–	ऐजन ।	सं०–	संवत् ।
क्र० सं०–	क्रमसङ्ख्या ।	कृ० उ० प०–	कृपया उता पल्टाउनुहोस् ।

लोपचिह्न ๎ – यो चिह्न शब्द र वाक्य छुटेमा थप्न प्रयोग गरिन्छ । यसलाई 'कागपाते' पनि भनिन्छ । उदाहरण–

व्याख्या वा

१. कुनै कुरालाई ๎ उद्धृत गर्दा राम्रोसित गर्नुपर्छ ।

मानिसका मनको वह र वेदना मात्र होइन,

२. लोकगीतको एक चरणले ๎ तात्कालिक समाज र सभ्यताको पनि बोध गराउँछ ।

विलोप र अपूर्णचिह्न– शब्दमा कुनै अक्षर लुकेको भए विलोप-चिह्न (') र शब्द वा वाक्यको बाँकीमा अपूर्ण चिह्न (....) लाग्छन् । उदाहरण–

न यता' ट पा'को छ न उता' ट ।

गीतसँगै बग्दो रे'छ तिम्रो पनि पीर ।

बलजफ्ती मुस्काउने प्रयत्न गरैँ, तर....

सारा झलमल्ल भो । लीलाको जीवन-दीपचाहिँ .... !

टीकाचिह्न– □ ★ ✻ यी चिह्न कुनै कुराको टीका वा टिप्पणी दिँदा लगाइन्छ । माथिका बाहेक अरू पनि केही चिह्न छन् । ती चिह्न अवस्थाअनुसार प्रमाणपाठ (प्रुफपढाइ), टिपोट, चिनु आदिका निम्ति प्रयोग गरिन्छन् । केही त्यस्ता चिह्न हुन्–

= बराबर, जोड्ने वा मिलाउने ।

✓ ठीक छ ।

छुट्ट्याउने वा खाली गर्ने ।

× होइन अथवा नचाहिने ।

∴ त्यसैले, त्यस कारण । इत्यादि ।

पद्यरचनामा चिह्नको कम्ती प्रयोग

पद्यरचनामा पङ्क्ति टुक्रिने भएको र नरोकिने दृष्टिमा विराम-चिह्नको कम्ती प्रयोग पनि हुन्छ । जस्तो–

गुलाफलाई देखेर राम्रो हे भाइ ! नछुनू
लोभले हेर्‍यो मोहनी गर्‍यो जङ्गली नहुनू
सिर्जनाभित्र रचना राम्रा नजरका जुहार
ईश्वरको हाँसो पाएका फूल छोएर नमार

— लक्ष्मीप्रसाद देवकोटा

यी रोए पनि दुःख लाग्छ यिनले सम्झे कि आमा भनी
यी हाँसे पनि सुक्ख छैन यिनले बिर्से नि आमा भनी
को हेर्ला अब हर्षसाथ यिनले हुर्केर खेले पनि
फाटी मर्नु छ, पीर लाग्छ यिनले फुर्की नखेले पनि

— माधवप्रसाद घिमिरे

कथाका राजकुमारभैँ देश भ्रमण गर्दागर्दै
राक्षसले लुटिएको सुनसान शहरमा आइपुग
एकलासको बगैँचामा सुतिरहेकी मलाई एक्कासि फेला पार
मलाई बाबु-आमा भन्न कर परिरहेका
राक्षसहरूबाट छुटकारा दिन कम्मर कस,
म राक्षसहरूलाई आँसुले छकाएर तिनीहरूको
काल पत्ता लगाइदिन्छु
तिमी उनीहरूलाई मार, मलाई हर !

—गोपालप्रसाद रिमाल

जीवन ओइलाएको पातजस्तो मन पर्दैन मलाई
जीवन बिलाएको रातजस्तो इच्छा हुँदैन मलाई
एकपल्ट फर्नु परोस् न बरु उज्यालो छोडेर
जीवन त बिहान र फूलजस्तो मन पर्छ मलाई !

—कृष्णप्रसाद पराजुली

शब्दशक्ति, सारशब्द र खुल्दो अर्थ

रचनामा शब्दशक्ति र खुल्दो अर्थको विशिष्ट स्थान रहन्छ । शब्दको शक्ति कति किसिमबाट व्यक्त हुन्छ र कुन शब्द कसरी खुल्छ भन्ने थाहा भएन भने लेखाइमा सीप र कुशलता आउँदैन । यसैले जुन शब्द राख्दा अनुप्रास मिल्छ, अलङ्कार बढ्छ र भाव पनि खुल्छ त्यो शब्दको चयन, संयोजन र उचित प्रयोग गर्नु लेखाइको निपुणता हो । शब्दको यस्तो प्रयोगमा असीमित शक्ति लुकेको हुन्छ । कस्तै मानिसहरूलाई पनि यसले आफूतिर तान्न सक्छ । यसै क्रममा, विशेष स्थितिमा प्रयोग हुने वा अभिप्रायमा आउने शब्दहरूको बोध हुनु आवश्यक छ र त्यसैअनुसार उचित ढङ्गले तिनको व्यवहार हुनुपर्छ । यसबाट भाषामा चमत्कार आउनाका साथसाथै सौन्दर्यको वृद्धि हुन्छ । रचना पनि दरिलो र पोटिलो हुन सक्छ ।

शब्दशक्ति

शब्दशक्ति कुनै पनि शब्दको विशेष अर्थ बुझाउने शक्ति हो । शब्दको सम्बन्ध अर्थसित हुन्छ र अर्थद्वारा नै शब्दको शक्ति प्रकट हुन्छ, 'शब्दार्थ सम्बन्धः शक्ति' । अभिधा, लक्षणा र व्यञ्जना गरी शब्दशक्ति तीन प्रकारका छन् ।

१. अभिधा

अभिधा भनेको शब्दको वाच्यार्थ (वाच्यले दिने अर्थ अर्थात् अभिधेय वा सीधा अर्थ) बुझाउने शक्ति हो । यसमा क्रिया र कारकको सोझो सम्बन्ध हुन्छ र त्यसले सामान्य रूपमा शब्दको निश्चित अथवा साङ्केतिक (प्रत्यक्ष) अर्थको बोध गराउँछ । जस्तै–

त्यो कलम लेऊ त ।

ऐनामा अनुहार हेर ।

मसी दराजमा छ ।

किताब टेबुलमा राख ।

तिमी एकछिन तल जाऊ ।

बगैँचामा फूल फुल्यो ।

२. लक्षणा

लक्षणाको प्रयोग सोझो अर्थमा नभई सम्बन्ध वा अभिप्रायलाई लिएर लक्ष्यार्थका रूपमा (घुमाउरो पारामा) गरिन्छ । यसैले यो विशेष गरी उखान-टुक्काका रूपमा व्यवहृत हुन्छ । कुनै कारकको क्रियाका साथ विरोध देखिएमा

त्यसमा लक्षणा गरी विशेष प्रयोजन ल्याइदिनुपर्छ । लक्षणाका निम्ति तीन कुरा आवश्यक हुन्छन्– (१) मुख्यार्थमा बाधा, (२) मुख्यार्थसँग सम्बन्ध र (३) प्रयोजन वा रूढि । जस्तै–

मेरो घर बाग्मतीमा छ ।   (बाग्मतीको छेउछाउ कतै)

यो मान्छे गोरु हो !   (मूर्ख हो)

म त्यो काम गर्न कान समात्छु ।   (चेतेकाले अधि सर्दिनँ)

३. व्यञ्जना

कुनै सम्बन्ध नभईकन प्रकरणको सहायताले जब कुनै कुरा आफैँ सम्झनामा आउँछ र व्यङ्ग्यार्थ बुझाई चमत्कारी अर्थ दिन्छ, त्यो व्यञ्जना हुन्छ । जस्तै–

मेरो घर बाग्मतीमा छ ।   (शीतल ठाउँको अभिप्रायमा)

त्यो फूलको कोपिला हो ।   (कोमल वा भविष्यमा सप्रने बालक हो)

त्यसमा पनि पालुवा लाग्यो ।   (त्यो पनि कार्यक्षेत्रमा उत्र्यो)

भावपूर्ण शब्द

कुनै शब्दलाई लिँदा त्यसको सामान्य अर्थबाहेक विशेष भावपूर्ण अर्थको बोध हुन्छ । 'कुम्भकर्ण' रामायणकालीन र 'भीमसेन' महाभारतकालीन व्यक्ति हुन्, तर अचेल यी शब्दका अर्थ खास गरी अधिल्लोको 'सुताहा' र पछिल्लोको 'बलवान्' हुन्छ । तल यस्तै भावपूर्ण वा प्रतीकात्मक केही शब्दहरू दिइएका छन्– एक थरी पौराणिक कुराबाट र अर्काथरी प्रकृति-जगत्बाट ।

पौराणिक कुराबाट

अगस्ति–	खन्चुवा ।	अर्जुन–	वीर ।
एकलव्य–	एकचित्त ।	कंस–	अत्याचारी ।
कर्ण–	दानी ।	कुबेर–	धनी ।
कुम्भकर्ण–	सुताहा ।	कैकेयी–	स्वार्थी, डाहाडे, डाहिल्ले ।
चाणक्य–	नीतिमान् ।	दधीचि–	त्यागी ।
दुर्योधन–	अभिमानी ।	दुःशासन–	दुष्ट ।
दुर्वासा–	रिसाहा ।	नारद–	कुरौटे, बाझो गराउने ।
पिङ्गला–	वेश्या ।	बलि–	दानी ।
बृहस्पति–	बुझुक, बुद्धिमान् ।	भरत–	असल (भाइ) ।
भस्मासुर–	कृतघ्न ।	भगीरथ–	कुनै काममा लागिरहने ।
भीमसेन–	बलवान् ।	भीष्म–	दृढप्रतिज्ञ ।
मन्थरा–	भाँडा, कुरौटे ।	मीरा–	भक्तिनी ।
युधिष्ठिर–	सत्यवादी ।	राहु–	पिराहा ।
लक्ष्मी–	धन, चञ्चलता ।	विभीषण–	घरको भेद बताउने ।

वीरबल–	चलाख ।	शकुनि–	कपटी, जुवाडे ।
शूपर्णखा–	नकटी, कुरूप ।	सरस्वती–	विद्या ।
सावित्री–	पतिव्रता ।	सीता–	पवित्र ।
सुदामा–	गरिब ।	सूरदास–	अन्धो ।
हनुमान्–	काम फत्ते गर्ने ।	हरिश्चन्द्र–	सत्यवादी ।

प्रकृति-जगत्‌बाट

अजिङ्गर–	हलचल नगरी बसेर मात्र खाइरहने ।	कुकुर–	जातिको शत्रु वा अर्काको खाएर निर्वाह गर्ने (व्यक्ति),स्वामीभक्त।
कोइली–	मीठो गला भएको ।	कौवा–	चलाख ।
गधा–	मूर्ख मान्छे ।	गाई–	सोझो ।
गिद्ध–	मांसाहारी, तीखो आँखा भएको ।	गोरु–	अबुझ ।
		ढुङ्गो–	साह्रो ।
जुको–	रक्तपिपासु ।	पत्थर–	कडा हृदयको ।
फटेङ्ग्रो–	फट्को मार्ने (व्यक्ति) ।	बँदेल–	मोटो (व्यक्ति) ।
बाँदर–	चकचके ।	बिरालो–	लोभी ।
बोको–	पुड्को, कामुक ।	ब्वाँसो–	चेपारो पारेर धुत्ने (व्यक्ति) ।
भ्यागुतो–	बेकारमा बकबकाइरहने ।	भाले–	सबैभन्दा ठूलो हुन खोज्ने ।
मैना–	पटपट बोलिरहने व्यक्ति ।	मौरी–	परिश्रमी ।
शेर वा सिंह–	बहादुर ।	सर्प–	कारणविना दुःख दिने (व्यक्ति)।
साँढे–	कसैलाई नटेर्ने ।	सुँगुर–	फोहोरी ।

आदरसूचक शब्द

रचनामा आदर वा स्नेह जनाउने केही शब्दको प्रयोग पनि अनिवार्य हुन्छ । यसबाट रचयिताको शिष्टता र सभ्यता झल्कनुका साथै उचित आदरभाउ पनि देखिन्छ ।

नाम वा पदका अगिल्तिर लाग्ने (खास गरी चिठीपत्र, आमन्त्रण आदिमा) आदरसूचक केही शब्द यी हुन्–

आदरणीय–	श्रद्धेय व्यक्तिका लागि ।
चिरञ्जीवी–	छोरानातिका लागि ।
कुमारी–	अविवाहिता ।
महामहिम–	राष्ट्रपति, राजदूत आदिका लागि ।
माननीय–	मन्त्री, यस्तै उच्च अधिकारीवर्ग र मान्यजनका लागि ।
श्रद्धेय–	आदरणीय व्यक्तिका लागि ।
श्री–	सबै नामका अगाडि ।
श्रीमती–	विवाहिता स्वास्नीमानिसका लागि ।

श्रीमान्–		आदरणीय व्यक्ति र अधिकारी पदका लागि ।
सुश्री–		अविवाहिता स्वास्नीमान्छेका लागि ।
सौभाग्यवती–	बिहे भएकी चेली र सधुवाका लागि ।
यस्तै, ज्यू– नामका पछाडि लाग्ने श्रद्धासूचक शब्द । ('श्री' र 'ज्यू' दुवै आदरसूचक हुँदा 'ज्यू' लगाएपछि अगाडि 'श्री' लगाउनु आवश्यक छैन । त्यस्तै नामको अगिल्तिर पदवी भएमा पनि 'श्री' राख्नु पर्दैन । जस्तै– प्रधानमन्त्री, शिक्षामन्त्री, कुलपति ..... ।)

सम्बोधनमा–

दुलही–		बुहारीलाई ।
नानी–		स्नेह गरिने व्यक्तिलाई ।
बाबु–		स्नेह गरिने व्यक्तिलाई ।
महाशय–		समानस्तरीय वा आफूमनिका व्यक्तिलाई ।
महोदय–		उच्चस्तरीय व्यक्तिलाई ।
राजा–		प्यारो गरेर भनिने व्यक्तिलाई ।
साहू वा सेठ–	व्यापारीलाई ।

सारशब्द

धेरै शब्दका लागि एउटै शब्दले अर्थ छर्लङ्ग्याउने थुप्रै शब्द हुन्छन् । यस्ता शब्दले थोरैमा धेरै कुरा प्रकट गर्छन् । जस्तो तलका वाक्यमा आएका रेखाङ्कित शब्दावली वा वाक्यांशको सट्टा कोष्ठकमा जनाइएका शब्द प्रयोग गरी वाक्य संक्षिप्त पार्न सकिन्छ । यी शब्दहरूको ज्ञान रचनाका सन्दर्भमा निकै आवश्यक र उपयोगी त छँदै छ, साथै त्यसले भनाइ र शैलीलाई पनि प्रभावकारी र सारगर्भित बनाइदिन्छ ।

कुनै पत्रिका **समयभन्दा बाहिरका** कुरा छाप्छन् ।			(असामयिक)
अरूसित नमिल्ने एक्लो स्वभावको मान्छे काम लाग्दैन ।		(एकलकाँटे)
जो टाढासम्म देख्न सक्छ त्यस्ता व्यक्ति कमै हुन्छन् ।		(दूरदर्शी)
दीपकलाई मैले **दुई नदी मिलेको ठाउँमा** भेटेको थिएँ ।		(दोभान)
पुतलीले **घाममा सुकाउन फिँजाएको अन्न** उठाएर थन्क्याई ।		(बिस्कुन)
माइतमा धेरै बस्ने महिलाले घर गर्दैनन् ।			(मैतालु)

धेरै शब्दका लागि एक शब्दमा आउने यस्ता सारपूर्ण शब्दहरूका केही उदाहरण तल दिइएका छन् ।

धेरै शब्द	सारशब्द
दुनोभैँ पारेर जोरेको हात	: अँजुली
जो सबै कुरा खान्छ	: अघोरी
जसको कुनै शत्रु छैन	: अजातशत्रु
जसलाई केही गरे पनि जित्न सकिँदैन	: अजेय

कसैलाई नटेर्ने	: अटेरी
जसलाई देखिँदैन	: अदृश्य
आधा फाटेको, आधा सद्दे	: अर्धानो
उपमा नभएको	: अनुपम
जसको परिमाण छैन	: अपरिमेय
जति बुझाए पनि नबुझ्ने	: अबुझ, गोबरगणेश
भेदन गर्न (छेड्न) नसकिने	: अभेद्य
जो कहिल्यै पनि मर्दैन	: अमर
बेकाममा हिँडिरहने	: अल्लारे
आफूले आफैँलाई मार्ने काम	: आत्महत्या
आदिदेखि अन्तसम्म	: आद्योपान्त
अरूको आशा मात्र गरेर बस्ने व्यक्ति	: आशामुखी
आगो बाल्ने फलामको चुलो	: ओदान
बिहेमा कलश बोक्ने महिला	: कलस्यौली
कल्पना गरेभन्दा बढ्ता	: कल्पनातीत
अर्कालाई काँध थापिदिने	: काँधे
एउटा आँखा नभएको	: कानो
जो अर्काको साटो काम गर्छ	: कायममुकायम, प्रतिनिधि
कोठामा मात्र बसिरहने स्त्री	: कोठेरानी
आकाश र पृथ्वी जोरिएजस्तो देखिने ठाउँ	: क्षितिज
दुइटा खुट्टा नभएको	: खोरन्डो, ड्डो
घरजम गरेर बस्ने व्यक्ति	: गृहस्थ
चन्द्रमाजस्तो मुख भएको	: चन्द्रमुखी
चन्द्रमाको जस्तो हार भएको	: चन्द्रहार
चारैतिर तुना बाँध्ने चोलो	: चौबन्दी
चार रङ्ग भएको	: चौरङ्ग
जसमा चार रङ्गी छ	: चौरङ्गी
एउटा कुरो भनेभैँ अर्को कुरा जनाउनु	: छनक, सनेस
यताउता छरिएको	: छरपस्ट
खोलो फिँजारिएको (पैदले) तर्ने ठाउँ	: जँघार
नयाँ-नयाँ कुरा जान्न खोज्ने	: जिज्ञासु
ठीक समयमा काम गर्न नसक्ने	: जुम्सो
जो घरजम त्याग्दछ	: जोगी, संन्यासी
जसलाई सबै कुराको बोध छ	: ज्ञानी
एउटालाई देख्दा अर्कालाई सम्झने सिलसिला	: झझल्को
एउटा हात नभएको	: ठुँडो

माछा थाप्ने बाँसको कप्टेराले बुनेको
  सोलीजस्तो खोर : ढडिया, थित्री
तीन मुहानको समुदाय : तीनमुहानी
तीन नदीको सङ्गम : त्रिवेणी
तीन हात नाप भएको : त्रिहत्ती, तीनहाते
समाजको जेठोबाठो व्यक्ति : थकाली
जो जन्मभर बिहाउँदैन : थारो, बैलो
घिउ झिक्ने सानो डाडु : थुर्पी, कर्काउली
कुराकानीमा दोहरिने शब्द : थेगो
अलिअलि सुकेर गएको : दरसुका, अखेटो
छोरीचेलीलाई दिइएको वस्तु : दाइजो
खुकुरी राख्ने खोल : दाप
टाढासम्म दृष्टि पुर्‍याउन सक्ने : दूरदर्शी
जहाँ पुग्न अति कठिन छ : दुर्गम
जुन वस्तु पाउन कठिन छ : दुर्लभ
दुई बाटाको समुदाय : दोबाटो
धान थन्क्याउने ठाउँ : धनसार
बालिग हुन निर्धारित उमेर नपुगेको : नाबालक
लिने किसिमले राख्न दिइएको वस्तु : नासो
लाज, धक र डरले बोल्न नसक्ने : निमुखा
भित्रपट्टि चामल नभएको फोस्रो धान : पगटा
पाँच प्रकारको मिठाई : पचमेल
हराएको चीज पाएबापत दिइने इनाम : पनौनी
परेवाको जस्तो आँखा भएको : परेवाआँखी
ज्याला नलिई परस्पर मानिसैद्वारा गर्ने-
  गराउने काम : पर्म
खाएको वस्तु पचाउनमा मद्दत दिने वस्तु : पाचक
जो दुवैतर्फबाट छर्लङ्ग देख्न सकिन्छ : पारदर्शी
पीपलको जस्तो पात भएको : पीपलपाते
स्वास्नीमानिसको आफ्नो सम्पत्ति : पेवा
दूध छुट्न लागेको वस्तु : बकेर्नु
नानाथरी रूप लिने : बहुरूपी
बाघको जस्तो मुख भएको : बाघमुखे
बाँसको चोयाले बनेको बिर्को लाउने सन्दुस : बिरिम
शरीरमा सफा पार्न दलिने बाक्लो सुगन्धी धूलो : बुकुवा

जुन चीज चल्तीमा छैन : बेचल्तीको
रोपाइँमा बजाइने बाजा : बेठी
पारैतिर पहाडले घेरिएको समथर ठाउँ : बैसी, उपत्यका, दून
अर्कले लाएको गुन बिर्सने वा जो
   अरूको गुन सम्झँदैन : बैगुनी
नमीठो बोल्ने : कटुभाषी
थोरै बोल्ने : मितभाषी
मीठो बोल्ने : मृदुभाषी
गर्भ तुहाउने काम : भ्रूणहत्या
माछाको काँडाजस्तो बुट्टा भएको : माछाकाँडे
माझ गाउँमा बसेको मान्छे : माझगाउँले
जो सबैको कुरा खान्छ र पक्का पनि छ : माथवर
वरिपरि गोरुको हार लगाई बाँधिएको कीलो : मियो
माछाको जस्तो आँखा भएकी स्त्री : मीनाक्षि
अर्काको मुख बनेर बोल्ने : मुखसारा
तरबार राख्ने खोल : म्यान
राति आँखा नदेख्ने : रतन्धो
लामा कान हुने : लमकन्ने
बीचमा बसी वरकन्याको बिहेको कुरा मिलाइदिने : लमी
लामा-लामा पात भएको : लामपाते
लामो पुच्छर भएको : लामपुच्छ्रे
लामो हात भएको : लामहाते
नानीलाई सुताउन आमाले गाउने गीतिलय : लोरी
जसको बिहे भएको छ : विवाहित
जसको बिहे भएको छैन : अविवाहित
जो आफ्नो देशको होइन : विदेशी
असल-कमसल छुट्ट्याउन सक्ने : विवेकी
सय वर्षको समय : शताब्दी
हरियो वा सागपात मात्र खाने : शाकाहारी
सधैँभरि रहिरहने : शाश्वत
एकै जातिको : सजातीय
दान दिन लायक : सत्पात्र
एकै समयको : समकालीन
समय सुहाउँदो : सामयिक
रस झिकेर फ्याँकिएको छोक्रा : सिट्ठी, फल्गु

फोस्रो ढाँचा गरेर हिँड्ने : स्वाँगी, आडम्बरी
अरूको भर नपरी आफ्नै खुट्टामा उभिने : स्वावलम्बी
बाछा/बाछी, पाडा/पाडी मरेको दुहुनो पशु : हतुवा

सुहाउँदिला शब्द-शब्दावली

कतिपय शब्द वा शब्दावली खास व्यवहारविशेषमा प्रचलित भएर आएका हुन्छन् ।
जस्तै 'भरभराउँदो जवानी' हुन्छ भने मसिना मिलेका दाँतलाई 'काँक्रीबियाँ दाँत'
भनिन्छ । क्रियामा चम्किनुमा बिजुली, दर्किनुमा पानी र थर्कनुमा मानिस वा भुइँ
सार्थक हुन्छन् । उठ्नु कि बस्नुले असजिलो जनाउँछ भने भुइँमा न भाँडोमा भन्दा
मान्छे उम्लिएको स्थिति बुझिन्छ ।

एक अँजुली पानी खान्छु, एक कुड्को सुपारी देऊ, तिनले एक थुँगो फूल कपालमा
घुसारिन्– यी वाक्यबाट पनि के देखिन्छ भने शब्दको परिमाण देखाउनका निम्ति
वस्तुको गुण हेरेर कतिजसो शब्दावली आफ्नै किसिमले प्रयोगमा आउँछन् ।

यसरी गुण, स्थिति, अवस्था, परिमाण आदि जनाउँदा निश्चित वा भावसक्षम अर्थमा
सुहाउने खालका शब्द प्रयुक्त हुन्छन् । यस्तै सुहाउँदिला केही शब्द र शब्दावली
क्रमशः तल देखाइएका छन् ।

(क) विशेषण

एकहाते	(वस्तु)	एकुन्द्रो	(ज्वरो)
ओठे	(जवाफ)	कनफट्टा	(जोगी)
घनघोर	(जङ्गल, वर्षा)	टकटकाउँदो	(ओछ्यान)
घुसघुसे	(बानी, मानिस)	चकमन्न	(रात, स्थान)
चरीनड्ग्रे	(धान)	चुँदरीबुट्टे	(पटुका)
जुँगामुठे	(छोरो)	जोइटिङ्ग्रे	(लोग्ने)
झलमल्ल	(दिन)	टन्टलापुर	(घाम)
ढुकुवा	(भात)	तीनआँख्ले	(तारा)
दारिमबियाँ	(दाँत)	दुईजिब्रे	(मानिस)
धम्मरधुस	(जोगी)	नागबेली	(खोलो, बुट्टा)
पञ्चरङ्गी	(धागो)	पञ्चरङ्गे	(बाजा)
परेवाआँखी	(कपडा)	पाँचथुने	(भैँसी)
बहालवाला	(हाकिम)	भग्न	(हृदय)
भुतभुते	(खरानी)	मक्खीबुट्टे	(खास्टो)
मनतातो	(पानी)	मुटुछेड	(बोली)
मुसलधारे	(पानी)	रमरम	(पीरो)

लत्याहा	(छोरो)	लमकन्ने	(बाख्रो)
लहलहाउँदो	(बाली)	लुगलुगे	(जाडो)
सालबसाली	(खाम्नी)	सिन्के	(धूप, मूला)
सिमसिमे	(पानी)	सिर्सिरे	(बतास)
सुइँखुट्टे	(मानिस)	सुकसुकाउँदो	(जीउ)
सुगाटुँडे	(नाक)	हात्तीसुँडे	(वर्षा)

(ख) क्रिया

कर्काउनु	(आँखा)	खुट्नु	(लुगा)
गाँस्नु	(टपरी, लाफो)	गुर्रिनु	(पेट)
घस्नु	(चिल्लो)	घुम्नु	(घट्ट)
झमझमाउनु	(हात)	झुल्कनु	(घाम)
तग्नु	(खास्टो, दोलाइँ)	तताउनु	(दूध)
तौलनु	(चीज, मानिस)	दन्कनु	(आगो)
निफन्नु	(नाङ्लो)	बताउनु	(धान)
भर्कनु	(पशु)	मर्काउनु	(कम्मर)
लाग्नु	(नङछुरी, नशा, लाम)	लुँड्याउनु	(साग)
सुसाउनु	(खोलो)	हम्कनु	(पङ्खा, नाङ्लो)

(ग) बीचमा 'न' लागेका शब्दावली

आराम	न	विराम	उकेल्नु	न	निल्नु
कुरो	न	कन्थो	खाइ	न	पाइ
खानु	न	खुट्नु	गर्नु	न	बिराउनु
गाँस	न	बास	घर	न	घाट
घर	न	सर	छन्द	न	बन्द
छेउ	न	पुच्छर	जान्नु	न	तान्नु
तातो	न	छारो	पढ्नु	न	गुन्नु
पैसा	न	सैसा	बाटो	न	घाटो
यता	न	उता	रुनु	न	हाँस्नु
वर	न	पर	देख्नु	न	सुन्नु
लाटो	न	बाठो	लिनु	न	दिनु
सुझ	न	बुझ	सिङ	न	पुच्छर
हस्स	न	बस्स	हार	न	गुहार
हेन्नु	न	चहार्नु	हेरी छाड्नु	न	गरी पुऱ्याउनु

(घ) परिमेय नामपदावली

एक अँजुली पानी
एक काँटी सलाई
एक कुड्को सुपारी
एक खुट तोरी
एक गरियो वा चौँठो तेल
एक घान मकै
एक चिम्टी चिनी
एक झाम्टो साग, बाबियो
एक झुप्पो अङ्गुर वा दाख
एक ठेली पुस्तक
एक ढिँडी खोर्सानी
एक त्यान्द्रो पराल
एक थुँगो फूल
एक पित्को चुक
एक फाँको सातु
एक बगाल भेडा
एक बिटो वा अँगालो दाउरा
एक मुरी माटो
एक लर्कन जात्रू
एक लुम पोते
एक सल ईँट
एक हरप अक्षर

एक काँगियो केरा
एक कित्ता नोट, खेत-बारी
एक कुम्लो लुगा
एक गफ्फा वा फाँको चिउरा
एक गिँड वा ढाँक उखु
एक घुड्को पानी
एक झर पानी
एक झुत्ता मकै
एक टीको सिन्दूर
एक डल्लो नौनी
एक ढिको नुन
एक थान कपडा, असर्फी
एक पसर चामल
एक पेट भात
एक फूल ल्वाङ
एक बथान खसी
एक बिरा पान
एक रोपनी खेत
एक लहर दाम
एक सर्को पिङ
एक सिल माछा
एक हर्पे घिउ

उपमा र प्रतीक

नयाँ-नयाँ प्रयोग र प्रतीक दिन सके रचना उज्यालिन्छ, चम्किन्छ । यस्तो शक्ति प्रचलित वाक्यांश वा नौलो र मार्मिक उपमाहरूद्वारा आउँछ । यसैले रचनामा यिनको विशिष्ट स्थान रहन्छ । उपमा र प्रतीक आफ्नो प्रकृतिअनुकूल केही व्यवहारमा आफैँ बनेका हुन्छन्, केही कवि-लेखकले नै बनाउँछन् । यस्ता प्रयोगमा विचार पुर्‍याउनुपर्ने कुरो के छ भने उपमाहरू आफ्नै माटो र पानी, आफ्नै जग र जीवनका हुनुपर्छ, त्यसो भए मात्र अभिव्यक्ति राम्रो र सुहाउँदिलो हुन सक्छ । यिनै दृष्टान्तअनुरूप, सङ्कलित र सृजित केही उपमा र प्रतीकहरू तल क्रमैले दिइएका छन्—

अँध्यारो रातपछि बिहानको आशामा हिँडेको बाटो
आँखा पनि झम्म्याकझिमिक गर्ने बैँस
आँखामा लागेको असारे झरी

आमाजस्ती गुनिली वा माया गर्ने
उखेलेको मूलाजस्तो मानिस
उप्रेको भयालजस्तो पा फुलेको फूलजस्तो जोबन
कपास वा रुवाजस्तो मन (हलुको)
काँडाका फाङ्मा अलमलिएका चराझैँ रङमडिनु
कोसीको पानीजस्तो सपना
खँडहरमा बिउँझने गरेका सपना
खोलो सुसाएजस्तो जिन्दगी
गुराँसैगुराँस फुलेका आँखाहरू
गुराँस र सुनगाभामा फुल्ने देश
चन्द्रमा छुनेजस्तो उच्च प्रण
चाना पखालेको जस्तो कुरो
चिप्लेकीराको रालमाथि हिँड्ने मान्छे
चराचुरुङ्गी बोल्ने र उड्ने अक्षरहरू
चुक घोप्ट्याएजस्तो अँध्यारो (निष्पट्ट)
छाया र फूलहरूमा जिन्दगी बिसाइदिएजस्तो
छोप्राकीले फूलपाती हेरेझैँ
जलुकोमाथि पानीको थोपाजस्तो माया
जून कलकलाएको गीतजस्तो मुस्कुराइ
जूनभन्दा पनि शीतल अनुहार
झरीका भोलिपल्टको घामजस्तो स्मृति
झरीको भतेर भएको काम
झरेका सपनाका पातहरूमा टेकेर
झर्नाहरू घुसेका मीठा लबज
डाँडाको जून वा घामजस्तो (उमेर)
डाँडाको बतासररि उडेको मन
डाँफे चरीको जस्तो रङीचङी रूप
ढुङ्गाले हानाहान गर्ने बैंस
ढुङ्गोजस्तो साह्रो वा नबोल्ने मानिस
तीन फेरा पिटेको सुनजस्तो बान्की
दुम्सीहरूको काँढाफेकाइ
दूधजस्तो सेतो वा चोखो
धान कुटेर आएको जस्तो अनुहार
नीला पहाडहरूका प्राकृतिक भाषा
नुन खाएको कुखुरोजस्तो
नौनीजस्तो नरम बोली वा मन

न्याउली भुराएझैँ हुनु
पम्फाको फूलजस्तो कोमल
परेवा-परेवीको जस्तो मायापिर्ती
पशुपतिमा माझेर राखेको गडुवाजस्तो
पानीझैँ चञ्चल, कल्पनाजस्तो अनुहार
पानीभित्र साँझको घामजस्तो लाग्यो तिम्रो आउनु
पीँध नभएको अम्खोराजस्तो
पुसको पहारिलो घामसरि
पृथ्वीजस्तो शान्त वा सहनशील
पोल्दापोल्दै उम्केको माछोजस्तो
प्रीतिका आँखामा छचल्किएको आँसु
फ्याउरोजस्तो धूर्त वा छट्टू
फलले लटरम्म भएझैँ
फोर्न लागेको ओखरजस्तो
बयलपाटका पीपलको पातजस्तै नाचिरहेको
बर्सातको खहरेजस्तो (जवानी, स्वभाव)
बाँदरजस्तो चकचके (मानिस)
बाँसजस्तो ठिङ्ग वा सुईँखुट्टे
बाटामा भेटिएकी पुतलीको फिरफिरे माया
बिरान बस्तीलाई नै रुवाइदिउँजस्तो
बिरालाका जस्ता कुइरा आँखा
बिरालोजस्तो लोभी वा लुसलुसे
बिहानी घामको किरणमा फूलका थुँगा लहराएजस्तै
बैँसालु ज्यानको रूपजस्तो हिमालचुली
भँगालाले खाएजस्तो मन
भग्नावशेष बनेर रोएको गीत
भन्ज्याङहरूमा बास बसेका सपना
भत्केको पहराजस्तो अनुहार
भालुजस्तै भ्याङ्लाङ-भ्याङ्लाङ
भीरमा फलेको गोलकाँक्रीको दानुजस्तो
मकैका फूल उछिट्टिएझैँ
मरेको बिरालो काखी च्यापेर हिँडेजस्तो
मायाको गोलमुखजस्तो सगरको जून
रगतबाट निस्केका अभिव्यक्तिहरू
रह जमेको मनजस्तो नबोल्ने रात
रहस्यका देशबाट आएका वैशाखका पाहुनाहरू

रिकापीमा सिमीको बोट उम्रन नसकेभैँ
रिङ्गाजस्तो कालो आँखा
रूखले पात फोरेभैँ फोरिनु
रूपी चराको जस्तो चर्को स्वर
लाजवन्ती झारजस्तो लजालु
लाटीको म्वाइँ खाएजस्तो
लामा-लामा कामनाका सुरेलीमा खेल्दै
लोरीको सुरमा निदाएको नानी
लौरोजस्तो सोझो (मान्छे)
विषादका प्रत्येक आँखामा फूल फुलेको
सगरमाथाजस्तो उच्च (व्यक्ति, हृदय)
सपनादार हृदयको आकर्षण
समुद्रजस्तो गम्भीर (व्यक्तित्व)
साँढेजस्तो मिचाहा
साउनमा आँखा फुटेको डिँगोले सधैँ हरियो देखेभैँ
सिन्कालो चिरेका जस्ता आँखा
सिमलको उड्दो भुवाजस्तै
सिसाकलमले लेखेका जस्ता आँखा
सुनकल्छे घडाको साइत
सुन्तलाकेम्रे सम्झना
सेतीको गड्वाभैँ गडेको पीर
स्मृतिको छायामा रहेको गीत
हलेदाको टुन्कोजस्तो (रूप, जवानी आदि)
हाँस ढल्केजस्तो हिँडाइ
हाँसोको जामा लाएर बाँच्न खोज्ने करुणा
हात्तीपाइले सुरुवाल (पतलुन)
हाप्सिलो कराएजस्तो आवाज
हारेको कुकुरले दाँत देखाएभैँ
हार्ने मान्छेको जस्तो निहुरेको अनुहार
हिँड्ने गोरुको पुच्छर निमोठ्न खोजेभैँ
हिउँजस्तो चिसो वा काट्ने
हिमालको हिउँ गाग्रोमा भरेर नसकिएभैँ
हिमालजस्तो छाती भएको
हिमालयको झल्का पसेका शब्द
हुटिट्याउँले सगर थामेभैँ ।

उखान-टुक्का

उखान-टुक्का भाषाका ओज र ज्यान हुन् । यी लक्षण वा सूत्रका रूपमा व्यक्त हुन्छन् तथा निरीक्षण, प्रयोग र अनुभवबाट अर्जित ज्ञान यिनको पृष्ठभूमिमा रहन्छ । यसै कारण, यिनको प्रयोगले भाषा मार्मिक, सरस र सजीव हुनाका साथै प्रवाहपूर्ण हुन्छ । उखान-टुक्काले सम्पन्न नभएको भाषा कहिल्यै पनि फस्टाउन र मौलाउन सक्दैन । यसरी रचनामा यी दुवैको महत्त्वपूर्ण स्थान रहेको छ । नेपाली भाषामा उखान-टुक्का मनग्य छन्– यिनद्वारा यो भाषा परिपूर्ण छ । मुख्य कुरा, यिनको सङ्कलन र संरक्षण, प्रयोग र उपयोग राम्रो हुनुपर्छ ।

उखान र टुक्कामा कति फरक छ भने टुक्काको प्रयोग आफूखुसी हुँदैन– खालि वाक्यमा हुन्छ, तर उखान वाक्यवत् हुन्छन् वा स्वतन्त्र रूपमा अर्थ स्पष्ट गर्न सक्छन् । यसैले उखानको प्रयोग दृष्टान्तमूलक कथनका निम्ति स्वतन्त्र किसिमले पनि हुन्छ । टुक्काको प्रयोग भने भावतीक्ष्णता तथा शब्दशक्तिका निम्ति वाक्यभित्र रहेर मात्र हुने गर्छ ।

उखान

व्यवहारमा अनुभवका चुट्किला र गहकिला उदाहरणहरू उपदेश तथा शिक्षाका रूपमा सूत्रबद्ध भएर प्रचलित हुन्छन् । भाषामा तिनको अग्घोर चमत्कार हुन्छ । यसरी प्रचलित भएका उक्ति वा वाक्यलाई 'उखान' भनिन्छ । उखान शब्द संस्कृतको उपाख्यानबाट आएको हो । उपाख्यानमा आख्यानभित्रका ससाना कथा हुन्छन्, तर उखानमा सूत्रबद्ध रूपमा पोखिने खिरिलो उद्गार हुन्छ । निचोरमा के देखिन्छ भने उखान लोकजीवनका अनुभूतिको खँदिलो प्रकाशन हो । जस्तै–

आफू ताक्छ मूढो बन्चरो ताक्छ घुँडो– आफूले एउटा कुरा ऑट्ता अर्कै हुन्छ । उनी भविष्यको चिल्लो पात हुन चाहन्थिन्, तर उनको स्थिति दयनीय थियो । के गर्नु, आफू ताक्छ मूढो बन्चरो ताक्छ घुँडो ।

एक पन्थ दुई काज– एक प्रयत्नबाट दुइटा लाभ । साँझमा टहलनु पनि पत्रिका पढ्नु पनि राम्रो हो, एक पन्थ दुई काज ।

धोबीको कुकुर घरको न घाटको– ठाउँ-ठेगाना नभएको कहीँको पनि हुँदैन । ऊ दिनभरि यताउति रल्लिरहन्छ । कसरी तर लाग्ला खोइ– धोबीको कुकुर घरको न घाटको !

लाटो देशमा गाँडो तन्नेरी– नजान्नेका माझमा अलिअलि जान्ने मानिस पनि जानिफकार ठानिन्छ । द्वारे अक्षरीसम्म त हो, तर गाउँमा बडो रवाफ देखाउँछ, लाटो देशमा गाँडो तन्नेरी !

उखानमा लाक्षणिक प्रयोग हुन्छ र यसले कथनको पुष्टि गर्छ वा सत्यको तथ्य लिएको हुन्छ । कुनै विशेष स्थितिमा सम्बद्ध कुरोभन्दा कविसूक्ति पनि लोकोक्तिका रूपमा प्रचलित हुन्छन् । भाषा र साहित्यका दृष्टिमा उखानको धेरै महत्त्व छ । कतिपय वाक्यलाई घुमाएर र लम्ब्याएर भन्नुपर्ने हुन्छ । यति गर्दा पनि तिनमा चिटिक्कको बान्की आउन सक्तैन । उखानले सो कुराको पूर्ति गर्छ र भाषालाई मीठो र प्रभावशाली बनाउँछ ।

उखान र तुक्का

नेपाली उखानमा कुनै साधारण हुन्छन् त कुनै तुकबन्दी भएका । यी दुवैलाई गाभेर वा साधारण बोलचालमा उखान र टुक्कालाई मिलाएर पनि 'उखानटुक्का' भनिएको देखिन्छ ।[१] अझ तुकको अर्थ लिएर 'तुक्का' भन्नु नै प्रासङ्गिक हुनेछ, किनभने तुक मिलेको वा तुक्कासहितको उखानलाई 'उखान-तुक्का' भन्न नसकिने स्थिति केही छैन । '........ तुक्का' (अन्त्यस्वर र त्यसअधिकको स्वर) उस्तै मिली प्रसङ्गसँग मिल्ने ठिक्क उस्तै शब्द र अर्थ मिलेको उखानलाई 'तुक्का' भनिएको पनि पाइन्छ ।[२] प्रस्तुत सन्दर्भ सानुप्रासिक अर्थमा तुकबन्दी भएका उखानका निम्ति आएको हो । यस्ता तुकबन्दीयुक्त उखान अनुप्रास भएका, छटा देखिने र बढी घचिला हुन्छन्, जस्तै–

काम कुरो एकातिर, कुम्लो बोकी ठिमीतिर ।

जाँगर न साँगर, खाने बेलामा आँ गर ।

दिन उजेली सुती गुमाई, रात उजेली बिस्कुन सुकाई ।

सिपालुले सीप लायो, मखुण्डीले मुख लायो ।

पशुपतिको जात्रा, सिद्धाको व्यापार ।

म गर्छु आग्राको कुरा, सम्धी गर्छन् गाग्राको कुरा ।

तर तुकबन्दी उखानमा मात्र हुन्छ, टुक्कामा भएको देखिँदैन । त्यसैले पनि उखान र तुक्का वा टुक्का बेग्लै हुन् र अध्ययनका क्रममा पनि यी दुवै बेग्लै मानिएका छन् ।

प्रचलित केही उखान

नेपाली भाषामा प्रशस्त उखान छन् । यस्ता प्रचलित केही नेपाली उखान अर्थसहित तल दिइएका छन्–

अकबरी सुनलाई कसी लाउनु पर्दैन– राम्रो वस्तुलाई सिंगारिरहने आवश्यकता छैन ।

अगुल्टोले हानेको कुकुर बिजुलीदेखि तर्सिन्छ– एकचोटि चोट पाएको मान्छे सधैँ डराउँछ ।

---

१. पुष्करशमशेर राणा, **नेपाली उखान र टुक्का इत्यादिको कोष**, १९९८ ।
२. रोहिणीप्रसाद भट्टराई, **बृहद् नेपाली व्याकरण**, नेपाल राजकीय प्रज्ञाप्रतिष्ठान, २०३३ : ५६१ ।

अड्कोपड्को तेलको धूप– चाहिने कुरा नपाउँदा त्यस्तै अरू कुराले काम चलाइन्छ ।

अचानाको चोट खुकुरीले जान्दैन वा खुकुरीको मार अचानाले बिर्सिंदैन– भोग्नेले मात्र थाहा पाउँछ ।

आकाशको फल आँखा तरी मर्– असम्भव कुरामा हात हाल्नु व्यर्थ हो ।

आफू नमरी स्वर्ग देखिन्न– सास्ती नभोगी सुख पाइन्न ।

आलु खाएर पेडाको धाक– केही नभए पनि फोस्रो रवाफ देखाउने वा काम एउटा कुरा अर्को गर्ने बानी ।

इन्द्रको अगाडि स्वर्गको बयान– धेरै जान्नेका सामु नजान्नेको बयान महत्त्वहीन हुन्छ ।

इलमीको भागमा माछा र मासु– इलम गर्नेलाई सुख हुन्छ ।

उम्केको माछो ठूलो– आफूले भेट्न नसकेको वस्तु बेस होला भन्ने तर्कना ।

एक थुकी सुकी, हजार थुकी नदी– धेरै जना मिलेर गरेको काम सफल हुन्छ ।

एक हातमा चुल्ठो एक हातमा टुपी– लोग्नेस्वास्नीका बीचमा ठूलो झगडा ।

एक हातले ताली बज्दैन– एकोहोरो कुनै काम हुन्न ।

ओरालो लागेको मृगलाई बाछाले खेद्छ– तल परेकालाई सबैले हेप्छन् ।

औँला दिँदा डुँडुलो निल्ने– एक थोक दिएपछि पनि सबै लिउँ भन्ने ।

कहिले सासूको पालो कहिले बुहारीको पालो– मौका सबैको आउँछ ।

काग कराउँदै छ, पिना सुक्तै छ– भन्ने भन्दै गर्छ, आफ्नो सुर छोड्नु हुन्न ।

कानो गोरुलाई आँसी न पुर्ने– दृष्टि नभए राम्रो-नराम्रो केही पनि थाहा हुन्न ।

काला अक्षर भैंसी बराबर– लेखपढ गर्न नजान्ने ।

कुकुरको पुच्छर बाह्र वर्ष ढुङ्ग्रोमा हाले पनि बाङ्गाको बाङ्गै– नसुध्रिने मान्छेलाई जे गरे पनि हुन्न ।

कुरो र कुलो जता लग्यो उतै लाग्छ– जतातिर पनि मोड्न सकिने हुन्छ ।

खाने पिउने रामे, चोट पाउने चामे– बिराम गर्ने एउटा छ, सजाय अर्कोले पाउँछ ।

खाने मुखलाई जुँगाले छेक्तैन– काम गर्न चाहने मानिसलाई कुनै पनि बाधाले रोक्न सक्तैन ।

गाई मारी गधा पोस्नु– असललाई छाडेर नजातीलाई खुवाउनु ।

घिउ केमा पोखियो ? भागैमा– पर्ने ठाउँमा पर्नु, उचित ठाउँमा पर्नु बेसै हो ।

घाँटी हेरी हाड निल्नू– अवस्था हेरी काम गर्नू ।

घोडा चढ्ने लड्छ– काम गर्दा बिग्रन पनि सक्छ ।

चटपटे साँढेका तीन ठाउँमा डाम– धेरै मात्तिँदाखेरि दुःख पाउँछ ।

चिप्ला मुखको धमिलो पेट– मुखले एक थोक भनी कामले अर्को थोक गरिन्छ ।

छन् गेडी सबै मेरी छैनन् गेडी सबै टेढी– आफूसँग भए सबै आफन्त र नभए बिराना हुन्छन् ।

जति जोगी आए कानै चिरिएका– सबै उस्तै, काम नदिने ।

जसको सिङ छैन उसको नाउँ तीखे– गुण र योग्यताविना नै लायकी ठान्ने वा नाउँ राख्न खोज्ने गरिन्छ ।

जसले मह काढ्छ उसले हात चाट्छ– काम गर्नेले फाइदा लिन्छ ।

जहाँ स्त्री उहीँ श्री– महिला भएको ठाउँमा सह हुन्छ ।

जीउको सार घाँटी, कुराको सार गाँठी– खास टुङ्गो जान्नु वा लाउनुपर्छ ।

जुन थालमा खानु त्यही थालमा चुट्नु– गुनको बदला अवगुन गर्नु र कृतघ्न बन्नु हुन्न ।

जोई न जुँगा, पोइ न पोते, सातु न सोप्‍याक कोसा खाँदै सुसेल्दै– कुनै काममा पनि नमिल्ने वा घरजम केही नभएको व्यक्ति ।

जोगीको घरमा संन्यासी पाहुना– जोसित छैन उसैकहाँ माग्न आउने ।

जो लाउँछ चुक्ली, उही जान्छ फुक्ली– आफ्नो कर्तुत-कर्तव्यको फल भोग्नुपर्छ ।

जो होचो उसैको मुखमा घोचो– निर्धोलाई सबैले हेप्छन् ।

झिँगाको सरापले डिँगा मर्दैन– अरूले तर्साउँदैमा शक्तिवालको बिगार हुँदैन ।

ठाउँ न ठहर बूढीको रहर– अनुकूल नपारी काम गर्न खोजेर मिल्दैन ।

ताक परे तिवारी नत्र गोतामे– मौकाअुनसार काम गर्न खोज्ने, अवसरवादी ।

तैं रानी मै रानी को भर्छ कुवाको पानी– सबै भलादमी भएपछि कसले काम गर्छ ?

दिन उजेली सुती गुमाई रात उजेली बिस्कुन सुकाई– बेलैमा काम नगरी बेला सिद्धिएपछि ताल्न खोज्ने ।

दुवै हातमा लड्डु– दुवैतिरबाट लाभ ।

देख्नेका आँखा फुटे सुन्नेका सही– देख्नेभन्दा सुन्नेचाहिँ जान्ने हुनु ।

देशगुनाको भेष– जुन ठाउँमा बस्यो त्यहीँको चालचलनअनुसार चल्नुपर्छ ।

धनको पखेटा हुन्छ– धन आफूसित बचिरहन्न, हात पर्‍यो कि खर्च पनि हुन्छ ।

नजाने गाउँको बाटो नसोध्नू– नचाहिँदो काममा वास्ता राख्नु हुन्न ।

नपत्याउने खोलाले बगाउँछ– कुनै बेला मनले नचिताएको मानिसबाट पनि ठूलो काम हुन्छ, यसैले हेप्नु हुँदैन ।

नमच्चिने पिङको सय फड्का– जो केही गर्न सक्तैन ऊ गुड्डी हाँक्छ ।

नाउँ न जस खरानी घस्– व्यर्थै/सित्तैँको झमेला वा झर्को ।

नाच्न नजान्ने आँगन टेढो– आफ्नो ढङ्ग नभईकन अर्कामाथि दोष थोपर्ने ।

पशुपतिको जात्रा सिद्राको बेपार– राम्रो काममा जाँदा अर्को लाभ उठाउने प्रयत्न, दोहरो लाभ ।

फूलको बास्ना वरिपरि, मानिसको बास्ना डाँडापरि– मानिसको कीर्ति टाढा-टाढासम्म फिँजिन्छ ।

बाँदरको पुच्छर लौरो न हतियार– कुनै पनि काममा नआउने वस्तु ।

बाँदरको हातमा नरिवल– मूर्खको हातमा कुनै वस्तु पर्न जानुका केही अर्थ छैन ।

बोल्नेको पीठो बिक्छ, नबोल्नेको चामल पनि बिक्दैन– हकको कुरामा बोल्नुपर्छ, नत्र
    काम बन्दैन ।

भाङ्ग्राको टोपीलाई गुहेलाको फूल– पटक्कै नसुहाउँदो भएको ।

म ताक्छु मुढो बन्चरो ताक्छ घुँडो– एक थोक आँट्दा अर्कै थोक हुने स्थिति ।

मरेपछि डुमै राजा– आफैँ नरहेपछि जेसुकै होस् ।

मामाकी घोडी मेरी हिही– अरूको धनसम्पत्तिमा आनन्द लिने चाला ।

मुखमा राम-राम, बगलीमा छुरा– कपटी, बाहिरबाट हेर्दा राम्रो भित्रको खराब, कैँची काट्ने ।

मेरा गोरुको बाह्रै टक्का– आफ्नै कुरो उँभो पार्न चाहने ।

रातभरि करायो दक्षिणा हरायो– परिश्रमको फल चाख्न नपाउने अवस्था ।

रोटी चिल्ला मीठा, कुरा खस्रा मीठा– भएको खसोखास गर्नाले परिणाम राम्रो निस्कन्छ ।

लङ्का जित्ने हनुमान् जस पाउने ढेडु– काम गर्ने एउटा जस पाउने अर्को ।

लहरो तान्दो पहरो गर्जन्छ– सानो कुराले ठूलो कुरा उक्कन्छ ।

लुटको धन फुपूको श्राद्ध– सित्तैमा पाएँ भनेर जथाभाबीसित फुक्ने गर्नु ।

साँढेको जुधाई बाछाको मिचाइ– ठूलठूलाको झगडा पर्दा सानातिना मर्छन् ।

हात्तीको मुखमा जीरा– आवश्यकभन्दा साह्रै सानो चीज पाउने चाल ।

हिस्स बूढी खिस्स दाँत– चाहेभैँ नभई हिस्सिने अवस्था ।

हुने बिरुवाको चिल्लो पात– सप्रने लक्षण पहिले नै थाहा हुन्छ ।

टुक्का

वाक्यांशहरूले साधारण र विशेष गरी दुई किसिमका अर्थ प्रकट गर्छन् । जस्तै–
'आँखा चिम्लनु' को सामान्य अर्थ आँखीभुइँका ढकनी जोर्नु हुन्छ, तर फलानाले 'आँखा
चिम्लेछ' भन्दा यसको विशेष अर्थ हुन्छ– मर्नु, नीच मार्नु वा परिणामको विचार नगर्नु ।
यसरी विशेष र लाक्षणिक अर्थमा प्रयुक्त हुने पदावली वा वाक्यांशलाई संस्कृतमा
'वाग्धारा' वा 'वाक्पद्धति' भनिन्छ, हिन्दी-उर्दूमा त्यसको नाउँ 'मुहावरा' रहेको छ,
अङ्ग्रेजीमा 'इडियम्स' (Idioms) भन्छन् । अचेल नेपाली भाषाको अध्ययनमा यसलाई
'टुक्का' वा 'तुक्का' मात्र भनिन थालेको छ ।

भाषामा वाक्यांशहरू साधारण अर्थबाहेक वा ती अर्थ नै छाडेर नयाँ अर्थमा आउँछन् ।
यसरी जुन वाक्यांश एउटै श्रेणी भई सारगर्भित अर्थमा प्रयुक्त हुन्छन्, ती टुक्का हुन् ।
टुक्काको सार्थकता प्रयोगमा हुन्छ र प्रयोगद्वारा नै अर्थज्ञान पनि गर्न सकिन्छ । जस्तै–

(क) अर्थ र प्रयोग

आँखाको पुतली हुनु–	धेरै प्यारो हुनु । मेरा निम्ति साना नानीहरू आँखाका पुतली हुन् ।
कानमा बतास हाल्नु–	भनेको कुरा सुनेको नसुन्यै गर्नु । फोहोर नहोस् भनेर जति कराए पनि उनीहरू कानमा बतास हालेर बसे ।

चन्द्रमा दाहिनु हुनु–	पक्षमा हुनु । चन्द्रमा दाहिनु हुनेलाई जे गरे पनि राम्रै हुने रहेछ; चन्द्रमा दाहिनु भए ताराको के लाग्छ ?
मुखमा पानी आउनु–	ललचाउनु, लोभिनु । सानीले रसभरी खाएको देखेर नानीको मुखमा पानी आयो ।
रफ्फूचक्कर हुनु–	भाग्नु, कुलेलम ठोक्नु । पुलिसलाई देख्नासाथ ठग रफ्फूचक्कर भयो ।

(ख) प्रयोगद्वारा अर्थज्ञान

१. मोहन मेरो **कुरा खान्छन्** । (भनेको मान्छन्)

खोलाले बगरको **खेत खाएछ** । (खेत बिगारेछ)

सुभद्राले राम्ररी **घर खाइन्** । (घर धानिन्)

बूढी आमैले **माटो खाइछन्** । (मरिछन्– हैलाको अर्थमा)

रामेले जाँचमा **हावा खाएछ** । (फेल भएछ)

२. अरूको **मुख ताकेर** उँभो लागिन्न । (आस गरेर)

गौंथली जोसित पनि **मुख लाग्छे** । (ठाडो जवाफ दिन्छे)

उनीहरूले एकछिन **मुखामुख** गरे । (हेराहेर गरे)

केही नलागेपछि **मुख फोर्नुपर्छ** । (बोल्नुपर्छ)

टुक्काले भाषामा विलक्षण अर्थ प्रकट गर्छ र भाषालाई राम्रो, मीठो, गतिशील र रोचक बनाइदिन्छ । टुक्कायुक्त भाषाले पढ्ने मानिस त्यसै पनि प्रफुल्लित र प्रभावित हुन्छन् । यसैले रचनामा अवसर, स्थिति र बेलाअनुसार स्वाभाविक तथा उचित ढङ्गले टुक्काको प्रयोग गर्नुपर्छ ।

एउटा नाम वा क्रियाको मेलबाट कति किसिमका टुक्का प्रयुक्त भएका छन्, तिनमध्ये केही निम्नलिखित उदाहरणद्वारा छर्लङ्ग हुन्छ । साथै क्रियामुक्त र क्रियायुक्त हुने दुई किसिमका टुक्काको उदाहरणसहित प्रचलित अरू केही टुक्का पनि पुछारमा दिइएका छन् ।

नाममेल

आँखा :	आँखा उघ्रनु–	सचेत हुनु ।
	आँखा ओबानु हुनु–	आँसु नआएको दिन हुनु ।
	आँखाको कसिङ्गर हुनु–	मन नपर्नु ।
	आँखाको पुतली हुनु–	प्यारो हुनु ।
	आँखाको विष मार्नु–	निद्राले आँखा बिझाउँदा छुटाउन सुत्नु ।
	आँखा खानु–	आँखा तिरमिर पारिदिनु ।
	आँखा खुल्नु–	सजग हुनु, भ्रम हट्नु, बिउँझनु ।
	आँखा खोल्नु–	विचार गर्नु, सावधान हुनु ।

आँखा गड्नु–	दुब्लाएर आँखा भित्र पस्नु, मन पर्नु, लोभिनु ।
आँखा गाड्नु–	लोभ गर्नु ।
आँखा घोच्नु–	निद्रा नपुगेर आँखा पोल्नु ।
आँखा चिम्लनु–	घोरिनु, मर्नु, नीच मार्नु, परिणामको विचार नगर्नु ।
आँखा चिसो पार्नु–	रुवाउनु ।
आँखा च्यात्नु–	राम्रोसित हेर्नु (रिसको बोलीमा)
आँखा छल्नु–	झुक्याउनु, नदेखिने गर्नु ।
आँखा जुधाउनु–	आँखा झिम्म नपारी एकले अर्कालाई हेर्ने खेल खेल्नु, मुखामुख गर्नु ।
आँखा झिम्क्याउनु–	इसारा गर्नु ।
आँखा टट्टाउनु–	निद्रा वा प्रतीक्षाले आँखा थाक्नु ।
आँखा ठूलो गर्नु–	तर्साउनु, आरिस गर्नु ।
आँखा तर्नु–	क्रोध देखाउनु, रिस देखाएझैँ गरेर अनुराग पोख्नु ।
आँखा नचाउनु–	दृष्टि पुर्‍याउनु ।
आँखा पल्टाउनु–	अन्त्य हुनु ।
आँखा फुट्नु–	सामुन्नेको वस्तु पनि नदेख्ने हुनु, पछुताउ जनाउनु, गाली गर्नु ।
आँखा बचाउनु–	नदेखाउनु ।
आँखामा छारो हाल्नु–	झुक्याउनु, छकाउनु, धोका दिनु, ठग्नु ।
आँखामा बस्नु–	आदर वा माया पाउनु ।
आँखामा हाले पनि नबिझाउनु–	साह्रै बेस मानिस हुनु ।
आँखा लडाउनु–	प्रेम गर्न थाल्नु ।
आँखा लाग्नु–	खराब दृष्टि पर्नु, चोखे लाग्नु ।
आँखा सन्काउनु–	इसारा गर्नु ।
कान : कानको कीरा खानु–	चर्को स्वर सुनेर वाक्क हुनु ।
कान टट्टाउनु–	धेरै भयाउँ-भयाउँ सुन्नु ।
कान ठाडो पार्नु–	चनाखो हुनु ।
कान ताल्नु–	रन्को छुट्नु ।
कान थुन्नु–	कसैको निन्दोचर्चा नसुन्नु ।
कान दिनु–	ध्यान दिनु, सुन्नु ।
कान फुक्नु–	कुरा लाउनु ।
कानमा तेल हाल्नु–	सुनेको नसुन्यै गरी चुप लागेर बस्नु ।
कान समाउनु–	अबदेखि चेतैँ भन्नु ।

नाक : नाक काट्नु–   इज्जत फ्याँक्नु ।
    नाक खुम्च्याउनु– छिः भन्नु, सन्तोष नहुनु ।
    नाक घोक्र्याउनु– पुल्नु, घमन्ड गर्नु ।
    नाक चेप्प्याउनु– सिकसिको वा घीन मान्नु ।
    नाक जानु–   इज्जत जानु ।
    नाकमा नत्थी लाउनु– थिचमिच वा बाध्य पार्नु ।
    नाकमा नस हाल्नु– चेताउनु, सास्ती दिनु ।
    नाक रगट्नु–   चापलुसी गर्नु ।
    नाक राख्नु–   इज्जत बचाउनु ।

मुख : मुख चलाउनु–   जे पायो त्यो भन्नु ।
    मुख च्याल्नु–   दुख्ने किसिमले मुख फट्टाइदिनु ।
    मुख छाड्नु–   गाली गर्नु, जेतेमेते खानु ।
    मुख जुठो पार्नु– थोरै खानु ।
    मुख जोगाउनु–   नराम्रो नभन्नु ।
    मुख टाल्नु–   चाहेअनुसार गरिदिई केही नभन्ने पार्नु ।
    मुख थुन्नु–   चुप लाग्नु ।
    मुख दुखाउनु–   बित्थामा धेरै बोल्नु ।
    मुख देखाउनु–   देखा पर्नु ।
    मुख पर्नु–   झपारिने काममा अगाडि पर्न जानु ।
    मुख फर्काउनु–   अर्कातिर फर्कनु, रिसाउनु ।
    मुख फुलाउनु–   रिसाउनु, ठुस्स पर्नु ।
    मुख फोर्नु–   नबोली नहुनु ।
    मुख बाउनु–   धेरै चाहनु, केही कुरा पाउन बोल्नु ।
    मुख बार्नु–   पथपरहेजमा रहनु ।
    मुख बिगार्नु–   अनुहारको भाव बदल्नु ।
    मुखमा पानी आउनु– ललचाउनु, लोभिनु ।
    मुखमा बुजो हाल्नु– नबोल्नु ।
    मुख मिलाउनु–   अरूको कुरामा ठिक्क पार्नु ।
    मुख लाग्नु–   ठाडो जवाफ दिनु ।
    मुख लुकाउनु–   लाज मान्नु ।
    मुख सँभाल्नु–   विचार गरेर बोल्नु ।
    मुख सिउनु–   एकदम चुप रहनु ।
    मुख हेरी भाग लाउनु– कमबेसी पार्नु, पनपच्छे गर्नु ।
    मुख हेर्नु–   जाँच्नु, विचार गर्नु (दुलहीको) ।
    मुखामुख गर्नु–   एक-अर्कासित हेराहेर गर्नु ।
    मुखै नदेखेजस्तो गर्नु– कहिल्यै नपाएको जस्तो गर्नु ।

हात :	लामो हात गर्नु–	चोर्नु ।
	हात काट्नु–	आफैँले अधिकार छाड्नु ।
	हातको मैल हुनु–	तुच्छ हुनु ।
	हातखुट्टा छाड्नु–	लत्तो छाड्नु, जाँगर मार्नु ।
	हातगोडा लाग्नु–	हिँड्न, काम गर्न नसक्नु ।
	हात चिलाउनु–	पिट्ने मन हुनु ।
	हात झिक्नु–	कामबाट पछि हट्नु ।
	हात छाड्नु–	भनाभन वा झगडा हुँदा कुट्नु ।
	हात थाप्नु–	माग्नु, शरणमा लिनु, जोगाउनु ।
	हात धुनु–	गुमाउनु, निराश हुनु ।
	हात पसार्नु–	माग्नु ।
	हातपात गर्नु–	जबर्जस्ती गर्नु, पिट्नु ।
	हात पार्नु–	आफ्नो गराउनु ।
	हात बाँध्नु–	कुनै काम नगर्नु ।
	हात भनी पठाउनु–	कुनै मानिसद्वारा खबर गर्नु ।
	हात भाँचिनु–	खाँचो हुनु, हर्जा हुनु ।
	हातमा दही जमाउनु–	कुट्न नसक्ने गरी हात बाँधिनु ।
	हात माथि पर्नु–	जित हुनु, अगुवा हुनु ।
	हात-मुख जोर्नु–	जसोतसो गरी खानु ।
	हात लम्काउनु–	चोर्नु ।
	हातलागी गर्नु–	पाउनु ।
	हात लिनु–	आफूतिर ढल्काउनु ।
	हातसार गर्नु–	हातहातैबाट लैजानु, सगाउनु ।
	हात हल्लाउनु–	भाउ लाउनु ।
	हात हाल्नु–	कुट्नु, हात छाड्नु ।
	हात हेर्नु–	हत्केलाको रेखा हेरी शुभ-अशुभ बताउनु ।
	हातेमालो गर्नु–	हातमा हात मिलाउँदै हिँड्नु ।

क्रियामेल

कटाउनु :	डाँडो कटाउनु–	देशनिकाला गरिदिनु ।
	छाप कटाउनु–	छाप बनाउन लगाउनु ।
	आँसु कटाउनु–	दुःख-पीर दिनु ।
	नाम कटाउनु–	नाम झिक्न लगाउनु ।
	बाटो कटाउनु–	बाटो पार गराउनु ।
	रात कटाउनु–	रात बिताउनु ।

काट्नु :	अडकल काट्नु–	अन्दाज गर्नु ।
	कहर काट्नु–	दुःख खेप्नु ।
	फुरा काट्नु–	अरूले फुरा गर्दागर्दै आफू फुरा गर्नु वा अर्काको नराम्रो कुरा गर्नु ।
	छेकारो काट्नु–	बाटो उछिन्नु ।
	टुपी काट्नु–	जोगी हुनु ।
	डाँडो काट्नु–	बेपत्ता हुनु, देशबाहिर जानु ।
	दिन काट्नु–	समय बिताउनु ।
	दुःख काट्नु–	दुःख भोग्नु ।
	नाक काट्नु–	इज्जत फ्याँक्नु ।
	नेटो काट्नु–	आँखाले देखिने दूरी पार गर्नु ।
	बाटो काट्नु–	हिँड्ने ठाउँ हिँडिसक्नु ।
	हात काट्नु–	आफूले हक छाडेर उम्काइसक्नु ।
खानु :	कपाल खानु–	गाल पर्नु वा काम बिग्रनु ।
	किरिया खानु–	शपथ हाल्नु, प्रतिज्ञा गर्नु ।
	कान खानु–	चर्को स्वर सुनेर वाक्क लाग्नु ।
	कुरा खानु–	भनेको मान्नु ।
	खामोस खानु–	धैर्य गर्नु वा गम खानु ।
	खेत खानु-	खोलाले खेत बिगार्नु ।
	गम खानु–	विचार गर्नु, अड्नु ।
	गिदी खानु–	मथिङ्गलमा भार पर्ने पीर-ताप लाग्नु ।
	गोता खानु–	सास्ती पाउनु ।
	घर खानु–	डढाउनु, घर धानेर बस्नु ।
	छँसाइ खानु–	हप्काइनु ।
	नुन खानु–	निमक खानु, निन्याउरो बन्नु ।
	पानी खानु–	पानी पिउनु ।
	माटो खानु–	मर्नु ।
	सिलटिमुर खानु–	मर्नु ।
	हावा खानु–	बिग्रनु, असफल हुनु, मर्नु ।
छोड्नु :	खुट्टा छोड्नु–	हरेस खाएर पछि सर्नु ।
	ताना छोड्नु–	गीत गाउनु, राग ढाल्नु ।
	मुख छोड्नु–	जथाभाबी भन्नु, मुख बारेको बेला जेतेमेते खानु।
	हात छोड्नु–	कुट्नु, पिट्नु ।
थाप्नु :	कान थाप्नु–	कसले के भन्छन् भनी कुरा सुन्नु ।
	खोचे थाप्नु–	अप्ठ्यारो पर्ने गरी अड्को राख्नु ।
	घडी थाप्नु–	अहिले हो कि भरेको अवस्थामा पुग्नु ।

सही थाप्नु–	समर्थन जनाउनु, ठीक पार्नु ।
सिङ थाप्नु–	जोरी खोज्नु ।
हात थाप्नु–	मागेर लिनु ।

पर्नु :	अपुताली पर्नु–	नजिकका नातेदार मरी सम्पत्ति आइलाग्नु ।
आँखामा पर्नु–	देखिनु, परिचित हुनु ।
उकालो पर्नु–	पार लाउन गाह्रो हुनु ।
काकताली पर्नु–	सन्जोग मिल्नु ।
कालको मुखमा पर्नु–	मर्नु ।
खाडलमा पर्नु–	ठूलो नोक्सानमा पर्नु ।
घाँटी पर्नु–	धेरै खाँचो हुनु ।
भर्सेला पर्नु–	जेसुकै हुनु ।
मुख पर्नु–	अगाडि पर्नु, बोली निस्कनु ।

मार्नु :	गोता मार्नु–	पानीमा डुबुल्की लाउनु, चक्कर लाउनु ।
छापा मार्नु–	एक्कासि हमला गर्नु ।
जीउ मार्नु–	ज्यानलाई साह्रै कष्ट दिनु ।
टक मार्नु–	रुपियाँ-पैसा छाप्नु ।
धीत मार्नु–	अघाउनु ।
धुरी मार्नु–	घर छाउन सिध्याउनु ।
पेटको कीरा मार्नु–	बोल्न नसक्ने गरी गुलाफी छेड हान्नु ।
मन मार्नु–	हतोत्साह हुनु ।
मरेकोलाई मार्नु–	अशक्त भइसकेपछि पनि दबाउनु ।
माया मार्नु–	माया गर्न छोड्नु, बिर्सनु ।

लाग्नु :	अल्झो लाग्नु–	झन्झट आइपर्नु ।
आँखा लाग्नु–	इच्छा हुनु, बिगार पर्नु, निद्रा पर्नु ।
आँच लाग्नु–	तातो लाग्नु ।
उँभो लाग्नु–	सप्रनु ।
ओरालो लाग्नु–	खस्कनु, अवनति हुनु ।
किनारा लाग्नु–	पार लाग्नु, काम सिध्याउनु ।
कुरीकुरी लाग्नु–	मनमा कुरा खेल्नु ।
खुट्टा लाग्नु–	हिँड्न सक्नु ।
छोप लाग्नु–	साह्रै कम हुनु, नपुग्नु ।
दिन लाग्नु–	दशा लाग्नु ।
नुन लाग्नु–	झुम्म हुनु, लट्ठिनु ।
पानी लाग्नु–	नौलो ठाउँको पानी नमिलेर बिरामी पर्नु ।
बाटो लाग्नु–	हिँड्नु ।

बात लाग्नु–	कलङ्क वा दोष लाग्नु ।
भात लाग्नु–	मात्तिनु ।
भूत लाग्नु–	अपभ्रंश एक प्रकारको रोग लाग्नु, धुन लाग्नु ।
मात लाग्नु–	नशा लाग्नु, लट्ठ हुनु ।
मुख लाग्नु–	ठाडो जवाफ दिनु ।
रिन लाग्नु–	सापटी धेरै हुनु ।
हात लाग्नु–	पाउनु ।
हावा लाग्नु–	सङ्गतको छाप गर्नु ।

हेर्नु :

काम हेर्नु–	काम जाँच्नु ।
तमासा हेर्नु–	आबरु जान लागेको देख्दा पनि चुप लागिरहनु वा रमाएर बसिरहनु ।
पुस्तक हेर्नु–	पुस्तक पढ्नु ।
भद्रो हेर्नु–	साइत पर्खनु ।
मान्छे हेर्नु–	मान्छेको शीलस्वभाव विचार गर्नु ।
मालताल वा घर हेर्नु–	त्यसको रखबारी गर्नु ।
संसार हेर्नु–	विचार गर्नु ।
हात हेर्नु–	हत्केलाका रेखा हेरी शुभ-अशुभ बताउनु ।

प्रचलित अरू केही टुक्का

(क) क्रियामुक्त

अँध्यारोको जँघार–	जोखिमी अवस्था ।
अकासको फल–	असम्भव वस्तु ।
असारको पन्ध्र–	थुप्रै कामले बेफुर्सदी ।
आँखाको किसिङ्गर–	देखिनसहिएको मान्छे ।
उम्रिँदैका तीन पात–	सानैदेखि बाठो ।
औँसीको जून–	असम्भव दृष्टान्त, नहुने कुरो ।
गोबरगणेश–	बुद्धू, मूर्ख ।
गोरु बेचेको साइनु–	परको नाता ।
जमिन-अकासको फरक–	एकदम नमिल्दो ।
दुई मुख भएको–	कुराको सही नभएको ।
नङमासुजस्तो–	एकजीउ भएर मिलेको ।
पर्सेको बोको–	सबै कामकुरो सकिइसकेको– बिग्रन मात्र बाँकी ।
फरियाको नाता–	महिलाको साइनुबाट काम पट्याउने चाला ।
लिखाटिपाइ–	टिपनटापन ।
सुदामाको तन्डुल–	दुःखीको कोसेली ।

(ख) क्रियायुक्त

अकासको चरा खसाल्नु–	असम्भव काम गर्नु ।
अकास-पताल हाँक्नु–	धेरै गफ गर्नु ।
अक्कल गुम हुनु–	अन्योलमा पर्नु ।
आगोपानी हुनु–	ठूलो वैरभाव हुनु ।
आफ्नो-आफ्नो डम्फु बजाउनु–	आफ्नै धुनमा मस्त रहनु ।
इज्जतमा बट्टा लाग्नु–	इज्जत फ्याँक्नु ।
इतिश्री हुनु–	समाप्त हुनु, शेष हुनु ।
उड्दो चरा खसाल्नु–	खुब चलाख हुनु ।
उल्टो लोप्पा लाउनु–	नचाहिँदो काम गरेमा बेकुफ बनाउनु ।
एक गाँस पार्नु–	एकै गाँस पार्नु, सजिलैसित जिल्नु ।
औँलो ठड्ड्याउनु–	पख्लास् भन्नु, सचेत पार्नु ।
कठपुतली बन्नु–	अर्काको तालमा चल्नु ।
कन्सिरीका रौँ ताल्नु–	रिसले रनक्क हुनु ।
खरी घोट्नु–	ससाना कुरामा पनि हरहिसाब गर्नु ।
खुट्टा तान्नु–	मर्नु ।
गाँठ गुमाउनु–	सम्पत्ति हिँडाउनु ।
घैंटामा घाम लाग्नु–	बुद्धि खुल्नु ।
चन्द्रमा दाहिनु हुनु–	पक्षमा हुनु ।
चिसो पस्नु–	शङ्का उठ्नु ।
छक्कापन्जा गर्नु–	बठ्याइँ गर्नु ।
छाती फर्काएर हिँड्नु–	अर्काको आशा नराखी आफ्नै बलपौरखमा हिँड्नु ।
जिउँदै मर्नु–	लोकमा केही काम नलाग्ने हुनु ।
जिउँदो मानिसको फेला पर्नु–	लायक मानिसको व्यवहारमा पर्नु ।
जुँगा उखेल्नु–	सेखी झार्नु ।
जुँगामा ताउ दिनु–	बडप्पन देखाउनु, ठूलो काम गरेँ भनी जुँगा मुसार्नु ।
टाप कस्नु–	भाग्नु ।
टुप्पाबाट पलाउनु–	मानिस एकाएक ठूलो ठाउँमा पुग्नु र घमण्ड बढ्नु ।
टाउकोमा टेकाउनु–	बढाउनु, चढाउनु ।
ठाडो घाँटी लाउनु–	जाँडरक्सी खानु ।
ठाडो पुच्छर लाउनु–	बेतोडसित भाग्नु ।
डिङ हाँक्नु–	आफैँले धाक लाउनु र फाइँफुट्टी गर्नु ।
डुङ्ग्री पिटाउनु–	सबैलाई भनेर हिँड्नु वा हल्ला मच्चाउनु ।
तीन त्रिभुवन हल्लाउनु–	हुन सक्नेसम्मको उद्यम गर्न बाँकी नराख्नु, थर्कमान पार्नु ।

तीन शहर घुमाउनु– बेइज्जत गर्नु ।
तोरीको फूल देख्नु– ठक्कर लाग्दा पहेँलो किरण देख्नु वा रिसले आँखा नदेख्नु ।

थाप्लोमा जाँतो रिँगाउनु– सास्ती दिनु ।
दाँतबाट पसिना निकाल्नु– कन्जुस बन्नु ।
दुई नाउमा खुट्टा टेक्नु– एकैपल्ट दुई भिन्न र नमिल्ने काम गर्न खोज्नु ।
दोहोलो काढ्नु– तालाबाला पार्नु, चेताउनु ।
धोती न टोपी हुनु– टाट पल्टनु, कङ्गाल बन्नु ।
नुन खाएको कुखुरो हुनु– गल्नु, लुत्रुक पर्नु ।
फुल पार्नु– नभएका कुरा रिटिक्क पारेर भन्नु ।
बाबुको बिहे देखाउनु– नराम्रो अवस्थामा पुन्याउनु ।
माटोमा मिल्नु– फेल खानु ।
रफ्फूचक्कर हुनु– भाग्नु ।
लामो हात हुनु– मौका पर्नासाथ टिपटाप चोर्ने आदत हुनु ।
श्रीगणेश गर्नु– काम थाल्नु ।
सर गर्नु– विजय गर्नु, कब्जा गर्नु ।
सास लिनु– थकाइ वा थरक मार्नु ।
सिढी हुनु– साह्रै दुब्लाउनु ।
सुइँकुच्चा ठोक्नु– बेतोडले दगुर्नु, भागेर एकै छिनमा पर जानु ।
सुइँको पाउनु– इसारा वा संक्षेप पाउनु ।
सुनमा सुगन्ध हुनु– राम्रोमाथि राम्रो भई प्रतिष्ठा वा शोभा बढ्नु ।
सूर्यलाई बत्ती देखाउनु– प्रसिद्ध व्यक्तिको अगाडि साधारण कुरा भन्नु ।
हत्केलामा ज्यान राख्नु– ज्यानको परवाह नगर्नु, ज्यानको बाजी लगाउनु ।
हावा बिग्रनु– बुद्धि विभ्रम हुनु, बौलाउनु ।
हावा हुनु– हराउनु, सन्किनु ।
हिम्मत बाँध्नु– दह्रो सङ्कल्प गर्नु ।

वाक्यका आधारभूत तत्त्व

वाक्य भाषाको आधारभूत एकाइ भएकाले रचनामा यसको स्थान महत्त्वपूर्ण छ । बनोटका दृष्टिले वाक्यमा ध्वनि, रूप, शब्द, शब्दावली र वाक्यांश हुन्छन् । प्रकार्यका दृष्टिले चाहिँ शब्द नै वाक्यका मुख्य एकाइ हुन् । यसरी पूरा भाव प्रकट हुने शब्दसमूहको नाम 'वाक्य' हो । जस्तै–

पानी पऱ्यो ।	म घर जान्छु ।
परेवा घुर्छ ।	तारा उदाए ।
दसैँ आयो ।	भाइ पाठशाला गयो ।
गाउँ उज्यालो पारौँ ।	हामी काम गर्छौं ।

तर शब्द र वाक्य दुई एकाइ मात्र भाषाका निम्ति पर्याप्त हुन्नन् । एकै वस्तु विभिन्न रूपमा आएका देखिन्छन् । जस्तै पानी तरल पदार्थको नाम हो तापनि तातो पानी, चिसो पानी, सङ्लो पानी, धमिलो पानी, धाराको पानी, कुवाको पानी आदिमा भिन्नता छ । यस प्रकारका रचना 'पदावली' वा 'पदबन्ध' हुन् । शब्दद्वारा सङ्केत गर्न नसकिने वस्तु पदबन्धद्वारा सजिलैसित सङ्केतित हुन्छन् । यसरी पदावली (शब्दावली) पद वा शब्दभन्दा माथिल्लो भाषिक श्रेणी हुन्छ । यस्ता पदावली नाम, विशेषण, क्रिया र अव्ययका रूपमा आउँछन् । जस्तै–

नाम–पदावली–	डाँडाको घर, मोटरको बाटो, जूनको टक ।
विशेषण-पदावली–	धेरै राम्रो, निकै लामो, औधी मजाको ।
क्रिया-पदावली–	भनिएको छ, गरिएको छ, बसिएको थियो ।
अव्यय-पदावली–	आकाशभरि, बाटोनिर, घरतर्फ, घना जङ्गलमा ।

जसमा राम्ररी अर्थ खुल्दैन वा एक किसिमको भाव मात्र प्रकट हुन्छ त्यसलाई 'वाक्यांश वा 'वाक्यखण्ड' भनिन्छ । अर्को शब्दमा वाक्य भनेको सग्लो रूप र वाक्यांश भनेको मिश्र वा संयुक्त वाक्यअन्तर्गतको खण्डवाक्य हो । यो वाक्यभन्दा तल्लो र शब्दावलीभन्दा माथिल्लो भाषिक श्रेणीमा पर्छ । जस्तै–

वाक्य (मिश्र वा संयुक्त)	**वाक्यांश (वाक्यखण्ड)**
जहाँ फल पाक्छ उहीँ चरी नाच्छ ।	(क) जहाँ फल पाक्छ
	(ख) उहीँ चरी नाच्छ
झरी परेको भए ऊ आउँदैन ।	(क) झरी परेको भए
	(ख) ऊ आउँदैन

कैलाश पनि आए, बद्री पनि आए । (क) कैलाश आए
(ख) बद्री आए

घरेलु काममा अल्झेर म यहाँ आइनँ । (क) घरेलु काममा अल्झेँ
(ख) म यहाँ आइनँ

यसरी वाक्यको संरचनामा भाषिक श्रेणीक्रम हुन्छ, जसलाई उत्तराधरक्रम (Hierarchy) भनिन्छ । वाक्यको स्थान वा स्थिति स्पष्ट हुन्छ त्यसैका सन्दर्भगत आधारमा । त्यसका प्रमुख संरचनाका नाम र क्रम एक ठाउँमा समेट्टा निम्न प्रकारका हुन्छन्–

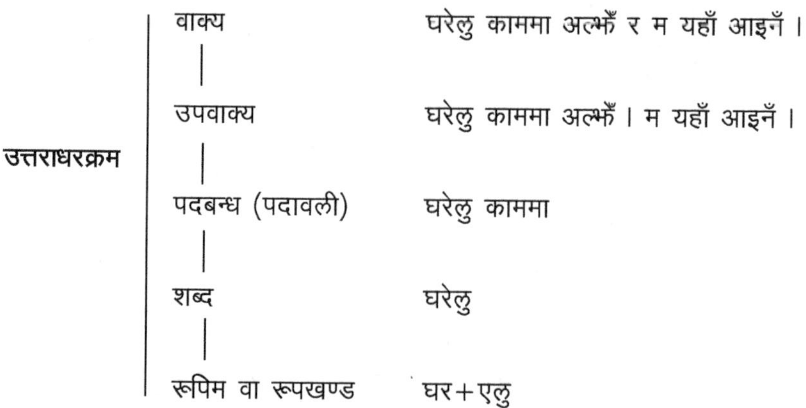

वाक्यका दुई भाग : उद्देश्य र विधेय

कुरा पूरा हुने हरेक सरल वाक्यका दुई भाग हुन्छन्– (१) उद्देश्य, (२) विधेय । सामान्यतया जसले कसैका विषयमा केही भन्छ त्यो 'उद्देश्य' हो, जसमा उद्देश्यका विषयमा केही भनिन्छ त्यो 'विधेय' हो । अर्थात् प्रायः उद्देश्य कर्ताभाग र विधेय क्रियाभाग हुन्छन् । जस्तै–

उद्देश्य	विधेय
पानी	पऱ्यो
म	घर जान्छु
परेवा	घुर्छ
तारा	उदाए
दसैँ	आयो

उद्देश्य र विधेयविस्तार– वाक्यमा उद्देश्यसित अन्वित भई उद्देश्यलाई बढाउने विशेषण, सम्बन्धपद आदि 'उद्देश्यविस्तार' र विधेयसित अन्वित भई विधेयलाई बढाउने कर्म, पूरक आदि 'विधेयविस्तार' हुन्छन् । जस्तै–

<table>
<tr><th colspan="3">उद्देश्य</th><th colspan="4">विधेय</th></tr>
<tr><th colspan="2">उद्देश्यविस्तार</th><th rowspan="2">कर्ता</th><th colspan="3">विधेयविस्तार</th><th rowspan="2">क्रियापद</th></tr>
<tr><th>उद्देश्य-
विश्लेषण</th><th>सम्बन्ध-
पद</th><th>कर्म</th><th>पूरक</th><th>क्रियायोगी</th></tr>
<tr><td rowspan="2">कालो

रमाइलो</td><td rowspan="2">हाम्रो

मेरो</td><td>पानी
म
परेवा
रचना
तारा
भाइ
दसैँ
मैले</td><td>

उनलाई</td><td>
घर

मुद्रण

स्कुल

गीत</td><td>बेसरी

झलमल्ल

छिटै</td><td>पन्यो
जान्छु
घुर्छ
भयो
उदाए
गयो
आयो
सिकाएँ</td></tr>
</table>

अध्याहार– कैयन् वाक्यभित्र कर्ता, क्रिया वा अरू शब्द लुप्त रहन्छन् । यसरी अरू शब्द नराखे पनि एउटा शब्दसम्मको छोटो वाक्य बन्छ । यस्ता गुप्त पदबाट अर्थ निकालिने कल्पनालाई 'अध्याहार' भनिन्छ । जस्तै–

ए बाबु ! (तिमी) उता हेर । घर को जान्छ ? म (घर जान्छु)

पानी पन्यो, अनि असिना (पन्यो) । घाम चर्को छ, (त्यसले) पोल्छ ।

ज्यामीले भन्यो– "सबैले काम गरे ।" नाइकेले सोध्यो– "साहिँलाले पनि (गन्यो) ?"

क्रिया र कर्म वा पूरक

माथिका जस्ता प्रत्येक प्रकारका वाक्यमा कम्तीमा दुइटा पद हुनै पर्छ– कर्ता र क्रिया । क्रियाले वाक्यमा जहिले पनि केन्द्रीय स्तरमा रहेर काम गर्छ र अरू तत्त्व त्यसैद्वारा निर्धारित हुन्छन् । यसरी वाक्य पूरा गर्ने क्रियालाई 'समापिका क्रिया' भनिन्छ । यसबाहेकका बीचमा आउने पूर्वक्रिया वा उत्तरक्रिया 'असमापिका क्रिया' हुन् । तीद्वारा मात्र वाक्य बन्दैन । जस्तै–

तिमी हाँसेर उनी गाएर

हामी बसेर तिनले लेखेर

घाम लागीकन साँझ परीकन

घर फर्कीकन खाजा खाईकन

बत्ती बालेपछि पाठ पढेपछि

यसरी वाक्यमा क्रिया केन्द्रविन्दुका रूपमा त रहन्छ नै, साथसाथै त्यसले कार्य, स्थिति, प्रक्रिया, घटना वा परिणाम आदिसित सम्बन्धित कार्य पनि बुझाउँछ । जस्तै–

महेश पुस्तक पढ्छ । (कार्य)

महेश कौसीमा छ । (स्थिति)

घाम लाग्यो । (प्रक्रिया)

महेश कुटियो । (घटना)

पूरक– कहिलेकाहीँ सकर्मक वा अकर्मक क्रियापदबाट पनि वाक्य पूरा हुन्न । त्यसका लागि तल कोष्ठभित्र दिइएका जस्ता सकर्मकमा कर्मसम्बन्धी पूरक र अकर्मकमा कर्तृसम्बन्धी पूरक पद हाल्नुपर्छ, अनि मात्र पूरा वाक्य बन्छ । जस्तै–

सकर्मक	अकर्मक
सबैले काम (सजिलो) तुल्याए ।	सानु (पास) हुन्छ ।
उनीहरूले खानेकुरा (स्वादिलो) पारे ।	रचना (मुद्रण) भयो ।
मैले तिमीलाई (दाजु) ठानेँ ।	गुलाफजामुनु (मीठो) लाग्छ ।
बहिनीले कोठा (सफा) गरिन् ।	उनी (विद्यार्थी) हुन् ।
गुरुले तिमीलाई (ज्ञानी) बनाउनुभयो ।	ग (साहित्यिक) हुँ ।

यसरी– अपूर्ण सकर्मक वा अकर्मक क्रियापदमा अर्थ पूरा गराउन आउने कर्मभन्दा भिन्नै किसिमका शब्द 'पूरक' हुन् । त्यस्ता पूरक पदको अपेक्षा राख्ने अपूर्ण क्रियालाई 'पूरकापेक्षी क्रिया' भनिन्छ । मूल कर्मका साथै अर्को (अकथित) कर्म लिने सकर्मक क्रिया र प्रेरणार्थक प्रत्यय लागेर बनेका क्रिया 'द्विकर्मक' हुन्छन् । जस्तै–

१. अपूर्ण (प्रायः पूरकापेक्षी) क्रिया

    सकर्मक–   गर्नु, तान्नु, तुल्याउनु, पार्नु, बनाउनु, सम्झनु आदि ।

    अकर्मक–   पर्नु, बन्नु, लाग्नु, हुनु आदि ।

२. द्विकर्मक क्रिया :

    ठान्नु, दिनु, भन्नु, लेख्नु, सिकाउनु, सोध्नु आदि ।

वाक्य बन्न चाहिने तत्त्व

वाक्य बन्नलाई कर्ता र क्रिया मात्र भएर हुन्न । वाक्य चुट्किलो र बान्किलो पनि हुनुपर्छ । यस्ता वाक्यका शब्द आफुसमा मिलेका हुन्छन् र यसका निम्ति संस्कृत व्याकरणका अनुसार तीन कुराको आवश्यकता हुन्छ, ती हुन्– (१) आकाङ्क्षा, (२) योग्यता, र (३) आसत्ति ।

वाक्यमा एउटा शब्द सुने-जानेपछि अर्को शब्द सुन्ने-जान्ने खुलदुली हुनु आकाङ्क्षा हो । जस्तै– 'म .....' भन्नासाथ सुन्नेलाई वक्ता के भन्दै छ जान्ने खुलदुली हुन्छ, वक्ता फेरि भन्छ– 'गीत गाउँछु ।' अब सुन्नेको खुलदुली मेटिन्छ । यसरी श्रोताको आकाङ्क्षा पूर्ण हुनलाई वाक्यमा दुई शब्द रहनै पर्छ ।

वाक्यमा अर्थबोध पनि हुनुपर्छ, नत्र वाक्य हुँदैन । 'म पात गाउँछु'– यो वाक्य त हो, तर यसबाट अर्थबोध हुँदैन । यहाँ मिल्दो शब्द ('गीत गाउँछु' जस्तो) रहनुपर्छ र यस्तो अर्थबोध गराउने क्षमतालाई 'योग्यता' भनिन्छ ।

वाक्यमा सम्बद्ध शब्दहरू सँगसँगै रहनुपर्छ । 'उनीहरू जान्छन् पढेर घर'– यो वाक्यमा सम्बद्ध शब्दहरू सँगसँगै रहेका छैनन् । तिनलाई मिलाएर लेख्दा यस्तो वाक्य बन्छ– 'उनीहरू पढेर घर जान्छन् ।' यसरी सम्बद्ध शब्दहरू सँगसँगै रहनुलाई 'आसत्ति' भनिन्छ ।

वाक्यमा आकाङ्क्षा, योग्यता र आसत्ति मात्र भएर पनि हुँदैन; तिनमा स्पष्टता, क्रमिकता, प्रवाह र भावअनुसारका शब्दसङ्गति आदि पनि हुनुपर्छ ।

अर्थ वा भावका दृष्टिमा वाक्य

शब्दका परस्पर सम्बन्ध वाक्यार्थ हुन् । अर्थ वा भावका दृष्टिमा यस्ता वाक्य बनेका हुन्छन् । यसैलाई क्रियाका भाव वा अर्थ भन्ने पनि प्रचलन छ । यस खालका वाक्य निम्न प्रकारका हुन्छन्–

१. **सामान्यार्थक–** सामान्य अर्थमा विधानको बोध गराउने, जस्तै–
इलाममा चियाबारी छ ।
माझीहरू खोलामा माछा मार्छन् ।
प्रयत्न गरेपछि फल मिल्छ ।
भोजपुरको पुरानो बजार टक्सार हो ।

२. **आज्ञार्थक–** आग्रह, विनय, आज्ञा, आदेश आदि जनाउने । जस्तै–
तिमी छिटै शहर जाऊ ।
कृपया पत्र पठाउनुहोला ।
उत्सवमा पाल्नुहुन विनम्र अनुरोध गर्छु ।
भोलि एकपल्ट भेट्नुहोस् ।

३. **इच्छार्थक–** इच्छा, आशीर्वाद आदि प्रकट गर्ने । जस्तै–
बनूँ सत्यवादी पढूँ नित्य विद्या । **(लेखनाथ)**
तिम्रो सधैँ भलो होस् ।
मङ्गलमय होस् जन्मदिवस यो तिमीलाई !
तिमीले दुई दिनको छुट्टी लिए ।

४. **प्रश्नार्थक–** सोध्ने, सवाल गर्ने । जस्तै–
तपाई अहिले कताबाट पाल्नुभयो ?
यहाँ के काम गर्नुहुन्छ ?
परदेशी कहिले फर्कला ?
के यहाँ कोदारी जानुभएको छ ?

५. **अनिश्चयार्थक–** सङ्केत वा सम्भावना बुझाउने । जस्तै–
हिँड्छौ भने छिटै हिँडिहाल ।
लेख्न सके राम्रो हुन्थ्यो ।
माल भेट्टाएँ भने म लिनेछु ।
ऊ काम गर्दा हो त उन्नतिमा पुग्ने थियो ।
घाम लागे निकै रमाइलो होला ।

रूपका दृष्टिमा वाक्य

कुनै वाक्य के-कस्तो हो भन्ने त्यसको संरचनात्मक रूपबाट थाहा पाइन्छ । रूप वा रचनाका दृष्टिमा वाक्य चार किसिमका हुन्छन्– सरल वाक्य, मिश्र वाक्य, संयुक्त वाक्य र मिलित वाक्य ।

१. सरल वाक्य

एउटा उद्देश्य र एउटा विधेय वा उद्देश्यविस्तार र विधेयविस्तारसमेत रहेर बनेको वाक्य 'सरल वाक्य' हो । सरल वाक्यमा मुख्य क्रिया पनि एउटै रहन्छ । जस्तै–

राधा घर गई ।

नारीहरू पुस्तक पढ्छन् ।

बतासले आँप झान्यो ।

हिमाल उत्तरमा पर्छ ।

राम शाह गोरखाका राजा थिए ।

ऊ औषधीविना मन्यो ।

मानिसलाई व्यवहारबाट चिनिन्छ ।

उहाँसित सिक्किममा भेट भयो ।

२. मिश्र वाक्य

एउटा मुख्य वाक्य र अर्को अङ्ग वाक्य वा अधीन वाक्य मिलेर बनेको वाक्य 'मिश्र वाक्य' हो । मिश्र वाक्य जसले, जहाँ, जो, भने, यदि, यद्यपि आदि संयोजकद्वारा जोरिन्छन् । जस्तै–

जसले सोझो चितायो, उसको भलो हुन्छ ।

जसले मह काढ्छ, उसले हात चाट्छ ।

जहिले ऊ भन्ला, उहिले म गरुँला ।

जहाँ फल पाक्छ, त्यहीँ चरी नाच्छ ।

तपाईंले जुन काम अह्राउनुभयो, म त्यही काम गर्दै छु ।

तिमी नाच्यौ भने म गीत गाउँला ।

अधीन उपवाक्य सामान्यतया तीन किसिमका हुन्छन्– नाम उपवाक्य, विशेषण उपवाक्य र अव्यय उपवाक्य । जुन उपवाक्य नामका किसिमले कर्ता, कर्म आदि स्थानमा प्रयुक्त हुन्छन् तिनलाई 'नाम उपवाक्य', जुन उपवाक्य नामको विशेषता बताउँछन् तिनलाई 'विशेषण उपवाक्य' र जुन उपवाक्य क्रियाको विशेषता बुझाउँछन् तिनलाई 'अव्यय उपवाक्य' भनिन्छ । जस्तै–

लक्ष्मीले भनिन्– **म अहिले बजार जान्छु** ।   (नाम उपवाक्य)

रीताले भाइलाई **तिमी घर जाऊ** भनिन् ।   (नाम उपवाक्य)

काम कसरी गर्ने हो उसलाई थाहा छैन ।   (नाम उपवाक्य)

ऊ त्यही व्यक्ति हो **जो परोपकारी थियो** ।   (विशेषण उपवाक्य)

त्यो तस्बिर, **जुन राम्रो छ**, मलाई देऊ ।   (विशेषण उपवाक्य)

मैले जे भनेको थिएँ, **त्यो कुरा उसले बिर्स्यो** ।   (विशेषण उपवाक्य)

तिमी जति दिन्छौ, म त्यति लिन्छु ।   (अव्यय उपवाक्य)

उनी जसरी आए, त्यसरी नै गए ।   (अव्यय उपवाक्य)

जहिले काम सकिन्छ, तहिले जाउँला ।   (अव्यय उपवाक्य)

३. संयुक्त वाक्य

एकभन्दा बढी सरल वाक्यहरू स्वतन्त्र किसिमले मिलेको वाक्य 'संयुक्त वाक्य' हो । संयुक्त वाक्यका समुच्चायक (र, अनि, पनि आदि जोरिने), विपरीतक (तर, परन्तु तापनि आदि जोरिने), कारणबोधक (किनभने, नत्र आदि जोरिने), वैकल्पिक (कि, वा, न आदि जोरिने) आदि प्रकार छन् । जस्तै–

आमा आउनुभयो र मामा जानुभयो ।	(समुच्चायक)
हामी डाँडामा पुग्यौँ अनि घाम लाग्यो ।	(समुच्चायक)
काम गर्नाले फुर्ती पनि बढ्छ, सुख पनि हुन्छ ।	(समुच्चायक)
मानिसलाई हन्डर पर्छ, तर प्रयास छोड्नु हुँदैन ।	(विपरीतक)
सुधा साँखुमा बस्छिन् तापनि काठमाडौँ पुगेकी छैनन् ।	(विपरीतक)
रमा क्याम्पस आइनन् र उमालाई खल्लो लाग्यो ।	(कारणबोधक)
काम गरौँ, नत्र पछि फसाद पर्ला ?	(कारणबोधक)
कविता लेख्छौ कि कथा लेख्छौ ?	(वैकल्पिक)
घरमा दाजु आउलान् वा भाइ आउलान् ।	(वैकल्पिक)
न रीता गइन् न तिमी गयौ ।	(वैकल्पिक)

मिश्र र संयुक्त वाक्यमा के अन्तर छ भने, मिश्र वाक्यमा एउटा मुख्य वाक्य हुन्छ र अर्को अधीन उपवाक्य; संयुक्त वाक्यमा चाहिँ सबै सरल र स्वतन्त्र वाक्य रहन्छन् । जस्तै–

मिश्र वाक्य	जसले मह काढ्छ	(अधीन उपवाक्य)
	उसले हात चाट्छ	(मुख्य वाक्य)
संयुक्त वाक्य	आमा आउनुभयो ।	(सरल वाक्य)
	मामा जानुभयो ।	(सरल वाक्य)

४. मिलित वाक्य

जुन वाक्यमा स्वतन्त्र सरल वाक्यहरू मिलेको संयुक्त वाक्य पनि हुन्छ, मुख्य वाक्यमा अधीन वाक्य मिलेको मिश्र वाक्य पनि हुन्छ– त्यस्तो पूर्ण वाक्यलाई नै 'मिलित वाक्य' भनिन्छ। अर्को शब्दमा संयुक्त वाक्यअन्तर्गत मिश्र वाक्य आउनु मिलित वाक्य हो। जस्तै–

पुस्तक खोजे तापनि ती पुस्तक पाइएनन्, जुन अत्यावश्यक थिए ।
राम बजार त गयो, तर उसले जहाँ पुग्यो त्यहीँ भीड देख्यो ।
छोरा र छोरी दुवैलाई पढाउनुपर्छ, नत्र पछि उँभो लाग्दैनन् ।
हामी आसाम गयौँ र त्यहाँ पन्ध्र दिन बस्यौँ तापनि अझै धोको पुगेन ।

उपअनुच्छेद, अनुच्छेद आदि

भाषिक विश्लेषणका दृष्टिमा वाक्य माथिल्लो एकाइ वा श्रेणी हो । तर अभिव्यक्ति वा रचनाका दृष्टिमा वाक्यभन्दा माथिल्ला भाषिक श्रेणी हुन्छन् । यस दृष्टिले रूपिमदेखि समग्र कथनसम्म पुग्दा वाक्य मध्यवर्ती भएको पनि देखिन्छ । वाक्यभन्दा माथिल्ला भाषिक श्रेणी हुन्– उपअनुच्छेद, अनुच्छेद र परिच्छेद तथा समग्र कथन ।

उपअनुच्छेद

'उपअनुच्छेद' भनेको क्रमबद्ध वाक्यको त्यो समूह हो, जुन पूर्वापर प्रसङ्ग भएको र एकअर्कामा निकटतम सम्बन्ध राख्ने हुन्छ । त्यसले कुनै एक अंशको शृङ्खलाबद्ध क्रम वा कथन देखाउँछ । जस्तै–

कविता शब्दसङ्गीत हो, अनि सङ्गीत ध्वनिकविता । यी दुवै चाखिला चटनी हुन्, तर तिनका भावना र सुर मरे जसले यिनलाई आलु र भात बनाए **(फुलर)**

अनुच्छेद

एकै भाव र विषयका धेरै वाक्य क्रम नटुटी एउटै ठाउँमा आए त्यस्ता वाक्यको समष्टि 'अनुच्छेद' (प्याराग्राफ) हुन्छ । यस्तो प्रत्येक अनुच्छेदले एक किसिमको विश्राम वा अडानको सङ्केत पनि जनाउँछ । जस्तै–

(I) विगत शताब्दीमा देशको समुचित विकास गर्ने प्रयत्न नभएकाले हामीले आफ्नो सांस्कृतिक उत्थान र आदानप्रदान राम्रोसित गर्न पाएनौँ । अरूको प्रभाव, अन्धानुकरण, आर्थिक असमानता र साम्प्रदायिक कुराहरूले पनि हाम्रो संस्कृतिको मौलिकतालाई निकै बाधा दिए । हामीले आफ्नो संस्कृतिका कतिपय मौलिक विशेषता र गुणहरूलाई बिर्संदै गयौँ । यस्तै भइरहेमा र सांस्कृतिक परम्पराको रक्षा, संवर्द्धन र विकास गर्न नसकेका खण्डमा हाम्रो आफ्नो भनेर चिनाउने वस्तु बाँकी रहनेछैन । यसैले नराम्रा तत्त्वलाई छिमल्नु तथा नमिलेको तहलाई मिलाउनु पनि संस्कृतिको मौलिकता हुनेछ ।

(II) कुनै देशले आफ्नो संस्कृतिमा युगानुकूल परिवर्तन गर्न सकेन भने पनि कालान्तरमा उसको संस्कृति अस्तित्वहीन भएर जानु कुनै आश्चर्य होइन । त्यसैले परम्पराका रूपमा आएको संस्कृतिलाई त्यसमा भएको मौलिकता मर्न नदिई उपयोगी र नवीन रूपमा परिवर्तित र विकसित पनि गर्न सक्नुपर्छ । मौलिकताको नाममा थोत्रो कन्था पिटाएर बस्ने संस्कृतिले कहिल्यै पनि देश र जातिको भलो गर्न सक्तैन, किनभने मानिसलाई विकासको उच्चतम शिखरमा पुर्‍याएर जीवनमुखी अवस्थामा प्रतिष्ठापित गराइदिनु नै संस्कृतिको वास्तविक लक्ष्य हो ।

परिच्छेद र समग्र-कथन

अनुच्छेद मिलेका कुनै विषयको शृङ्खलित र सङ्गठित अंश वा खण्ड परिच्छेद हो । यो समग्र कथनको एक अङ्गका रूपमा रहन्छ । समग्र कथन भन्नाले चाहिँ सानोभन्दा सानो विषयदेखि पूरै ग्रन्थ वा साङ्गोपाङ्गलाई समेत लिन्छ ।

यसरी रचना वा अभिव्यक्तिका क्रममा माथि भनिएका भाषिक श्रेणी उत्तरोत्तर रूपमा बढ्दै पनि जान्छन्, बीचमा श्रेणी फड्काउने पनि गर्छन् र तल्ला श्रेणीले नै माथिल्ला श्रेणीको काम पनि गर्न सक्छन् ।

वाक्य-रचना

वाक्य-रचनाको अभिप्राय वाक्यमा शब्दहरूको सम्बन्ध स्पष्ट हुने गरी मिलाएर राख्नु हो । यस क्रममा वाक्यगठनको प्रकृति पहिल्याई पदको क्रम र सङ्गति, विन्यास र उच्चारण तथा वाक्यको शासन र प्रयोग आदिबारे निपुणता प्राप्त गर्नु आवश्यक हुन्छ ।

उपर्युक्त सन्दर्भमा, वाक्यरचनाका मूलभूत प्रक्रिया— पदक्रम, सङ्गति आदि र तिनका उदाहरण तल क्रमैले देखाइएका छन्–

वाक्यमा पदक्रम

वाक्यमा पदक्रम भन्नाले वाक्यअन्तर्गत पदहरू परस्पर अन्वित हुने कुरा बुझिन्छ । वाक्यरचनामा दुई किसिमका पदक्रम हुन्छन्– (१) विशिष्ट पदक्रम, (२) सामान्य पदक्रम ।

विशिष्ट पदक्रम भन्नाले विशेष अवस्थामा वा पद्यात्मक रचनामा शब्दहरूलाई यताउतिसमेत पारी लेखिने क्रम हुन्छ । सामान्य पदक्रमचाहिँ बोल्दा र लेख्दाको सजिलो क्रम हो । यिनलाई क्रमशः 'आलङ्कारिक पदक्रम' र 'वैयाकरण पदक्रम' पनि भन्ने गरिन्छ । विशिष्ट पदक्रम र सामान्य पदक्रमलाई तलको उदाहरणले छर्लङ्ग पार्न सकिन्छ–

	विशिष्ट पदक्रम	सामान्य पदक्रम
१.	गर्छन् उनी धेरै काम,	उनी धेरै काम गर्छन् ।
	पाउँछन् उनी सधैँ सम्मान ।	उनी सधैँ सम्मान पाउँछन् ।
२.	हिजो गए पर ।	हिजो पर गए ।
	आज आए घर ।	आज घर आए ।

बोलचालमा वा गद्यरचनामा प्रायः सामान्य पदक्रमकै प्रचलन छ तापनि विशिष्ट पदक्रम आउँदैन भन्ने कुरो होइन । निश्चित पदक्रममा परिवर्तन हुँदा अर्थमा पनि विशेष वा सूक्ष्म अन्तर पर्न सक्छ । जस्तै–

म लम्केर घर पुगेँ ।	(सामान्य पदक्रम)
लम्केर म घर पुगेँ ।	(विशिष्ट पदक्रम)
पुगेँ लम्केर म घर ।	(विशिष्ट पदक्रम)
म घर पुगेँ लम्केर ।	(विशिष्ट पदक्रम)

ठाउँ हेरी सामान्य पदक्रम विशिष्ट हुन सक्छ तापनि खास-खास स्थितिमा नै वाक्यरचनामा विशिष्ट पदक्रम आउँछ । विशेषतः साहित्यिक अभिव्यक्तिमा सुर, लय वा भङ्गिमाका निम्ति विशिष्ट पदक्रम अँगाल्ने गरिन्छ । जस्तै–

१. कस्तो यो बहको भुल्को रुँदिन्छ एकलासमा
    मुटु मेरो बजारिन्छ गई टाढा बतासमा
२. पर्छ आकाशबाट पानी बेसरी
    भिज्छन् सुकेका पाखा र खेतहरू रमाएर आज !

गद्यका वाक्यरचना विशेष गरी सामान्य पदक्रमअनुसार नै हुन्छन् र लेखिन्छन् । विशिष्ट पदक्रममा लेखिने वाक्यमा पनि प्रायः सजिलो क्रमकै कल्पनाद्वारा भाव र अर्थ खुल्छ ।

सामान्य वाक्यरचनामा पहिले कर्ता र अन्त्यमा क्रिया रहन्छ । अरू कर्म, करण, क्रियायोगी आदि सबै तिनका बीचमा आउँछन् । जस्तै—

धान ढल्यो ।   तोरी फुल्यो ।
मधु पुस्तक पढ्छ ।   शारदा गीत गाउँछे ।
गुराँस रातो हुन्छ ।   दिन उज्यालो होला ।
ढोका घुरुक्क उघ्रियो ।   पानी दर्र दर्क्यो ।
खोला हुनहुनाएर आयो ।   रेडियो सुनीकन जाऔँ ।

वाक्यमा उद्देश्यविस्तार र विधेयविस्तारका रूपमा आउने शब्द क्रमशः उद्देश्य र विधेयका अगाडि नै रहन्छन् । जस्तै—

मिहिनेती केटाहरू समयमै आइपुगे ।
राम्रो बानीलाई सबैले सह्राउँछन् ।
नीलो आकाशलाई बादलले ढाकेछ ।
ध्रुव दौडमा पहिला भयो ।
अंशुवर्मा नेपालका लिच्छविकालीन राजा थिए ।
कालो साँढेले कैलो साँढेलाई लखेट्यो ।

सामान्य पदक्रममा उद्देश्यसित अन्वित शब्द उद्देश्यका अगाडि र विधेयसित अन्वित शब्द विधेयका अगाडि रहन्छन् । तर सिङ्गो वाक्यलाई प्रभावित पार्ने वा अघिल्लो वाक्यसँग सम्बन्ध गाँस्ने अव्यय शब्द अगाडि पनि आउँछन् । जस्तै—

आज विद्यार्थी कक्षामा आएनन् ।   अहिले म गाउँबाटै आएको हुँ ।
सायद ऊ फर्केको छैन ।   सके ऊ घरै आइसक्यो ।
मनोहर दिनभरि घुम्न गएनन् ।   त्यसैले म पनि गइनँ ।

कर्मलाई प्रमुखता दिन त्यसलाई कर्ताको अगाडि राख्ने पनि गरिन्छ । कर्तासँगै कर्म र पूरक दुवै आएमा पहिलो कर्म र त्यसपछि पूरक राखिन्छन् । जस्तै—

१. उनलाई मैले कति भनैँ, तर माने पो ।
   तिमीलाई सानाबाले के ल्याइदिनुभो ?
   आकाशलाई बादलले ढाकेछ ।

२. मैयाँ छोरीलाई लुगा लगाइदिन्छिन् ।
गुरुले मलाई लमजुङ देखाइदिनुभयो ।
गीतले सबैलाई मुहुनी लगाउँछ ।

रखाइ र उच्चारणमा भिन्नता

वाक्यमा अक्षर वा शब्दरखाइको क्रम ठीक हुनुपर्छ, नत्र वाक्यको अर्थ राम्ररी लाग्दैन ।
कहीँ त अर्थमा पनि आनका तान फरक पर्छ । भन्न खोजेको अभिप्रायमा शब्दहरू
कसरी गडबडिएका छन् र तिनका ठीक रूप के हुन्, तलका वाक्यद्वारा प्रस्ट हुन्छ–

अमिल्दो क्रम	मिल्दो क्रम
फूल कोमा लामा राम्रो देखिन्छ ।	फूलको मालामा राम्रो देखिन्छ ।
कमलके राउले ऊ ।	कमल, केराउ लेऊ ।
जनाउन आएकाले म गइनँ ।	जनाउ (सूचना) नआएकाले म गइनँ ।
दुलही जान्छन् जन्ती लिएर ।	जन्ती दुलही लिएर जान्छन् ।
बटुवा बाटो लिएर भारी लाग्छन् ।	बटुवा भारी लिएर बाटो लाग्छन् ।
पानीले भिजेको मने पर्सि दिन्छ (पर्सि दिने होइन)	पर्सिदिन्छ (पर्सन्छ)
वृन्दा तपाईंको कोपऱ्यो । (चिथऱ्यो होइन) को पऱ्यो ?	(के साइनो पऱ्यो) ?

वाक्यमा आएका उही-उही शब्दमा पनि रखाइको यताउतिका क्रमले भिन्नाभिन्नै अर्थ
निस्कन्छन् । जस्तै–

१. शान्तिले सिनेमा **मात्र** हेरिन् । (अरू थोक होइन)
   शान्तिले **मात्र** सिनेमा हेरिन् । (अरूले होइन)
   शान्तिले सिनेमा हेरिन् **मात्र** । (हेर्ने मात्र काम गरिन्)

२. रारामा म **गएको** थिएँ । (नगएको होइन)
   म **रारामा** गएको थिएँ । (अन्त होइन)
   रारामा गएको **म** थिएँ । (अरू होइन)

३. पढ्दा **मनलाई** पढ । (मनलाई नै पढ)
   पढ्दा **मन लाई** पढ । (चित्त लगाएर पढ)

४. त्यो मानिससँग राम्रो **तस्बिर** थियो । (तस्बिर राम्रो)
   त्यो **राम्रो** मानिससँग तस्बिर थियो । (मानिस राम्रो)

उच्चारणबाट पनि अर्थको भेद हुन जान्छ, अर्थात् वाक्यको सुर र बालाघातले
(कुनै शब्दविशेषमा जोर दिँदा) सिङ्गै वाक्यको अर्थ बदलिन्छ । जस्तै–

१. मेरी **माइजूको** नाम रमा हो । (अरूको होइन माइजूको)
   मेरी माइजूको नाम **रमा** हो । (अरू नाम होइन रमा)
   मेरी माइजूको नाम रमा हो । (अरू कसैकी होइन मेरी)

२.   ऊ चार **महिना**की भई ।   (समय चार महिना)
     ऊ **चार** महिनाकी भई   (एक होइन चार)
     ऊ चार महिनाकी भई ।   (अरू होइन ऊ)

३.   इन्दु **बनारसमा** छ ?   (बनारसमा वा अन्तै ?)
     इन्दु बनारसमा छ ?   (कि अर्कै ?)
     इन्दु बनारसमा **छ** ?   (छ कि छैन ?)

४.   **घरको** जान्छ ?   (अन्तको होइन, घरकै जान्छ)
     घर **को** जान्छ ?   (घरमा को जान्छ ?)

सङ्गति (मेल)

वाक्यभित्रका पदहरूमा रहने सङ्गति अर्थात् मेल विभिन्न प्रकारका हुन्छन् । कर्ता (उद्देश्य) मा जुन-जुन लिङ्ग, वचन र पुरुष आउँछन् क्रियामा पनि सोहीअनुसारको मेल हुनुपर्छ । जस्तै–

लिङ्ग :   सानु छ ।   सानी छ-छे ।
             राम छन् ।   सीता छन्-छिन् ।
             भाइ आयो ।   बहिनी आई ।
             छोरा घरमा बस्छ ।   छोरी घरमा बस्छे ।
             भानिज आउँछन् ।   भान्जी आउँछिन् ।
             केटो आएको छ ।   केटी आएकी छ ।
             मुखिया घर गए ।   मुखिनी घर गइन् ।

वचन :   परेवा घुर्छ ।   परेवाहरू घुर्छन् ।
             छोरा काम गर्छ ।   छोराहरू काम गर्छन् ।
             किताब छापिन्छ ।   किताबहरू छापिन्छन् ।
             राम्रो घर बन्यो ।   राम्रा घरहरू बने ।
             छानु छाइयो ।   छाना वा छानाहरू छाइए ।
             त्यो चुचुरो हो ।   ती चुचुरा हुन् ।
             हाँगामा स्याउको दानु छ ।   हाँगामा स्याउका दाना छन् ।
             बोटमा एक दानु अम्बा छ ।   बोटमा चार दाना अम्बा छन् ।

पुरुष :   म लेख्छु ।   हामी पढ्छौं ।
             तँ गीत गाउँछस् ।   तिमीहरू नाच हेर्छौ ।
             तपाई कथा भन्नुहुन्छ ।   यहाँहरू के गर्नुहुन्छ ?
             त्यो घर जान्छ, जान्छे ।   तिनीहरू घर जान्छन् ।
             ऊ हाँस्छ र त्यो नाच्छ ।   म लेख्छु र तिमी पढ्छौ ।
             म गएको थिएँ ।   हामीहरू गएका थियौँ ।
             तँ बसेको छैनस् ।   तिमी बसेका छैनौ ।
             राधा आउलिन् ।   राधाका साथीहरू आउलान् ।

विशेष्यअनुसार नै विशेषण वा सम्बन्धकारकको क्रम र मेल पनि हुनुपर्छ । जस्तै तल (१) र (२) मा देखाइएका छन्–

१. असल मानिस ।   असल मानिसहरू ।
    दयालु मीत ।   दयालु मितिनी ।
    कान्छो छोरो ।   कान्छी छोरी ।
    बुद्धिमान् पुरुष ।   बुद्धिमती स्त्री ।
    गुणवान् बालक ।   गुणवती बालिका ।
    सानु गोरो छ ।   सानी गोरी छ ।
    यो पातलो छ, त्यो पातली छ ।   उनी पातली छन्, उनी पातला छन् ।
    राम्रो केटो आयो ।   राम्री केटी आई ।
    वीरे छरितो थियो ।   पुतली छरिती थिई ।

२. मेरो कुरो ।   मेरा कुरा वा कुराहरू
    मेरो आफ्नो कुरो   मेरा आफ्ना कुरा ।
    लोकसेवा आयोगको विज्ञापन ।   लोकसेवा आयोगका विज्ञापनहरू ।
    तिनकी बहिनी ।   तिनका बहिनीहरू ।
    दिदीको छोरो ।   दिदीकी छोरी, दिदीका छोराहरू ।
    उनको घर त्यहाँ छ ।   मेरो घर यहाँ छ ।

वाक्यमा उद्देश्य धेरै भए क्रिया बहुवचन हुन्छन् र मान्नुपर्नेमा पनि आदरार्थी क्रियाको प्रयोग हुन्छ । जस्तै–

केदार र शङ्कर भर्खर आए ।

दीना र गोविन्द खेलिरहेछन् ।

एउटा गाई, एउटा भैँसी र एउटा गोरु चर्छन् ।

जुगल हिमाल र गोसाइँकुण्ड हिमाल हाराहारी छन् ।

तपाईं घरमा कति बेला पाल्नुहुन्छ ?

वाक्यमा उद्देश्य प्रथम, मध्यम र उत्तम– तीनै पुरुषमा भए त्यसरी नै मिलाई क्रिया उत्तम पुरुषअनुसार र उत्तम पुरुष नभए मध्यम पुरुषअनुसार बहुवचन हुन्छन् । जस्तै–

त्यो, तिमी र म पाटन गयौँ ।   ऊ, तिमी र हामी पढौँला ।

भाइ र तिनी घर गए ।   उनी र तिमी बिहान आयौ ।

तिनी र तपाईं भर्खर आउनुभयो ।

उद्देश्य कि, वा, न जस्ता विकल्पबोधक संयोजकले जोरिएका छन् भने क्रियापदको प्रयोग पनि सम्बन्ध वा पछिल्लोअनुसार हुन्छ । पूर्ववर्ती उद्देश्यको क्रियाचाहिँ लुप्त पनि रहन्छ । जस्तै–

कि तिमी बस कि हामी बसौँ ।   न मधुवन गयो न म गएँ ।

न उसले गायो न तिनले गाइन् ।   कि ऊ कि तँ आइज ।

पुरु वा शान्ता खेल्ली ।

वाक्यमा 'हरेक', 'प्रत्येक' जस्ता शब्द आएमा क्रिया एकवचनान्त हुन्छ । जस्तै–
हरेकले यो काम गन्यो ।   प्रत्येक व्यक्ति सुख चाहन्छ ।

सङ्केतार्थक संयुक्त वाक्यमा एक वाक्यखण्ड कर्तृबाच्य र अर्को कर्म बा भाबबाच्य भएमा र सामान्यीकृत तात्पर्य बुझ्ाए दुवै खण्डका वाक्य एकवचनान्त हुन्छन् । जस्तै–
सकियो भने पुस्तक किनिन्छ ।

गइएछ भने भेटिएला ।

प्रयास गरियो भने सफल भइन्छ ।

क्रियापदको आदरार्थी प्रयोग-मा ध्यान राम्ररी पुन्याउनुपर्ने हुन्छ । कर्तामा 'तपाईं' र क्रियागा 'गए' भयो भने वाक्य अशुद्ध हुन्छ । चार किसिमका आदरार्थी र तिनका परिचयात्मक वाक्य तल दिइएका छन्–

१. **निम्न आदरार्थी** (गर्छ, आउँछ, आदि), जस्तै– ऊ छिट्टै विद्यालय जान्छ । बिचरी पानीमा रुझिरहेकी छ । माग्ने केटो सडकमा लम्किरहेको थियो । त्यो फुर्तीसाथ खेल्नेछ ।

२. **मध्यम आदरार्थी** (गर्छन्, आउँछन् आदि), जस्तै– उनी छिटै चिठी लेख्छन् । गायक गीत गाइरहेका थिए । दिदी घर जाँदै थिइन् । तिनी मीठोसँग बोल्नेछन् ।

३. **उच्च आदरार्थी** (गर्नुहुन्छ, आउनुहुन्छ आदि), जस्तै– तपाईं राम्ररी सिकाउनुहुन्छ । प्रधानमन्त्रीले टेलिभिजनमार्फत आफ्ना कुरा राख्नुभयो । गोष्ठीमा शिक्षामन्त्री पनि आउनुभएको थियो । सचिव फाइल लिएर आउनुहोला ।

४. **उच्चतम (विशिष्ट) आदरार्थी** (गइबक्सन्छ, आइबक्सिन्छ आदि), जस्तै– राजारानी पोखरा सवारी होइबक्सेको छ । मौसुफ राजकीय भ्रमण पूरा गरी एक हप्तामा स्वदेश फिरिबक्सिनेछ ।

एउटै वाक्यमा आएका दोहोरो क्रियाका असमापिका क्रियामा आदरार्थी प्रयोग नगरे हुन्छ । समापिका क्रियामा चाहिँ आदरार्थी प्रयोग गर्नुपर्छ, जस्तै–
सचिवजीले धुलिखेल पुगेर कार्यक्रम उद्घाटन गर्नुभयो ।

मन्त्रीज्यू आएर मन्तव्य दिनुभयो ।

'आदि' लागेपछि 'र' को प्रयोग आवश्यक छैन । 'र' शब्दका पछि अन्त्यमा वा जोडमा आउँछ । जस्तै–

पुस्तक, कलम, मसी आदि लेऊ ।   पुस्तक, कलम र मसी लेऊ ।
मानिसका मुख्य गुण शील, स्वभाव,   मानिसका मुख्य गुण शील, स्वभाव
विवेक आदि हुन् ।   विवेक, विचार र धैर्य हुन् ।
भैलो, सँगिनी आदि नृत्यगीत हुन् ।   आगो र पानी एक हुँदैन ।

वाक्यशासन : केही नियम र प्रयोग

वाक्यमा कर्ता, कर्म, करण आदि पदमा विभक्तिका रूप शासित हुने काम वाक्यशासन हो । वाक्यशासनको मुख्य सञ्चालन हुन्छ कारक र विभक्तिद्वारा । कारकको सम्बन्ध क्रियासँग हुन्छ र त्यो सम्बन्ध जनाउने काम विभक्तिले नै गर्छन् । कारक र विभक्तिको

परिचय 'शब्दका रूप विस्तार'मा भइसकेको छ र वाक्यरचनाका नियम पनि माथि परिसकेका छन् । 'ले, लाई, देखि, बाट' आदि विभक्ति-प्रत्ययको प्रयोगमा धेरैबाट बिराम हुन जान्छ । 'म खाएँ, तिमीले बस्यौ, मैले कथालाई सुनेँ, आजबाट म जान्छु, मदेखि यो काम भयो' आदिजस्ता प्रकृतिविरुद्ध र बिभ्ने किसिमका प्रयोग वाक्यमा हुनु हुँदैन । कारक र क्रियाको सङ्गति मिलाउँदा पालन गरिने केही नियम तल देखाइएका छन्–

ले–

(१) वाक्यमा सकर्मक क्रियाका कर्तामा निम्नलिखित अवस्थामा नित्य 'ले' लाग्छ–

भूतकालका सबै पक्ष : मैले भात खाएँ । हामीले भात खायौँ । गीताले काम गरिन् । वसन्तले चिठी लेखे । दिदीले कथा सुनाइन् । मैले नाटक हेरेको छु । हामीले सँगै पढेका थियौँ । तिमीले चिठी लेखेछौ ।

सामान्य सङ्केतार्थक : उसले पढे बेसै छ । तिमीले लेखे राम्रो होला । तपाईंले भने गरुँला ।

विध्यर्थक : तैँले भोला लिनू । तपाईंले चिठी दिनू । यहाँले नबिर्सनू । रामले घर हेरिदिनू ।

करण कारक : कलमले लेखिन्छ । कलमले लेखियो । बादलले घाम छेकिनेछ ।

(२) वाक्यमा अकर्मक क्रिया हुने कर्तामा तलका अवस्थामा 'ले' विकल्पले लाग्छ । जस्तै–

अकर्मक विध्यर्थक : तँ जानू । तैँले जानू । तिमी हाँस्नू । तिमीले हाँस्नू ।
आवश्यकताबोधक : म रुनुपर्छ । मैले रुनुपर्छ । तिमीले उम्दा हुनु छ ।
अन्य प्रसङ्ग : घाम पोल्छ । घामले पोल्छ ।

(३) अकर्मक क्रिया भएका धेरैजसो कर्तामा र अन्यत्र पनि प्रायः 'ले'-को प्रयोग हुँदैन । अन्तिम क्रियासित कर्ताको सम्बन्ध हुन्छ । जस्तै–

म गएँ ।   तिमी गयौ ।

साथीहरू बस चढ्छन् ।   दिदी खानेकुरा दिनुहुन्छ ।

तिनी लुगा धोएर आइन् ।   म घरमा आएर बसेँ ।

लाई–

(१) वाक्यमा रहेका दुइटा कर्ममध्ये एउटामा (अकथित अर्थात् गौण कर्ममा) 'लाई' रहन्छ । यस्तै सकर्मक क्रियाको प्राणीवाचक कर्म र अकर्मक क्रियाको उदासीन पद (अनुभूति लिने शब्द)-मा 'लाई' लाग्छ;[१] जस्तै–

अकथित कर्म : तिमी बहिनीलाई कलम दिन्छौ । म यस केटालाई माया गर्छु ।

मुख्य कर्म : हरि रामलाई पिट्छ । मैले श्यामलाई बोलाएँ ।

---

१. सजिलो रूपमा भन्दा खास गरी द्वितीयामा निर्जीवको 'लाई' दब्छ, चतुर्थीको 'लाई' रहन्छ । द्वितीया र चतुर्थी दुवै भएमा पनि द्वितीयाको 'लाई' दब्छ, चतुर्थीको 'लाई' दब्दैन । जस्तै–
उनी किताब पढ्छिन् ।   शारदा स्विटर बुन्छिन् ।
मैले पत्रिकालाई रचना दिएँ ।   म छोरीलाई आँप दिन्छु ।

उदासीन :   मलाई तिर्खा लाग्यो । उनलाई भोक लागेछ ।

(२) ज्यान नभएका तथा पशुपन्छीका नाममा धेरैजसो र कतैकतै मान्छे बुझाउने नाममा पनि 'लाई' दबिन्छ । जस्तै–

मैले बाइस्कल ल्याएँ ।   तेन्जिङले झन्डा बोके ।

आमा छोरी भेट्न आएकी थिइन् ।   रमा बहिनी लिन गइछन् ।

देखि, बाट–

दिशा र काल जनाउने शब्दमा, मनको भाव बुझाउँदा र सङ्केत तथा व्याप्तिको अर्थमा 'देखि' लाग्छ; छुट्टिने अर्थमा, सामान्य विभाग बुझाउँदा, कर्मवाच्यमा परिवर्तित हुँदा र सम्मानको अर्थमा 'बाट' लाग्छ । जस्तै–

देखि	बाट
काठमाडौँदेखि पूर्व जानु छ ।	रूखबाट पात झन्यो ।
आजदेखि म काम गर्छु ।	चौरबाट नहिँडौँ, बाटोबाट हिँडौँ ।
हरि बिरालोदेखि पनि तर्सन्छ ।	रेडियोबाट गीत सुनिन्छ ।
हामी बिहानदेखि आएका हौँ ।	गुरुबाट यो काम भयो ।
हिँडेदेखि नाता लागेको छ ।	तपाईंबाट म यही आशा गर्छु ।

उच्चतम आदरार्थीमा पनि 'ले' को प्रयोग नभई 'बाट' नै प्रयोग हुन्छ । जस्तै– मन्त्रीज्यूबाट, गुरुबाट र आमाबाट ।

को–

यो षष्ठी विभक्तिको चिह्न हो । षष्ठी विभक्ति क्रियासित सोझै सम्बन्धित नभई नामसित अन्वित हुने हुनाले यसलाई 'सम्बन्ध-विभक्ति' पनि भनिन्छ । यसका प्रयोग लिङ्गका वचन र रूपअनुसार हुन्छन् । जस्तै– यो+को = यसका>यसकी-यसका, आफू+को= आफ्नो>आफ्नी-आफ्ना, म+को>मेरो मेरी-मेरा आदि । उदाहरण–

उसको कुरो राम्रो छ ।   गीताकी बहिनी घरै छन् ।

तिनीहरूका केटाकेटी धेरै छन् ।   तिमी आफ्नो पढाइ नछाड ।

तिम्रो बसाइ कता छ ?   हाम्रो माग पूरा हुन्छ ।

मा–

(१) देश, काल र विषय बुझाउने क्रियाको आधारपदमा 'मा' विभक्ति लाग्छ । जस्तै–

नेपालमा अग्ला हिमाल छन् ।   खोलामा माछा पाइन्छन् ।

असारमा रोपाइँ हुन्छ ।   खेल्नमा मात्र ध्यान नदेऊ ।

रङ्गशालामा निकै भीड थियो ।   पाल्पामा उहाँलाई भेटेको थिएँ ।

(२) स्थान र समयवाचक नाम तथा असमापिका क्रियामा 'मा' विकल्पले लाग्छ । जस्तै–

राम वन (मा) जान्छन् ।   हरि घर (मा) छ ।

घाम लागे (मा) जाती हुन्छ ।   उनले खाए (मा) म पनि खानेछु ।

यस, त्यस, यो, त्यो–

नामका पछि विभक्ति-प्रत्यय भए प्रायः तिर्यक् रूप 'यस', 'त्यस' को प्रयोग हुने गर्छ । यसबाहेक 'यो, त्यो' आदिकै प्रयोग हुन्छ । जस्तै–

१. यस अभिप्रायमा, त्यस सन्दर्भमा

    त्यस कुराले, यस कारणले

    यस कामबाट, त्यस यामदेखि

२. यो बाटो, यो धर्ती

    त्यो रूख, त्यो मान्छे | (विभक्ति नभएकाले यहाँ 'यस, त्यस' हुँदैन)

छ-हो–

'त्यहाँ रूख हो' हुँदैन, 'त्यहाँ रूख छ' हुन्छ । 'त्यहाँ चौतारो हो' हुँदैन, 'त्यहाँ चौतारो छ' हुन्छ । यसरी कुनै वस्तुको केवल अस्तित्व बुझाउँदा अनि यहाँ, कहाँ, त्यहाँ शब्दमा 'छ' को प्रयोग हुन्छ; वस्तुमा वस्तुत्वको योजना गर्दा अर्थात् चिनाउँदा र 'यो, को, त्यो' भएका शब्दमा चाहिँ 'हो' हुन्छ । जस्तै–

चस्मा कहाँ छ ?

आकाशमा बादल छ ।

मोटर पुलनिर छ ।

यहाँ जाडो छ ।

त्यहाँ चौतारो छ ।

तिम्रो नाम के हो ?

यसको दाम कति हो ?

यो किताप हो ।

त्यो गौरीशङ्कर पहाड हो ।

त्यो चौतारो हो ।

वाक्यविस्तार

वाक्यविस्तार भनेको वाक्यलाई फैलाउनु वा बढाउनु हो । हरेक सरल वाक्यका उद्देश्य र विधेयमा अरू शब्द जोरेर वाक्यलाई बढाउँदै लैजान सकिन्छ । वाक्यविस्तार गर्दा पदावलीगत संरचना वा पदबन्धसमेत हुँदै वाक्य लम्बिँदै जाने प्रक्रिया हुन्छ । जस्तै–

१. केटो पुस्तक पढ्छ ।

    राम्रो केटो असल पुस्तक पढ्छ ।

    राम्रो केटो असल पुस्तक राम्ररी पढ्छ ।

    छिमेकी राम्रो केटो असल पुस्तक मीठो स्वरमा राम्ररी पढ्छ ।

२. फूल फुले ।

    धेरै फूल फुले ।

    बारीभरि धेरै फूल फुले ।

    बारीभरि राता, नीला, हरिया र गुलाफी धेरै फूल फुले ।

३. आउँछ ।

    ऊ छिटो आउँछ ।

ऊ असाध्य छिटो घर आउँछ ।
ऊ हिजोआज असाध्य छिटो घर आउँछ ।

शुद्ध र अशुद्ध सामान्य वाक्य

सामान्य वाक्यका लेखाइमा पनि कतिपय त्रुटि भएका देखिन्छन् । त्यस्तो त्रुटि भाषा र वाक्यरचनाको ज्ञान नहुनाले नै हुन जान्छ । तल यस्तै अशुद्ध केही वाक्य र तिनका शुद्ध रूपका प्रयोग दिइएका छन् । यसबाट वाक्यरचनाबाट सामान्य भूल थाहा पाउने, केलाउने र शुद्ध प्रयोग गर्ने बानी पार्नुपर्छ ।

अशुद्ध वाक्य	शुद्ध वाक्य
आफ्नो कुराहरू गरौँ ।	आफ्नो कुरो गरौँ, आफ्ना कुरा वा कुराहरू गरौँ ।
उनी पुस्तक पढे ।	उनले पुस्तक पढे ।
उषाको किताब मेरोमा छ ।	उषाको किताब मसँग छ ।
उसले कथा लेख्याथ्यो ।	उसले कथा लेखेको थियो ।
उहाँ भन्ला ।	उहाँ भन्नुहोला ।
कि ऊ बस कि तपाई बस ।	कि ऊ बसोस् कि तपाई बस्नोस् ।
खोलाको तिरतीर हिँड ।	खोलाको तीरतिर हिँड ।
चराहरू उड्यो ।	चराहरू उडे ।
तिमी काम गर्छ ।	तिमी काम गर्छौ ।
म गीत लेख्छ ।	म गीत लेख्छु ।
हामीले खाजा खाएँ ।	हामीले खाजा खायौँ ।
तिमी र हामी आए ।	तिमी र हामी आयौँ ।
तिम्रो नाम के छ ?	तिम्रो नाम के हो ?
त्यहाँ चौतारो हो ।	त्यहाँ चौतारो छ, त्यो चौतारो हो ।
नेपालको बासिन्दा नेपाली हुन् ।	नेपालका बासिन्दा नेपाली हुन् ।
ती सोझो र शान्तिप्रिय छन् ।	ती सोझा र शान्तिप्रिय छन् ।
मनपरी गर्न पाइन्दैन ।	मनपरी गर्न पाइँदैन ।
यसको मोल कति छ ?	यसको मोल कति हो ?
यो कुरा हुन्दैन ।	यो कुरो हुँदैन ।
यी पङ्क्ति रामायणको हो ।	यी पङ्क्ति रामायणका हुन् ।
रातो फूल थिए ।	राता फूल थिए ।
सीता सूर्यको पूजा गर्छ ।	सीता सूर्यको पूजा गर्छिन् ।
सौन्दर्यता आँखाको लागि हो ।	सौन्दर्य आँखाका लागि हो ।

वाक्यान्तरण

वाक्यको धेरै संयोगबाट नेपाली भाषा बनेको छ । त्यसमध्ये वाक्यान्तरण पनि एउटा हो । वाक्यान्तरणमा एक किसिमका वाक्यलाई अर्को किसिमका वाक्यमा परिणत गर्ने प्रक्रिया हुन्छ । वाक्यान्तरणका निम्ति वाक्यका अर्थमा आधारभूत समानता हुनु आवश्यक छ । वाक्यान्तरणका विभिन्न तरिका छन् । यसै अन्तर्गत वाक्य-परिवर्तन गर्न, करण वाक्यलाई अकरण वाक्य बनाउन, वाक्य-सङ्कोचन र प्रसारण गर्न, वाच्य-परिवर्तन गर्न, वाक्य-संश्लेषण र विश्लेषण गर्न, उक्ति-परिवर्तन तथा वाक्य-रूपान्तरण गर्न सकिन्छ । तिनका सबै प्रयोग तल खण्ड-खण्डमा देखाइएका छन्,

वाक्य-परिवर्तन

कुनै आधारभूत वाक्यलाई विभिन्न अर्थ वा भावमा प्रसङ्गअनुसार परिवर्तन गरी लेख्न सकिन्छ । तल यस्तै वाक्यका उदाहरण देखाइएका छन् । यही क्रमले परिवर्तित वाक्यहरूमध्ये कुनैलाई पनि उल्टाएर पुनः अरू कोटिका वाक्यमा पनि लैजान हुन्छ ।

निश्चयार्थक वाक्य	वाक्य-परिवर्तन
१. तिमी घरमा बस्छौ ।	तिमी घरमा बस्छौ ? (प्रश्नार्थक)
	तिमी घरमा बस । (आज्ञार्थक)
	तिमी घरमा बसे । (इच्छार्थक)
	तिमी घरमा बसे हुन्थ्यो । (अनिश्चयार्थक)
२. शिवु प्रदर्शनी हेर्न गयो ।	शिवु प्रदर्शनी हेर्न गयो ? (प्रश्नार्थक)
	शिवु प्रदर्शनी हेर्न जा । (आज्ञार्थक)
	शिवु प्रदर्शनी हेर्न जाला (अनिश्चयार्थक)
३. नयाँ वर्ष रमाइलो हुन्छ ।	नयाँ वर्ष रमाइलो हुन्छ ? (प्रश्नार्थक)
	नयाँ वर्ष रमाइलो होस् । (इच्छार्थक)
	नयाँ वर्ष रमाइलो होला । (अनिश्चयार्थक)

यस्तै कुनै अप्रेरणार्थक वाक्यलाई प्रेरणार्थक वाक्यमा परिवर्तन गर्न सकिन्छ । प्रेरणार्थक वाक्य बनाउँदा अर्को कर्ता अगाडि आउँछ र पहिलेको कर्ताचाहिँ गौण कर्म हुन पुग्छ । जस्तै—

अप्रेरणार्थक वाक्य	प्रेरणार्थक वाक्य
बाबु दूध खान्छ ।	आमा बाबुलाई दूध खुवाउँछिन् ।
छोरो पाठ पढ्छ ।	म छोरालाई पाठ पढाउँछु ।

भाइ खेल्छ ।

गोपाल भाइलाई खेलाउँछ ।

मोटर चल्छ ।

चालक मोटर चलाउँछन् ।

करण र अकरण वाक्य

कुनै पनि वाक्य करण र अकरण (सकारात्मक र नकारात्मक) दुई किसिमका हुन्छन् । अर्थ वा भावका दृष्टिले बन्ने माथिका सबै वाक्यलाई दुवै पक्षमा प्रयोग गरी करणबाट अकरण बनाउन सकिन्छ । जस्तै–

करण (सकारात्मक) वाक्य
(अर्थ बदलेर)

करण (सकारात्मक) वाक्य	अकरण (नकारात्मक) वाक्य
तिमी घर बस्छौ ।	तिमी घर बस्तैनौ ।
तिमी घरमा बस्छौ ?	तिमी घरमा बस्तैनौ ?
तिमी घरमा बस ।	तिमी घरमा नबस ।
शिवु प्रदर्शनी हेर्न गयो ।	शिवु प्रदर्शनी हेर्न गएन ।
शिवु प्रदर्शनी हेर्न गयो ?	शिवु प्रदर्शनी हेर्न गएन ?
शिवु प्रदर्शनी हेर्न जा ।	शिवु प्रदर्शनी हेर्न नजा ।
शिवु प्रदर्शनी हेर्न जाओस् ।	शिवु प्रदर्शनी हेर्न नजाओस् ।
शिवु प्रदर्शनी हेर्न गए हुन्थ्यो ।	शिवु प्रदर्शनी हेर्न नगए हुन्थ्यो ।
बाबु दूध खान्छ ।	बाबु दूध खाँदैन ।
आमा बाबुलाई दूध खुवाउँछिन् ।	आमा बाबुलाई दूध खुवाउँदिनन् ।
छोरो पाठ पढ्छ ।	छोरो पाठ पढ्दैन ।
म छोरालाई पाठ पढाउँछु ।	म छोरालाई पाठ पढाउन्नँ ।
हरि घर गयो ।	हरि घर गएन ।
आकाशमा तारा छन् ।	आकाशमा तारा छैनन् ।
ऊ पढ्न जाला ।	ऊ पढ्न नजाला/जाओइन ।
उनीहरू बेलुका आउलान् ।	उनीहरू बेलुका नआउलान् ।
तिमी लेख्नमा मन लगाउँछौ ।	तिमी लेख्नमा मन लगाउन्नौ ।

(अर्थ नबदली)

करण (सकारात्मक) वाक्य	अकरण (नकारात्मक) वाक्य
भावना अनन्त छ ।	भावनाको अन्त छैन ।
ऊ बडो मजाको छ ।	ऊजत्तिको मजाको कमै छन् ।
तपाई मभन्दा धेरै जान्नुहुन्छ ।	म तपाईभन्दा बढी जान्दिनँ ।
सत्यको सधैँ विजय हुन्छ ।	सत्यको कहिल्यै हार हुँदैन ।
पत्रिका पक्कै पढ्नुपर्छ ।	पत्रिका नपढी हुन्न ।
यो ठूलो कुरो हो ।	यो सानो वा चानचुने कुरा होइन ।
शाश्वत मीठो कुरा गर्छ ।	शाश्वत नमीठो कुरा गर्दैन ।

यो काम उनै मात्र गर्न सक्छन् । यो काम उनले बाहेक अरूले गर्न सक्दैन ।

तिनी निर्लज्ज छन् । तिनलाई अलिकति पनि लाज छैन

तरकारी धेरै स्वादिलो रहेछ । तरकारी कम्ती स्वादिलो रहेनछ ।

वाक्यमा एकसरो वा दोहोरो दुवै किसिमका अकरण हुन्छन्, तर यस्ता अकरणको प्रयोग भने स्वीकार्य हुनाका साथै तिनमा सामञ्जस्य पनि हुनुपर्छ । संरचनात्मक तहमा 'आगोले पोल्छ, पानीले भिजाउँछ'– जस्ता करण वाक्यका 'आगोले पोल्दैन, पानीले भिजाउँदैन'– जस्ता अकरण वाक्य बने पनि ती प्रचलित सत्य मान्यताका विपरीत छन् । यसैले यस्ता वाक्यलाई निम्न प्रकार डबल अकरण बनाएको पाइन्छ–

आगोले पोल्दैन भन्ने पत्याउन सकिन्न ।

पानीले भिजाउँदैन भने कुरा साँचो होइन ।

अन्य दोहोरो अकरणका केही उदाहरण पनि तल दिइएका छन् । जस्तै–

करण	अकरण
मैले यो कुरा भनेकै हो ।	मैले यो कुरा नभनेको होइन ।
बस्ने मन भए बस ।	बस्ने मन नभए नबस ।
तिमी गए म पनि जाउँला ।	तिमी नगए म पनि नजाउँला ।
तपाईंले डाके म आउँछु ।	तपाईंले नडाके म आउँदिनँ ।
पढ्नेलाई सबैले निको मान्छन् ।	नपढ्नेलाई कसैले पनि निको मान्दैनन् ।
मिहिनेतसाथ काम गरे सबै कुरा हुन्छ ।	मिहिनेतसाथ काम नगरे केही कुरा पनि हुँदैन ।

वाक्य-सङ्क्रोचन र प्रसारण

अर्थमा परिवर्तन नगरीकनै वाक्यलाई छोट्याउन र लम्ब्याउन सकिन्छ । यसरी वाक्य छोट्याउनुलाई 'वाक्य-सङ्क्रोचन' र वाक्य लम्ब्याउनुलाई 'वाक्य प्रसारण' भनिन्छ । वाक्य-सङ्क्रोचनमा संक्षिप्तता वा संश्लेषणविधि अँगालिन्छ भने वाक्य-प्रसारणमा व्याख्या वा विश्लेषणविधि अँगालिन्छ । वाक्य-सङ्क्रोचन तथा प्रसारणमा निम्न प्रकारको रूपायनद्वारा वाक्य बदलिन्छ–

वाक्य-सङ्क्रोचन	वाक्य-प्रसारण	
समस्तपद	वाक्यांश	अङ्गवाक्य
कुरौटे	धेरै कुरा गर्ने	जो धेरै कुरा गर्छ
लमकन्ने	लामा कान भएको	जसका कान लामा छन् ।
परिश्रमी	खुब परिश्रम गर्ने	जो खुब परिश्रम गर्छ ।

उदाहरण र प्रयोग–

<table>
<tr><td>वाक्य-सङ्कोचन</td><td>वाक्य-प्रसारण</td></tr>
</table>

१. पदको सट्टा वाक्यांश प्रयोग गरेर

मेनका मृगनयनी छन् ।	मेनकाका आँखा मृगका जस्ता छन् ।
ऊ विधवा छे ।	उसका पति मरेका छन् ।
तिनी परेवाआँखी रहिछन् ।	तिनी परेवाका जस्ता आँखा भएकी रहिछन् ।
त्यो मान्छे बैगुनी छ ।	त्यो मान्छे गुन नभएको छ ।
हाम्रो घरमा लमकन्ने बाख्रो छ ।	हाम्रो घरमा लामा कान भएको बाख्रो छ ।
तिनी निर्लज्ज छन् ।	तिनी अलिकति पनि लाज नभएकी छन् ।

२. पदको सट्टा अङ्गवाक्य प्रयोग गरेर

असहायलाई दया गर ।	जो असहाय छ उसलाई दया गर ।
म सकेजति हिँड्छु ।	म जति सक्छु त्यति हिँड्छु ।
कुरौटे मानिसको विश्वास हुन्न ।	जो धेरै कुरा गर्छ त्यस्ता मानिसको विश्वास हुन्न ।
खन्चुवालाई पाल्न सकिन्छ र ?	जो धेरै खान्छ उसलाई पाल्न सकिन्छ र ?
राणाकालमा शासकहरू निमकहरामको खेदो गर्थे ।	राणाकालमा शासकहरू, जो नुनको सोझो गर्दैनथ्यो, उसको खेदो गर्थे ।

३. वाक्यांशको सट्टा अङ्गवाक्य प्रयोग गरेर

धेरै कुरा गर्ने मानिसको विश्वास हुन्न ।	जो धेरै कुरा गर्छ उसको विश्वास हुन्न ।
मलाई खुब परिश्रम गर्ने केटो मन पर्छ ।	मलाई त्यो केटो मन पर्छ, जो खुब परिश्रम गर्छ
मीठो बोलीवचन हुनेलाई को मन पराउन्न ?	जसको बोलीवचन मीठो छ उसलाई को मन पराउन्न ?
त्यो ज्ञानी केटाका आमाबाबु छैनन् ।	त्यो केटो ज्ञानी छ, जसका आमाबाबु छैनन् ।

वाच्य-परिवर्तन

कर्ता, कर्म वा भावमध्ये कुनै एउटालाई जनाउने क्रियापदलाई अर्को वाच्य जनाउने गरी फेर्नु 'वाच्य-परिवर्तन' हो । वाच्य-परिवर्तन गर्दा क्रिया सकर्मक भए कर्मवाच्यमा र अकर्मक भए भाववाच्यमा परिवर्तन गरिन्छ । यसरी कर्तृवाच्यलाई कर्मवाच्य वा भाववाच्य बनाइन्छ र तिनैलाई उल्टाएमा कर्तृवाच्य पनि हुन्छ । जस्तै–

कर्तृवाच्य	कर्मवाच्य
१. तिनीहरू नाटक खेल्छन् ।	तिनीहरूबाट-द्वारा नाटक खेलिन्छ ।
हामीले पुस्तक लेख्यौँ ।	(हामीले-बाट) पुस्तक लेखियो ।

भाववाच्य

२. हामी हाँस्नेछौँ । | हाँसिन्छ ।

   म छिटै आउँछु । | छिटै आइन्छ ।

कर्तृवाच्यमा कर्ता प्रथमा विभक्ति हुन्छ भने कर्मवाच्यमा कर्ता तृतीया विभक्ति हुन्छ । कर्मवाच्यमा कर्म जुन पुरुष, वचन र लिङ्गमा छ क्रिया पनि त्यसै अनुसार मिलाइन्छ । भाववाच्यमा चाहिँ भाव नै मुख्य हुने हुनाले त्यस्तो भाव एउटै रूप अर्थात् तृतीय पुरुष, एकवचन र पुलिङ्गमा प्रकट हुन्छ । यसरी कर्मवाच्य र भाववाच्य बनाउँदा कर्ता देखाउनुपरेमा करण कारकका 'ले/द्वारा/बाट' लगाउने गरिन्छ । कर्मवाच्य र भाववाच्यको प्रयोगकर्तालाई देखाउन नचाहँदा पनि हुने भएकाले तिनका कर्ता प्रायः लोप हुन्छन् । भङ्गिमा स्वतः व्यक्त हुने हुनाले त्यस्ता ठाउँमा कर्ता देखाइरहनु आवश्यक पनि छैन । वाच्य-परिवर्तनका उदाहरण–

कर्तृवाच्य	कर्मवाच्य
(कर्ता देखाएर)	
म यो काम गर्छु ।	मबाट/द्वारा यो काम गरिन्छ ।
तिनले राम्रो माला उनिन् ।	तिनीद्वारा राम्रो माला उनियो ।
शङ्कर प्रदर्शनी हेर्नेछन् ।	शङ्करबाट/द्वारा प्रदर्शनी हेरिनेछ ।
युधिष्ठिरले जवाफ देलान् ।	युधिष्ठिरबाट जवाफ दिइएला ।
प्रहरीले चोर समातेको छ ।	प्रहरीद्वारा चोर समातिएको छ ।
(कर्ता नदेखाएर)	
तिमीले कलम पायौ ?	कलम पाइयो ?
हामीले यो समाचार सुनायौँ ।	यो समाचार सुनाइयो ।
हामीले यसपल्ट प्रशस्त पढेका छौँ ।	यसपल्ट प्रशस्त पढिएको छ ।
यति काम तिमी गर्न सकौला नि ।	यति काम गर्न सकिएला नि ।
तपाईंले प्रदर्शनी त हेर्नुभएछ ।	प्रदर्शनी त हेरिएछ ।

कतिपय कर्मवाच्यका कर्तामा पनि (प्रायः उत्तम पुरुष हुँदा) 'ले' लागेको देखिन्छ । जस्तै–

     आफूले फलफूल खाइयो ।

     आफूले पर्खाल चढियो ।

कर्तृवाच्य	भाववाच्य
(कर्ता देखाएर)	
म भोलि सखारै हिँड्छु ।	मबाट/द्वारा भोलि सखारै हिँडिन्छ ।
केटाकेटी रुन्छन्, हाँस्छन् ।	केटाकेटीद्वारा-बाट रोइन्छ, हाँसिन्छ ।
उहाँ हाँस्नुहुन्न ।	उहाँबाट/द्वारा हाँसिँदैन ।
उनी मन लागुन्जेल बस्लान् ।	उनीद्वारा मन लागुन्जेल बसिएला ।
राष्ट्रहरू आफूसमा लड्दै छन् ।	राष्ट्रहरूद्वारा आफूसमा लडिँदै छ ।

म साँझसम्मा आउँछु ।	साँझसम्ममा आइन्छ ।
हामी हाँस्यौँ पनि रोयौँ पनि ।	हाँसियो पनि रोइयो पनि ।
तिमी धेरै बेर बस्छौ होला ।	धेरै बेर बसिन्छ होला ।
तपाईं धेरै वर्ष बाँच्नुहोस् ।	धेरै वर्ष बाँचियोस् ।
हामीहरू चौतारामा बसेनौँ ।	चौतारामा बसिएन ।
उनलाई बाटामा भेटेका थियौँ ।	उनी बाटामा भेटिएका थिए ।

वाच्य-परिवर्तन हुँदा कुनै वाक्यभित्रका शब्दमा हेरफेर वा आगम हुन्छ भने कुनै वाक्यमा व्यापक सत्यता देखाउँदा कर्ताको लोप नहुन पनि सक्छ । कुनै वाक्य अरू नै किसिमले सिद्ध भएकाले वाच्य-परिवर्तन नै हुन नसक्ने पनि हुन्छन् । जस्तै–

१. साथीले रामलाई कुटे । राम कुटिए । (कर्मवाच्य)

दिदी भाइलाई उभ्याउँछिन् । भाइ उभिन्छ । (भाववाच्य)

२. हामीहरू काम गर्छौँ । आफूहरू त काम गरिन्छ । (कर्मवाच्य)

म त यहीँ बस्छु । आफू त यहीँ बसिन्छ । (भाववाच्य)

३. हामी यहीँ आउँछौँ । हामी यहीँ आइन्छ । (भाववाच्य)

सबै मर्छौँ । सबै मरिन्छ (भाववाच्य)

४. मलाई तिर्खा लाग्यो । ('लागियो' हुँदैन) ।

तिनबाट यो काम हुन्छ । ('भइन्छ' हुँदैन) ।

वाक्य-संश्लेषण र विश्लेषण

संक्षेपमा राम्रोसित कुरा बुझन वाक्यहरू जोड्नुपर्ने र बुझन अप्ठ्यारो पर्दा टुक्र्याउनुपर्ने हुन्छ । यसरी वाक्य जोड्नुलाई 'वाक्य-संश्लेषण' र टुक्र्याउनुलाई 'वाक्य-विश्लेषण' भनिन्छ । वाक्य-विश्लेषण सरल वाक्यहरूमा हुन्छ भने वाक्य संश्लेषणचाहिँ मिश्र वा संयुक्त वाक्यहरूमा हुन्छ । जस्तै–

वाक्य-विश्लेषण	वाक्य-संश्लेषण	
सरल वाक्य	मिश्र वाक्य	संयुक्त वाक्य
घाम डुब्यो । साँझ पर्‍यो ।	जब घाम डुब्यो तब साँझ पर्‍यो ।	घाम पनि डुब्यो साँझ पनि पर्‍यो ।
सोझालाई सबै हेप्छन् ।	जो सोझो छ, उसलाई सबै हेप्छन् ।	ऊ सोझो छ, यसैले सबै हेप्छन् ।

वाक्य-संश्लेषण गर्दा सरल वाक्यलाई संयोजक अव्ययको प्रयोग गरेर विभिन्न किसिमले मिश्र वा संयुक्त वाक्यमा संश्लेषण गर्नु हुन्छ । जस्तै–

सरल वाक्य–   उज्यालो भयो । चरा चिरबिराए ।

मिश्र वाक्य–   जब उज्यालो भयो तब चरा चिरबिराए ।

जसै उज्यालो भयो तसै चरा चिरबिराए ।

जहिले उज्यालो भयो तहिले चरा चिरबिराए ।

जुन बेला उज्यालो भयो त्यही बेला चरा चिरबिराए ।

संयुक्त वाक्य–   उज्यालो भयो र चरा चिरबिराए ।

उज्यालो भयो अनि चरा चिरबिराए ।

उज्यालो पनि भयो, चरा पनि चिरबिराए ।

उज्यालो भयो तब चरा चिरबिराए ।

वाक्य-संश्लेषण र विश्लेषणका अरू केही नमुना तल दिइएका छन् । वाक्य-संश्लेषण सरल र मिश्र वा संयुक्त वाक्यका बीचमा मात्र नभई मिश्र र संयुक्त वाक्यमा पनि हुन्छ, मिलित वाक्यका रूपमा पनि हुन्छ ।

(क) सरल वाक्य   ⟵⟶   मिश्र वाक्य

सरल वाक्य	मिश्र वाक्य
पानी पर्छ । खहरे बढ्छ ।	पानी पर्‍यो भने खहरे बढ्छ ।
हामी पुग्यौँ । ढोका खुल्यो ।	जति खेर हामी पुग्यौँ त्यतिखेर ढोका खुल्यो ।
बर्खा लागेछ । बल्ल थाहा भयो ।	बर्खा लागेछ भन्ने बल्ल थाहा भयो ।
लच्छुले धेरै अचार खायो कि ! उसलाई पेट दुख्छ ।	लच्छुले धेरै अचार खाएको भए उसलाई पेट दुख्छ ।
त्यो पुस्तक किन्नु थियो । त्यो पुस्तक पाइयो ।	जुन पुस्तक किन्नु थियो, त्यही पुस्तक पाइयो ।
उसलाई खोजेँ । उसलाई भेट्टाएँ ।	जसलाई खोजेँ उसलाई भेट्टाएँ ।
त्यहाँ फल पाक्छ । त्यहाँ चरी नाच्छ ।	जहाँ फल पाक्छ त्यहाँ चरी नाच्छ ।
ऊ बिराउँछ । ऊ डराउँछ ।	जो बिराउँछ उही डराउँछ ।

(ख) सरल वाक्य   ⟵⟶   संयुक्त वाक्य

सरल वाक्य	संयुक्त वाक्य
पूर्व उज्यालो भयो । घामका किरण छरिए ।	पूर्व उज्यालो भयो र घामका किरण छरिए ।
पानी पर्‍यो । हामी रुभ्यौँ ।	पानी पर्‍यो अनि हामी रुभ्यौँ ।
दिनेश खुब पढ्छ । दिनेश हेक्का राख्न सक्दैन ।	दिनेश खुब पढ्छ, तर हेक्का राख्न सक्तैन ।
यो कुरा तिमीले भनेनौ । यो कुरा उसले पनि भनेन ।	यो कुरा न तिमीले भन्यौ न उसले भन्यो ।
श्याम सानै छ । श्याम बुद्धिमान् छ ।	श्याम सानै छ तापनि बुद्धिमान् छ ।
ऊ सोझो चिताउँछ । उसको भलो हुन्छ ।	ऊ सोझो चिताउँछ र नै उसको भलो हुन्छ ।
हामी पुग्यौँ । ढोका खुल्यो ।	हामी पनि पुग्यौँ ढोका पनि खुल्यो ।

रमा आज क्याम्पस आइनन् ।
उनलाई सन्चो छैन ।

(ग) संयुक्त वाक्य ⟵⟶ **मिश्र वाक्य**

काम बेलैमा सक, नत्र पीर हुन्छ ।

क्याम्पस खुल्छ अनि भर्ना हुन्छु ।

मेहनत गर, नभए दुःख पाउला ।

दीपकको पढाइ सकियो अनि ऊ
गाउँ फर्कियो ।

बत्ती पनि बल्यो । मोहन पनि आए ।

त्यहाँ फल पाक्छ अनि चरी नाच्छ ।

जाडो लाग्यो कि पहार ताप्छन् ।

(घ) सरल वाक्य ⟵⟶ **मिलित वाक्य**

राम पुस्तकालय जान्छ ।
ऊ मेचमा बस्छ ।
ऊ पत्रिका पढ्छ ।

त्यो पुस्तक आवश्यक थियो ।
त्यसलाई खोजियो ।
त्यो पुस्तक पाइएन ।

त्यहाँ जान मन थियो ।
त्यहाँ जान पाइएन ।
सन्तोष गरेर बसेको छु ।

भर्खर घाम भुल्केको थियो ।
हामी हिँड्यौँ ।
बाटो लामो रहेछ । अबेर भयो ।

रमा आज क्याम्पस आइनन्, किनभने
उनलाई सन्चो छैन ।

काम बेलैमा सकेनौ भने पीर हुन्छ ।

जहिले क्याम्पस खुल्छ तहिले भर्ना हुन्छु ।

मेहनत गरेनौ भने दुःख पाउला ।

जब दीपकको पढाइ सकियो ऊ गाउँ
फर्कियो ।

जुन बेला बत्ती बल्यो, त्यसै बेला
मोहन आए ।

जहाँ फल पाक्छ त्यहाँ चरी नाच्छ ।

जब जाडो लाग्यो तब पहार ताप्छन् ।

राम पुस्तकालय गयो भने मेचमा
बस्छ र पत्रिका पढ्छ ।

त्यो पुस्तक खोजे तापनि पाइएन जुन
आवश्यक थियो ।

जहाँ जान मन थियो त्यहाँ जान नपाए
तापनि सन्तोष गरेर बसेको छु ।

हामी घाम भुल्कनेबित्तिकै हिँडेका थियौँ,
तर बाटो लामो रहेछ र अबेर भयो ।

उक्ति-परिवर्तन

'उक्ति' भनेको कथन हो । भनिएको वा सुनिएको कुरालाई अर्को प्रसङ्गमा फेरि प्रस्तुत गर्दा भाषामा उक्ति-परिवर्तन गरिन्छ । उक्ति-परिवर्तनमा मूल कथनलाई प्रत्यक्ष कथन र अप्रत्यक्ष कथन गरी दुई किसिमले व्यक्त गर्न सकिन्छ । मूल कथनलाई जस्ताको तस्तै उतार्नु प्रत्यक्ष कथन हो, त्यसलाई आफ्ना किसिमले प्रस्तुत गर्नु अप्रत्यक्ष कथन हुन्छ । यसरी उक्ति-परिवर्तन कथ्य भाषासित सम्बन्धित छ र यसले प्रत्यक्ष कथन भए अप्रत्यक्ष कथनमा र अप्रत्यक्ष कथन भए प्रत्यक्ष कथनमा फेर्ने प्रक्रिया जनाउँछ । प्रत्यक्ष कथन सामान्य बोलचालमा चल्छ भने अप्रत्यक्ष कथन खास गरी औपचारिक बोलचाल, सञ्चारक्षेत्र र लेख्यवर्णनमा प्रयुक्त हुन्छ ।

नेपाली भाषामा प्रत्यक्ष कथनलाई 'शब्दानुवाद' र अप्रत्यक्ष कथनलाई 'भावानुवाद' वा 'अर्थानुवाद' पनि भन्ने गरिएको छ । यसअनुसार अरूका कुरा जस्ताको तस्तै भनिदिनुलाई 'शब्दानुवाद' र आफ्नो बोलीमा भन्नुलाई 'अर्थानुवाद' भनिन्छ । यसमा उक्ति-परिवर्तनको आधार के हो भने शब्दानुवादमा मूल कथनलाई जस्ताको तस्तै प्रस्तुत गरिन्छ र त्यस कथनलाई उद्धरण-चिह्नभित्र पार्नुपर्छ; अर्थानुवादमा चाहिँ मूल कथनलाई आफ्ना शब्दमा प्रस्तुत गरिन्छ । जस्तै–

शब्दानुवाद : भरत भन्छ– "म गोरखा जान्छु ।"

अर्थानुवाद : भरत म गोरखा जान्छु भन्छ ।

गोरखा जान्छु भनी भरत भन्छ ।

यसरी प्रत्यक्ष कथनमा शब्दानुवाद गरिए पनि नेपाली भाषामा मिश्र वाक्यका रूपमा गरिने अप्रत्यक्ष कथनमा पनि संयोजक आदि लाग्नुबाहेक प्रायः शब्दानुवादकै ढाँचा आएको देखिन्छ । माथिका कथनको साँच्चै भावानुवाद निम्न प्रकारले हुन्छ–

भरतले गोरखा जाने इच्छा जनायो ।

भरतले गोरखा जाने आशय प्रकट गऱ्यो ।

भरतले गोरखा जाने मन गऱ्यो ।

भरत गोरखा जान चाह्यो ।

यसैले नेपाली भाषामा प्रत्यक्ष कथनलाई अप्रत्यक्ष कथनमा लैजाँदा दुई किसिमले उक्ति-परिवर्तन गर्न सकिन्छ, प्रायः शब्दानुवादकै किसिममा र भावानुवादका किसिममा ।

(क) शब्दानुवादमा अप्रत्यक्ष कथन

प्रायः शब्दानुवादकै किसिममा अप्रत्यक्ष कथनमा लैजाँदा संयोजक अव्ययको प्रयोग गर्नुपर्छ । कतैकतै रे, अरे निपात पनि आउँछन् । अप्रत्यक्ष कथन हुँदा यति, यहाँ, यसो, यो-का ठाउँमा, त्यति, त्यहाँ, त्यसो, त्यो पनि हुन्छ ।

प्रत्यक्ष कथन	अप्रत्यक्ष कथन
पद्मले भने– "म लोकगीत गाउन जान्दछु ।" अथवा पद्मले 'म लोकगीत गाउन जान्दछु भने ।	म लोकगीत गाउन चाहन्छु भनी पद्मले भने ।
मैले भनेँ– "म दार्जीलिङ गएको छु ।"	म दार्जीलिङ गएको छु भनेर मैले भनेँ ।
पुस्तकको सार 'विचार ठूलो कुरो हो' भन्ने छ ।	पुस्तकको सार के छ भने विचार ठूलो कुरो हो ।
हामीहरू ठान्छौँ– "मेला रमाइलो छ ।"	हामीहरू मेला रमाइलो छ भन्न ठान्छौँ ।
सानी भन्थी– "यो पुतली राम्रो छ ।"	सानी यो पुतली राम्रो छ भन्थी ।
	सानी यो पुतली राम्रो छ भनी भन्थी ।

अप्रत्यक्ष कथनमा उक्ति-परिवर्तन गर्दा संयोजक अव्ययले कथयिता र कथन-अंशलाई जोर्न सक्छन् । कथनांश बीचमा आएमा र त्यो आफैँ प्रस्ट भए संयोजक आवश्यक भइरहन्न । जस्तै–

१. अप्रत्यक्ष कथन (संयोजक लगाएर)   संयोजक

बाजेले पढेर भन्दा परेर जानिन्छ भनी भन्नुभयो ।   (भनी)

बाजेले के भन्नुभयो भने पढेर भन्दा परेर जानिन्छ ।   (के भन्नुभयो भने)

बाजेले कसो भन्नुभयो भने पढेर भन्दा परेर जानिन्छ ।   (कसो भन्नुभयो भने)

२. अप्रत्यक्ष कथन (संयोजकविना)

बाजेले पढेर भन्दा परेर जानिन्छ भन्नुभयो ।

सानी यो पुतली राम्रो छ भन्थी ।

कलम कसले लग्यो जान्न सकिएन ।

(ख) भावानुवादमा अप्रत्यक्ष कथन

विभिन्न प्रकारका प्रत्यक्ष कथनलाई अप्रत्यक्ष कथन (भावानुवाद)-मा परिवर्तन गर्दा भावानुवादका प्रक्रिया अँगालिएका केही उदाहरण तल प्रस्तुत छन् । यस्ता परिवर्तित कथनमा दुई-तीन किसिमले पनि भावानुवाद हुन सक्छन् ।

प्रत्यक्ष कथन	अप्रत्यक्ष कथन
भरत 'म गोरखा जान्छु' भन्छ ।	भरत गोरखा जान्छ रे ।
पद्मले 'म लोकगीत गाउन जान्दछु' भने ।	पद्मले उनी लोकगीत गाउन जान्ने कुरा गरे ।
उनले 'म त्यस काममा लाग्दिनँ' भनिन् ।	उनले आफू त्यस काममा नलाग्ने कुरा गरिन् ।
साथीहरूले सबैलाई 'नववर्ष मङ्गलमय होस्' भने ।	साथीहरूले सबैलाई नववर्षको मङ्गल कामना गरे ।
कमलले किशोरलाई 'कहाँ भेट्ने त ?' भने ।	१. कमलले किशोरलाई कहाँ भेट्ने जान्न चाहे । २. कमलले किशोरलाई भेट्ने ठाउँ सोधे ।

ससाना अनुच्छेदको उक्ति-परिवर्तन

प्रत्यक्ष कथन   :   खत्रिनीले रिसाएर भनिन्– "क्या हो दुलही, तिमी त घाँटी सुक्ने गरेर कराउँदा पनि अझ पत्ता छैन, लौ यो मस्यौरा राम्रोसित बनाएर घाममा राख ।"

अप्रत्यक्ष कथन   :   खत्रिनीले दुलहीलाई घाँटी सुक्ने गरेर कराउँदा पनि अत्तापत्ता भएन भनी रिसाएर हकारिन् । उनले मस्यौरा राम्रोसित बनाएर घाममा राख्न पनि अह्राइन् ।

प्रत्यक्ष कथन   :   "लौ मान्यो ।" उसले थाप्लो ठटायो– "म पनि साह्रै हुस्सू भएँ । आज पनि छाता छोडेछु । भोलि ल्याउनुपर्ला ।"

अप्रत्यक्ष कथन   :   आफू हुस्सू भएकोमा थाप्लो ठटाउँदै आज छाता छाडेर चुकचुकाए पनि भोलि गएर ल्याउनुपर्ला भनी उसले मन बुझायो ।

| प्रत्यक्ष कथन | : | रमिताले भनिन्– "ओहो ! तिमी त कस्तो मोटाइछौ ! के खाएर यसरी मोटाएकी हँ ? धत्तेरि, म त कस्ती कुरौटी पो भएँ ! तिमीलाई बस भन्न पनि भुसुक्कै बिर्सिएछु ए मैले त ! आम्मै के ट्वाल्ल हेरिराखेकी नि यो गीताले त !" |

| अप्रत्यक्ष कथन | : | रमिताले उनी मोटाएकोमा आश्चर्य मान्दै के खाएर त्यसरी मोटाएको हो जान्न खोजिन् । रमिताले आफू कुरौटी भएकोमा र उनलाई बसाउन पनि बिर्सिएकोमा पछुतो मान्दै ट्वाल्ल हेरिरहने गीतालाई हकारिन् । |

प्रत्यक्ष कथन : शोभा– किन आइस् ए तँ यता ?

शान्ता– आज मेला हेर्न जाने है ?

शोभा– आ ! को जाओस् यस्तो टन्टलापुर घाममा !

शान्ता– वर्ष दिनको मेला पनि नजाने, कस्तो उदेक !

अप्रत्यक्ष कथन : शोभाले शान्तालाई आउनाको कारण सोधिन् ।

शान्ताले मेला हेर्न जाने आग्रह गरिन् ।

शोभाले टन्टलापुर घाममा जान भिँजो मानिन् ।

शान्ताले वर्ष दिनको मेलामा पनि नजाने कुरामा उदेक मानिन् ।

वाक्य-रूपान्तर

एउटै वाक्यका शब्दलाई परिवर्तनद्वारा धेरै किसिमले प्रकट गर्न सकिन्छ । यस किसिमको रूपान्तरबाट अवस्था र बेलाअनुसारका वाक्य लेखी अभिव्यक्ति दिन सकिन्छ । वाक्य-रूपान्तरमा शब्द फेरिए पनि अर्थको मेल हुनुपर्छ ।

जन्मनु– पैदा हुनु, उत्पन्न हुनु, उदाउनु, संसारमा आउनु, प्रादुर्भाव हुनु ।

दिन काट्नु– समय बिताउनु, दिन बिताउनु, समय काट्नु, बेला काट्नु, दिन व्यतीत गर्नु ।

बिहान हुनु– सबेर हुनु, रात बित्नु, प्रभात हुनु, उषा आउनु, उज्यालो हुनु ।

मर्नु– देहान्त हुनु, मृत्यु हुनु, प्राण जानु, प्राणपखेरु उड्नु, संसारबाट बिलाउनु, आँखा चिम्लिनु, चोला बदल्नु ।

केही उदाहरण–

१. जन्मनु– भानुभक्त तनहुँमा जन्मे । भानुभक्त तनहुँमा पैदा भए । भानुभक्त तनहुँमा उत्पन्न भएका थिए । भानुभक्त तनहुँमा उदाएका हुन् । भानुभक्त तनहुँबाट धर्तीमा आए । भानुभक्त तनहुँमा प्रादुर्भाव भएका थिए ।

२. मर्नु– उनी मरे । उनको देहान्त भयो । उनको मृत्यु भयो । उनको प्राण गयो । उनको प्राणपखेरु उड्यो । उनी संसारबाट बिलाए । उनले आँखा चिम्ले । उनले चोला बदले ।

आफ्ना ढाँचाका वाक्य

हरेक भाषामा वाक्यको आफ्नो अनुहार हुन्छ, ट्वाक्कै चिनिने अनुहार । नेपाली वाक्यहरूको पनि आफ्नै अनुहार छ । नेपाली वाक्य भादगाउँले टोपी लगाएर वा ढाकाको टोपी ढल्काएर नाच्न सक्छ, चौबन्दी चोलोमा सिँगारिन सक्छ । मादल र मुर्चुङ्गामा घन्कन सक्छ, अनि आफ्नै रोदीघरमा फन्को मार्न सक्छ ।

नेपाली वाक्यको विशेष तथा आफ्ना ढाँचाको निरूपण गर्ने प्रयास हुनुपर्छ, त्यसै क्रममा यहाँ थप केही टिपटाप गरिएको छ । नेपाली वाक्यलाई अहिले भलीभाँती माभनुपर्ने बेला छ । देखासिकी गर्ने बानी छाडी आफ्नै शब्द र बोलीचाली तथा वाक्यको खोज र निर्माण, प्रयोग र संरक्षण गर्न सके यो भाषा अभै फस्टिन सक्छ, भाङ्जिन सक्छ र महकिन सक्छ ।

एक र एउटा

नेपाली वाक्यमा 'एक' र 'एउटा' शब्दको छ्यान राम्ररी हुनुपर्छ । एक त 'एक' र 'एउटा' अरू भाषाको नक्कलमा जथाभाबी लाग्छन् र तिनलाई हटाउनु छ, दोस्रो आफ्नै भाषामा पनि यी शब्दको प्रयोग बुभेर गर्नु आवश्यक छ ।

नेपाली वाक्यमा चीज वा वस्तुलाई किटेर देखाउने ठाउँमा बाहेक अन्त 'एक' र 'एउटा' नलगाए हुन्छ । जस्तै–

कलम लेऊ त ।	पानी पर्ला, छाता लैजाऊ ।
म घडी लाउँछु ।	कविताको पुस्तक कहाँ छ ?
राजुले रेडियो किने ।	कालो कोट धुन दिनुपऱ्यो ।

नचाहिने ठाउँमा बिनसित्ति 'एक' र 'एउटा' लेख्दा वाक्यमा घाँडो लगाएजस्तो हुन्छ । कहीं त अर्थको अनर्थ नै पनि हुन जान्छ । जस्तै–

उनी एक चौतारामा बसे ।	(एकै चौतारोमा बसिन्छ, दुइटामा सकिन्न)
म एउटा टोपी लगाउँछु ।	(टोपी एउटै लगाइन्छ, दुइटा लगाइन्न)
उनका एक मात्र पिताको मृत्यु भयो	(पिता पनि दुइटा हुन्छन् र ? त्यसैले उनका पिताको मृत्यु भयो ।)

'एक' र 'एउटा' विशेषण लगाउनुपर्ने स्थितिमा जहाँ-जहाँ लाग्छन् तिनलाई यसरी छुट्ट्याउन सकिन्छ–

एक– सङ्ख्यावाचक शब्दमा तोकेर देखाउँदा ।

एउटा– भाववाचक नाममा र जोड दिँदा । उदाहरण–

एक	:	एक गाग्री पानी	एक मुठी चिउरा
		एक लाँक्रो उखु	माग्नेलाई एक रुपियाँ देऊ ।
एउटा	:	एउटा आधार	एउटा उपाय
		एउटा विचार	मलाई एउटा कलम भए पुग्छ ।

सङ्ख्या किटिसकेपछि 'जना' थप्नु आवश्यक छैन । यो शब्दको फजुल खर्च मात्र हो । जस्तो– 'एक जना मान्छे आयो, दुई जना मान्छे आए ।' यहाँ 'एक मान्छे आयो, दुई मान्छे आए'– भने पुग्छ । 'फेरा' वा 'पल्ट' पनि त्यस्तै हो । 'तपाईलाई एक फेरा भेटौँ ।' भेट्ने त एकै फेरा हुन्छ, अनि यसलाई यसो भने भइहाल्छ– 'तपाईलाई भेटौँ ।'

जस्तो-भैँ

वाक्यमा 'जस्तो, भैँ लगाउँदा प्रायः आफ्नो तालले लगाउने चलन छ, तर वाक्य-गठनको विचार गर्दा तिनलाई पनि ठेगान लाउन सकिन्छ । यसरी नै के निर्क्यौलमा पुगिन्छ भने नाम-शब्दमा 'जस्तो' लाग्छ । क्रिया-शब्दमा भैँ लाग्छ । क्रिया-शब्दमा पनि 'को' लोप भएको छ वा पहिले आइसकेको छ भने 'जस्तो' पनि लाग्छ । उदाहरण–

यो घरकी आमै कस्ती छन् ? चन्द्रमामुहारजस्ती छन् ।

बाबुले घरजस्तो 'घ' चिन्यो ।

पानीभित्र साँझको घामजस्तो लाग्यो तिम्रो आउनु ।

तिमीले केही भनेभैँ लाग्यो ।

उनले राम्ररी नसुनेभैँ छ ।

तिनको मन न्याउली भुराएभैँ भयो ।

यो कुरो त तिमीले भन्न्याजस्तो (भनेको जस्तो) छ ।

तिमीले बिहान रेडियो नसुन्न्याजस्तो (नसुनेको जस्तो) छ ।

'कि'-को व्यवहार

नेपाली वाक्यमा संयोजक 'कि' चाहिँदैन । यसले भाषामा बाहिरी रङ मात्र छ्यापिदिन्छ । 'कि'-को साँच्चै प्रयोग विकल्प वा सकारमा मात्रै आउँछ । जस्तै–

कसैलाई तिमी उनले महाविद्यालयमा पढेका हुन् कि होइनन् भनेर नसोध, तर यो सोध कि उनी कसैलाई महाविद्यालयको पूरा शिक्षा दिन सक्छन् कि सक्तैनन् ?

माथिको वाक्यमा तीन ठाउँ 'कि' आएका छन् । अगाडिका र पछाडिका 'कि' त ठीक छन्, तर बीचको 'कि' संयोजक हुनाले नेपाली होइन । त्यसलाई सपारी लेख्दा यस्तो वाक्य हुन्छ–

कसैलाई तिमी उनले महाविद्यालयमा पढेका हुन् कि होइनन् भनेर नसोध, तर के सोध भने उनी कसैलाई महाविद्यालयको पूरा शिक्षा दिन सक्छन् कि सक्दैनन् ?

विकल्प वा सकारमा आउने 'कि' नेपालीमा छ्यासछ्यास्ती छन्, तिनको पुर्पछ्छे आवश्यक छैन । जस्तै–

उनी राम्ररी पढ्छन् कि पढ्दैनन् ?

तिमी घर जान्छौ कि ?

हामीले बस्नु पनि हुन्न कि ?

मोहन मात्र होइन कि शङ्कर पनि लेख्छन् ।

कुरा त हो कि तर म मान्दिनँ ।

कि गर, कि मरको सिद्धान्तमा लाग्नुपर्छ ।

तर संयोजक 'कि'-लाई भने खिया लगाउनै पर्छ । यो 'कि' माथि भनेभैँ चाहिँदो नभएर पनि नेपालीमा घुसेको छ– अङ्ग्रेजी र हिन्दीका प्रभावबाट । जस्तै–

१. कुरा यो हो कि ऊ भनेको मान्दैन ।

२. देवकोटा भन्छन् कि चन्द्रमा छुनुपर्छ ।

३. उसले भनेको मात्र थियो कि मैले बुझिहालेँ ।

४. कि साँचो कुरा यो इतिहासमा मेटिनेछैन ।

५. वीरे भन्छ कि ऊ सेनामा भर्ती हुन्छ ।

माथिका वाक्य आफ्ना किसिमका होइनन् । तिनलाई संयोजक 'कि' नराखीकन अनेक रहरलाग्दो रूपमा लेख्न सकिन्छ । जस्तै–

१. कुरो के हो भने ऊ भनेको मान्दैन ।

   कुरा यो हो, ऊ भनेको मान्दैन ।

   कुरो यो हो– ऊ भनेको मान्दैन ।

२. देवकोटा के भन्छन् भने चन्द्रमा छुनुपर्छ ।

   देवकोटा चन्द्रमा छुनुपर्छ भनी भन्छन् ।

   देवकोटा चन्द्रमा छुनुपर्छ भनेर भन्छन् ।

   देवकोटा भन्छन्– चन्द्रमा छुनुपर्छ ।

३. उसले भन्नासाथ मैले बुझिहालेँ ।

   उसले भन्नेबित्तिकै मैले बुझिहालेँ ।

   उसले भन्दैमा मैले बुझिहालेँ ।

   उसले भनेको मात्र के थियो मैले बुझिहालेँ ।

   उसले भनेको मात्र थियो, मैले बुझिहालेँ ।

४. के साँचो हो भने इतिहास मेटिनेछैन ।

   साँचो कुरा के भने इतिहास मेटिनेछैन ।

   इतिहास मेटिनेछैन भन्ने साँचो हो ।

   इतिहास मेटिनेछैन भन्ने कुरा साँचो हो ।

५. वीरे 'म सेनामा भर्ती हुन्छु' भन्छ ।

   वीरे भन्छ–"म सेनामा भर्ती हुन्छु ।"

   वीरे के भन्छ भने ऊ सेनामा भर्ती हुन्छ ।

   वीर भन्छ, ऊ सेनामा भर्ती हुन्छ रे ।

'नै' लगाउँदा

नेपाली भाषामा 'नै'-ले विशेष जोड दिन्छ र ठाउँअनुसार पनि यसको अर्थ लाग्छ । 'नै' ऐ भएर अनौठासित कतै माझमा र कतै पछाडि लाग्ने र कतै भिन्नाभिन्नै अर्थ झल्किने हुन्छन् । यसरी बनेका वाक्यहरूको आफ्नोपन हुन्छ ।[१]

जोड—   यो काम तिनले नै गरेको हो । (अरूले होइन ।)

           यहाँ बुनू नै आएकी थिइन् । (अरू होइन)

पछाडि—   किताबमा+नै = किताबमै

           विचारमा+नै = विचारमै

           यो कुरो किताबमै छ ।

           म उहाँको घरमै गएको थिएँ ।

बीचमा—   घरमा+नै = घरैमा

           उसले+नै = उसैले ।

           म आज घरैमा बस्छु ।

           यो कुरो उसैले भन्यो ।

वाक्यमा 'नै' को रमाइलो यत्तिमै सकिँदैन । यसका साथै रहरलाग्दा प्रयोग अझै छन् । 'नै'-का विशेषणमा जोड वा साधारण दुवै अर्थ र विशेषण डब्लिँदा भिन्नै अर्थ पनि लाग्छन् । जस्तै—

बेसै हो   (बेसै हो नाइँ ।)

हरियो-हरियै   (अलि-अलि हरियो नै)

हरियै-हरियो   (हरियो मात्र)

अचार पिरोपिरै छ   (अलिअलि पिरो नै)

अचार पिरैपिरो छ   (पिरो मात्र)

अगाडि र पछाडि 'नै' लाग्दा भिन्नै अर्थ पनि निस्कन्छ । स्वर लम्ब्याउँदा 'नै' हराइ पनि दिन्छ । जस्तै—

बाटैबाटो जाऊ   — (बाटो मात्र वा बाटो नछाडी)

आँसु नै आँसु   — आँसु-आँसु ।

पानी नै पानी   — पानी-पानी ।

जीउ नै भरि   — जीउभरि वा जीवैभरि ।

क्रियापदमा जोड दिँदा 'नै' माझमा आएर बसिदिन्छ वा संयुक्त हुनाका साथै अलग्ग पनि आइदिन्छ । जस्तै—

भन्नु नै पर्छ   = भन्नै पर्छ ।

गर्नु नै पर्छ   = गर्नै पर्छ ।

गइ नै हाल्यो ।   हेरि नै सक्यो ।

---

१. भाषाशास्त्री महानन्द सापकोटाका मतमा नै को झलक्क हेर्दा ऐकार देखिने तत्त्व ऐ होइन । न+इ=नै हो । *नेपाली निर्वचनको रूपरेखा : १४१-१४२ ।*

सर्वनाम वा त्यसबाट बनेका शब्दमा पनि नै-को रूप फेरिँदै र घोटिँदै जान्छ । जस्तै–

त्यो+नै = त्यही > त्यै ।

त्यहाँ+नै = त्यहीँ > त्यैँ ।

यो नै साँचो हो । यही साँचो हो । यै साँचो हो ।

शब्दमा एकपल्ट नै आइसकेपछि फेरि आउनु राम्रो हुँदैन । दोहोरो नै को प्रयोग भद्दा हुनाले छिमल्नुपर्छ । जस्तै–

सागरको घरमा धेरै नै चहलपहल छ ।

(धेर+नै = धेरै, यसनिम्ति दोहोरो नै नभए हुन्छ ।)

उसले सबै काम सक्यो । (सबै नै होइन)

तिमी आजै आऊ । (आजै नै होइन)

पुतली-प्रयोग

नेपालीमा आफ्नै नयाँ-नयाँ बान्की हुँदाहुँदै अरूसँग जडौरी लिनु खाँचो छैन । नेपाली वाक्यमा आफ्नै पुतली-प्रयोग हुनुपर्छ । जस्तै– केही उदाहरण–

'से'-को त्याग

'से' हिन्दी हो । यसैले यसको प्रयोग छाड्नुपर्छ । 'से' लागेका ठाउँमा तल देखाइएअनुसार नेपाली ढाँचामा लेख्न सकिन्छ–

कम से कम–	कम्तीमा, कम्ती पनि, कमभन्दा कम ।
गरिब से गरिब–	गरिबभन्दा गरिब ।
ज्यादा से ज्यादा–	ज्यादाभन्दा ज्यादा, बढीभन्दा बढी ।
धेरै से धेरै–	धेरैमा पनि, धेरैभन्दा धेरै ।

फाल्तू शब्द हटाउने

जहाँ पायो त्यहीँ फाल्तू शब्द जोडिनाले वाक्यमा गाँड भुन्डिएभैँ हुन्छ । यसैले त्यसलाई हटाई चिटिक्क पार्नुपर्छ । जस्तै–

तिमी घर जाँदै छौ, अतः जाऊ ।	(अतः फाल्तू)
लेखिहाल, किनभने समय सकिन्छ ।	(किनभने फाल्तू)
आऊ र बस ।	(र फाल्तू)
मैले राम्रो सल्लाह दिएको हुँ, तसर्थ तिम्रो चित्त बुझला ।	(तसर्थ फाल्तू)
कदाचित् उनी आए भने ।	(कदाचित् चाहिँदैन)
सम्भवतः खाल्टोमा हुनाले होला ।	(सम्भवतः फाल्तू)
ऊ एउटा आँखाको कानो छ ।	(कानो एउटै आँखाको हुन्छ)
मैले कानले प्रस्टैसित सुनैँ ।	(सुन्ने कानैले हो)

सजिलो पारामा लेख्ने

वाक्य सजिलो पारामा लेखिए स्पष्ट हुन्छ, असजिलो पारामा झाङ्लभुङ्ल हुन जान्छ । जस्तै–

सजिलो पारा : उहाँ औषधी गर्न लन्डन जानुभयो ।
केटाहरूको ल्यागत-जाँच हुँदै छ ।

असजिलो पारा : उहाँ स्वास्थ्योपचारका लागि लन्डन प्रस्थान गर्नुभयो ।
केटाहरूको योग्यता-परीक्षा हुँदै छ ।

वाक्य-विविधता

नेपाली वाक्यमा आफ्ना विशेषता हुनुपर्छ । त्यसैले यहाँ नेपाली केही वाक्यमा विविध विषय र विशेषतामा प्रकाश पारिन्छ ।

क्रियाविशेषणले नेपाली वाक्य नचाउँछ । हामी फुत्त निस्कन्छौं, खुरुक्क जान्छौं, फरक्क फर्कन्छौं, टुक्रुक्क बस्छौं, जुरुक्क उठ्छौं, खुर्र दगुर्छौं, टुप्लुक्क आइपुग्छौं, सरक्क बस्छौं, मुसुक्क हाँस्छौं, सुटुक्क भन्छौं; अनि क्रियाको अवस्था छ्याङ्ङ हुन्छ, छर्लङ्ङ हुन्छ । थप उदाहरण–

ऊ टुसुक्क बस्यो ।

ऊ टुक्रुक्क बस्यो ।

ऊ थुचुक्क बस्यो ।   हरेक वाक्यले बसाइको ताल र स्थिति बुझाउँछ ।

ऊ थ्याच्च बस्यो ।

ऊ सरक्क बस्यो ।

ऊ ढसमस्स बस्यो ।

त्यो घुँक्कघुँक्क रोई ।   रुवाइ फरक छ । घुँक्कघुँक्क मध्यम हुन्छ,

त्यो सुँक्कसुँक्क रोई ।   सुँक्कसुँक्क छेवैकाले मात्र सुन्छन् र

त्यो ह्वाँह्वाँ रोई ।   ह्वाँह्वाँ सबैले सुन्छन् ।

त्यो च्याँच्याँ रोई ।   च्याँच्याँ नानीहरूको रुवाइ हुन्छ ।

म खितखित हाँसेँ ।

तिमी ङिच्च हाँस्यौ ।

तँ मुसुक्क हाँसिस् ।   हरेक वाक्यका क्रियाविशेषणमा हँसाइको भेद छ ।

ऊ खिस्स हाँस्यो ।

ऊ हलल हाँस्यो ।

जीउमा पानी पनि लाग्छ, तेल पनि लाग्छ; भिजिन्छ पनि र लतपत पनि भइन्छ, तर यसमा फरक हुन्छ र क्रियाविशेषण (अनुकरणात्मक शब्द)-ले यो फरक छर्लङ्गै पार्छ । यस्तो प्रयोगले अवस्थानुसार वाक्यका अर्थ पनि स्वतः चम्किन्छन् । जस्तै–

ऊ निथ्रुक्क भयो ।   (पानीले)

हेर चुपिचल्ले भएको ।   (तेलले)

म तर भएँ !   (पसिनाले वा पानीले)
म लतपत भएँ ।   (गिलो वा लेसाइलो वस्तुले)
भुलुक्क घाम लाग्यो ।   झमक्क साँझ पऱ्यो ।
निस्पट्ट अँध्यारो भयो ।   टहटह जून लाग्यो ।

निपातको विशेषता सम्बन्धित प्रसङ्गमा गइसकेकै छ । विस्मयादिबोधक शब्दको प्रयोग हुने वाक्यमा पनि विलक्षणता पाइन्छ । अरू भाषामा आह, ओह आदिमै भाव पोखिन्छ । नेपालीमा भने कारण र परिस्थितिसुहाउँदो यी शब्दका बेग्लाबेग्लै प्रयोग हुन्छन् । जस्तै–

आच्छु, पानी पऱ्यो !   आत्था, कस्तरी पोल्यो ।
ऐया, दुख्यो !   आमै ! डर लाग्यो ।
आमै नि, के भएको !   लौन बाबा, के गर्ने !
उहु (ओहो), घाम कस्तो चर्केको !   बाबै, मैले कस्तरी हाम फालेको !

नेपाली भाषामा भात मात्र छड्कँदैन, मान्छे पनि छड्कन्छ । दाउरा मात्र सल्कँदैन, मान्छे पनि सल्कन्छ । यहाँ हरेकको अर्थ र अभिप्राय फरक छ । फेरि पेट अघाउँछ, आँखा अघाउँछ, मन अघाउँछ, यहाँ पनि हरेकको आफ्नै मर्म छ ।

नेपाली वाक्य अरूको परामा रमाउन सक्तैन, न यो अरूको रङमा खुल्छ । जस्तो नेपालीमा 'हाल्नु' को आफ्नै अर्थ हुन्छ, 'राख्नु' को आफ्नै अर्थ । 'हाल्नु' को अर्थ हो मिलाउनु र 'राख्नु' को अर्थ हो थान्को लाउनु, सुरक्षित पार्नु र स्वास्नी बनाउनु । यस्ता केही बिब्ल्याँटा उदाहरण यी हुन्–

तिहुनमा नुन राख ।   चियामा चिनी राख ।
कोटको बाहुलामा हात राख ।   पुस्तकमा राम्रो गाता राख ।

नेपाली परामा ल्याउँदा माथिका र यस्तै अरू वाक्यका ठिक्क रूप तल दिइएअनुसार हुन्छन्–

तिहुनमा नुन हाल ।   चियामा चिनी हाल ।
कोटको बाहुलामा हात हाल ।   कमिजमा छिटै टाँक हाल ।
पुस्तकमा राम्रो गाता हाल ।   मीठो एउटा कथा हाल ।
त्यसतर्फ लागिरहेकै छन् ।   (लागिराखेका छन् होइन)
ढुङ्गो उप्काउनुपर्छ ।   कुरा उक्काउनुपर्छ ।

भर्खर ज्ञात क्रिया चोखो नेपाली हो । यस क्रियाबाट बनेका वाक्यलाई अरू भाषामा उल्था गर्दा त्याक्कै मिल्दैन र वाक्य नै घुमाउनुपर्छ । जस्तै तल प्रयुक्त नेपाली वाक्य हिन्दीमा कसरी लेखिन्छ त्यसबाट पनि यो स्पष्ट हुन्छ–

मैले भर्खर के देखैँ भने उसको आँखा टेढो रहेछ ।   (नेपाली)
मैंने अभी देखा कि उसकी आँख टेढी है ।   (हिन्दी)

वाक्यमा शब्द र वाक्यांशहरूलाई नेपाली प्रवृत्तिसित मिल्ने गरी लेख्नुपर्छ । नेपाली भाषामा लेख्ने अनुभवी लेखकहरूका भाषामा यस्तै राम्रो प्रयोग पाइन्छ । केही उदाहरण र प्रयोग–

नराम्रो रूप

उहाँले बजारभाउ थाहा लिनुभयो ।
हाल यो कामको के आवश्यकता छ ?
यो कुरालाई मापेर चल्नुपर्छ ।
ऊ सर्पको बिल देख्न सक्छ ।
माल त जैसाका तैसा छ ।
जनताको मन जित्न पक्षपातरहित भएर काम गर्नुपर्छ ।
तिमी आजकल के गर्दा छौ ?
उसले आफ्नो सम्पत्ति गवायो ।
यो कुरा अहिलेसम्म मालुम छैन ।
तपाईं विद्यार्थीको राम्ररी सिखाउनुहोला ।
उसलाई रातो कलम कोले दिएछ हँ ?
कसैको शिरमा गेद खेल्नु राम्रो होइन ।
राधेश्यामले एउटा ढाकाको टोपी लगाएका थिए ।
नेपालले दिन दुगुना रात चौगुना उन्नति गर्नुपर्छ ।
भटमास खाएर पानीसम्म पिउन पाउँदैनथ्यो ।
हामीलाई पैसासँग सम्बन्ध छ, न कि तर्कसँग ।

राम्रो रूप

उहाँले बजारभाउ बुभनुभयो/पत्तो लाउनुभयो ।
अहिले यो काम किन गर्ने ?
यस कुरामा लख काटेर/चिनेर लाग्नुपर्छ ।
ऊ सर्पको दुलो वा प्वाल देख्न सक्छ ।
माल त जस्ताको तस्तै छ ।
जनताको मन जित्न निष्पक्ष भएर काम गर्नुपर्छ ।
तिमी अचेल/हिजोआज के गर्दै छौ ?
उसले आफ्नो सम्पत्ति गुमायो वा हिँडायो ।
यो कुरो अहिलेसम्म थाहा छैन ।
तपाईं विद्यार्थीलाई राम्ररी सिकाउनुहोला ।
उसलाई रातो कलम कसले दिएछ हँ ?
कसैको थाप्लामा गिर खेल्नु राम्रो होइन ।
राधेश्यामले ढाकाको टोपी लगाएका थिए ।
नेपालले दिन दोबर रात चौबर उन्नति गर्नुपर्छ ।
भटमास टोकेर पानीसम्म खान पाउँदैनथ्यो ।
हामीलाई पैसासँग सम्बन्ध छ, तर्कसँग होइन ।

नेपाली छाँटका केही वाक्य

माथि दिइएका वाक्यमा नराम्रो रूपमा छायाकलूषित बान्की छ भने राम्रो रूपमा भर्रो वा चिटिक्कको नेपाली बान्की छ । नेपाली वाक्य अनेक रहरलाग्दा विशेषता लिएर बनेका छन् । शब्दको प्रस्तुतीकरण, भनाइको आफ्नै पारा र भङ्गिमाको चमत्कार अनौठासित मिलेको पाइन्छ तिनमा । यस्तै नेपाली छाँटकाँटका केही वाक्य तल दिइएका छन्–

अँधेरी खोलामा गुहेली पाक्यो चरीको रोदन भयो ।

ऊ भालेको डाकमै हिँडेको हो ।

एक जुवा घाम छँदै घर भित्रिनुपर्छ ।

एक छिन परेला भिम्क्याउन पनि धौधौ पर्‍यो ।

एक भमक नलाउँदै पूर्व फाट्यो ।

ए रातो भाले, च्यान्टीको बिहे भएछ !

ए रात्तै, चुइँफुइँ त निकै पो छ नि ।

गाउँमा सम्साँझै चितुवा कराउँछ ।

घाम वा जून डाँडामा बसिसके ।

छ्या, तिमी त कस्तो गजधुम्म परेर पल्टिएको ?

डाम्नाले त दाम्लो पनि चुँडालेछ ।

तपाईंले भन्नुभएको कुरा ट्वाक्कै मिल्यो ।

तीन आँख्ले भुल्कँदा वीरे पार भइसकेको थियो ।

तैं चरीको पारामा मै चरी नाचुँला ।

थाङ्नामा सुताउँदैमा को पो सुत्ला र !

थोपा-थोपा पानीले नै घडा भरिन्छ ।

दन्त देख्तैमा अन्त पाइयो, बाबै !

दैलासोफी ओभेल पुगेछ नि ।

धार्नीको जिब्रो फड्कारे पनि केही लागेन ।

पढेकी चेली हाता फिलुङ्गो हो र ?

फल पाक्छ र वनचरी रमाउँछ ।

बाठा मान्छेका कुराले नेटो काट्यो ।

मसक्क आँटेपछि पार पनि त लाग्ला नि ।

मुखमा सरस्वती भएपछि केको दुःख ?

यो केटो कस्तो मिल्केको हो !

सित्तैं टिम्केर कुरो नगर न है !

हाँसको चाल न कुखुराको चाल गरेर हुन्छ ?

राम्रो नेपाली : विभिन्न प्रयोग

कुनै कुरा कोरेर वा तुनतान पारेर मात्र राम्रो रचना हुन सक्तैन । नेपाली लेख्नेका लेख-रचनामा मीठो र राम्रो नेपाली पनि हुनुपर्छ । यसका लागि नेपाली भाषाको पन र प्रकृतिसित मिल्दा शब्द-प्रयोग, छरिता वाक्य-शैली आदिको आवश्यकता छ । यसरी मौलिक छाप दिएर सुन्दरता, भाव र विचार सबै दृष्टिमा उत्तम रचना लेख्ने प्रयास हुनुपर्छ ।

यसअघि भाषा र रचनासित सम्बन्धित अनेक कुरा र वाक्यका आधारभूत तत्त्व, वाक्य-रचनाका नियम, वाक्यान्तरण-प्रक्रिया तथा आफ्ना ढाँचाका वाक्यसमेत परिसकेका छन् । ती सबको संयुक्त आधारमा, केही नयाँ विषयको विवेचना र प्रयोगका साथ यथाशक्य राम्रो नेपाली लेख्ने चर्चा यहाँ गरिन्छ ।

शब्दको सुहाउँदो प्रयोग

रचनामा शब्दहरूको प्रयोग बडो राम्रो तरिकाले हुनुपर्छ । तिनमा कुनै किसिमको दोष वा त्रुटि आउन दिनु हुन्न । यसो भयो भने वाक्यका शब्द मीठा र सुहाउँदिला हुन्छन्; लेखन-कुशलताको पनि विकास हुन्छ ।

भावविशेषमा जोर दिन मान-मर्यादा, दीन-दुःखी, ऐँचोपैँचो, गरिब-गुरुवाजस्ता एकार्थबोधक द्वित्त्व शब्दको प्रयोग गर्नुपर्छ र यसबाट वाक्य राम्रा, बलिया पनि हुन्छन् । तर धेरै स्थानमा समानार्थी दुई शब्दको यस्तो प्रयोग भने दूषित हुन जान्छ । जस्तै–

केवल मात्र	केवल वा मात्र
ज्यादा धेरै	ज्यादा वा धेरै
तमाम भर	तमाम वा भर
विविध प्रकार	विविध
समतुल्य	तुल्य
स्वयं आफैँ	स्वयं वा आफैँ

यसरी, वाक्यमा पनि उपयुक्त र चिटिक्क हुने एउटा शब्द नै प्रयोग गर्नु राम्रो हुन्छ । तलका वाक्यमा दायाँ हारका तुलनामा बायाँ हारका वाक्य शुद्ध र छरिता देखिन्छन्–

मसित केवल किताब मात्र छ ।	मसित किताब मात्र छ ।
उहाँले स्वयं आफैँ यो काम गर्नुभयो ।	उहाँले आफैँ यो काम गर्नुभयो ।
तमाम देशभर जागृति आउनुपर्छ ।	देशभर जागृति आउनुपर्छ ।
अचेल यसको प्रचार साह्रै धेरै कम छ ।	अचेल यसको प्रचार साह्रै कम छ ।

भाषामा चल्तीका शब्द हुँदाहुँदै परिमार्जित शब्दहरू खोजेर थोपर्नु राम्रो होइन । अझ चल्तीका शब्दमा त्यस्ता शब्दको मिश्रण त झन् साह्रै बिभाउँछ । शब्दको प्रयोगमा यस किसिमको दोष र अमिल्दोपन आउन दिनु हुँदैन । भाषाको माधुर्य बढ्छ गने केही मात्रामा, त्यो पनि शब्दको प्रकृति मिलाएर लिनुपर्छ । जस्तै–

अमिल्दो	मिल्दो	
आगामी सन्सरबार	आगामी शनिबार	आउँदो सन्सरबार
उज्यालो दीप	उज्ज्वल दीप	उज्यालो बत्ती
पिताको चिठी	पिताको पत्र	बाबुको चिठी
पिताको पत्र छोरीलाई	पिताको पत्र पुत्रीलाई	बाबुको चिठी छोरीलाई
स्वच्छ हावा	स्वच्छ वायु, सफा हावा	

विजातीय किसिमका र कठिन शब्दको प्रयोगले भाषा अस्वाभाविक र बनावटी हुन्छ । वाक्य पनि शिथिल र अशक्त हुन्छन् । नेपाली भाषा बोल्दा र लेख्दा कतिपय व्यक्तिबाट (लेखकबाट समेत) शब्दको प्रयोगमा निकै भूल हुने गरेको देखिन्छ । राम्रो नेपाली बनाउनलाई त्यस्ता शब्दबाट जोगिने र तिनका पर्यायको प्रयोग गर्ने गर्नुपर्छ । उदाहरणार्थ 'कर्तव्य निभाउनु, पानी पिउनु, प्रकाश डाल्नु' आदि पदावली प्रयोग भएका देखिन्छन्, तर नेपालीमा आगो निभाउनु हुन्छ र कर्तव्य पूरा गर्नु, पालन गर्नु, निर्वाह गर्नु हुन्छ, त्यस्तै पानी खानु र प्रकाश पार्नु । यसरी, जानी वा नजानी बिराम हुन जाने अरू पनि केही शब्द तथा वाक्यांशहरू छन् ।

नेपालीमा आफ्नै शब्द चलाउने तथा निर्माण गर्ने प्रयत्न पनि हुनुपर्छ । यसै प्रसङ्गमा यहाँ त्यस्ता केही शब्दका पर्यायका साथै केही नयाँ शब्दका बान्कीसमेत दिइएका छन् । थाल्नीमा केही शब्द अप्ठेरा लागे तापनि आफ्ना ध्वनिसित मिल्ने र कल पर्ने यिनै शब्द जनजिब्रामा मिसिँदै राम्रा र मीठा नै लाग्नेछन् ।

अक्सर–	धेरैजसो, प्रायः ।	अपनाउनु–	अँगाल्नु, लिनु ।
आस्ट्रे–	सिठीदानी, ठुटौरो ।	कदम–	पाइला, फड्को ।
कि–	भने ।	चुनौती–	हाँक ।
टेवा–	मद्दत, टेको, आड ।	ठेट–	झर्रो ।
ठोस–	खँदिलो ।	ड्राइभर–	चालक, हँकुवा ।
तनाव–	तन्काइ ।	ताकि–	जसबाट, जसमा ।
दस्तकार–	कालिगड, शिल्पी ।	दस्ताबेज–	लिखत, कागतपत्र ।
नफरत–	घृणा, बेमन, सिकसिको ।	नारा–	फलाको ।
पर्दाफास–	धज्जीउडाइ ।	पार्क–	बिसाइँबारी ।
प्यास–	तिर्खा ।	फिसदी–	सयकडा, प्रतिशत ।
फोडा–	खटिरा ।	बच्चो–	नानी ।
बल्कि–	तर, बरु ।	मन्जिल–	टुङ्गो ।
महसुस–	अनुभूति ।	यादगार–	सम्झौटो ।

रहीरहीकन–	अडीअडीकन ।	रुभान–	प्रवृत्ति ।
रूख बदलिनु–	प्रवृत्ति फेरिनु ।	लकडी–	दाउरा, काठ ।
लड्का–	केटो ।	लड्की–	केटी ।
लाठीचार्ज–	लाठीमुङ्ग्री ।	वर्षगाँठ–	जन्मोत्सव ।
सुहाग–	सिन्दूर ।	हिचक–	दोधार ।
हिल्नु–	हल्लनु, डगमगाउनु ।	हुबहु–	काटीकुटी ।

फेरि, हामीमध्ये कति जना हार वा लाम नलागेर 'क्यू'-मा उभिन्छन्, 'रोदीघर'जस्तो मीठो र सुहाउँदो शब्द छँदाछँदै 'क्लब'-मै मिसिनुपर्छ । 'चमेनाघर' भन्न लाज लाग्छ, 'रेस्टुराँ' भन्दा गौरव मान्छन् । यस्तो दासप्रवृत्तिले जाति र भाषा कसरी उँभो लाग्ला ! कति जना अरूको नकलमा 'ड़' लेख्ने पनि छन्, तर नेपालीमा लेख्दा 'दार्जीलिङ्, पालुङ्टार, पेकिङ्, बेजिङ्, दाङ्, बागलुङ्' होइन, 'दार्जीलिङ, पालुङटार, पेकिङ, बेजिङ, दाङ, बागलुङ' नै हो– यही शुद्ध मानिन्छ ।

नेपाली भाषामा शब्दहरूको खाँचो छैन । 'टुप्लुक्क, घुरुक्क, भर्र, सललल' जस्ता ध्वन्यात्मक तथा अनुकरणात्मक शब्द यस भाषामा पउल छन् । आलङ्कारिक शब्दको पनि कमी छैन । 'आनीबानी, रिमिकभिमिक, सिँगारपटार' जस्ता युगल शब्द र 'कलकलाउँदो, भलभाउँदो, लहलहाउँदो, सुकसुकाउँदो' जस्ता अनगन्ती विशेषण शब्द नेपाली भाषामा छन् । यी शब्दहरूले भाषालाई ओज र चमक दिन्छन् । शैलीमा माधुर्य बढ्छ र भाषा गतिशील हुन्छ । नेपालीको वचनक्रम पनि सजिलो छ । यसरी शब्दका दृष्टिबाट राम्रो नेपाली लेख्ने साधन र सुविधा छ । मुख्य कुरा, शब्दहरू ठीक ठाउँमा पर्न गए ती आफआफैँ चम्कन्छन्, विशिष्ट अर्थद्वारा वाक्य जोडदार बन्छ । यसैले चाहिन्छ प्रयोग-निपुणता र सूक्ष्म शिल्प तथा दृष्टि– यत्ति हो ।

वाक्यको छरितोपन

लेखेका वाक्यहरू सकभर सजिला, बुभिने र मीठा हुनुपर्छ । तिनमा बेकारको गुम्फन वा अर्थको अनर्थ र भद्दापन हुनु हुँदैन । एक अर्थमा प्रयोग भएको वाक्य शब्द यताउति पर्दा अर्कै अर्थमा पनि आउन सक्छ । जस्तो– 'गोष्ठी भइरहेको बेला सरस्वती सदनमा पानी पर्‍यो ।' यस वाक्यको तात्पर्य सरस्वती सदनमा मात्र पानी परेको हुन सक्छ, अन्यत्र पनि पर्‍यो भन्न सकिँदैन । यसैले हुनुपर्थ्यो– 'सरस्वती सदनमा गोष्ठी भइरहेको बेला पानी पर्‍यो ।' त्यस्तै, 'अलिअलि तारा चम्किरहेका थिए ।' यस वाक्यको अर्थ तारा अलिअलि भए त ठीक छ, चम्कनु अलिअलि भए हुनुपर्थ्यो– 'तारा अलिअलि चम्किरहेका थिए ।'

वाक्यमा विशेषण ठीक ठाउँमा नलाग्नाले धेरै ठूलो भूल हुन गएको देखिन्छ । जस्तै– 'उसले एउटा फूलको माला लाइदियो ।' यहाँ माला एउटा फूलको भयो, तर एउटा फूलको माला बन्दैन । 'फूलको एउटा माला' वा 'फूलको माला' लेखिएको भए अर्थ प्रस्ट हुन्थ्यो ।

'पाँच नेपालका लेखक'– नेपाल पाँचवटा कसरी भयो ? हुनुपर्ने 'नेपालका पाँच लेखक' वा 'नेपाली पाँच लेखक' हो । 'केही भारतीय पत्रहरूले व्यक्त गरेको विचार', हुनुपर्छ– 'भारतीय केही पत्रहरूले व्यक्त गरेको विचार' । 'नगाँ मानिस लैजाने हवाईजहाज'– यहाँ पनि नयाँ मानिसहरूको के अर्थ हुन्छ ? हवाईजहाजले तिनलाई मात्र लैजाने होइन । भन्न खोजिएको 'मानिस लैजाने नयाँ हवाईजहाज' हो ।

'दस माइल लामो मोटर चल्ने बाटो तयार भयो ।' उदेकलाग्दो, दस माइल लामो मोटर कस्तो होला, अनि त्यत्रो लामो मोटर चल्ने बाटो झन् कस्तो होला ! तर भन्न नमिलेर पो, कुरो यो हो– 'मोटर चल्ने दस माइल लामो बाटो तयार भयो ।'

एकपल्ट एउटा पत्रिकामा यस किसिमको खबर, सके शीर्षकै हो, निस्केको थियो– 'सोभियत रूसमा १ लाख २५ हजार तला भएको भवन बनाइने ।' यस पङ्क्तिले निकै खैलाबैला पारेथ्यो । त्यति अग्लो भवन बनाउनु सम्भव थियो त ? वास्तवमा कुरा के थियो भने 'सोभियत रूसमा तलावाल खास किसिमका १ लाख २५ हजार भवन बनाइने ।' कुरो मिलेको भए दुनियाँमा आठौँ आश्चर्य हुने थियो, तर प्रयोग नमिलेर भाषामा यौटा आश्चर्यचाहिँ भइहाल्यो ।

प्रमुख एउटा पत्रिकामै एकपल्ट छापिएको थियो– 'नेपालमा दुर्गम पहाडहरूको बाहुल्य भएकाले बाटोघाटोको समस्या महत्त्वपूर्ण छ ।' यस वाक्यको तात्पर्यबाट प्रश्न उठ्छ, दुर्गम हुँदा महत्त्वपूर्ण भयो भने सुगम भएको भए सोचनीय हुन्थ्यो कि के ? 'सडेगलेको नगरपालिकाले मोटरमा फोहर फ्याँक्यो'– यो पनि एउटा अनर्थ हो । हुनुपर्ने के हो भने 'नगरपालिकाले सडेगलेको फोहर मोटरद्वारा फ्याँक्यो' ।

एउटा पुस्तकको भूमिकामा लेखिएको थियो– 'राष्ट्रिय पञ्चायत सबैभन्दा ठूलो पञ्चायत हो ।' यसैमा सबै देशका प्रतिनिधिहरू बसी देशको भलो हुने र उन्नति हुने कामकुराहरू हुन्छन् ।' नेपालको राष्ट्रिय पञ्चायतमा सबै देशका प्रतिनिधि भेला हुँदैनन्, देशका सबै प्रतिनिधि भेला हुन्छन् ।

'सुन्धारानिर हुलाक-बाकसमा आफूले लेखेको चिठी खसालेर हरिबहादुर सरासरि डेरामा गयो ।' यसको अर्थ के निस्कन्छ भने उसले चिठी कागतमा नलेखी हुलाक-बाकसमा नै लेखेको रहेछ । यसैले यस कथनको ठिक्क र छरितो रूप हुन्छ, 'आफूले लेखेको चिठी सुन्धारानिर हुलाक-बाकसमा खसालेर हरिबहादुर सरासर डेरामा गयो ।'

राजधानीबाट निस्कने पत्रिकामा 'पटनाबाट पठाएको माल काठमाडौँ पुग्यो' लेखिन्छ भने यसबाट भद्रपुर वा नेपालगन्जतिर कतै पुग्नुपर्ने माल काठमाडौँ पो पुगेछ कि भन्ने शङ्का उठ्छ । यस्तोमा 'आइपुग्यो' लेखिदिए कुनै शङ्का रहँदैन । भ्रमणमा गएका कुनै प्रतिष्ठित व्यक्ति स्वदेशमा फिरेपछि बर्माबाट ......ज्यू फिर्ता छापिएको पनि देखिन्छ । यसले चाहिँ त्यहाँ काम नलागेर फर्काएको त होइन ? भन्ने भ्रम पार्छ । यसको साटो 'फिर्ती' वा 'फर्कनुभयो, फिर्नुभयो' जस्तो मिल्दो गराइदिए राम्रो खुल्छ ।

'अध्यक्ष कार्यकारिणी समितिका सदस्य छान्नेछन्'– अध्यक्षले सदस्य छान्ने कि सदस्यले अध्यक्ष ? खुल्दैन । सदस्य छानिने भए 'अध्यक्षले कार्यकारिणी समितिका सदस्य छान्नेछन्' लेख्नुपर्छ, अध्यक्ष छानिने भए 'कार्यकारिणी समितिका सदस्यले अध्यक्ष छान्नेछन्' लेख्नुपर्छ ।

'श्री .... द्वारा मूर्तिचोरीमा समातिएका वस्तु फेला पार्ने प्रयास'– साँचो कुरा के हो भने मूर्तिचोरीमा समातिएका वस्तु फेला पार्ने श्री ....को प्रयास । यहाँ भने बबुरा श्री ....नै चोर बने । 'फलानाले आफ्नो खुसी जाहेर गर्नुभयो ।' यसमा पनि भाव र भनाइ मिल्दैन । नेपालीमा खुसी जाहेर गरिन्न, 'आफ्नो खुसी प्रकट गर्नुभयो' हुन्छ ।

यस्तै, शब्दको उचित प्रयोग नभएका वा क्रम नमिलेका र प्रकट गर्न खोजेको अभिप्रायमा नआएका तलका पहिलो खण्डका वाक्यहरू दोस्रो खण्डमा कसरी प्रयोग भएका छन् । तिनलाई विचारपूर्वक मनन गर्नाले थुप्रै भूल भएको देखिन्छ, कतिमा त अस्पष्ट र भद्दा मात्र होइन, अनर्थ पनि हुन गएको छ ।

१. आज एक जना **साथीलाई** भेट भयो । उनले मेरो परीक्षा बिग्रने **आशा छ** भने । बटुवाहरू बासको **चाहमा** घुम्दै थिए । हामीले पत्रिका पढ्यौं । त्यसमा छापिएको थियो– **आगामी राष्ट्रपतिको** जन्मोत्सवमा ठूलो उत्सव मनाइने भएको छ । एउटा कथामा साथीलाई असल **मार्ग** छाडी खराब **बाटामा** नलाग्ने सल्लाह दिएको रहेछ । सबैले राम्रो काम थालेका थिए, तर यो काम **सम्भव हुन सकेन** ।

२. आज एक जना **साथीसित** भेट भयो । उनले मेरो परीक्षा बिग्रने **डर छ** भने । बटुवाहरू बासको खोजमा घुम्दै थिए । हामीले पत्रिका पढ्यौं । त्यसमा छापिएको थियो– **राष्ट्रपतिको आगामी** जन्मोत्सवमा ठूलो उत्सव मनाइने भएको छ । एउटा कथामा साथीलाई असल **बाटो** छाडी खराब **बाटामा** नलाग्ने सल्लाह दिएको रहेछ । सबैले राम्रो काम थालेका थिए, तर यो काम **हुन सकेन** वा **सम्भव भएन** ।

सबै भाषाको बोल्ने र लेख्ने आआफ्नै ढाँचा हुन्छ । नेपाली भाषाको पनि यस्तै आफ्नोपन छ । अरू भाषामा रङमङिनु र त्यसबाट प्रभावित वाक्यको भरमार हुनु हेलचक्र्याइँ वा अज्ञानताका परिणाम हुन् । यस्ता प्रवृत्तिले भाषा र त्यसको मौलिकतालाई ओरालो मात्र लगाउँछन् । अङ्ग्रेजीको that, हिन्दीको 'कि' र 'आगे' आदि शब्दका नकल यस्तै प्रयोग हुन् ।

प्रभावित वाक्य	हुनुपर्ने वाक्य
म धनी छु, जब कि ऊ गरिब छ ।	म धनी छु, तर ऊ गरिब छ ।
यो कामलाई राम्रो भन्न सकिन्न, जबकि यसमा नराम्रा तत्त्व छन् ।	यो कामलाई राम्रो भन्न सकिन्न, किनभने यसमा नराम्रा तत्त्व छन् ।
के म आउन सक्छु ?	म आऊँ कि ?
जहाँसम्म हुन्छ म कोसिस गर्छु ।	सकुन्जेल वा सकभर म कोसिस गर्छु ।
यी सब कुराका उपर रहेर सोच्नुपर्छ ।	यी सब कुराबाट बेग्लै रहेर सोच्नुपर्छ ।
उहाँले अगाडि भन्नुभयो ।	उहाँले त्यसपछि/फेरि भन्नुभयो ।

उहाँले अरू भन्नुभयो ।

उहाँले यो पनि भन्नुभयो ।

फजुलका कुरा होइन कि राम्रा कुरा सिक्नुपर्छ ।

बिनसित्तिका कुरा होइन, राम्रा कुरा सिक्नुपर्छ ।

उनीहरूले यस्तो अन्याय गरे कि जसको साँधी छैन, जो जुका बनेर हाम्रो रगत चुस्छन् ।

उनीहरूले गरेका अन्यायको साँधी छैन, ती जुका बनेर हाम्रो रगत चुस्छन् ।

कहीँ यस्तो नहोस् कि म घर जाऊँ औ उसलाई पत्तासम्म नहोस् ।

म घर गएँ भने उसलाई थाहै नहुने पनि नहोस् ।

कतिपय वाक्य अशुद्ध त होइनन्, तर भद्दा लाग्छन् । जस्तै— 'म गइरहेको छु, उनी लम्किरहेका थिए, तिनी पङ्खा हम्किरहेकी थिइन्' आदि । यसको साटो 'म जाँदै छु, उनी लम्कँदै थिएँ, तिनी पङ्खा हम्कँदै थिइन्' जस्ता वाक्य नै नेपाली भाषाको प्रकृतिमा छरिता र सुहाउँदा हुन सक्छन् ।

शब्द प्रयोग नमिल्दा हुने शुद्ध र अशुद्ध वाक्यका अरू केही उदाहरण तल दिइएका छन्—

अशुद्ध वाक्य

शुद्ध वाक्य

ऊ अपमान भयो ।

ऊ अपमानित भयो ।

दर्शक निश्चय समयमा आइपुगे ।

दर्शक निश्चित समयमा आइपुगे ।

बिचराको आँखामा दुःखको छाया प्रतिविम्ब छ ।

बिचराको आँखामा दुःखको छाया प्रतिविम्बित छ ।

यस खबर रेडियो नेपालबाट प्रसार हुँदै छ ।

यो खबर रेडियो नेपालबाट प्रसारित हुँदै छ ।

यस भेला विचारको आदान- प्रदानका लागि राम्रो हुनेछ ।

यो भेला विचारको आदान-प्रदानका लागि राम्रो हुनेछ ।

हाम्रो आफ्नै सांस्कृतिक छन् ।

हाम्रो आफ्नै संस्कृति छ— हाम्रो आफ्नै सांस्कृतिक परम्परा छ ।

माथि लेखिएअनुसारका उदाहरण अनेक दिन सकिन्छ । यी सबको सारांश के भने वाक्य शुद्ध हुनाका साथसाथै तिनको गठन राम्रो र रूप कसिलो हुनुपर्छ । यसरी माझिएका र बान्की मिलेका वाक्यमा नै मीठो र छरितोपन आउँछ ।

भाषाशैली राम्रो-मीठो

परिष्कृत भाषा र राम्रो-मीठो शैली रचनाका सौन्दर्य र प्रवाह हुन् । यस्तै भाषाशैलीद्वारा अभिव्यक्ति प्रस्ट हुन्छ र रचनाका सम्पूर्ण अङ्ग पुस्टिन्छन् । भाषाशैली नै ठीक नभए भन्न खोजेको कुरा पनि फुत्किन्छ, अलपत्र पर्छ र गज्याङमज्याङ हुन्छ । यसैले भाषा र शैलीमाथि रचनाकारले पूरा दाइँ गरेको हुनुपर्छ ।

सकेसम्म थोरै शब्दमा भाव प्रकट भएको रचना राम्रो रचना मानिन्छ । भाषा र शैलीको मुख्य विशेषता र सीप पनि यही हो । यसका निम्ति शब्दका सूक्ष्म अर्थदेखि

विश्लेषणका साधनसम्म चुलुम्म भएर अनुभव लिँदै जानुपर्छ । रचनामा भनाइको अनौठो पारा अत्यन्त आकर्षक हुन्छ । सकली र भर्रा शब्दले शैलीमा पालिस लगाउँछन्, भावपूर्ण र सुहाउँदिला शब्दले खुल्दो अर्थ दिन्छन् । हामी 'दुर्वासा आयो' भन्छौँ– रिसाएका मानिसको चित्र सामुन्ने आउँछ । 'खोलो सुसाएजस्तो जिन्दगी' र 'पम्फाजस्तो कोमल' उपमाले जीवनका मार्मिकता र कोमलताको सजीव चित्र उतारिदिन्छन् । यसरी उपमाका नयाँ प्रयोगले शैली छरितो र कलात्मक हुन्छ । वाग्धारायुक्त भाषाले त्यसमा विलक्षणता ल्याइदिन्छ, 'तीन तारा देख्नु, फुल पार्नु' बाट जुन अर्थ पाइन्छ, त्यति संक्षेपमा वा अरू कुनै पनि शब्द जोरेर त्यत्तिकै गहिरो अर्थ ल्याउन सर्किंदैन । यसरी नै उखान-तुक्काले कथन वा तथ्यको राम्रो पुष्टि गर्छ र कुराको निचोर नै भाषामा पोखिदिन्छ; जस्तो 'चिप्ला मुखको धमिलो पेट, नमच्चिने पिङ्को सय झड्का' आदिबाट छर्लङ्गिने गर्छ ।

विचारणीय छ, जुन विषय, जुन अवस्थामा, जसका लागि लेखिन्छ, त्यसै अनुसारको भाषा र शैली हुनुपर्छ । कुनैकुनै बेला स्वाभाविकता देखाउन बोलचालको भाषा पनि प्रयोग गर्नुपर्छ । नाटक वा कथोपकथनमा सामान्य पात्रले बोल्ने भाषा साहित्यिक किसिमको र गहन भयो भने नसुहाउँदो पाराको हुन्छ । भाषामा गाली गर्ने शब्दमा पनि सुधार र परिवर्तन हुनुपरेको छ । गालीमा प्रयोग हुने 'भोटे, पोडे, थारू, दमाईँ' जस्ता शब्द सिङ्गै जातिविशेषलाई आक्षेप पार्ने, होच्याउने र भेदभाव ल्याउने शब्द हुन् । यस्ता शब्दबाट कुनै जाति र त्यस जातिका असल मानिसमा नराम्रो प्रभाव पर्छ, कटुता आउँछ । यसैले यिनको प्रयोग एकदमै त्यागिदिनुपर्छ । यस्तै, अशिष्ट प्रयोगले पनि रचनालाई कलुषित पार्छन् । 'भात खान आउनुहोस्' को सट्टा 'घिच्न आउनुहोस्' भन्यौँ भने अशिष्ट प्रयोग हुन्छ । 'तीनतिघ्रे, कल्चौँडी' जस्ता प्रयोग पनि यस्तै हुन् ।

उखान-तुक्काको अशुद्ध प्रयोगले भाषालाई फस्को र बेस्वादिलो बनाइदिन्छ । टुक्कामा 'आँखाको केराउ हुनु, नाकमा तेल हाल्नु' र उखानमा 'नाच्न नजान्ने आकाश टेडो, हुने हाँगाका चिल्ला पात' जस्ता प्रयोग गरिए भने तिनमा भएको मौलिकता मर्छ, मिल्दै मिल्दैन । यसैले 'आँखाको पुतली हुनु वा कसिङ्गर हुनु, कानमा तेल हाल्नु, नाच्न नजान्ने आँगन टेढो, हुने बिरुवाका चिल्ला पात' नै प्रयोग गर्नुपर्छ । बरु जिब्रोमा खारिँदा-खारिँदा अरू नै नयाँ टुक्का र उखान तयार हुन्छन्; भाषाको प्रकृतिसित मिल्ने गरी बनाउन र चलाउन पनि सकिन्छ, तर चल्तीका उखान-टुक्कामा शब्दको फेरफार गर्दा तिनमा भएको सजीवता रहँदैन ।

भाषाशैली प्रभावकारी भएमा हृदय छुन्छ, चिमोट्छ, तर तिनलाई सजाउने भ्रममा जालेमाले पार्नु र निरर्थक तानाबाना जोड्नु बैगुन मात्र हो । 'पाल्नुहोस्, विश्राम गरौँ' भनेर पुग्ने ठाउँमा 'मान्यवरको थकित तनलाई सुखरञ्जनसमन्वित पार्नका हेतु शय्यामा पदार्पण होस्' भन्ने हो भने त्यो माकुराको जालोजस्तो हुन्छ; त्यसमा कुनै रस, लयालुपन र सार हुँदैन । यसै गरी 'शनिबार आउँछु भन्नुपर्नेमा साट्टै म यहाँकोमा भिजिट गर्छु भन्ने हो भने नेपाली भाषाको अस्तित्व मेटाउने र त्यसलाई ह्रास गराउने कुचाल ठाने हुन्छ ।

भाषाको चमत्कार झरनाको सङ्गीत पनि हो, बादलको कड्कन पनि हो । विशेष अवसरमा यस चमत्कारको ठूलो शक्ति हुन्छ । त्यस शक्तिले मानिसलाई कस्तै आत्चारो स्थितिमा पनि जोगाउन राख्छ ।

बनार्ड शा एकपल्ट एउटी स्वास्नीमान्छेसित कुरा गर्दै थिए । त्यो स्वास्नीमान्छे उनीसित बिहे गर्न चाहन्थी । बनार्ड शाको मन आफूपट्टि तान्नका निम्ति उसले भनी– "हामीबाट नानी जन्म्यो भने त्यसको रूप मेरो र बुद्धि तपाईको होला हगि ?"

शा बोल्नमा उस्ताद थिए । उनले तुरुन्त जवाफ दिए– "त्यो नानीले रूप मेरो र बुद्धि तिम्रो पायो भने नि ?" स्वास्नीमान्छे नाजवाफ भई ।

वीरबल अटकको युद्धमा गएका थिए । युद्धको गम्भीर खबरले अकबरको मन चिन्तित भयो । उनले 'वीरबल मरेको समाचार दिनेलाई ज्यान लिइनेछ' भन्ने ढोल पिटाए । संयोग, वीरबल युद्धमा मारिए । यो खबर लैजाने कसैको साहस भएन, खबर पनि नदिई हुँदैनथ्यो । अन्तमा एउटा कविले चलाखीसाथ दरबारमा गएर बिन्ती गरे– "सरकार ! अटक त हात लागेन-लागेन, वीरबलसँगै सारा दरबारको शोभा पनि गयो ।"

अबकरले सोधे– "के वीरबल मारिए ?"

"सरकार आफैँ भन्दै हुनुहुन्छ । मैले त केही भनेको छैन ।" कविले उत्तर दिए ।

चर्चिलले युवावस्थामा जुँगा पालेका थिए । एक दिन सहभोजमा एउटी युवतीले भनी– "तपाईको फोहरी राजनीति र जुँगा दुवै मलाई कत्ति मन पर्दैन ।"

चर्चिलले झटपट उत्तर दिए– "नडराउनुहोस्, तपाई यीमध्ये कुनैका सम्पर्कमा पनि आउन पाउनुहुन्न ।"

माथिका उदाहरण सबै वाक्चमत्कार हुन्, तर कुनै बेला तिनको प्रयोग ठेगानासित भएन भने अनर्थ पनि हुन्छ । भाव-प्रकाशनमा शिल्पचातुर्यको जति महत्त्व छ शिष्टता, अनुशासन र सौन्दर्यको पनि त्यत्तिकै आवश्यकता हुन्छ । यसरी प्रयास गर्दागर्दै आफ्नै निजी र विशिष्ट शैली बन्न सक्छ । त्यसको छाप रचनामा नपरी छाड्दैन । रचनाकार भाषा र शैलीद्वारा नै सबैबाट परिचित हुन्छ ।

विषयवस्तु र कौशल

रचनामा विषयवस्तु उपयोगी हुनुपर्छ अनि त्यसको उठान र बैठान पनि राम्रो किसिमले गर्नुपर्छ । सौन्दर्य आँखामा मात्र नभई भित्री तहमा हुन्छ भन्ने तत्त्वलाई कसैले अस्वीकार गर्न सक्दैन । यसैले प्रत्येक कुरालाई केलाउने र त्यसको सारतत्त्व निकाल्ने प्रयत्न चाहिन्छ ।

रचनाका विषयवस्तु र प्रकार विभिन्न हुन्छन् । तीमध्ये प्रयासका रूपमा मुख्य यी तीन किसिमलाई लिन सकिन्छ–

१. **विवरणसम्बन्धी–** मानिस, पशुपन्छी, प्राकृतिक दृश्य, कुनै वस्तु आदि ।

२. **वृत्तान्तसम्बन्धी–** इतिहास, जीवनी, घटना, यात्रा-विवरण, कथा आदि ।

३. **चिन्तनसम्बन्धी–** अवस्था, नीति, गुण, विचार आदि ।

जुनसुकै रचनामा क्रम वा त्यसको विषय-विभाजन होस् । यसो गर्नाले विषयको राम्रो श्रृङ्खला बस्छ । कुनै विषय छानेपछि त्यसमाथि गहिरिएर त्यसको प्रस्ट चित्र मन, मस्तिष्क र आँखामा ल्याउनु राम्रो हो । यसबाट रचनाको एउटा रूप तयार हुन्छ । रचनामा भूमिका, विवेचना वा विस्तार र उपसंहार मुख्य खण्ड हुन् । यसरी मिलाएर लेख्नाले विषय र कुरो बरालिन पाउँदैन ।

रचनाको आरम्भ विभिन्न किसिमले हुन सक्छ । खास गरेर विषयको अर्थ वा परिभाषा लेखेर, विषयसम्बन्धित कुनै वाक्य वा श्लोक लेखेर, सानो कथा लेखेर आदि किसिमले थाल्ने चलन छ र यो सजिलो पनि मानिन्छ । जसरी थाले पनि रचनाको क्रम छेउदेखि पुछारसम्म एकटङ्कारसित गयो भने राम्रो र प्रवाहपूर्ण हुन्छ । रचनामा एउटा कुरा लेख्नासाथ त्यसको विरुद्धमा तुरुन्त अर्को कुरा लेख्नु राम्रो होइन । यसबाट रचनाको अङ्गभङ्ग नै हुन जाने डर रहन्छ । जुन कुरो लेखिन्छ त्यसको वर्णनक्रम पनि ठीकठीक हुनुपर्छ । मूल कुरा नै छुट्न गए रचना निष्प्राण हुन्छ र प्रसङ्ग अर्कैतिर बग्नाले विषयान्तर पनि हुन जान्छ । खास गरी एकएक कुरा एकएक अनुच्छेदमा रहनाले भाव स्पष्ट र गतिशील हुन पाउँछ ।

रचनाका पक्ष-विपक्ष विवेचनामा र मन्तव्य उपसंहारमा आउँछन् । तिनको प्रतिपादन राम्रो र निचोर सारपूर्ण हुनु औधी आवश्यक छ । यसका साथै रचनामा नभइनहुने कुरा शीर्षक हो । शीर्षक रचनाको पूरा भाव छर्लङ्गिने र आकर्षक तथा सुन्दर हुनुपर्छ ।

उक्तिको प्रयोग

सार रूपमा व्यक्त भएका राम्रा-राम्रा उक्ति वा सुभाषितलाई प्रसङ्गअनुसार उद्धृत गरेर पनि रचना सुन्दर र प्रामाणिक बनाउन सकिन्छ । यस्ता उक्ति हुन्छन् लेखक एवं विचारकहरूका सार र अनुभूतिका भण्डार । तिनका प्रकाशित सङ्कलन पनि पाइन्छन् र कृतिहरू पढेर आफैँले टिप्ने-सँगाल्ने बानी पनि पार्न सकिन्छ । कुनै महत्त्वपूर्ण कुरालाई हेक्का राख्न र प्रेरणा लिन मात्र होइन, विचार वा मतको पुष्ट्याइँका निम्ति पनि उक्तिको आवश्यकता पर्छ र रचनामा सम्बन्धित उक्तिको जोरदार प्रभाव पर्छ । जस्तै साहित्यमा विचार, कला र जीवनबारे केही उक्ति-उद्धरण तल प्रस्तुत छन्–

> त्यही साहित्य निक्खर हुन सक्छ जसमा उच्च चिन्तन होस्, स्वाधीनताको भाव होस्, सौन्दर्यको सार होस्, सृजनाको आत्मा होस्, जीवनको प्रकाश होस्; जसले हामीमा गति, सङ्घर्ष र बेचैनी पैदा गराओस्, नसुताओस् ।

–प्रेमचन्द

> जो मानिस आफ्नो जीवन र समयका बारेमा लेख्छ त्यही मानिस सब मानिस र सब कालका निम्ति लेख्छ ।

–बनार्ड शा

राजनीतिक रूपबाट जतिसुकै प्रगतिशील भए पनि कलाका कृतिहरूमा कलात्मक गुण भएन भने तिनमा शक्ति हुँदैन । हामीले साहित्य र कलाका प्रश्नहरूमा दुवै मोर्चामा सङ्घर्ष चलाउनुपर्छ ।

—माउत्से-तुङ

प्रियतम ! जुन गीत गाउन म तिम्रो सभामा आएको थिएँ, त्यसलाई अहिलेसम्म गाउन सकिनँ । यो जीवन केवल आफ्नो वीणाका तारहरूको स्वर साध्नमै बित्यो !

—रवीन्द्रनाथ ठाकुर

जीवन भनेको नै लहराउनु, तरङ्गिनु, गुनगुनाउनु र चलमलाउनु हो ।

—लक्ष्मीप्रसाद देवकोटा

हामी बाँच्नुभन्दा पनि जीवन चाहन्छौं । हाम्रो आयु चार दिनको मात्र होस् तर जीवनमय होस् ।

—हृदयचन्द्रसिंह प्रधान

विचार-सन्तुलन

सबै सोच्छन्, लेख्छन्, तर लेखक सचेतवर्ग हो । उसबाट देश, समाज र युग नै आलोकित हुन्छ । उसको सोचाइ नै ठीक छैन र आफूमै गज्याङमज्याङ छ भने अरूले उसबाट के पाउलान् !— हात लाग्यो सुन्नाको यो पनले केही पनि हुन सक्तैन । एक अर्थमा रचनाकारले कूचीकारको काम गर्नुपर्छ र समाजका नराम्रा तत्त्वलाई आफल्नुपर्छ । शिशिरमा पात झरेको रूख वैशाखमा हरियो भइसक्छ । जीवन पनि रित्तिएर बस्न चाहँदैन— त्यसलाई पनि वैशाखको हरियाली चाहिन्छ ।

घरी-घरी भाव र शब्द दोहोरिने र घुम्ने गरे भने रचनामा विचार प्रस्टसित खुल्दैन । जस्तै— तल पहिलो दफाका वाक्यलाई त्यसरी अलमल नपारी दोस्रो दफामा दिइएका किसिमले भनिदिएमा कुरो पुग्छ र चिरिच्याँट्ट पनि हुन्छ ।

१. उसको स्वभाव राम्रो छैन । उसको बानी खराब छ । उसले आफूलाई कहिल्यै सपारेन । उसको बानी नराम्रो बस्यो । उसको लत बिग्रेको छ ।

२. उसको स्वभाव राम्रो छैन । उसले आफ्नो बानी कहिल्यै सपारेन ।

युगको मागअनुसार चलन जान्नु र चलाउनुपर्छ । अभै छोईछिटो हाल्न र भात काड्न थालियो भने त्यो अन्धविश्वास, अन्धपरम्परा र अवैज्ञानिक मात्र होइन, मानिसप्रतिको भेदभाव पनि हो । लेखाइमा कोरा आवेश, उच्छृङ्खलता र उद्‌ण्डता पनि बकवाद मात्र हुन्छन् । अनावश्यक र अमिल्दा विचारलाई पन्छाएर मूल विचार प्रस्ट गराउँदै त्यसलाई पुठ र पाइन दिएर प्रतिनिधि रचना बनाउन सके त्यही नै उत्तम रचना हुन्छ ।

भद्दा, काम नलाग्ने कुरा र भाँड्ने-बराल्ने प्रवृत्ति केही होइनन् । यी समाजका टाटा मात्रा हुन् । कुनै कुरा भवाट्ट देख्नासाथ वा लैलैमा 'यस्तै हो' भन्ने धारणा लिनु पनि मनासिब होइन, किनभने तिनमा राम्रा तत्त्व पनि हुन्छन्, नराम्रा तत्त्व पनि । सूक्ष्म दृष्टिसित हेर्नाले र छानबिन गर्नाले रचनाकारमा यसको स्वतन्त्र चिन्तन र स्वस्थ परम्परा बस्छ ।

बितेका कुरा सम्झना र अनुभव हुन्, आउने कुरा बाटा र जीवन हुन् । यस कारण बितेको समयलाई भन्दा भइरहेको र आउने समयको चित्रलाई आँखामा टाँस्नुपर्छ, अनि तिनैलाई गति र आकृति दिने सपना खेलाउनुपर्छ– बिपना खुलाउनुपर्छ ।

साधना

राम्रो रचना गर्न अभ्यास र साधना चाहिन्छ । यसका निम्ति अनुभव र ज्ञानको त्यत्तिकै आवश्यकता हुन्छ । यसैले रचना गर्न तथा राम्रो नेपाली सिक्न चाहनेले शब्दभण्डार बढाउने, राम्रा पुस्तक-पत्रिकाहरूको सङ्ग्रह गर्ने, तिनको अध्ययन र मनन गर्ने एवं निरन्तर लेखिरहने गर्नुपर्छ । व्याकरण तथा रचनाको राम्रो ज्ञान हुनु र कोश पल्टाउने गर्नु पनि त्यत्तिकै आवश्यक छ : यसबाट धेरै कुरा जानिन्छ र अशुद्धिबाट बच्न सकिन्छ । विद्वान्-लेखकहरूसँगको सङ्गत, तिनका वार्ता र व्याख्यान तथा आपसी छलफलबाट पनि विषयमा ठूलो सहायता मिल्छ ।

ज्ञान पुस्तकमा मात्र सीमित हुँदैन । प्रकृतिमा, जनताका जीवनमा र तिनका सुख-दुःखमा ठूलो ज्ञान हुन्छ । तीसित भिजेर ज्ञानको उपार्जन गर्न सकिन्छ । समाजका केटाकेटी, बूढाबूढीसित सम्पर्क राख्नाले र लेकबेसी, गाउँघर, खेतखलो, मेलाउत्सवमा घुम्नेफिर्ने गर्नाले पनि धेरै अनुभवी र पारखी बनाउँछ । लोकसाहित्यमा चलेका राम्रा-राम्रा लोकगीत, उखान-तुक्का, लोककथा, गाउँखाने कथा आदि सुन्ने-बटुल्ने गर्नाले अनुभूति मात्र हुने होइन, लोकसाहित्यको संवर्द्धन र विकासमा मद्दत पनि हुन्छ । कुनै चीज, घटना वा दृश्य देख्दा उठेका विचार मनमा आएका भावहरूलाई अभिव्यक्त गर्नुपर्छ । यो वास्तविक अनुभूति हुन्छ र यथार्थ पनि । यसरी नै नयाँ चीज खोज्ने उत्सुकता र नयाँ चीज ग्रहण गर्ने संस्कार बसाउनुपर्छ औ पर्यवेक्षण र कल्पना गर्ने शक्ति बढाउनुपर्छ । लेखनकलाका सम्बन्धमा अर्नेस्ट हेमिङ्वे भन्छन्– "वर्णन मात्र गर्नुको साटो त्यसलाई माझँदै खँदिलो आधार दिनुपर्छ, जीवन दिनुपर्छ । त्यो रचिन्छ, वर्णित गरिन्न । यो तिम्रो सिर्जनात्मक योग्यताको सीमासम्म सत्य एवं उन्मुक्त हुन्छ ।"

माथिका उपाय र प्रत्येक दिन केही न केही लेख्ने बानीले केही समयमा ठूलो शक्ति अर्जित हुन्छ । डायरी वा पत्र लेख्ने गर्नु पनि राम्रो हो । लेख लेखिसकेपछि फेरि दोहोर्‍याउने गर्नाले त्यसमा प्रशस्त संशोधन-परिमार्जन हुन जान्छ । कुनै रचना लेखेपछि त्यसका विद्वान् वा रुचि लिने व्यक्तिसित आपसी छलफल र सल्लाह गर्नाले पनि विषय अझ अकाट्य र प्रामाणिक हुन्छ ।

राम्रो नेपाली गद्यका केही बान्की

कल्पनात्मक

'झाकुराको जालो' देखेर साधारण मनुष्य रमाउँदैन त कोइलीको गानाले वनकालीको बाँदर भँडारखालमा सपना देख्दछ; तर स्विफ्ट साहेबले माकुरा र माउरीको सर्वयुगरोचक कथा बनाइदिए र लेखनाथ कविजीले कोइलीको 'कुहू-कुहू' मा जीवनको क्या भुलभुलाउँदो

सुगन्धी आनन्द निकाले ! फूलदान फुट्नु मामुली कुरा हो, तर बालकृष्णशमशेरको आँखाले हेर्न सक्नु असाधारण कुरा हो । ज्यापुनीको गानाबाट वर्डस्वर्थ भए जादु निकाल्थे र यो नेपाली खाल्डो त्यस शब्दले भरिएको गुञ्जायमान हुने थियो । तर तीन सय अप्सरालाई रङ्गीन पोसाक लगाएर नचाए पनि कानो मामालाई न एक सूफ, न बूफ मिल्दछ । प्रतिभाको चमत्कार यही छ कि अविदितसँग हाम्रो चिनाजानी गराइदिन्छ, र हामीलाई यही दुनियाँभित्र अर्को आश्रम र अर्को मोहनी देखाइदिन्छ । हामीले पनि देखेका थियौँ तर हाम्रो भित्री आँखा थिएन : शान्तिको शय्यामा पल्टँदा अँध्यारोले बोलाइहाल्थ्यो, हामी आँखा चिम्लिहाल्थ्यौँ तर त्यो हृदयको नाच हामीले पाएनौँ । शेक्सपियर, कालिदासले लेखेको देख्दा चीजहरू नौला र फन् सच्चा भएको लाग्दछ र पेटको चियाबारी दैनिक दृष्टिको चियाबारीभन्दा रमाइलो लाग्दछ । कविको चरो फन् मीठोसँग बोल्दछ, चित्रकारका आलुबखडा गजबका स्वादिला हुन्छन्, र गायकको कानेखुसी अरूको भन्दा मीठो हुन्छ । मोहनीमाधुर्य र प्रकाश ! त्यहाँ छ सब कुरा । कलाले संशयको द्वार खोल्दछ, घामको उज्यालोले नभेट्टिने केही फल्काइदिन्छ, खँदिलो कुरा छमाइदिन्छ, ढुङ्गा सपना बनाइदिन्छ र हावाको सन्देश सुनाइदिन्छ ।

—लक्ष्मीप्रसाद देवकोटा

कलात्मक

तपाईहरू प्रेमको एक फिलुङ्गो बनेर राँकिनोस्, प्रत्येक आफूसित टाँसिएको कालो कोइलामा पनि आफ्नो भाव सल्काउनोस् ! यसरी राँकिँदा-राँकिँदा आगो बलेर एक ज्वाला निस्कन्छ, अनि प्रेमको आगलागीमा संसार खारिएको एक ढिक कञ्चन काञ्चन बन्छ ! प्रत्येक मनुष्य आफूलाई सूर्य ताप्ने जहानको एक समान अङ्ग सम्फन्छ । अनि शान्ति हुन्छ । भेदविहीन सद्धर्मको उदय भएपछि फेरि ग्लानि हुँदैन । अधर्मको फेरि अभ्युत्थान हुँदैन । सब साधु भएपछि कुनै दुष्टलाई विनाश गर्ने आवश्यकता रहँदैन । तसर्थ निःस्वार्थ निष्काम प्रेम गर्नोस् ! तपाई-हामी त सब मरेर जान्छौँ । हामीले छाडेको प्रेम र घृणा यस संसारमा तुङ्ठाङ गरिरहेछन्, त्यसैले यहाँ प्रेम छोडेर जानोस् । प्रेम उडेको देखेर घृणा पनि देहको पिँजडाबाट उम्कने दाउ खोज्नेछ, दाह्रा किटेर पिँजराद्वार बन्द गर्नोस् घृणा-चरा करङलाई ठुँगेर छिया-छिया पार्नेछ, पारोस् । हामीलाई बाहिरबाट अरूको घृणाले समेत मार्न आए आऊन्, तर हामी घृणा पचाएर प्रेम ओकली मरौँ ! अरूको घृणालाई हाम्रो प्रेमले ठुँगेर मारोस् ! हाम्रो जीर्ण पिँजडा भत्केर खस्ता घृणा-चरा पनि खसेर मरोस्, मेरो भन्नु यति हो ।

—बालकृष्ण सम

आलङ्कारिक

पोखराजका पिता पुष्पजीवी । पिलपिलाउँदो पिलन्धरे । पुवाले पगरी, पछ्यौरी र पटुका त्यसको परापूर्वदेखिको पहिरन । पोखराज छ परीजस्ती ।

"कति उज्ज्वल छ तपाईका आँखाको दृष्टि । तर त्यसको अन्तरालमा म देख्छु पानीको निद्रित समुद्र ।"

"नहेर्नोस् न मेरा आँखालाई ।"

"किन ?"

"त्यहाँ मेरो विध्वस्त जीवनको कथा निहित छ ।"

—रूपनारायण सिंह

विचारात्मक

परिस्थितिको सामनामा र जिउने समस्या हल गर्नमा नै मानिसले पलपलमा मर्न परिरहेको छ । उसको मुस्काउन पाउनु जन्मसिद्ध अधिकार पनि तिनै सामना र समस्याका सङ्घर्षमा नै मरिरहेको छ । त्यसैले यद्यपि बौद्धिक विकासकै कारण मानिस सभ्यताको अभिमानी भए तापनि फेरि बुद्धितत्त्वैले गर्दा मानिसको सभ्यता डढिरहेको छ, किनभने मानिसको बुद्धि अहिलेसम्म मानिसकै मुस्कान खानमा खर्चिरहेको छ । मानिसको निम्ति यो अफसोचको कुरा छ । जब मानिसको मुख-मुद्रामा मुस्कानको भावना पाउने र मुस्कान हेर्ने आकाङ्क्षा मानिसमा होला, अनि मात्र मानिसले सभ्यताको अभिमान गर्न पनि सुहाउँछ । अहिलेसम्म मानिसलाई कलात्मक सभ्य भने पनि बौद्धिक असभ्य भन्न सकिन्छ ।

फूल मुस्काइरहेको, चन्द्रमा हाँसिरहेको देख्दा मलाई लोभ लाग्छ; स्वतन्त्र वा मानिसको सहवासमा बस्न नपरेका पशुपन्छीहरू कोही रोएका देखिएका छैनन्, त्यसैले मेरो अनुमान छ, उनीहरूको दिल त अवश्यमेव मुस्कुराइरहेकै होला । तर मुस्कानको सौभाग्य पाएर पनि मानिसले मुस्कुराउन अधिकार पाएको छैन, मानिसको यो प्रतिकूल परिस्थितिका निम्ति अफसोच गर्ने साधुलाई प्रणाम छ ।

—हृदयचन्द्रसिंह प्रधान

कठिन

जन्मको साफल्य सम्झेर अविच्छिन्न झारेको अश्रुधाराले आप्लावित गरिएको गिरिजाधिराज हिमालयका प्राकृत शोभाले अलङ्कृत भएको, क्षत्रीयधर्मधुरन्धर प्राचीनार्यमर्यादापालक प्रजात्राणपरायण नीतिप्रवीण जगदादरणीय शाहकुलालङ्कार श्री ५ महाराजाधिराजबाट पुत्रवत् पालित हुँदा– अध्यावधि संसारमा आदर्श रूपले खडा रहिरहेको, हाम्रो प्यारो नेपाल ....

—कुलचन्द्र गौतम

सरल

"तपाई भने पनि त मान पुगिहाल्छ नि : फलानालाई हजूर नै नभनी हुन्न भन्ने के छ र ?" भन्ने एक जना साथीलाई अर्को एक जना साथीले एकपल्ट यसरी जवाफ दिएथे– "अघिदेखि हजूर भनिआएकोलाई अहिले तपाई भनिएको सुन्दा नराम्रो पनि त लाग्न सक्छ । उनलाई हजूर भन्दैमा हामी साना हुँदैनौं । नम्रता त ठूलो गुन पो हो । वचनमा पनि केको दरिद्र्याइँ ?" दासत्व मनोवृत्ति नलिईकन नम्रता प्रकट गर्नुपर्ने

खालका मानिसप्रति विशेष आदर जनाउन नै 'हजूर' को प्रयोग गरिन्छ भने त्यसबारे मेरो केही उजूर छैन । तर, "वचन जाबोमा पनि केको गरिब्याइँ ?" भन्नेहरू किन अर्को ठाउँमा पनि यसै गरी उदार हुन सक्तैनन्, किन ती कसैलाई तँ र तिमीको सट्टा तपाईं भन्न दच्किन्छन् ? किन तिनै सार्की हाम्रो जुत्ता सिउन्जेल तँ-तिमी हुन्छन्, तर जुत्ता सिउन छाडी शू-हाउसका प्रोप्राइटर भएर बस्नासाथ तपाईं भनिन थाल्छन् वा हामी तिनलाई तँ-तिमी भन्न छाडिहाल्छौँ ? घाटका धोबी हाम्रो निम्ति किन तँ-तिमी हुन्छन् र धुलाइ-कार्यालयका मालिक भई कुर्सीमा जमेपछि किन तिनलाई तँ भन्न सकिन्न ? टेलरिङ हाउस खोल्न सक्नेचाहिँ दमाईँलाई कसैले तँ भन्न किन सक्तैन, वस्ताज र कवि किन तपाईं-हजूर ? गाइनेहरू किन तँ-तिमी ?

—श्यामप्रसाद

हास्यव्यङ्ग्यात्मक

म आफ्नो नाम राख्न चाहन्थेँ आधुनिक, भावपूर्ण र आफूसुहाउँदो । शास्त्रीय नामदेखि पनि मलाई भोक उठिसकेको थियो । पल्ला गाउँको ठूले जो हप्तामा तीन पटक भेडो काटेर बेच्थ्यो, उसको नाम बुद्धरत्न रे ! यसलाई अहिंसावादी बुद्धको बेइज्जती नभने के भन्ने ? पिँडालुटारका सुब्बा भनेपछि गरिब-गुरुवा थर्कमान हुन्थे । दुई मुठा प्याज बेचेको पैसाले दुई हजारसम्म ब्याज लगाउन सक्ने सुब्बाको दयामायाबारे के बयान गर्नु ! तर उनैको नाम थियो दयाराम । छुच्चोमा खोज्न गए तीन शहर नेपाल वर्णाएका हाम्रा जरसाहेबको नाम दानवीर । हाम्रो बाजेको पालामा जिल्लामा हाकिम भएर घुस खाँदा-खाँदा कोक्रामा कुरमुन्याएर ल्याइएका तल्ला गाउँका बूढाको नाम धर्मजङ्ग । टाढा किन जानु ! दिनको तीन फेर पेग पुलाउ नभै नहुने हाम्रै छिमेकीको नाम शिवभक्त ।

यसैले यस्ता स्वभाव नमिल्ने नाम राख्नुभन्दा बेनामी नै बसूँजस्तो मलाई लाग्यो । मेरी श्रीमतीलाई पनि आफ्ना पतिदेवलाई अरूले कालू भनेकोमा खेद लागिरहेकै थियो, त्यसैले उनी पनि मेरो नाउँ-फेर-आन्दोलनमा ज्यूज्यानले सहयोग दिइरहन्थिन् । एक दिन बेलुका सूचीपत्र पल्टाउँदै भनिन्— उसो भए हजूरको नाम सुन्दर राख्ने । प्रस्ताव मलाई पनि रमाइलै लाग्यो । तर फ्लक्क सम्झेँ— आफ्नो नाम त सुन्दर राखुँला तर सुन्दरकी पत्नीलाई कसैले सुन्दरपत्नी या सुन्दरी भनिदिएको खण्डमा के अलि बिफ्राओइन ? तैपनि सुन्दर नाम सुन्दरै हो । आफ्नो अनुहार पनि त्यति असुन्दर कहाँ छ र ? जेसुकै होस्, यही राख्नुपर्‍यो भन्ने सम्फँदै थिएँ, हाम्रा नेत्रबहादुर काका टुप्लुक्क आइपुगे । दुइटै आँखा चिम्सा भएका हाम्रा काकालाई अक्षर हेर्नुपर्‍यो भने चस्माभन्दा माथि पनि हातले ओफ्ल पारेर हेर्नुपर्थ्यो । जुन गोरुको सिङ छैन उसको नाम तीखे भन्ने न्यायअनुसार उनको नाम नेत्रबहादुर रे भन्ने सुन्नासाथ हाम्री दुलही खिल्ल हाँसिन् ।

—भैरव अर्याल

भावमय

भोलि हुन्छ । टन्टलापुर घाममा तेर्सिएको ढुङ्ग्रे पहाडको उकालो धरमरिँदै हामी हिँडिरहेका छौं । ढुङ्गाको कापमा कतैकतै गुराँसका पुड्का भ्याङहरू देखिन्छन्, म विचार गर्छु, हाम्रो देशमा पनि रातोराम्मे गुराँस फुल्छन् । आह ! लालीगुराँस । तर हाम्रो देशमा गुराँसको बोट यति पुड्को हुँदैन । मलाई घरको सम्झना आउँछ ! रुन मन लाग्छ गुराँसको फेदमा । एउटा ओसिलो ठाउँ, हिमाली चिसो हावा, हरियो बगेको पानी । पार्थक्यको कत्रो अभिशाप ! हरे घामले डढेको ढुङ्ग्रे गोरेटो, बमले घाइते बनाइएका गुराँसका बोटहरू, यिनीहरूकै फोसिलले एक दिन सायद देखाइदिनेछ हामीले कत्रो अभिशाप खपेर जीवन-नाउको बोझलाई काँधमा हालेर यहाँ हिँडेका थियौं ।

—पारिजात

झर्रो

गोर्कीका लेखोटहरूलाई अहिलेको रसियाको इतिहासको बखान भने पनि हुन्छ । उनको जीवन साह्रो-साह्रो र मिहिनेतले मुछिएको थियो र उनी दीघो नियाँको पैह्लोमा थिए, तर उनले आफ्नो पुर्पुरोलाई जनआन्दोलनको पाहिकपर्दो बनाए । उनको आफ्नो इतिहास रसियाको सप्पै ज्यामी-वर्गको मथिङ्गलको फस्टाइँसित मिल्छ ।

उल्थागरुवा— केकमनुक्चयो पोखरेल (नौलो पाइलो)

माथि विभिन्न छाँटका राम्रो नेपाली गद्यका केही नमुना दिने प्रयास गरिएको छ । यस्तै अरूअरू गद्यका अंश पनि दिन सकिन्छ र तिनका लेखक धेरै छन् । यी गद्यांशमा पनि एउटामा भएको गुण अर्कोमा छँदै छैन भन्ने होइन । यो त एउटा खास विषयको विशेषता वा परिचय दिन मात्र खोजिएको हो । अध्येताले आफैँ पनि लेखकका कृतिबाट राम्रो नेपाली गद्यका बान्की पत्ता लगाउने, छान्ने र सँगाल्ने प्रयत्न गर्नु उत्तम हुन्छ ।

छन्द र लय

छन्द भन्नाले छाँटकाँट बुझिन्छ । यो शब्द संस्कृतको 'छद्' धातुबाट आएको हो, जसको अर्थ आनन्दित पार्नु, फकाउनु, बाँध्नु आदि हुन्छ । छन्दमा आकर्षण र मिठास त रहन्छ नै, यसको स्वरलहरीले सबै मुग्ध र तन्मय पनि हुन्छन् । छन्दको यो प्रभाव प्रकृतिका कण-कणमा व्याप्त छ । छन्दमा यस्तो आकर्षण भएको मुख्य कारण यसको गेयता र सूत्रबद्धता हो । यसै कारण इतिहास, भूगोल, ज्योतिष र गणितसम्मका ग्रन्थ पनि छन्दमा लेखिएका देखिन्छन् । तर छन्दोबद्ध हुँदैमा कुनै विषय कविता हुँदैन । छन्द त नियमित मात्रा वा वर्णका आधारमा विश्राम हुने लय हो, यसमा सङ्गीतमा जस्तै सुर हुन्छ ।

छन्दोबद्ध भाव छिटै सम्झन सकिन्छ । यसमा बढ्ता सजीवता हुन्छ र यसैले प्रभावकारी र चमत्कारपूर्ण पनि । सम्पादन र संशोधनका दृष्टिमा पनि छन्दको ज्ञान हुनु आवश्यक छ । नेपाली भाषामा केही मात्रा छन्द र विशेष गरी वार्णिक छन्दको प्रचलन छ । शार्दूलविक्रीडित, मन्दाक्रान्ता र शिखरिणीजस्ता छन्द नेपालीका आफ्नै प्यारा छन्द भइसकेका छन्, अझ लोकलय त नेपालीको आफ्नै पेवा हो । आधुनिक धारामा नयाँ प्रयोग र नयाँ प्रभाव पनि आइरहेको छ ।

गुरु-लघु

छन्दको ज्ञानभन्दा पहिले लघु र गुरु थाहा पाउनुपर्छ, किनभने छन्दमा मात्रा र गणको व्यवस्था यिनकै आधारमा गरिएको छ । लघु-गुरुका चिह्न यी हुन्छन्–

लघु– । (ह्रस्व)   गुरु– ऽ (दीर्घ)

एकमात्रिक वर्ण अ, इ, उ, ऋ, क, कि, कु, कृ 'लघु' हुन् र शेष द्विमात्रिक वर्ण आ, ई, ऊ, ए, ऐ, ओ, औ, का, की, कू, के, कै, को, कौ आदि 'गुरु' हुन् । संयुक्त वा हलन्त अक्षरलाई तान्ने अघिल्लो र अनुस्वार तथा विसर्गवर्ण पनि गुरु हुन्छन् । जस्तै– हुन्छ, दुःख, सम्झना, संसार । चरणका अन्तिम वर्ण आवश्यकताअनुसार गुरु, लघु दुवै लेखिन सक्छन् ।

मात्रिक छन्द

मात्राका आधारमा चल्ने छन्द मात्रिक हो । यसमा लघु (ह्रस्व) एक मात्रा र गुरु (दीर्घ) दुई मात्रा गनिन्छन् । जस्तै–

११   २ १ १ २ २ २   २ २   = १६

कुन   मन्दिरमा जान्छौ यात्री

११   २ १ १ २ २ २   २   = १४

कुन   मन्दिरमा जाने   हो ?

मात्राको गणना यसरी नै हुन्छ । मात्रिक छन्दका धेरै भेद छन् । यसमा चार-चार वा दुई-दुई चरण/पाउका श्लोक बनाएर लेख्ने गरिन्छ । नेपालीमा प्रचलित दुई-चार मात्रिक छन्द र तिनका उदाहरण यहाँ दिइन्छन् ।

आर्या– पहिलो-तेस्रो १२, दोस्रो १८ र चौथो १५ मात्रा ।

साहित्य-वागमाहाँ शिक्षाप्रद काव्य-फूल फुल्नेछन् ।

भ्रमर बनीकन सारा स्वदेशका बन्धु झुल्नेछन् ।

—माधवप्रसाद देवकोटा

दोहा– पहिलो-तेस्रो १३ अक्षर, दोस्रो-चौथो ११ मात्रा ।

राम राम जपने गरे

　　　　तर्नेछौ भव पार,

भक्तिले गरी सो हुने

　　　　महिमा त्यो छ अपार ।

—धरणीधर कोइराला

ललित– पहिलो-तेस्रो १६, दोस्रो-चौथो १२ मात्रा ।

कवि कविता होस्, कविता कवि होस् ।

कविता तब पो हुन्छ,

शब्द थुपारीकन के हुन्छ

भाव भए पो हुन्छ ।

—पारसमणि प्रधान

चौपाई– 'पञ्झटी' पनि भनिन्छ । १६-१६ मात्रा, अन्त्यमा दुई गुरु हुनुपर्छ ।

शीतल पानी कुञ्ज निवास

भोजन मीठा फलको खास

त्यो सब हुन गो आज विनाश

बाँकी छ एकै मनको त्रास ।

—लेखनाथ पौडेल

वार्णिक छन्द

वार्णिक छन्दको व्यवहार वर्णवृत्तका आधारमा गणअनुसार गरिन्छ । यसैले यसमा गणको ज्ञान आवश्यक छ ।

गण– तीन अक्षरको समूह एक गण हुन्छ । गण जम्मा आठवटा छन् ।

यमाताराजभानसलगा– यो सूत्र लिएर छेउदेखि प्रत्येक अक्षरबाट क्रमशः तीन-तीन अक्षर लिँदै जाँदा सबै गण तयार हुन्छन् । जस्तै–

गण	सङ्केत	मिल्ने उदाहरण
यगण (यमाता)	ISS	तराना, बहाना, बिसौना ।
मगण (मातारा)	SSS	नेपाली, इन्द्रेणी, मायाको ।
तगण (ताराज)	SSI	नेपाल, गौरव, कैलास ।
रगण (राजभा)	SIS	सम्झना, कल्पना, वेदना ।
जगण (जभान)	ISI	बिहान, हिमाल, अकास ।
भगण (भानस)	SII	जीवन, बालक, कोमल ।
नगण (नसल)	III	समय, नयन, कमल ।
सगण (सलगा)	IIS	गहना, लहना, सपना ।

वार्णिक छन्दमा कविता लेख्न आरम्भमा कुनै छन्द लिएर तलका किसिमले मिलाई गुनगुनाउनु राम्रो हुन्छ । यसो गर्दागर्दै कुशल शिल्पीले जस्तै भाव व्यक्त गर्ने गर्नुपर्छ । केही समयको अभ्यासपछि स्फूर्त भाव आफैँआफ छन्दमा मिल्न थाल्छन् ।

SSS	IIS	ISI	IIS	SSI	SSI	S
नानाना	नननना	नना	नननना	नाना	ननाना	नना

SSS	SII	III	SSI	SSI	SS
नानानाना	ननन	नननना	नाननाना		ननाना

वार्णिक छन्दमा चार चरणको श्लोक वा पङ्क्तिपुञ्ज हुन्छ । अनुष्टुप्मा भने दुई-दुई चरण एकै पङ्क्तिमा मिलाएर लेख्ने चलन छ ।

अनुष्टुप्

यसका चार चरण हुन्छन् । चारै चरणमा आठ-आठ अक्षर रहन्छन् । सबै चरणमा पाँचौँ लघु, छैटौँ गुरु, अनि पहिलो र तेस्रोमा सातौँ गुरु तथा दोस्रो र चौथोमा सातौँ लघु हुनुपर्छ–

× × × × ISS   × × × × × ISI ×
× × × × ISS   × × × × × ISI ×

हारेको छैन हामीले,   खै छातीमा कतै पनि
यहाँ गोली म पाउन्नँ !   खै म खै कहिले मरैँ ?

–बालकृष्ण सम

रथोद्धता– ११ अक्षर ।

र०	न०	र०	ल०	गुरु	: ७ मा विश्राम
SIS	III	SIS	I	S	

झिम्म झिम्म नभमाथि तारका
चिम्लँदै नयन अश्रुहारका
शीत-बिन्दु शिरमाथि भार्दथे
रातको मलिनिमा सिँगार्दथे

— भरतराज पन्त

उपजाति[१]— ११ अक्षर ।

त० वा ज०   त०   ज०गुरु २   : ७ मा विश्राम ।

SSI/ISI   SSI   ISI   SS

गुन्जन्छ रे कोकिल गीत मेरो

घन्कन्छ रे कल्कल स्रोत मेरो

पराग नौलो रसराग नौलो

खुल्यो कि रोदीघर एक नौलो

—वासुदेव त्रिपाठी

स्वागता—११ अक्षर ।

र०   न०   भ०   गुरु २   : ७ मा विश्राम

SIS   III   SII   SS

जाग जाग अब जाग न जाग

लाग उन्नतिविषे अब लाग

घोर नीद अब ता परित्याग

भो भयो अति सुत्यौ अब जाग ।

—धरणीधर कोइराला

शालिनी— ११ अक्षर ।

म०   त०   त०   गुरु २   : ४ मा विश्राम ।

SSS   SSI   SSI   SS

जूनैजूनैबाट मानो कुँदेकी

फूलैफूलैबाट मानो बनेकी

राता गाला दीर्घ आँखा उज्याला

विश्वश्री भैँ प्रातमा चारुचाल

—लक्ष्मीप्रसाद देवकोटा

तोटक— ११ अक्षर ।

स०   स०   स०   स०   : ३-३ मा विश्राम ।

IIS   IIS   IIS   IIS

---

१. अगिल्तिर तगण भए 'इन्द्रवज्रा' र जगण भए 'उपेन्द्रवज्रा' हुन्छ । इन्द्रवज्रा र उपेन्द्रवज्रा
मिसिएमा नै उपजाति छन्द हुन्छ । कुनै छन्दको कम्तीमा एक पाउ मिसिनै पर्छ ।

सुन बादल भो सुन सूर्य भए
सुरद्वार खुल्यो सुनको नभमा
सुनको भव भो सुनको जलले
सुन तार बजाउँछ कल्कलले

—लक्ष्मीप्रसाद देवकोटा

भुजङ्गप्रयात—१२ अक्षर । सङ्गीतमा पनि प्रयोग ।

य०	य०	य०	य०
ISS	ISS	ISS	ISS

व्यथाकै कथाबाट निस्कन्छ बिन्दु
बन्यो काव्य गम्भीर कारुण्यसिन्धु
त्यही सिन्धुमा देखिए स्पष्ट इन्दु
त्यही इन्दुभैँ लाग्छ सिन्दूर विन्दु

—भरतराज पन्त

स्रग्विणी— १२ अक्षर ।

र०	र०	र०	र०	: ३-३ विश्राम ।
SIS	SIS	SIS	SIS	

स्वर्ग-संसारका यी जवानीहरू
स्पर्शका, प्यारका यी कहानीहरू
आज जम्मा गरी राखिलेउ सखी,
अन्त एकान्तमा काम लाग्नन् पछि ।

— कञ्चन पुडासैनी

वंशस्थ— १२ अक्षर ।

ज०	त०	ज०	र०	: ५ मा विश्राम ।
ISI	SSI	ISI	SIS	

सखे, तिमीले रविबाट उष्णता
लिएर अत्यन्त गराइ शीतल
तुरुन्त पृथ्वीभरमा छरीदियौ
कठै ! तिमीभैँ अरु को छ विश्वमा !

—भीमनिधि तिवारी

द्रुतविलम्बित— १२ अक्षर ।

न०	भ०	भ०	र०	: ७ मा विश्राम ।
III	SII	SII	SIS	

सतत भर्दछ निर्झर भर्भर
छलकिई छहरा-जल छल्छल

कति मनोहर यो मधुर स्वर
बजिरहेछ कि अन्तर-अन्तर !

—सिद्धिचरण श्रेष्ठ

वसन्ततिलका— १४ अक्षर ।

त॰	भ॰	ज॰	ज॰	गुरु २	: ८ मा विश्राम ।
SSI	SII	ISI	ISI	SS	

पन्छाउँदै हृदयका ननिका विचार
सद्बुद्धिले दिनदिनै नगरे सुधार
पाइन्न स्वाद मधुरोन्नतिको विशेष
कर्तव्यहीन पतनोन्मुख हुन्छ देश ।

—भोलानाथ पराजुली

मालिनी— १५ अक्षर ।

न॰	न॰	म॰	य॰	य॰	: ८ मा विश्राम ।
III	III	SSS	ISS	ISS	

ऋषिमुनि-जन बस्ने स्थानको आसपास
मगमग भइ दिन्छन् धेर नीवार वास
अरुण-मुख सुगाका ताँति ती मञ्जरीमा
झिलमिलि चुँदरीको भान दिन्छन् महीमा ।

—सोमनाथ सिग्देल

पञ्चचामर— १६ अक्षर । लघुगुरु निरन्तर—

ज॰	र॰	ज॰	र॰	ज॰	गुरु
ISI	SIS	ISI	SIS	ISI	S

मलाइ चिन्दछ्यौ तिमी ? म सिर्जना-सितार हुँ
अनन्तसम्म तन्किँदो अनादिको म तार हुँ ।
म बज्छु झन्झनाउँदै समस्त सौरमण्डल
जहाँ तिमी लुकीरहू म खिँच्न सक्छु त्यो दिल

—भैरव अर्याल

शिखरिणी— १६ अक्षर ।

य॰	म॰	न॰	स॰	भ॰	ल॰	गुरु	: ६ मा विश्राम ।
ISS	SSS	III	IIS	SII	I	S	

म खाऊँ, मै लाऊँ, सुख सयल वा मौज म गरूँ,
म बाँचूँ, मै नाचूँ, अरू सब मरून् दुर्बलहरू
भनी दाहा धस्ने अबुझ शठदेखि छक परी
चिता खित्का छोडी अभयसित हाँस्यो मरिमरि

—लेखनाथ पौड्याल

मन्दाक्रान्ता– १७ अक्षर ।

म०	भ०	न०	त०	त०	गुरु २	: ४-१० मा विश्राम ।
SSS	SII	III	SSI	SSI	SS	

घ्यौरालीमा वर-पिपलको बोट नौलो लगाऊँ
छहारीको तलतिर बसी गीत यौटा म गाऊँ–
आई कैल्यै पनि नसकिने चैत-वैशाख मेरो
लाई कैल्यै पनि नसकिने प्रीति नौलाख मेरो ।

—माधवप्रसाद घिमिरे

शार्दूलविक्रीडित– १९ अक्षर

म०	स०	ज०	स०	त०	त०	गुरु	: ७-१२ मा विश्राम ।
SSS	IIS	ISI	IIS	SSI	SSI	S	

स्वप्ना फुल्दछ रातमै कति यहाँ आएर आँखाभरि–
बोलूँ क्यै सरि हुन्छ भूमि जसरी पीडा र आशा छरी !
त्यो हेरीकन बैंसका लहरमा उठ्लान् नयाँ भावना
टाँसी चित्र म जाउँला पर कतै बोकी मिठा सम्झना

—कृ० प्र० पराजुली

स्रग्धरा– २१ अक्षर ।

म०	र०	भ०	न०	य०	य०	य०	: ७-१४ मा विश्राम ।
SSS	SIS	SII	III	ISS	ISS	ISS	

कालो मन्दाकिनीको जल, जलनिधिका मोतिको ज्योति कालो
कालो सौदामिनीको चहक सब, शरच्चन्द्रको कान्ति कालो
कैलाश-श्रेणी कालो झलमल गरने सूर्यको विम्ब कालो
यो सारा सृष्टि कालो मनबिच छ भने दम्भ दुर्भाव कालो ।

—लेखनाथ पौडेल

लोकलय

गीत लयको आधारमा बग्छ र यसमा मात्रा अथवा वर्णको समानताजस्तो देखिन्छ, यसैले यसलाई छन्दअन्तर्गतकै एक रूप मानिदिए पनि हुन्छ । लोकलय लोकजीवनमा प्रचलित जातीय लय वा छन्द हो । यो लय नेपाली जीवनमा गहिरोसँग भिजेको हुँदा साह्रै प्रिय छ ।

नेपाली लोकलयमा आधारित छन्द प्रशस्त छन् । त्यस्ता केही छन्दका नियम र उदाहरण यहाँ दिइएका छन् । यिनका ह्रस्वदीर्घ जुन अक्षर भए पनि हुन्छ– भन्दा र गाउँदा मिल्नुपर्छ । कति गीतहरूमा एक-दुई अक्षर घटबढ पनि हुन्छन् र लयका आधारमा विश्राम हुँदै जान्छ ।

सेलो– ७-८ अक्षर ।

कात्तिक लाग्ने रातको
कुसुम पारिजातको
जसरी जान्छ झरेर
भुइँमा बिनुपवन
त्यसरी होओस् मरण
मुटुमा चोट नपरी
टुटेर जाऊन् बन्धन ।

–माधवप्रसाद घिमिरे

भैलो– ७-८ अक्षर । घुमाउनीमा ५+७ अक्षर ।

रूपका रे दुवार
सुनैका रे सँघार
झिलिमिली तालले
घुरुक्क दैलो उघार
  हे औँसी बार– गाईतिहार भैलो ।

–लोकगीत

सँगिनी– १० अक्षर ।

५ मा विश्राम, अगाडि र अन्त्यमा घुमाउनी ।
 नेपालीले माया मान्यो बरीलै !
मागेर डुल्छन् औँतका भाइ
अरूकै निम्ति लड्दछन् दाइ,
रोप्तछौँ हामी काट्तछौँ हामी
दाइँ हाल्छ अर्कै पाखाको आई
 नेपालीले माया मान्यो बरीलै !

–धर्मराज थापा

सवाई– १४ अक्षर ।

४+४+६ : ४, ८ र १३ मा विश्राम ।
रात पनि निदाउँछ मेरो नयनमा
नयाँ दिन उदाउँछ मेरो वदनमा
बतासमा हराउँदै गए पनि पर
स्वर्गजस्तो नेपाल हो मेरो माइती घर

–किरण खरेल

ख्याली– १५ अक्षर ।

पहिलो ७ अक्षरमा विश्राम र पछिल्लो ८ अक्षरमा घुमाउनी ।
छहराका मोतीले
इन्द्रेनीका ज्योतिले– बाजुबन्दी पाखुरैमा

अपराधी आँखाले नहेर हाम्रो क्यै कुरैमा
आँखी लाग्न दिन्नँ म हिमालचुली टाकुरैमा

—बद्रीचन्द्र खनाल

असारे— १६ अक्षर ।
३+२, ३+२, ३+३ : ५ र १० मा विश्राम ।
मनको भाका भरीले छोप्यो बोलूँ त खुल्दैन
असारे फूल फुल्दछ मेरै सपना फुल्दैन
सक्तिनँ भन्न— के आई बस्यो मुटुको माझमा
गीत नै पनि खोसेर लान्छ केले यो साँझमा !

—कृ० प्र० पराजुली

तीजे— १७ अक्षर ।
७ अक्षरमा विश्राम ।
हिँड हिँड दिदैहो, मङ्गलको घडा भर्न जाऊँ
चुरी बजाई छिनिनी धरतीको निदरी हटाऊँ
हिँड हिँड दाज्यै हो, किरणको ढोका खोली आऊँ
हिमालको फेदी यो धरतीको स्वर्ग बनाऊँ

—लक्ष्मण लोहनी

भ्याउरे— १९ अक्षर ।
४, ९ र १३ मा विश्राम ।
गाई चऱ्यो राजैको वनमा म भुले मालती फूलैमा
पापीले लाएको माया सम्झनु न बिर्सनु धौ भइगो

—लोकगीत

सिलोक— १९ अक्षर ।
शार्दूलविक्रीडितको सुरमा ।
काग् क्वैली वनमा ढुकुर जुरेली पन्छीमा राम्रो मुजुर
फूल फुल्यो नगरी सबै वनभरी टिपेर ल्याऊ न हजुर

—लोकगीत

घाँसे— २० अक्षर ।
६-१२ मा विश्राम ।
चुँडालेर मासु खसालेर आँसु किसानले खन्छन् खेत
चामलसित दसैँ-तिहारमा बल्लतल्ल गर्छन् भेट

—केवलपुरे किसान

कर्खा– २० अक्षर ।

सुगन्ध तिम्रो देशको जोस वीरको हो आत्माको सिँगार
आँखाकी बत्ती हृदयपत्ती तिमी मेरो स्वर्गकी संसार ......
तिमी त रहे आउँला हाँस्दै विजयको अबीर लावामा
भोलि भने जानु छ ज्यानी जानुपर्‍यो जर्मनको धावामा

—लक्ष्मीप्रसाद देवकोटा

सेर्पाली– ७-८ अक्षर र अगाडि-पछाडि घुमाउनी ।

काँडे मगन देशतिर
वै कान्छी, बामुले दाइँ गर्दै न ज्याम्बै हो
जीउ मेरो यै हो, धन मेरो छैन
वै कान्छी, मन पर्छ कि पर्दैन ज्याम्बै हो

—लोकगीत

सोरठी– १० र १५-१६ अक्षर ।

बिराठै लाग्यो, बिराठै लाग्यो
सुन ए सखी मनमा मेरो बिराठै लाग्यो
विरह मनमा बिफायो, दिल मेरो सारै भिज्यायो
नरोऊँ नरोऊँ भन्दैमा आँसुले चोली भिजायो
मनमा मेरो बिराठै लाग्यो

—सङ्ग्र० नीरविक्रम प्यासी

आधुनिक लय

आधुनिक लय वा छन्दलाई दुई किसिमबाट लिन सकिन्छ–

१. गीतका रूपमा ।
२. मुक्त वा स्वच्छन्द रूपमा ।

यहाँ पनि गीत लयकै आधारमा बग्छ । यस्ता गीतका लय विभिन्न रूपका हुन्छन् । शास्त्रीय छन्ददेखि भिन्न अन्य कवितालाई 'मुक्त' वा 'स्वच्छन्द' कविता भनिन्छ र यसैलाई 'गद्यकविता' पनि भन्ने गरिएको छ । यस्तै मुक्त कवितालाई 'स्वतन्त्र कविता' र स्वतन्त्र छन्द भनिएको समेत देखिन्छ ।[२] मुक्त वा स्वच्छन्द कवितामा पनि छन्द नै नहुने होइन, तर त्यसको प्रकृति मुक्त हुन्छ । यस किसिमका कवितामा नियमको खास अनुसरण हुँदैन । यो अनुभवमा आश्रित लयका आधारमा भन्दा मिल्ने र जति अक्षरमा पनि अडान हुन सक्ने गरी स्वच्छन्द गतिले प्रवाहित हुन्छ । मुक्तक (शायरी) कवितामा प्रायः तेस्रो बाहेक सबै चरणमा अनुप्रास मिलाइन्छन् । अन्यत्र पनि अनुप्रास, तुकबन्दी, चरण आदि मिलाउने गरिन्छ । यसो गर्नु अझै राम्रो मानिन्छ र यो पनि मुक्त वा स्वच्छन्द कविताको एउटा विशेषता हो ।

---

२. यदुनाथ खनाल, *समालोचनाको सिद्धान्त,* नेपाली भाषा प्रकाशिनी समिति, २००३ : ४१ ।

आधुनिक लय वा स्वच्छन्द र मुक्तकका रूपमा आएका उपर्युक्त पृष्ठभूमिका केही
उदाहरण तल दिइन्छन्–

गर्छिन् पुकार आमा रोई-कराई जोडले
सक्तिनँ हेर्न भन्छिन् सन्तान थरी-थरीका

म० वी० वि० शाह

उषा चढिन् त्यो सल्लो
ओठ उपल्लो स्वर्ग हो तिनको ?
वसुन्धरा के तल्लो ?
वृत्तांश, दुइटा लचकिला, थोर फटाउन स्वपना नयाँले,
पङ्ख उचाली, हलुका चिल्लो ?
जो हो दिनको चिचिल्लो ?
दिवस-विश्वको जन्मरहस्य, त्यस पन्छीको
मुट्टु डल्लो ?

–लक्ष्मीप्रसाद देवकोटा

म मरूँ प्रिय !
अब तिमीलाई घेर्नेछन् मेरा गुनहरू आएर,
ती सबलाई धपाइदेऊ बलैले त्यागेर ।
मेरा बैगुन पनि ता होलान् (रहँदा-बस्दा कसको हुन्न !)
म मरूँ भनी ती पनि भाग्नेछन्–
शिरबाट हाम फाल्न खोज्नेछन्–
प्रिय तिनीहरूलाई
एकदम गाँज !

–बालकृष्ण सम

आमा त्यो आउँछ र ?
हो बा त्यो आउँछ ।
त्यो बिहानको सूर्यफैँ उज्यालो छर्दै आउँछ,
त्यसको कम्मरमा झुन्डिएको शीतलजस्तै टल्कने
तिमी एक हतियार देख्नेछौ,
यसैले ऊ अधर्मसित लड्नेछ ।
त्यो आउँदा तिमी पहिले त सपना हो भनेर
छामछुम गर्नेछौ, तर त्यो हिउँ र आगोभन्दा
पनि बढ्ता छोइने भएर आउँछ ।

–गोपालप्रसाद रिमाल

वायुमा सुस्केराहरू मेरै ओसारिन्छन्–
मेरै निराशाहरू त्यो डाँडाभन्दा
माथि-माथि उड्छन् ।

अनि माथि आकाशमा आँधी
उठाउँछन्, वर्षा बर्साउँछन् ।
उफ् ! प्रिय ! मेरो यो वियोगको
छिनमा वर्षा त्यहाँ बढ्यो होला !
आकाश त्यहाँ रोयो होला !

—विजय मल्ल

मलाई हिँड्ने हिम्मत देऊ म फर्सीको मन्टा हुँ
मलाई घुम्त्रिने क्षितिज देऊ म तोरियाको जरो हुँ
मलाई उभिन दिशा देऊ म पारिजातको थुतुनो हुँ
मलाई अनन्त फोर्न देऊ म आफैँ समय हुँ
हुटिट्ट्याउँको आकाश अकासिन्छ
भुम्रोको फूल कोरलिनु प्रथम
हुटिट्ट्याउँको आकासे खुट्टा माटोमा उभिन्छ मलाई हिँड्न देऊ
अनन्तलाई फोरेर ।

—मोहन कोइराला

आँखाभरि वेदनाको पानी
तर, हर्षले हाँसिरहेछ आँखाको नानी
मानौँ अप्रेसनपछि
होसमा आएर
घोर पीडामा पनि
शिर अलिक उठाएर
नवजात शिशुलाई निहालिरहेको
सन्तुष्ट आँखा हो यो
कुनै पुत्रवतीको ।
शुभ्र, शान्त र स्निग्ध
शिखा मैनबत्तीको

—भूपी शेरचन

यो बाटो आउनू तिमी आफूलाई त्यहीँ छिपाइदिन्छु म
यो माटो हेर्नु तिमीले कथा त्यही बिछाइदिन्छु म
नखोज्नू मलाई आँखाहरूले कहिल्यै तिमी—
मुटुको उच्छ्वास र सङ्गीतमा आफूलाई भिजाइदिन्छु म ।

—कृ० प्र० पराजुली

१८

अलङ्कार र रस

काव्यात्मक रचना वा लेखनका सन्दर्भमा कला र भाव साधन र साध्य हुन् । कलाअन्तर्गत वर्णनशैलीका अङ्ग पर्छन् भने भावअन्तर्गत साहित्यका सम्पूर्ण वर्ण्य विषय आउँछन् । पहिलोको सम्बन्ध आकार वा वर्णनशैलीसित हुन्छ, दोस्रोको सम्बन्ध भाव वा वस्तुसित । यसरी कलात्मक गुणमा अलङ्कार आदि विषय पर्छन्, भावात्मक गुणमा रसध्वनिको सम्बन्ध हुन्छ ।

पूर्वीय आचार्यहरूले शब्द र अर्थलाई काव्यको शरीर मानेका छन्, रसलाई त्यसको आत्माका रूपमा लिएका छन् । काव्यको शोभा बढाउने रसको आन्तरिक धर्म गुण हो । रसका साथ यसको अविच्छिन्न सम्बन्ध हुन्छ । यस्ता गुण मुख्यतः तीन प्रकारका छन्– माधुर्य गुण, ओज गुण र प्रसाद गुण । माधुर्य गुण द्रवणशीलता अर्थात् पगाल्नु हो, ओज गुण दीप्ति अर्थात् उत्तेजना पैदा गर्नु हो र प्रसाद गुण विकास अर्थात् फुलाउनु हो । प्रसादको अर्थ प्रसन्नता हो र यो सबै रससित सम्बन्धित हुन्छ ।

मानिसका मनमा जुन अमूर्त भाव हुन्छ त्यसलाई गुण, अलङ्कार र रसका माध्यमले मूर्त र आस्वाद्य बनाउँछन् । रसानुभूतिमा सहायक हुने तत्त्व पनि यिनै हुन् । विश्वनाथले भनेका छन्– "शब्दार्थ काव्यको शरीर हो, रसादि आत्मा हो, गुण धर्म हो अनि अलङ्कार आभूषण हो ।" भाव रागात्मक पक्ष मानिन्छ काव्यको । कवि स्वानुभूतिलाई भावरूपमा प्रस्तुत गर्छ र त्यस प्रवाहमा जीवनको मर्मस्पर्शी स्पन्दन पैदा हुन्छ । विचारको काम हो अनुभूति र अभिव्यक्तिका बीच सन्तुलन ल्याएर चेतना सञ्चारित गराउनु । कल्पनाले रचनामा रमणीयता प्रदान गर्छ । यहाँ काव्यका यी गुणमध्ये सौन्दर्यपक्षका निम्ति अलङ्कार र रसानुभूतिका निम्ति रसको परिचय तथा उदाहरण संक्षेपमा दिइएका छन् ।

अलङ्कार

साहित्यमा अलङ्कारको अर्थ रमाइला शब्दयोजना र अर्थचमत्कारद्वारा काव्यलाई सजाउने तथा आकर्षक पार्ने हो । यसले भाषामा लालित्य झल्काउँछ ।

अलङ्कार काव्यको सौन्दर्य, अर्थको रमणीयता र उक्तिको वैचित्र्यका निम्ति सहायक र अनिवार्य अङ्ग हुन्छ, तर अलङ्कारकै भरमार पनि उचित होइन । त्यसको सीमा भाव-सौन्दर्यको वृद्धिसम्म हुनुपर्छ । अलङ्कार शब्द र अर्थ दुवैमा हुन्छन् ।

शब्दालङ्कार

शब्दालङ्कार काव्यको शब्दचित्र वा रूपतत्त्व हो । यो अलङ्कार सुन्दैमा रमाइलो लाग्ने किसिमको शब्दको विचित्रताद्वारा काव्यको शोभा बढाउने हुन्छ । शब्दालङ्कारमा अनुप्रास, यमक, श्लेष, वक्रोक्ति— यी चार थरी मुख्य छन् ।

अनुप्रास

अनुप्रासले शब्दको साम्य स्थापित गर्छ, अनि एकै थरी वर्ण घरी-घरी दोहरिन्छन् र श्रुतिमाधुर्य बढ्छ । छेक, वृत्ति, श्रुति, लाट र अन्त्य गरी अनुप्रास पाँच किसिमका छन्—

१. छेकानुप्रास

यसमा धेरै सजातीय स्वर-व्यञ्जन एक-एकपल्ट मात्र दोहोरिन्छन् । जस्तै—

न झट्ट वंशीधर टक्क भेटियो
न भेटको चाह चटक्क मेटियो
विचार लाग्यो बिचमै बरालिन
तँलाई मालुम् छ कि यो कुरा मन ?

—लेखनाथ पौडेल

२. वृत्त्यनुप्रास

रसानुकूल वर्णयोजनालाई वृत्ति भनिन्छ । यसमा सजातीय स्वर-व्यञ्जन अनियमित रूपले धेरै चोटि दोहोरिन्छन् । जस्तै—

कला छ सब अङ्गमा सुन प्रिये ! बडा रङ्गमा
सखी लिएर सङ्गमा जब बन्यौ तिमी जङ्गमा
कुरङ्ग-नयना भनी अरज गर्छु यै ढङ्गमा
सुनीकन तरङ्गमा झलक देऊ नौरङ्गमा ।

—मोतीराम भट्ट

हल्लीखल्लि छ कल्लिको चरणमा, घन्कन्छ गल्ली पनि
चिल्लीबिल्लि उडाउँदो छ, म पनि रल्लिन्छु सिल्ली बनी ।

—चक्रपाणि चालिसे

पोखराजका पिता पुष्पजीवी । पिल्पिलाउँदो पिलन्धरे । पुवाले पगरी, पछ्यौरा र पटुका त्यसको परापूर्वदेखिको पहिरन । पोखराज छ परीजस्ती ।

—रूपनारायण सिंह

३. श्रुत्यनुप्रास

वार्णिक छन्दका प्रत्येक विश्रामस्थलमा नियमित रूपले पदजोडीको आवृत्ति भएमा 'श्रुत्यनुप्रास' हुन्छ । जस्तै—

चाराका रसरङ्गले वदनमा बल्छी विषालू गडी
उत्रेकी थलमा परेर छलमा मत्सीसरी भै लडी

हंसीतुल्य बनी घुमी फनफनी भोगेर यो दुर्गति
बाँचुला म कति अवश्य विधिले मेरो पुन्यायो मिति

—लेखनाथ पौडेल

४. लाटानुप्रास

भारतको लाट प्रदेशबाट आएको चलन हुँदा यसलाई 'लाटानुप्रास' भनिएको हो ।
यसमा एउटै पद वा वाक्यको प्रयोग फरक अर्थमा दोहोरिएर हुन्छ । जस्तै–

सँग छँदा सँगिनी वन, भो घर

पर भयौ सँगिनी वन भो, घर

सँग छँदा धमिलो मन यो भयो

पर गयौ धमिलो मन यो भयो

—भरतराज पन्त

५. अन्त्यानुप्रास

यसमा चाहिँ चरणका अन्त्यमा समान वर्णका पद दोहोरिएको र तुकबन्दी मिलेको
हुन्छ । जस्तै–

नसुकोस् कहिल्यै यसको रसप्लावत उल्लास-उमड़

सुन्ने सधैँ पाओस् यसले मधुमिश्रित प्रणय-प्रसड़

लहराओस् मधुर छन्दमा यसरी नै भाव-तरड़ ।

—केदारमान व्यथित

तिम्रै सपनाहरू बटुलेर उडिदिउँला म रातमा

तिम्रै बिपनाहरू छरेर घुमिदिउँला म प्रभातमा

—कृ० प्र० पराजुली

यमक

यमकको अर्थ जुम्ल्याहा हो । यमकमा शब्द वा शब्दांशको धेरैचोटि प्रयोग हुन्छ र
प्रत्येक चोटि त्यसको अर्थ भिन्न वा निरर्थक पनि हुन्छ । जस्तै–

उदय भो जब सन्त वसन्तको

प्रकट भो छवि चित्र-विचित्रको ।

कम भयो अब शीतल शीतको,

रुचिर भो अनि सर्ग-निसर्गको ।

—सोमनाथ सिग्देल

न त सुते बिचरा बिच रातमा

डुलिरहे दिनका दिन काममा

न त पुग्यो मनमा मनमाफिक

भुलिरहे कवि ता कवितासित

—भरतराज पन्त

कल-मकल, भुवन-वन, मल-कमल, महक-मह, सुधा-वसुधा, शिशिर-शिर, सुमन-मन
इत्यादि शब्दद्वारा यमक पार्न सकिन्छ ।

श्लेष

श्लेषको अर्थ अँगालो हुन्छ । यसमा एउटै शब्दले दुई किसिमको अर्थ व्यक्त गर्छ ।
जस्तै–

पल्टन्छ जस्को बलियो शत्रु, को अघि सर्दछ
पल्टन् छ जसको बलियो, शत्रु को अघि सर्दछ

—कुलचन्द्र गौतम

अडिने साहसै छैन चाहन्छन् सब पल्टनै
खुला दोकान को राख्छ गलेबन्द भए कुनै ।

—लेखनाथ पौडेल

वक्रोक्ति

वक्रोक्तिलाई धेरैले अर्थालङ्कारमा पनि लिएको पाइन्छ । आचार्य कुन्तलले वक्रोक्तिलाई
अर्को अर्थमा काव्यको एक सम्प्रदाय नै मानेका छन् । वक्ताले एक अर्थमा भनेको कुरा
श्रोताले अर्कै अर्थमा लिएर उत्तर दिन्छ भने त्यो वक्रोक्ति हुन्छ । जस्तै–

को हौ ? हुँ घनश्याम, जाउ गिरिमा वर्षा वहीँ गै गर
हे राधे, म त कृष्ण पो, अब त भो चाँडै पुँडो लौ सर
हे मुग्धे, हरि हुँ, हरे अब तिमी जाऊ मकै छन् जहाँ
हे प्यारी, म त श्याम पो, तृण भई के काम आयौ यहाँ ?

—अनु॰ मुरलीधर भट्टराई

अर्थालङ्कार

अर्थको चमत्कारद्वारा काव्यको सौन्दर्य बढाउने कलाको नाम अर्थालङ्कार हो । यसमा
विम्बविधानको त्यो रूप आउँछ जसले भावलाई सशक्त पार्दै मानसचक्षुका सामुन्ने
प्रस्तुत गर्छ, अनि कविका कल्पनाको चमत्कार पनि कल्पनाकै रूपमा व्यक्तिन्छ ।
अर्थालङ्कारका विशेष प्रचलित केही भेद तल दिइन्छन्–

उपमा

उपमाको अर्थ हो– समता, तुलना वा दँजाइ । यस अलङ्कारमा प्रस्तुत र अप्रस्तुत कुनै
दुई भिन्न वस्तुको सादृश्य मिलाई तुलना गरिन्छ र भिन्नता कायम राखिन्छ । जस्तै–

काला बादलमा सानी उज्याली बिजुली परी
कृष्णका काखमा लेटिरहेकी राधिकासरि ।

—लेखनाथ पौडेल

चम्पा पूर्णिमाकी चन्द्रमाजस्ती राम्री छन् ।

उपमाका चार तत्त्व हुन्छन्–

१. **उपमेय–** उपमा (समानता) दिइने वस्तु : परी, चम्पा ।
२. **उपमान–** उपमा (समता) गरिने वस्तु : राधिका, चन्द्रमा ।
३. **साधारण धर्म–** उपमा दिइने आधार वा गुण : लेटिरहेकी छन् ।
४. **वाचक शब्द–** उपमा दिइने शब्द : सरि, जस्ती ।

रूपक

रूपकमा उपमेय र उपमानलाई भिन्नता नराखी एउटै रूपमा बयान गरिन्छ ।
जस्तै–

नाट्यशाला छ आकाश नाचने बिजुली नटी
ताल दिन्छ तबल्ची भै मेघ धाकिटि धाकिटि ।

–लेखनाथ पौडेल

चम्पा पूर्णिमाकी चन्द्रमा नै हुन् ।

उपमालाई नै साधारण धर्म र वाचक शब्द हटाएर उपमेयको पनि साथसाथै वर्णन
गरी रूपकमा लान सकिन्छ । जस्तै–

चम्पा पूर्णिमाकी चन्द्रमाजस्ती राम्री छन्–　　　　**उपमा ।**
चम्पा पूर्णिमाकी चन्द्रमा नै हुन्–　　　　**रूपक ।**

उत्प्रेक्षा

यसमा स्वाभाविक कुरालाई कुनै हेतु वा क्रियाद्वारा अर्कै रूपमा प्रकट गरी सम्भावना
दर्साइएको हुन्छ । जस्तै–

गुलाफको लगाएर विधिले लालमोहर
दिएको हो कि वा वाग भृङ्कै भोगखातिर !

–लेखनाथ पौडेल

भ्यालैनेर बसेर एक टकले मेरी त हेर्दै हुनन्
टाढाका प्रियको पवित्र स्मृतिमा ती लोलिएकी हुनन्–
मेरीकै अनुहारमा किरणले च्याएर पैले त्यहाँ
आएका त हुनन् कि जून पनि यी हाँसी यता सामुमा !

–कृ० प्र० पराजुली

समासोक्ति

समासोक्तिको तात्पर्य संक्षिप्त कथन वा छरितो-मीठो भनाइ हो । यसमा प्रस्तुतमा
अप्रस्तुत व्यवहार कार्य-लिङ्ग-विशेषणद्वारा आरोप गरिएको हुन्छ । जस्तै–

सुमनका मनका रस सारका
अधरका कलिला धरका थिए

महक भैँ महको 'म हकीं' भनी
भनभनी नभनीकन क्यै अरू
भुनभुनाउँदथ्यो भँवरो बरो

—लक्ष्मीप्रसाद देवकोटा

अतिशयोक्ति

अतिशयोक्तिको अर्थ हुन्छ उक्तिमा अतिशयता । यसमा प्रस्तुत लुकाई अप्रस्तुतद्वारा क्रियाको वर्णन गरिन्छ । अर्को शब्दमा, कुनै कुराको वर्णन सीमा नाघी चर्कोसित बढाएर गरिएमा अतिशयोक्ति अलङ्कार हुन्छ । यही अलङ्कारलाई प्रतीकका रूपमा समेत लिइन्छ । जस्तै—

जलद बर्सिंदा सूर्य चर्किंदा
विमल चन्द्रले छर्किंदा सुधा
मगनमस्त भै लाउने लय
अचल धन्य हो त्यो हिमालय !

—भरतराज पन्त

दृष्टान्त

यसमा दुई वाक्यमा एक-अर्काको पारस्परिक विम्ब-प्रतिविम्बको भावसम्बन्ध हुन्छ । जस्तै—
उपकारी गुणी व्यक्ति निहुरन्छ निरन्तर
फलेको वृक्षको हाँगो नभुकेको कहाँ छ र !
धर्म हो धीरको धैर्य राख्नू दुःख जालमा
मानू मौनव्रती हुन्छ कोइली शीतकालमा

—लेखनाथ पौडेल

दीपक

यसमा एउटै धर्म वा क्रियाका साथ प्रस्तुत वा अप्रस्तुतको समानता देखाइन्छ । तर प्रस्तुत थोरै हुन्छ, अप्रस्तुत धेरै हुन्छ । जस्तै—
बिजुली, लहरी, मेघमञ्जरी, स्वप्न, यौवन
कुनै छैनन् चिरस्थायी, ती छन् क्षणिक शोभन

—सोमनाथ सिग्देल

अर्थान्तरन्यास

यसमा सामान्य कुरालाई विशेषले वा विशेषलाई सामान्यले समर्थन गरेको हुन्छ । जस्तै—

–भीमनिधि तिवारी

रसज्ञान

रस्यते आस्वाद्यते इति रसः

(हृदयले जुन कुराको आस्वादन गर्छ वा स्वाद पाउँछ त्यो रस हो ।)

साहित्यमा रसको तात्पर्य आनन्दसित छ । काव्यद्वारा मनमा भावको प्रस्फुटन हुन थालेपछि मनले एक प्रकारको गहिरो आनन्दको अनुभव गर्छ । भावनालाई उकास्तै एवं उद्वेलित पार्दै त्यसको रूप र तत्त्वको छाप बसाइदिनु रसको विशेषता हो । यसैले यो काव्यको आत्मा मानिएको छ, 'वाक्य रसात्मकं काव्यम् ।'

रसको मुख्य आश्रय भाव हो । भाव भन्नाले मनका विभिन्न स्थिति र तरङ्ग बुझिन्छन् । काव्यमा विभाव, अनुभाव र व्यभिचारी वा सञ्चारी भावको संयोगद्वारा व्यञ्जित स्थायी भाव नै रसका रूपमा परिणत हुन्छ । यस्ता रस सामान्यतः नौ थरी मानिएका छन्– शृङ्गार (संयोग र वियोग), हास्य, करुण, वीर, रौद्र, भयानक, वीभत्स, अद्भुत र शान्त ।

रस-सामग्री चार प्रकारका छन्–

१. **स्थायी भाव**– यसमा रस उत्पन्न हुन्छ वा यसद्वारा रसको अनुभूति स्थिर हुन्छ । वास्तवमा विभाव, अनुभाव र व्यभिचारी (सञ्चारी) भावद्वारा अभिव्यक्त रति, हास, शोक आदि स्थायी भाव नै शृङ्गार, हास्य, करुण आदि रसहरूमा परिणत हुन्छन् । (**विभावेनानुभावेन व्यक्तः सञ्चारिणा तथा रसतामेति इत्यादिः स्थायी भावः सचेतसाम् ।**) यस्ता स्थायी भाव पनि नौवटा नै छन्– रति, हास, शोक, उत्साह, क्रोध, भय, घृणा, विस्मय र निर्वेद ।

२. **विभाव**– विभावद्वारा रसको उत्पत्ति हुन्छ अर्थात् यसले स्थायी भावलाई जागृत गर्छ । विभावका दुई तह छन्–

   (क) **आलम्बन**– स्थायी भाव जागृत गर्ने वस्तु वा व्यक्ति । जस्तै– नायिका, प्रेमीप्रेमिका ।

   (ख) **उद्दीपन**– जागृत भावलाई प्रकट गर्ने र तीव्र पार्ने अवस्था । जस्तै– एकान्त स्थान, वसन्त ऋतु आदि ।

३. **अनुभाव**– रस बुझाउने शारीरिक चेष्टा वा हाउभाउ ।

४. **सञ्चारी वा व्यभिचारी भाव**– यसमा मानसिक चेष्टा सञ्चारी भाव हुन्छ । यस्ता भाव उत्पन्न र लय भइरहन्छन् ।

तल दिइएको तालिकाद्वारा रस र त्यसका सबै सामग्रीको परिचय छर्लङ्ग हुनेछ–

रस-परिचय

रस	स्थायीभाव	विभाव		अनुभाव	सञ्चारीभाव
		आलम्बन	उद्दीपन		
शृङ्गार	रति (प्रेम)	प्रेमी-प्रेमिका	ऋतु, चन्द्रमा, बगैँचा, एकान्त, सौन्दर्य, सङ्गीत आदि	संयोगमा प्रेमले हेर्नु, मुस्कुराउनु, विनोद आदि । वियोगमा विरह, आँसु, मूर्छा आदि	लाज, मुस्कान, पीर आदि
हास्य	हाँसो (हास)	विकृत आकृति, वेशभूषा, बानी आदि	विचित्र वेश, कुरा र चेष्टा	ओठ हल्लाउनु, खिलखिलाउनु लुटपुट हुनु आदि	हर्ष, आकारगुप्ति आदि
करुण	शोक	प्रियजनको मृत्यु, घर-सम्पत्तिको नाश आदि	प्रियको लास देख्नु, चिता-जलन, सम्बन्धित वस्तुको सम्फना आदि	विलाप, रोदन आदि	दुःख, मोह, ग्लानि, चिन्ता, सम्फना आदि
वीर	उत्साह	विजेतव्य शत्रु	हाँक, बाजा, जोस आदि	आक्रमण, शस्त्रअस्त्रको प्रयोग— पराक्रमको कथन आदि	गर्व, हर्ष, धैर्य आदि

रौद्र	क्रोध	दोषी, अपकारी वा निन्दक	अपराध र चेष्टा	आँखा रातो हुनु, दाँत किट्नु, मुठी बटार्नु आदि ।	उग्रता, आवेग आदि
भयानक	भय	भय उत्पन्न गर्ने वस्तु	भयको चेष्टा तथा असहाय स्थिति	कँककँपी, बोली लर्बरिनु, भाग्नु, मूर्छा आदि	त्रास, शङ्का, आवेग, चिन्ता, मोह आदि
बीभत्स	घृणा	सडेका लास आदि	फोहर-दुर्गन्ध आदि	नाक-मुख खुम्च्याउनु, आँखा चिम्लनु, थुक्नु, छिःछिः गर्नु आदि	घिन, व्याधि आदि
अद्भुत	विस्मय	विस्मयजनक वस्तु, जादु, चटक आदि	वस्तुको विचित्रता र विशेषता	रोमाञ्च, अकरिनु, औँलो टोक्नु, मुख बाउनु आदि	अचम्म, त्रास, मोह आदि
शान्त	निर्वेद, शान्ति	वैराग्य, भाव समानता, अनित्यता आदि	तीर्थस्थान, तपोवन चिन्तन, सत्सङ्ग आदि	विषयमा अरुचि, गृहत्याग, समता आदि	धैर्य, स्मृति, निर्वेद अदि

रसका उदाहरण

श्रृङ्गार

(क) संयोग

अलिकति परबाटै चार आँखा जुधेर
मन लहसिन लाग्दा तन्मयात्मा बनेर
रसिक युवक खोज्दो नूतन प्रेमसार
निज अनुभवले नै रातको बुभछ मोल ।

—नयराज पन्त

(ख) वियोग

कोठा हेर्दछु— अन्धकार छ यहाँ बत्ती निभेको सरि
कस्तो लाग्छ उजार पारि वनमा पातै भरेको सरि
थाकेँ गीत गुँथेर नै विरहका सम्भी सधैँ साँभमा
उड्नैको मन हुन्छ पुग्न कहिले मेरी तिमी छ्यौ जहाँ

—कृ० प्र० पराजुली

हास्य

बेस छ बज्यै ? भन्यो भने बेस्से भनिस् भन्थी
अरू जब हाँडी भन्थे ऊ त राँडी सुन्थी;
'थाली माली बाली पाली टाली' भन्दा
फन्केर ऊ गाली गर्थी खालि 'काली' सुन्दा
चाक्सी खानुहुन्छ आमा ? भनि एउटी सोध्थी
कीरा परोस् तेरो मुखमा तँ नै बोक्सी भन्थी

—बालकृष्ण सम

करुण

कलमहीन तलाउसरी भयो
सकलमाथि विपत्ति बढीगयो,
अब त कान्तिपुरी विधवा भइन्
विरहका रहभित्र डुबीगइन् ।

—शम्भुप्रसाद ढुङ्गेल

मैले सोधिनँ– अन्त्यकाल कुनमा धोको अडेको थियो
मैले रोइनँ– प्राण जान कतिको बाधा परेको थियो
हेरें टुलुटुल खालि, दीन मुखमा हेरीरहेकी थियो
हेरी आखिर घाटबाट रसिला आँखा ममा चिम्लियौ !

–माधवप्रसाद घिमिरे

वीर

नेपाली हौँ कठिन गिरिमा चढ्नलाई सिपालु
वैरी नै होस् तर पनि म छू दीनमाथि दयालु ।
तातो रातो रगत रिपुको प्यून हर्दम् तयार
मेरो यै नै प्रिय छ खुकुरी हेर भै होसियार ।

–सिद्धिचरण श्रेष्ठ

डाँडाकाँडा वन-चहुरमा घाम लागिरहेछ
लाखौँ-लाखौँ सुख र दुःखमा लोक लागिरहेछ
छिः यो बेला नबस घरमा निस्क आलस्य फाली
हे तन्देरी, उठ न पृथिवी तीन बित्ता उचाली

–माधवप्रसाद घिमिरे

रौद्र

अजङ्ग गर्जन गरी प्रचण्ड भै नृसिंहले
उजण्ड बाहुदण्डको अखण्ड तीक्ष्ण अग्रले
घमन्ड आदि-दैत्यको गराई खण्ड-खण्डमा
पटक्क छाति फोडियो, बढ्यो खुसी त्रिलोकमा ।

–सोमनाथ सिग्देल

भयानक

रागेपाटे अतिशय ठूलो लौन नी बाघ आयो
फर्म्ट्यो गाई थरथर भएँ होस मेरो हरायो
कामे गोडा ढुकढुक मुटू ठाउँ नै छोड्न लाग्यो
भागौँ हामी घरतिर छिटै साहिँलो फुत्त भाग्यो

–मेदिनीनाथ शर्मा

बीभत्स

कुनै फुस्राधुस्रा चुटुचुटु जगल्टा र जुटिका
फुकाई पल्टाई चपल गतिका दुर्भाग्य-गुटिका
टिपी राखी ढुङ्गा उपर फोर्थे पटपटी
मलाई त्यो देख्दा हृदयबीच हुन्थ्यो छटपटी

—लेखनाथ पौडेल

जा उन्मत्त विधर्मी तँ, जा भयङ्कर स्वप्न जा
जा रोग, कोर जा, पीप ! जा, जा राल, सिँगान जा

—बालकृष्ण सम

अद्भुत

आफ्नो चेष्टा प्रबलित गरी वायुजस्तै बहे ती
ठन्डा पारी जल, थल दुवै बाफजस्तै बहे ती
सन्ध्या आयो किरण बटुली सूर्यजस्तै गए ती
जाँदाजाँदै पनि गजब हो ! सत्यजस्तै रहे ती !

—भीमनिधि तिवारी

शान्त

वटुक बटुलिएमा वेदको सामनाद
ऋषिमुनि भरिएमा चल्छ अध्यात्मवाद
अरू समय निराला शून्य एकान्त कान्त
अति सुखद थियो त्यो आश्रम स्थान शान्त ।

—सोमनाथ सिग्देल

समुद्रैको जस्तो निरतिशय गाम्भीर्य मुखमा
सदा एकैनासे विषयरसको दुःख-सुखमा
थिए ती खम्बाभैँ कठिन तपको धैर्य गुणको
भरिलो ओजस्वी नयनयुगको ज्योति उनको

—लेखनाथ पौडेल

काव्य र काव्यका भेद

कविद्वारा सम्पन्न भएका कार्य अर्थात् तिनका सृजनात्मक कृतिलाई सामान्यतया 'काव्य' भनिन्छ । मानिसका जीवन-दर्शन र सौन्दर्यकलाको परिणाममा यो सबैभन्दा उत्तम मानिएको छ । काव्य र कविताका विषयमा विभिन्न मत वा विचार पाइन्छन् । भामहले शब्द र अर्थको समन्वित रूपलाई र विश्वनाथले रसात्मक वाक्यलाई काव्य भनेका छन् त मम्मटले दोषरहित शब्दार्थलाई नै काव्य मानेका छन् । पं० जगन्नाथका परिभाषामा सुन्दर अर्थको प्रतीति गराउने शब्द काव्य भनिन्छ ।[१] पश्चिमेली विद्वान्मा मेथु आर्नोल्ड 'काव्य जीवनको समालोचना हो' भन्छन् । वर्ड्सवर्थको विचार 'हाम्रो हृदयमा संचेत भावहरूको सशक्त र स्वस्फूर्त प्रवाह काव्य हो' भन्ने छ ।

अन्त किन जाऊँ, हाम्रा नेपाली कविहरूमा बालकृष्ण समको विचार छ– "सार्थक शब्द नै ब्रह्म हो, ब्रह्म जान्ने ब्राह्मण हो । सार्थक शब्दसमूह पत्र हो जुन पत्रमा (ताडपत्र वा कागतपत्रमा) लेखिन्छ, ती झाङ्गिएका पत्रमा पुष्प नै कविता हो, कविताको समूह काव्य हो ।" लक्ष्मीप्रसाद देवकोटाले भनेका छन्– "हृदय र मस्तिष्कको सन्तुलित विकासको पैदावरी गराउने चेष्टाद्वारा प्रकाशवान् व्यक्तित्वबाट प्रवाहित सिर्जनाका धारालाई हामी साहित्य भन्दछौँ ।" सिद्धिचरणका पङ्क्तिमा 'कविताले भावनाको बादलमा कल्पनाको मन्दिर बनाउँछ ।' माधवप्रसाद घिमिरेको निचोर यस्तो छ– "शब्द र सङ्गीत, अर्थ र अभिप्रायमा तदाकार भएर जो अनौठा अनुभूति हुन्छ, त्यही नै कविता हो ।" हृदयचन्द्रसिंह प्रधान काव्यको परिभाषा यसरी व्यक्त गर्छन्– "युगको क्षण र आकर्षण अर्थात् सौन्दर्यको कण मिसी तदाकार भएर सर्वापेक्षा मानवसमाजलाई कल्याणतिर उन्मुख गराउने प्रेरणाको साकारता नै वास्तवमा काव्य वा कविता हो ।"

काव्यका विषयमा अरू पनि थुप्रै धारणा र विचार पाइन्छन् । यी सबैबाट के देखिन्छ भने हृदयका सूक्ष्म र कोमल भावनाको मूर्त रूप काव्य हो । काव्यमा प्रभावोत्पादक शक्ति हुन्छ । सौन्दर्य स्वयं नै विभिन्न आनन्दात्मक गुणको समष्टि हो । त्यसमा रमणीयता तथा मनोरञ्जकता हुनु पनि त्यत्तिकै आवश्यक छ । रमणीय अर्थ त्यही हो जसमा रस, सौन्दर्य र चमत्कार हुन्छ । भावअनुरूप गुण नभएमा पनि काव्य सुन्दर हुन सक्तैन । यस्तै अलङ्कार, गुण, रीति आदि काव्यसौन्दर्यका उपकरण हुन् । सञ्चेतना र सिर्जनामा यसको उज्यालो खुल्छ । यसरी काव्य सम्पूर्ण कलाकारिताको मनोरम इन्द्रेणी हो । यसमा सत्यं शिवं सुन्दरम् हुनु अनिवार्य छ ।

---

१. रमणीयार्थप्रतिपादकः शब्दः काव्यम् । **रसगङ्गाधर** (काव्यमाला) : ४ ।

काव्यको प्रयोजन

काव्यको प्रयोजनका विषयमा पनि विभिन्न दृष्टिकोण छन् । काव्य साहित्यको पर्यायवाची हो । यसैले साहित्यमा हितेन सहिताय (हितसहित)-को भावना हुनुपर्छ भनिएको छ र 'सहितस्य भावः साहित्यः' पनि भनिन्छ । विश्वनाथले काव्यको प्रयोजन धर्म, अर्थ, ज्ञान र मोक्षको प्राप्ति मानेका छन्; आचार्य मम्मटका अनुसार यश, धनको प्राप्ति, लोकव्यवहारको ज्ञान, अनिष्ट नाश, कान्तासम्मित उपदेश (प्रियाको जस्तो मीठो बोली) र असीम आनन्द हो भनिएको छ—

काव्यं यशसेऽर्थकृते व्यवहारविदे शिवेतरक्षतये ।

सद्यः परनिर्वृतये कान्तासम्मिततयोपदेशयुजे ॥[२]

व्युत्पत्तिका आधारमा साहित्य त्यसलाई मानिएको छ जसमा यी कुरा हुन्छन्— शब्दार्थका समन्वयले युक्त लिपिबद्ध रचना, मनोरञ्जकता, शिक्षा र अलौकिक आनन्द । एक थरीको भनाइ छ— काव्य मानवका सुषुप्त भावनालाई जगाएर आनन्दको सृष्टि गर्छ । यसद्वारा हृदयमा भरिएका भावनाका प्रभावले मानिस समस्त रागद्वेषलाई बिदा दिन्छ र विश्वसित आत्मवत् सर्वभूतेषु अनुभव गर्दै आनन्दसागरमा मग्न हुन जान्छ ।

आजको धारा यही र यति मात्र छैन । काव्य पढ्दा मानिस मग्न हुन सक्छ र माथिका कुरा केही अंशमा उपादेय हुन सक्छन्, तर काव्यको प्रयोजन यत्तिकैमा सीमित हुँदैन । काव्य मनमा प्रेरणा जगाइदिनाका साथै जीवन चम्काउने साधन पनि हुनुपर्छ । काव्यको यस्तै प्रयोजनका विषयमा नेपाली साहित्यका लेखक गोविन्द भट्टको 'कविता, कल्पना र यथार्थ' नामक लेखमा भनिएको छ— "काव्य-सिर्जनाको प्रेरणा, लक्ष्य वा प्रयोजन मनुष्यको अस्तित्वरक्षा र यसको मङ्गलमय प्रगतिसित सम्बन्धित छ भन्ने कुरालाई कसैले अस्वीकार गर्न सक्दैन, किनभने त्यस स्थितिमा काव्यलाई आकाश-कुसुमजस्तै काल्पनिक र प्रयोजनहीन धारणाको रूपमा स्वीकार गर्नुपर्नेछ र मानवजीवनमा भावनात्मक परिष्कार, नैतिकता, प्रेरणा, स्फूर्ति र सौन्दर्य-चेतना ल्याउन समर्थ हुन सक्ने अनेकौँ लोकप्रिय काव्य-कृतिहरूप्रतिको हाम्रो रुचि र आकर्षणको कुनै अर्थ नै हुनेछैन ।

काव्यमा मानिसका दुःख, पीडा र वेदना पनि मनोरम भएर आउँछन् । त्यसमा व्यक्त अनुभूतिले हृदयलाई स्पर्श गर्छ । सफल काव्यमा रचनाकार जुन भावनालाई लिएर अगाडि बढ्छ, हामी आफूलाई त्यसै भावनामा प्रवाहित गर्छौं । काव्यमा परेको विषय वा घटना आफैँमाथि परेको जस्तो प्रतीत हुन्छ । अनि हामी त्यसैमा लय हुन थाल्छौँ र एउटा सुन्दर व्यवस्थाको परिकल्पना गर्छौं । काव्यकारको सफलता पनि यसैमा निर्भर रहन्छ । यसरी काव्यमा जुन चरम उत्कर्ष हुन्छ त्यो संसारका कुनै पनि वस्तुमा हुँदैन । यसैले काव्यलाई मानव-संस्कृतिको महान् केन्द्रबिन्दु भनिदिए हुन्छ ।

---

२. *काव्यप्रकाश* : १/२

कलापक्ष र भावपक्ष

काव्यका दुई पक्ष छन्– कलापक्ष र भावपक्ष । कलापक्षद्वारा काव्य सुन्दर, आकर्षक र परिमार्जित हुन्छ । टाल्सटायको परिभाषाअनुसार 'कलाको काम मनको उच्चतम तथा श्रेष्ठतम भावनालाई अरूसम्म पुन्याउनु हो' भने महाकवि देवकोटाका शब्दमा 'सिर्जनात्मक कल्पनाद्वारा सत्यको सुन्दर प्रदर्शन गर्नु कला हो' । भावपक्षअन्तर्गत कवि कल्पना र चिन्तनद्वारा बाहिरी वस्तुसित साक्षात्कार गरेर वा आफ्नै सुख-दुःखात्मक अनुभूतिलाई काव्यको रूप दिन्छ । यसरी काव्यकार आफ्ना दुःख र वेदनाका अनुभूतिलाई समष्टिका रूपमा उतारिदिन्छ वा संसारका सारा गर्म-व्यथा, जीवनका अभिशाप वा वरदान उसका वाणीमा स्पन्दित भएर आउँछन् । अनि समुच्चा देश, संस्कृति र काल उसका रचनामा साकार हुन जान्छन् । यसैले यी दुवै पक्ष सन्तुलित किसिमले काव्यमा आउनुपर्छ ।

काव्यमा कला मात्र चाहिन्छ वा 'कला कलाको लागि' भन्नेहरू अनुत्तरदायी र एकलकाँटे हुन् । यस्तो धारणा 'पानी पानीको लागि' र 'उन्नति उन्नतिको लागि' हो' भनेर जीवनबाट तिनलाई पन्छाउन खोज्ने निरर्थक चेष्टा मात्र भन्न सकिन्छ । कलापक्ष मात्र हुने हो भने काव्य खोक्रो हुन्छ– धोत्रो पसेको रूखको ओडारजस्तो । त्यसमा मुटु र त्यसको गति तथा सजीवता हुँदैन । यसैले कलापक्षबाट राम्रो भएर पनि त्यस्तो रचना स्थायी हुन सक्तैन र आफैँमा मेटिन्छ अनि मर्छ ।

भावपक्षका दृष्टिले मात्र काव्यलाई हेर्दा पनि यसले हृदयलाई छुन र चिमोट्न सक्तैन । कुरो राम्रो भएर पनि यो आफआफैँमा अस्पष्ट, भद्दा र आकर्षणहीन हुन जान्छ । वस्तुतः काव्यकृतिहरूको श्रेय र प्रेयका निमित्त तिनमा कलात्मक गुण अपेक्षित छ ।

काव्यमा राम्रो र नराम्रो, उचित र अनुचितको विचार तथा जीवनको मार्मिकता हुनुपर्छ र त्यो झरनाको प्रवाहजस्तो भएर आउन सक्नुपर्छ । सिर्जनात्मक प्रस्फुरणमा जीवनको रथ हाँक्नु र जनमानसमा स्वस्थ र परिष्कृत भावना तथा प्रेरणा भरिदिनु काव्यका वास्तविक क्षमता र कुशलता हुन् । यसैले सफल काव्यमा सशक्त भावपक्षका साथै सुन्दर कलापक्षको समन्वय हुनु नितान्त आवश्यक छ । यी दुवै तत्त्व मिलेको काव्य नै सुगठित र उत्कृष्ट काव्य कहलिन सक्छ र यस्तै काव्यद्वारा जीवन र धर्तीको प्रतिनिधित्व हुन र त्यसमा हरियाली आउन सक्छ ।

श्रेणी-विभाजन र भेद

सामयिक वा सृजनशील लेखनका सन्दर्भमा काव्यको श्रेणी-विभाजन तीन प्रकारले भएको पाइन्छ । त्यस्ता प्रकार हुन्–

१. **सूचनात्मक–**   समसामयिक विषयमा प्रकाश पार्ने ।
२. **विवेचनात्मक–**   बोध, चिन्तन र कल्पनाशक्तिको विकास गर्ने ।
३. **रचनात्मक–**   शाश्वत साहित्यको श्रेणीमा पर्ने ।

साहित्यले व्यापक अर्थमा सम्पूर्ण वाङ्मय, शब्द र वाणीलाई लिन्छ, तर प्रचलित अर्थमा काव्यलाई नै साहित्य भनिएको छ । अचेल काव्य भन्नाले पद्यकाव्यलाई मात्र लिने चलन पनि छ । विस्तृत परिभाषामा काव्य भन्नाले कविता मात्र नभई यसका विभिन्न अङ्ग-उपाङ्ग सम्मिलित हुन्छन् । दृश्यकाव्यको सम्बन्ध नाटकसँग र श्रव्य वा पाठ्यकाव्यको सम्बन्ध कविता, कथा, निबन्ध आदिसित छ । निम्नलिखित तालिकाद्वारा काव्यका यी प्रमुख भेद छर्लङ्ग हुन्छन्—

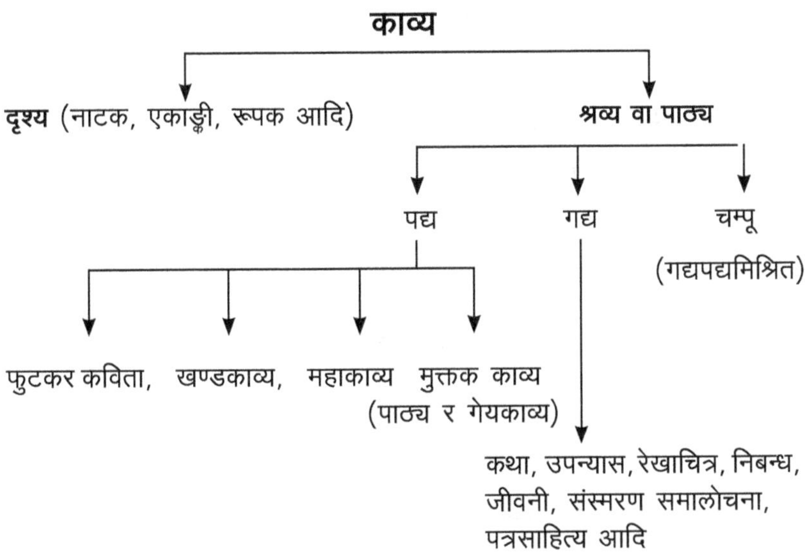

उपर्युक्त तालिकाले के देखाउँछ भने साहित्यका मूल रूपमा दृश्य र श्रव्य वा पाठ्य दुई भेद छन् । दृश्य काव्य भन्नाले खास गरी हेर्ने काव्य बुभिन्छ । यसमा नाटक, एकाङ्की आदि नाट्य विषय पर्छन् । संस्कृत साहित्यका अनुसार नाटक रूपकको एक भेद मानिन्छ । रूपकका विभिन्न भेदमा नाटक नै आफ्ना प्रमुख तत्त्वले गर्दा सबैभन्दा बढी अङ्गपूर्ण र लोकप्रिय विधा हो । यसैले रूपक र नाटक पर्यायवाचीजस्ता भएका छन् । नाटकको पूर्ण सफलता मञ्चनमा हुन्छ र अभिनेय हुनु यसको विशेषता हो । आधुनिक नाटक प्रायः पाठ्यरूपमा पनि उत्तिकै प्रभावोत्पादक भएको पाइन्छ ।

श्रव्य वा पाठ्यका तीन तह छन्— पद्य, गद्य र चम्पू । पद्यको अर्थ छन्दोबद्ध वा गण-मात्रा र लययुक्त रचना हो । पद्यकाव्यका दुई तह छन्— प्रबन्धकाव्य र मुक्तककाव्य । प्रबन्धकाव्यमा महाकाव्य, खण्डकाव्य आदि आउँछन् । यसमा कथा, घटना वा शृङ्खलाबद्ध अभिव्यक्ति हुन्छ र त्यसै प्रवाहमा काव्य बग्छ । मुक्तककाव्य पाठ्य तथा गेय रूपमा आउने आफआफैंमा पूर्ण कविता हो । यसमा कुनै घटना अथवा कथानक

हुँदैन । गद्य काव्यअन्तर्गत आउने मुख्य विषय उपन्यास, कथा, निबन्ध, जीवनी, संस्मरण, समालोचना आदि हुन् ।

यसरी साहित्यिक अभिव्यक्तिका तीन माध्यम प्रमुख छन्– नाटक, पद्य र गद्य । यसबाहेक चौथो माध्यम चम्पू (गद्यपद्यमिश्रित) पनि छ । नेपालीमा पद्य र गद्यकाव्यको रचना खुबै प्रचलित छ, तर चम्पूकाव्यको रचना विरलै पाइन्छ । चम्पूकाव्यको रूप उति लोकप्रिय पनि हुन सकेन । नेपाली साहित्यमा बालकृष्ण समको 'मेरो कविताको आराधना' उपासना १ र २ चम्पूका राम्रा उदाहरण हुन् । यहाँ साहित्यका प्रमुख केही विधाहरूको संक्षिप्त परिचय यथाक्रम दिइएको छ, ती निम्न प्रकार छन्–

नाट्यकाव्य	नाटक
	एकाङ्की
	रूपक (ध्वनिनाटक, वृत्तचित्र)

पद्यकाव्य	महाकाव्य
	खण्डकाव्य
	मुक्तककाव्य (पाठ्य र गेय)

गद्यकाव्य	उपन्यास
	कथा
	रेखाचित्र
	समालोचना
	निबन्ध
	जीवनी
	आत्मकथा
	पत्रसाहित्य

नाटक

नाटक शब्द 'नट्' धातुबाट बनेको मानिन्छ । यसको अर्थ हो अनुकरण वा नृत्यको भावमुद्राबाट भावप्रकाशन गर्नु । नाटक अभिनेय भएकाले यसमा क्रियात्मकताको पनि उत्तिकै महत्त्व छ ।

नाटक विभिन्न किसिमका र विभिन्न पृष्ठभूमिमा आधारित हुन्छन् । उदाहरणका निम्ति त्यस्ता केही नेपाली नाटक हुन् ।

पौराणिक–	प्रह्लाद, ध्रुव (बालकृष्ण सम), सत्य हरिश्चन्द्र (भीमनिधि तिवारी) आदि ।
ऐतिहासिक–	अमरसिंह, भीमसेनको अन्त्य (बालकृष्ण सम), सिद्धार्थ गौतम, शिलान्यास (भीमनिधि तिवारी) आदि ।
सामाजिक–	मुकुन्द-इन्दिरा (बालकृष्ण सम), मसान (गोपालप्रसाद रिमाल), पुतली (भीमनिधि तिवारी), च्यातिएको पर्दा (गोविन्दबहादुर गोठाले) आदि ।

नाटक जुनसुकै पृष्ठभूमिमा लेखिए तापनि तिनमा कथावस्तुमा काल्पनिकता, नवीनता र चरित्रको विशिष्टता समावेश गरिएको पाइन्छ । पूर्वीय दृष्टिअनुसार नाटकका वस्तु (कथा), नेता (चरित्र) र रस (आत्मा) तीन तत्त्व मानिएका छन् । प्रचलित मान्यतालाई सँगेट्दा नाटकका मुख्य तत्त्व र तिनका काम तल दिएअनुसार हुन्छन्–

१. **कथावस्तु–** पाश्चात्य विद्वान्का मतअनुसार नाटकमा दुई विरोधी भाव, पक्ष, सिद्धान्त, दल आदिलाई देखाइन्छ । सङ्घर्षमय घटनाका साथसाथै कथावस्तुको विकास हुँदै जान्छ र विरोधको समाप्तिपछि नाटकको समाप्ति हुन्छ । पूर्वीय विद्वान्ले विरोधका साथै अरू कुरालाई पनि सम्मिलित गरेका छन् । यसरी भन्डै मिल्ने गरी तलका किसिमले कथावस्तुका अवस्था विभाजित भएका छन्–

    पूर्वीय मत – आरम्भ, प्रयत्न, प्राप्तिको आशा, निश्चित प्राप्ति र फलागम ।

    पाश्चात्य मत – व्याख्या, आरम्भिक सङ्घर्ष, चरम सीमातिर लम्कनु, चरम सीमा र कार्यको भुकाउ ।

२. **पात्र र चरित्र–** नाटकमा पात्रको सर्वोपरि महत्त्व हुन्छ । यसमा पात्रहरू प्रायः तलका किसिमले आउँछन्–

नायक वा नायिका	– प्रधान पात्र-पात्री ।
प्रतिनायक वा प्रतिनायिका	– प्रतिद्वन्द्वी ।
विदूषक	– हास्य-उत्पादक ।
अन्य पात्र	– प्रासङ्गिक कथावस्तुलाई अगाडि बढाउने पीठमर्द आदि पात्र ।

नाटकमा चरित्रको पनि ठूलो स्थान रहन्छ । विभिन्न पात्र विभिन्न चरित्रका हुन्छन् । तिनीहरू एक-अर्काको चरित्रमाथि प्रकाश पार्छन् वा नाटकीय क्रियाकलापद्वारा आफ्नो चरित्र उद्घाटित गर्छन् । यस प्रकार पात्रको चरित्रद्वारा विभिन्न अवस्थाको बोध हुन सक्छ र त्यसको प्रभाव अरूमा पर्न जान्छ ।

३. **कथोपकथन–** कथोपकथन पात्रहरूका बीचमा हुने संवाद वा वार्तालाप हो । तारतम्य मिलाइने सामान्य र गौण कुराबाहेक नाटकका सारा घटना र चरित्र आदि यसैमा आधारित हुन्छन् । यसका तीन भेद छन्–

श्राव्य	– सबै पात्रहरूले सुन्ने उद्देश्यले भनिने ।
अश्राव्य	– अरू पात्रलाई नसुनाउने उद्देश्यले भनिने ।
नियत श्राव्य	– केही पात्रलाई सुनाउने र केहीलाई नसुनाउने उद्देश्यले भनिने ।

४. **भाषाशैली–** नाटकमा संवाद वा कथोपकथनका माध्यमले अभिव्यक्ति प्रकट हुने हुँदा यसको भाषा सरल र सहज हुनुपर्छ । भाषा रोचक हुनाका साथै कलात्मक र प्रभावपूर्ण हुन पनि आवश्यक छ । संवादमा पात्रअनुसारको भाषाको प्रयोग भएमा नाटकमा जीवन्तता आउँछ ।

५. **देशकाल–** प्रत्येक नाटकको आफ्नै परिवेश हुन्छ र त्यसैअनुसार विधिव्यवहार, आचारविचार, वेशभूषा देखाइनु आवश्यक छ । नाटकमा चित्रित समयको सामाजिक, सांस्कृतिक र मानसिक प्रतिविम्बन नभएमा यो सजीव हुँदैन । त्यसैले देशकाल र परिस्थितिअनुरूप सिर्जिएको हुनु नाटकको सफलता हो ।

६. **उद्देश्य–** संस्कृत साहित्यमा रसलाई धेरै महत्त्व दिइएको छ । नाटकको उद्देश्य पनि रसमय आदर्श प्रदान गर्नु हुन्छ । पाश्चात्य साहित्यकारले नैतिक सन्देश वा यथार्थ चित्रणलाई प्रमुखता दिएका छन् । उनीहरू यथार्थवादितिर नै बढी झुक्छन् । यसै कारणले प्रायः संस्कृत नाटक सुखान्त र पश्चिमी नाटक दुःखान्त हुन्छन् ।

एकाङ्की

एकाङ्की नाटकमा अङ्क एक हुन्छ, तर दृश्य धेरै पनि हुन सक्छन् । एकाङ्कीको कथावस्तु संक्षिप्त हुन्छ । यसको कथा कुनै मार्मिक स्थलबाट थालिन्छ र आकस्मिक रूपमा टुङ्गिन्छ । नाटकका किसिमले यसमा जीवनको पूरा चित्र देखाइँदैन, पात्र पनि कमै हुन्छन् । एकाङ्कीमा खास गरी जीवनको कुनै अङ्गमाथि नै प्रकाश पारिन्छ, तर त्यो तीव्र हुन्छ र विषयमा पूर्ण चित्रित रहन्छ । नेपालीमा प्रकाशित एकाङ्कीहरूमध्ये भीमनिधि तिवारीको 'एकाङ्की पल्लव', 'पाँच ऐतिहासिक एकाङ्की', हृदयचन्द्रसिंह प्रधानको 'गङ्गालालको चिता', 'छेउ लागेर', रुद्रराज पाण्डेको 'हाम्रो गौरव', कुमार घिसिङको 'सानी', साझा प्रकाशनको 'साझा एकाङ्की' आदि यस्ता केही कृति हुन् ।

रूपक

रूपकको अर्थ कुनै रूपलाई आफूमा आरोपित गर्नु हो । यहाँ नाटक आदिको स्वरूप-विधानभन्दा छुट्टै खालको– रेडियो, टेलिभिजन आदिमा प्रस्तुत हुने कलालाई यस अर्थमा लिइएको छ । यस्ता रूपक ध्वनिनाटक, रूपबन्ध, वृत्तचित्र आदिका रूपमा प्रचलित हुँदै आएका छन् । ध्वनिनाटकमा ध्वनि अर्थात् सङ्गीत आदिको प्रमुखता रहन्छ र वृत्तचित्रमा चाहिँ शब्द र चित्र दुवै मुख्य हुन्छन् । ध्वनिनाटक रेडियोमा प्रचलित छ । वृत्तचित्रचाहिँ टेलिभिजन, चलचित्रको आविष्कारपछि आएको हो । नेपालीमा रूपक लेख्नेहरूमा श्यामदास वैष्णव, जनार्दन सम, वासु शशी आदि विभिन्न लेखक छन् ।

महाकाव्य

महाकाव्यमा जीवनका अनेक पक्ष र रूपको कलात्मक चित्रण हुन्छ र यसको क्षेत्र पनि फराकिलो हुन्छ । जस्तो आदर्श राघव (सोमनाथ सिग्देल), शाकुन्तल, सुलोचना

(लक्ष्मीप्रसाद देवकोटा) आदि नेपाली भाषाका महाकाव्य हुन् । महाकाव्यका सैद्धान्तिक लक्षणसम्बन्धी केही सार निम्न प्रकारका छन्–

१. महाकाव्य विभिन्न सर्गमा बाँडिएको हुन्छ, कुनैमा पनि आठ सर्गभन्दा कम हुँदैन । प्रारम्भमा मङ्गलाचरण वा वस्तुनिर्देश रहन्छ । प्रत्येक सर्ग एउटै छन्दका हुन्छन् र अन्तिम चरणमा छन्द बदलिन्छ ।

२. महाकाव्यको नायक सबै किसिमका गुणले भरिएको साहसी श्रेष्ठ पुरुष हुनुपर्छ । शृङ्गार, वीर, शान्त रसमध्ये कुनै एउटा प्रधान रूपमा रहन्छ र अरू रस सहायक हुन्छन् ।

३. बिहान, दिउँसो, साँझ, ऋतु, चन्द्रमा, पहाड, वन-बगैँचा आदि प्रकृति विशेषको वर्णन हुनुपर्छ । सज्जनको स्तुति र दुष्टको निन्दा पनि रहन्छ ।

यस्तै अरू पनि लक्षण छन् । उक्त परिभाषामा पर्ने रघुवंश, किरातार्जुनीय, नैषध, शिशुपालवध आदि संस्कृत भाषाका उत्कृष्ट महाकाव्य हुन् । पश्चिमी काव्यमा विषयी र विषयप्रधान– दुई किसिमले गीतिकाव्य (Lyric) र महाकाव्य (Epic) आउँछन् । गीतिकाव्यमा भावना र गीतको तथा महाकाव्यमा प्रकथन र विवरणको प्रमुखता रहन्छ । महाकाव्यमा वीर रसपूर्ण युद्ध, साहस आदिको वर्णन पनि हुन्छ । होमरको 'ओडेसी' र 'इलियट', मिल्टनको 'प्याराडाइज लस्ट' आदि पश्चिमेली प्रसिद्ध महाकाव्य हुन् ।

नेपालीका आदर्श राघव (सोमनाथ सिग्देल), सुलोचना, शाकुन्तल, र महाराणा प्रताप (लक्ष्मीप्रसाद देवकोटा), दोभान (भरतराज पन्त) आदि पूर्वीय सिद्धान्तमा आधारित महाकाव्य र हिन्दीको कामायनी (जयशङ्कर प्रसाद) आदि पश्चिमी सिद्धान्तमा आधारित महाकाव्य हुन् । अब महाकाव्यका लक्षणमा केही परिवर्तन पनि भएका छन् । यसअनुसार काव्यमा कल्पनाअनुसारको नायक पात्र र इच्छाअनुसारको छन्द आदि पनि रहन सक्छ, जस्तो बालकृष्ण समद्वारा लिखित 'चिसो चुल्हो' र मोदनाथ प्रश्रितद्वारा लिखित 'मानव' महाकाव्य यसका दृष्टान्त हुन् ।

खण्डकाव्य

साहित्य-दर्पणकारका मतमा महाकाव्यकै एकदेशीयता वा भावको अनुसरण गर्ने काव्यलाई 'खण्डकाव्य' भनिन्छ । खण्डकाव्य छन्दोबद्ध, लोकलयात्मक, लयात्मक, गद्यात्मक आदि किसिमका हुन्छन् । खण्डकाव्यले कुनै एउटा चरित्र, घटना वा परिवेशलाई चित्रित गर्छ ।

खण्डकाव्यमा संक्षिप्त रूपले महाकाव्यका गुण रहन्छन् तापनि यसका आफ्ना छुट्टै विशेषता पनि छन् । खण्डकाव्यको कथावस्तु छोटो-छरितो हुन्छ । यसमा महाकाव्यमा जस्तो वर्णन-विस्तार हुँदैन । गीतिरूप, नाटकीय आकर्षण वा भावात्मक प्रवाह हुनु पनि यसको लक्षण हो । खण्डकाव्यमा लघु आकारमै पनि अनुभूति भने निकै तिक्खर रहन्छ । यसरी एकाङ्की नाटक र कथाकै भाँती यसले जीवनको एक चित्रमाथि

प्रकाश पार्छ, पात्र पनि कम रहन्छन् । नेपालीमा ऋतुविचार (लेखनाथ पौडेल), मुनामदन (लक्ष्मीप्रसाद देवकोटा), उर्वशी (सिद्धिचरण श्रेष्ठ), राजेश्वरी (माधवप्रसाद घिमिरे), लुरुरू पथिक (माधवप्रसाद देवकोटा), मङ्गली कुसुम (धर्मराज थापा) आदि खण्डकाव्य हुन् ।

मुक्तककाव्य : पाठ्य र गेय

मुक्तककाव्य भनेको त्यस्तो काव्यरूप हो जसमा कथात्मक प्रबन्ध वा विषयगत निबन्धको योजना हुँदैन । यसले आफ्नो पूरापूर अर्थ प्रकट गर्नका निम्ति अर्को चरणसित खास सम्बन्ध पनि राख्दैन । यसमा प्रत्येक पदमा पूर्ण रूपले एउटा भावको व्याख्या रहन्छ । यसरी कुनै घटना वा कथानकविना र प्रायः पूर्वापर प्रसङ्ग नजोडिएर पनि सिङ्गो रूप लिनु मुक्तककाव्यको लक्षण हो ।

मुक्तककाव्यका पाठ्य र गेय (प्रगीत) दुई भेद छन् । पाठ्यकाव्य प्रायः सूक्तिका रूपमा र साङ्केतिक हुन्छन् । नीति, शृङ्गार र वीरता विषयक कविता यसै कोटिमा पर्छन् । यस उदाहरणमा आउने केही नेपाली काव्यकृति यी हुन्–

बधूशिक्षा–	भानुभक्त आचार्य
वरशिक्षा–	भीमनिधि तिवारी
उपदेश मञ्जरी–	तीर्थराज पाण्डे
बुद्धिविनोद–	लेखनाथ पौडेल
शृङ्गार-दर्पण–	शिखरनाथ सुवेदी

गेय वा प्रगीत काव्यमा सङ्गीतको प्रधानता रहन्छ, विषय पनि कविको आत्मानुभूतिले पूर्ण हुन्छ । शुद्ध गीतको किसिममा नआएको तर प्रवाहपूर्ण र स्वच्छन्द रूपमा केही सङ्गीतात्मक तत्त्वसमेत भएको काव्यलाई पनि यसै अन्तर्गत लिइन्छ । नेपालीमा निम्नलिखित कृति गेय वा प्रगीत काव्यका केही उदाहरण हुन्–

हाम्रो नेपाल–	महानन्द सापकोटा
आगो र पानी–	बालकृष्ण सम
प्रणव–	केदारमान व्यथित
प्रेमी–प्रतीक्षा–	जनार्दन सम

लोकगीत पनि गेय (प्रगीत) काव्यकै अन्तर्गत आउन सक्छ । लोकलयमा नै माथि दिएजस्ता कतिपय रचना प्रकाशनमा आएका छन्, साथै नेपाली लोकगीतकै पनि सङ्ग्रह तथा विवेचना भएको छ । यसका उदाहरण हुन्– हाम्रो लोकसंस्कृति (सत्यमोहन जोशी), मेरो नेपाल भ्रमण (धर्मराज थापा), रोदीघर (लक्ष्मण लोहनी), नेपाली जनसंस्कृति (काजीमान कन्दङ्वा), नेपाली लोकसंस्कृति (लीलासिंह कर्मा), नेपाली लोकगीतको आलोक (कृष्णप्रसाद पराजुली) आदि ।

कविता

साहित्यमा फुटकर कविताको ठूलो महत्त्व छ । व्यापक अर्थमा सबै पद्यात्मक रचनाका लागि 'कविता' शब्दको व्यवहार हुन्छ, तर अचेल 'कविता' भन्नाले गीति वा मुक्तकका अनेक प्रकारमा रचिएका एक विषय वा भावनाका ससाना र फुटकर कविता बुभिन्छ । यिनमा पद्यात्मक, लयात्मक, ताल वा सुरयुक्त र स्वच्छन्द सबै प्रणाली आउँछन् । यसरी फुटकर कविता वार्णिक, मात्रिक, गीति, मुक्तक, गद्यात्मक आदि प्रकारमा लेखिएका हुन्छन् । उदाहरणका रूपमा तलका केही कवितासङ्ग्रहको नाउँ लिन सकिन्छ–

छन्दोबद्ध :	लालित्य–	लेखनाथ पौडेल
	भिखारी–	लक्ष्मीप्रसाद देवकोटा
	मेरो प्रतिविम्ब–	सिद्धिचरण श्रेष्ठ
	फूलबारी–	माधवप्रसाद देवकोटा
	जूनकिरी–	भरतराज पन्त
गीति :	बयासी र बीस गजल 'मेरी'–	भीमनिधि तिवारी
	किन्नर-किन्नरी–	माधव घिमिरे
	पहाडी सङ्गीत–	धर्मराज थापा
	आँखाभरि सपना मुटुभरि गीत–	कृष्णप्रसाद पराजुली
स्वच्छन्द :	सङ्गम–	केदारमान व्यथित
	उपहार–	श्यामदास वैष्णव
	कवितासङ्ग्रह–	विजय मल्ल
	घुम्ने मेचमाथि अन्धो मान्छे–	भूपि शेरचन
	यौटा यस्तो फूल चाहिन्छ–	वासु शशी
	शीतको थोपा–	द्वारिका श्रेष्ठ
मुक्तक :	सय थुँगा फूल–	कृष्णप्रसाद पराजुली
	चोइटा–	टेकबहादुर खत्री

उपन्यास

पूर्वीय साहित्यमा उपन्यासको अर्थ प्रसन्न गराउनु मानिएको छ । उप (समीप) + न्यास (राख्नु) अर्थात् युक्तियुक्त रूपमा कलात्मक ढङ्गले कुनै वस्तुलाई गद्यमा सरस बनाएर राख्नु उपन्यास हो । अङ्ग्रेजी साहित्यमा उपन्यासलाई Novel भनिन्छ । यसको अर्थ नयाँ हो ।

उपन्यासमा जीवनका समस्याको व्याख्यान र त्यसको समाधान मिल्छ र कथाभन्दा यो विस्तृत हुन्छ । यसमा समाजका घटना र चित्र मार्मिक एवं मनोरम हुन्छन्; त्यसैले यो रोचक लाग्छ र गहन पनि हुन्छ । प्रेमचन्द भन्छन्– "म उपन्यासलाई मानव-चरित्रको चित्र सम्भन्छु । मानव-चरित्रमाथि प्रकाश पार्नु नै उपन्यासको मूल तत्त्व हो ।"

उपन्यास पनि सामाजिक, ऐतिहासिक, पौराणिक, मनोवैज्ञानिक आदि विभिन्न किसिमका हुन्छन् । जस्तै–

सामाजिक– रूपमती (रुद्रराज पाण्डे), भ्रमर (रूपनारायण सिंह), मुलुकबाहिर, माइतघर, लड्डाको साथी (लैनसिंह बाङ्गदेल), मन (लीलाध्वज थापा), बसाइँ (लीलबहादुर छेत्री), लगन (अच्छा राई), स्वास्नीमान्छे (हृदयचन्द्रसिंह), अनुराधा (विजय मल्ल), मञ्जरी (दौलतविक्रम विष्ट), सबै बिर्सिएका अनुहार (परशु प्रधान) आदि ।

ऐतिहासिक– वसन्ती, सेतो बाघ (डायमन्डशमशेर), रामकृष्ण कुँवर (टुकराज-पद्मराज मिश्र), एकादेशकी महारानी (केशवराज पिँडाली) आदि ।

पौराणिक– शर्मिष्ठा (ऋद्धिबहादुर मल्ल), शैव्या हरिश्चन्द्र आदि ।

राजनीतिक– विद्रोह (खड्गबहादुर सिंह) आदि ।

उपन्यास जीवनका विभिन्न आयामलाई छुँदै कथाका रूपमा लेखिने लामो गद्यकृति हो । यसमा पनि नाटकमा जस्तै तलका तत्त्वहरू चाहिन्छन्–

१. **कथावस्तु–** उपन्यासमा कथावस्तुको महत्त्वपूर्ण स्थान रहन्छ । कथावस्तु स्वाभाविक तथा नियमानुकूल भईकन यसमा रोचकता, जीवनको सुन्दर रूप, पात्रहरूको मनोवैज्ञानिक विकास, घटनामा औचित्यको निर्वाह र कल्पनासत्य हुनुपर्छ ।

२. **पात्र र चरित्र–** उद्देश्यानुकूल पात्र र चरित्रको सृष्टि गरिएको हुन्छ । चरित्र स्थिर र अस्थिर दुवै थरी हुन्छन् । यसका पनि चार प्रवृत्ति छन्– शान्त, वीर, उद्धत र विलासी । चरित्र-चित्रणका प्रत्यक्ष र अप्रत्यक्ष दुई ढाँचा छन् । प्रत्यक्ष ढाँचा सोझै बयान गरिएको हुन्छ, अप्रत्यक्ष ढाँचाचाहिँ व्यवहारद्वारा पात्रको चरित्र खोतल्नु हो । यस विधिमा संवाद, क्रियाकलाप र पात्रमाथिको प्रभावले काम गर्छ ।

३. **कथोपकथन–** यसमा विशेषतः दुई शैलीको प्रयोग हुन्छ– अभिनयात्मक र विश्लेषणात्मक । कथोपकथनमा स्वाभाविकता, औचित्य, चिटिक्ककको पन र सजीवता हुनुपर्छ । यसको निर्वाह अत्यन्त आवश्यक छ ।

४. **देशकाल–** नाटककको जस्तै, वर्णन वा चित्रणमा सजीवता आउनुपर्छ ।

५. **भाषाशैली–** उपन्यासको शैली खास गरी विषयवस्तु र त्यसको प्रणालीसित सम्बन्धित रहन्छ । शैलीका केही प्रकार हुन्– आत्मकथात्मक, डायरीका रूपमा, पात्रका रूपमा आदि । भाषाशैली वाग्धारापूर्ण हुनाका साथसाथै सुबोध र सरल, मधुर र हृदयस्पर्शी हुनुपर्छ ।

६. **उद्देश्य–** उपन्यासको महत्ता त्यसको उद्देश्यमा हुन्छ । यसैले भिन्नभिन्न तत्त्वका सूक्ष्म चित्रण र निर्वाह मात्र पनि कुनै कृतिका लागि पर्याप्त हुँदैनन् । मनोरञ्जनका माध्यमले सारा उद्देश्य स्थापित गरेर नयाँ जीवन, नयाँ मोड र नयाँ बाटो दिनु उपन्यासको मुख्य लक्ष्य हुनुपर्छ ।

कथा

कथा (कुथुङ्ग्री) आफ्आफैँमा पूर्ण जीवनको सानो अंश वा घटनाको चित्र हो । यसमा पनि उपन्यासकै तत्त्व रहन्छन्, तर जीवनको खण्डशः अभिव्यक्ति हुने भएकाले कथामा आफ्नै किसिमको पन र पाइन हुन्छ । कथाको कथावस्तु सूक्ष्म र संक्षिप्त हुन्छ, पात्र पनि एक-दुई वा तीन-चारसम्म मात्र रहन्छन् । शैली पनि कथानुकूल हुन्छ । कथाको उद्देश्य जीवनको कुनै एक दृष्टिकोण, बिन्दु अथवा घटनालाई सचित्र गरेर अगाडि बढ्नु हुन्छ । कथा कलात्मक, सुरुचिपूर्ण, प्रभावोत्पादक र विश्वसनीय हुनाका साथै जीवनसादृश्य हुनुपर्छ । यसैले कथाका विषयमा भनिएको छ–

"छोटो कथा एउटा सानो भ्याल हो,

जहाँबाट एउटा सानो संसार च्याइन्छ ।" (लक्ष्मीप्रसाद देवकोटा)

"कथा मनुष्यजीवनका गति र अनुभूतिको सशक्त र उज्यालो पक्षको आशापूर्ण उद्घाटन हो ।" (म्याक्सिम गोर्की)

कथा पनि सामाजिक, मनोवैज्ञानिक, पौराणिक, ऐतिहासिक, हास्यव्यङ्ग्यात्मक धेरै किसिमका हुन्छन् । नेपालीमा थुप्रै कथाकृति आइसकेका छन् । यस्ता केही कथाकृतिका सङ्कलन हुन्–

कथाकुसुम–	सम्पा० सूर्यविक्रम ज्ञवाली
कथानवरत्न–	रूपनारायण सिंह
नासो–	गुरुप्रसाद मैनाली
दोषी चश्मा–	विश्वेश्वरप्रसाद कोइराला
भ्यालबाट–	सम्पा० ईश्वर बराल
कथैकथा–	गोविन्दबहादुर गोठाले
मैयाँसाहेब, गुनकेसरी–	भवानी भिक्षु
फ्रन्टियर–	शिवकुमार राई
हराएको सारी–	केशवलाल कर्माचार्य
नेपाली सामाजिक कहानी–	भीमनिधि तिवारी
पौराणिक/ऐतिहासिक कहानी–	बदरीनाथ भट्टराई
नयाँ सडकको गीत–	रमेश विकल
फेरि आक्रमण–	परशु प्रधान
साझा कथा–	सं० भैरव अर्याल
नौबेली–	कृष्णप्रसाद पराजुली

उपन्यास बगैँचा हो भने कथा फूल हो, अथवा उपन्यास चन्द्रमाजस्तो हुन्छ भने कथा टुकीजस्तो । चन्द्रमाको उज्यालो विस्तृत क्षेत्रमा पर्छ, तर धमिलो पनि हुन्छ । टुकी सानो घेरालाई तीव्रतासाथ उज्यालो पार्छ । यसरी उपन्यासले जीवनको सर्वाङ्गीण चित्र

प्रस्तुत गर्छ र जीवनका अनेक अंशमा घुमाउरो फेरो मार्छ । कथाले भने जीवनका केही क्षेत्रमा घनीभूत भएका भावलाई सुन्दर र कलात्मक अभिव्यक्ति दिन्छ ।

रेखाचित्र

रेखाचित्र कथासँग मिल्दोजुल्दो एक रूप हो, तर यो कथाभन्दा बेग्लै हुन्छ । कथाले जीवनको सानो अंश वा घटनाको चित्र प्रस्तुत गर्छ र यसमा धेरै स्थिरता र गतिशीलता आउँछन् । रेखाचित्रमा यो क्रम हुँदैन : यसमा त कुनै व्यक्ति, वस्तु वा घटनाका सम्बन्धमा निश्चित कोणबाट हेरी सकेसम्म थोरै शब्दमा व्यक्त गरिएको मार्मिक, भावपूर्ण तथा मनोरम प्रतिबिम्बन हुन्छ । रेखाचित्रमा शब्दका रेखैरेखाले एउटा सजीव चित्र उपस्थित गरिदिन्छ । यसको सामग्री पनि जीवनका माध्यमबाट त्यसको विशिष्ट वर्णन गर्दै लैजानुमा आधारित हुन्छ । रेखाचित्रमा खास गरी वर्णनको कुशलता नै हुन्छ र त्यो प्रभावकारी हुनुपर्छ । यसरी रेखाचित्र पनि साहित्यको महत्त्वपूर्ण र आवश्यक विधा हो ।

नेपाली साहित्यमा रेखाचित्रका कृति प्रायः पुस्तकाकारमा प्रकाशमा आएका छैनन् । यस दिशामा हात चलाउने र फुटकर रचना निकाल्नेमा शङ्कर लामिछाने, डी॰ पी॰ नेपाली आदि हुन् ।

निबन्ध

निबन्धको अर्थ राम्ररी बाँध्नु वा सङ्गठित गर्नु हो । यसमा वर्णन, विवेचनाका साथै आत्मपरक भावना व्यक्त गरिने धेरै किसिमका विषय आउँछन् । यसैले संक्षेपमा निबन्धको परिभाषा कुनै विषयमाथि रोचक तथा सरस शैलीमा गद्यमा प्रकट गरिएका क्रमबद्ध विचारको समूह हो ।

निबन्धलाई विषय र रूपका आधारमा बाँड्न सकिन्छ । विषयका आधारमा निबन्ध खासगरी निम्न प्रकारका हुन्छन्–

१. वर्णनात्मक   – प्राकृतिक वा अप्राकृतिक वस्तु (वन, पर्वत, रेडियो, मोटर आदि)

२. विवरणात्मक – कथा, घटना यात्रा आदि ।

३. विचारात्मक – अमूर्त विषय– करुणा, श्रद्धा, सज्जनता, देशप्रेम आदि । गवेषणात्मक र विवेचनात्मक पनि यसैका एक प्रकार हुन् । विचारात्मक निबन्धमा तर्क-वितर्कपूर्ण विवेचना र बुद्धितत्त्वको प्रमुखता हुन्छ ।

४. भावात्मक   – यसमा रागात्मक तथा हृदयतत्त्वको प्रमुखता रहन्छ ।

निबन्धमा अभिव्यक्ति राम्रो हुनुपर्छ । यसैले शैलीको पनि निकै महत्त्व छ । जिनबन्ध सुन्दर, सजीव र सङ्गतिपूर्ण हुनाका साथसाथै विषयको प्रतिपादन सुगठित भएको हुनुपर्छ । निबन्ध विचार वा रूपका दृष्टिले तीन किसिममा आउँछन्–

१. प्रबन्ध — वस्तुपरक शैलीमा लेखिने सिद्धान्त वा विचारप्रधान लेख ।
२. निबन्ध — लेखकको व्यक्तित्व तथा अनुभूति प्रमुख भएको रचना ।
३. लेख — कुनै विषयमाथि विचारपूर्ण गद्यरचना ।

उपर्युक्त परिभाषाअनुसार एउटै जातिका भए पनि निबन्ध, प्रबन्ध र लेखमा अन्तर रहन्छ । यी तीनवटै पृष्ठभूमिमा आउने नेपाली निबन्धहरूका केही सिङ्गा कृति यी हुन्—

लक्ष्मी निबन्धसङ्ग्रह—	लक्ष्मीप्रसाद देवकोटा
जुँगा, कुरा साँचो हो—	हृदयचन्द्रसिंह प्रधान
स्पेनको सम्झना—	लैनसिंह बाङ्देल
सयपत्री—	सम्पा० ईश्वर बराल
पन्ध्र प्रबन्ध—	भीमनिधि तिवारी
पच्चीस प्रबन्ध—	बदरीनाथ भट्टराई
खैखै	केशवराज पिँडाली
के-कस्तो—	भेषराज शर्मा
ताँ-तिमी, तपाई-हजूर—	श्यामप्रसाद
कालो अक्षर, यस्तो पनि—	कमल दीक्षित
सम्झना—	माधवलाल कर्माचार्य
एब्स्ट्र्याक्ट चिन्तन : प्याज—	शङ्कर लामिछाने
कौतुकमय डोल्पो—	जनकलाल शर्मा
पीपलको छहारी—	कृष्णप्रसाद झवाली

पत्रसाहित्य

पत्र पनि निबन्धको एक प्रकार हो । मानिस जीवनमा अनेक व्यक्तिका सम्पर्कमा आउँछ र विभिन्न किसिमका सम्बन्ध स्थापित गर्छ । यसका लागि पत्रको माध्यम निकै आवश्यक हुन्छ । यहाँ पत्रको अभिप्राय विशेषतः साहित्यिक पत्रसित सम्बन्धित छ । पत्रमा आउने आवश्यक केही कुरा यी हुन्—

(क) रूप – कसलाई कुन ढङ्गबाट पत्र लेख्ने, कस्तो सम्बोधन अभिवादन गर्ने, स्वनिर्देशका रूपमा के लेख्ने— इत्यादि पत्रका बाह्यरूप हुन् ।

(ख) शैली – शैली पत्रको आत्मा हो । पत्रबाट लेखकको व्यक्तित्व झल्कन्छ र त्यसअनुसार पाउनेमाथि प्रभाव पर्छ । अतः पत्रको शैली सुन्दर, परिष्कृत, स्वाभाविक र हृदयग्राही हुनु आवश्यक छ । घुमाई-फिराई शब्द थोपरेर लेख्दैमा विद्वान् ठानिन्छ भन्ने धारणा भ्रम मात्र हो । सामान्य पढे-लेखेका मानिस पनि राम्रा-राम्रा पत्र लेख्न सक्छन् । आवश्यकता छ सरलता र स्पष्टताको, सरसता र हार्दिकताको, स्वाभाविकता र सिलसिलाको । यस कारण, पत्रमा जे लेख्न इच्छा छ सो भाव राम्ररी खुलोस्, भाषा प्रवाहपूर्ण होस् ।

अङ्ग्रेजीका सुप्रसिद्ध पत्रलेखक आब्राहक काउलेले आफ्नो एक सम्बन्धीको पत्र पढेर भनेका थिए– "तिम्रो पत्र पढ्दा मलाई तिमी अगाडि उभिएर बोलेभैँ लाग्छ ।" वास्तबगा उनको यो भगाइ पुगै पनि सफल पत्रलेखकका निमित उपयुक्त भनाइ हो । सुन्दर पत्र लेख्ने मानिस लेखक हुन सक्छ र यो कार्य लेखनकला वा क्षमताको कसी र महत्त्वपूर्ण विषय पनि हुन्छ । साहित्यिक दृष्टिमा पत्रलाई सुरक्षित राख्नु पनि आवश्यक छ । ठूलाठूला व्यक्ति वा लेखक-कविका पत्रका सङ्ग्रह साहित्यका अमूल्य निधि मानिन्छन् । तिनको ठूलो महत्त्व रहन्छ औ त्यस्ता सङ्ग्रहलाई मानिस साह्रै रुचाउँछन् । नेपाली भाषाका केही पत्र-साहित्य भूस्वर्ग (हृदयचन्द्रसिंह प्रधान), युरोपको चिठी (लैनसिंह बाङ्देल), बहिनीलाई चिठी (श्यामप्रसाद), बनारसको चिठी (डिल्लीराम तिम्सिना) आदि हुन् ।

जीवनी र संस्मरण

लेखकद्वारा कसैको जीवन-वृत्तान्त लेखिएमा जीवनी हुन्छ । यस किसिमका रचना दुई रूपमा आउँछन्– (१) जीवनीका रूपमा, (२) आत्मकथाका रूपमा । अरू कसैको जीवन-वृत्तान्त भए 'जीवनी' र आफ्नो वृत्तान्त भए 'आत्मकथा' हुन्छ ।

जीवनी कुनै विशिष्ट व्यक्तिको लेखिन्छ जो समाज र देशका निम्ति राम्रा काम गर्छन् । जीवनीलाई नै 'जीवनचरित्र' पनि भनिन्छ । नेपालीमा व्यक्तिकृतिका सम्बन्धमा लेखिएका जीवनी वा जीवनचरित्रका केही कृतिका नाम तल दिइएका छन्–

भानुभक्तको जीवनचरित्र–	मोतीराम भट्ट
पृथ्वीनारायण शाहको जीवनचरित्र–	सूर्यविक्रम ज्ञवाली
महाकवि देवकोटा–	चूडामणि बन्धु
महाकवि देवकोटा–	नित्यराज पाण्डे
पन्ध्र तारा र नेपाली साहित्य–	कृष्णप्रसाद पराजुली
विश्वका महान् व्यक्तिहरूको जीवनी–	वासु रिमाल 'यात्री'
नौ नामी नेता–	राजनारायण प्रधान
विश्वका कविको जीवनी–	शारदाप्रसाद घिमिरे

आत्मकथा कुनै प्रसिद्ध लेखक वा व्यक्तिका जीवनीको आत्म-अभिव्यक्ति हो । संस्मरण र डायरी पनि आत्मकथाकै अन्तर्गत पर्छन् । संस्मरण लेखकले अनुभव गरेको, देखेको र सम्झेको आधारमा कुनै विषय वा व्यक्तिका सम्बन्धमा लेखिएको रचना हो । डायरीमा तिथिमितिसहित त्यस्तो संस्मरण वा घटना लेखिन्छ । नेपालीमा यी विषयमा आउने कृतिका केही उदाहरण यी हुन्–

पारे घर्तीको पुरुषार्थ–	अनु० सूर्यविक्रम ज्ञवाली
मेरो कविताको आराधना–	बालकृष्ण सम
स्रष्टा र साहित्य–	उत्तम कुँवर

बिम्ब–प्रतिबिम्ब–   शङ्कर लामिछाने
जेलको डायरी–   श्यामप्रसाद

समालोचना

साहित्यमा कुनै कृति पढेर गुण-दोषको राम्रो विवेचना गर्नु र त्यसका सम्बन्धमा आफ्नो
राय प्रकट गर्नुलाई 'समालोचना' भनिन्छ । समालोचनाको लक्ष्य बाटो देखाउनु पनि
हुन्छ । यसैले यसलाई कुशल डाक्टरको छुरा पनि भनिएको छ । मेथु आर्नोल्डले
भनेका छन्– "समालोचना एउटा निःस्वार्थ प्रयत्न हो । यसबाट संसारमा सर्वोत्तम
कुराहरू प्रचार गरिन्छन् र सिकिन्छन् ।"

पूर्वीय तथा पाश्चात्य साहित्य-परम्परामा समालोचनाका विभिन्न विधि वा प्रणाली
विकसित हुँदै आएका छन् । तीमध्ये प्रचलित रूपलाई लिँदा समालोचना विशेषतः
निम्न प्रकारका हुन्छन्–

१. **सैद्धान्तिक**   – शास्त्रीय आधारमा यथार्थ वा आदर्शपक्षले गुण-दोषको विवेचना
गर्नु ।

२. **व्याख्यात्मक** – कृतिको मर्म पहिल्याई विश्लेषण र व्याख्या गर्नु ।

३. **ऐतिहासिक** – मूल स्रोत ऐतिहासिक र सामाजिक परिस्थितिलाई खोज्नु ।

४. **मनोवैज्ञानिक** – पात्रको मनोविश्लेषणलाई प्रमुखता दिई कृतिको मूल्याङ्कन
गर्नु ।

समालोचना गर्नु जिम्मेवारीपूर्ण काम हो । वेनजोन्सनको 'कविहरूका कृतिउपर
विवेचना गर्न कवि-हृदय मात्र सक्छन्, र देवकोटाको 'सिर्जनाभन्दा पनि एक दृष्टिले
म समालोचनालाई नै अझ ठूलो देख्दछु' भन्ने भनाइले यस कुरालाई पुष्ट्याउँछन् ।
यसैले समालोचनामा तलका गुण हुनुपर्छ–

१. यो एकतर्फी हुनु हुन्न, निष्पक्षता चाहिन्छ ।

२. गुण-दोष हेरेर गरिनुपर्छ र विषयवस्तुको केलाइकुलाइ राम्रो हुनुपर्छ ।

३. आलोचकमा विस्तृत अध्ययन र योग्यता हुनुपर्छ ।

४. परिष्कृत रुचि, ग्रहणशील हृदय र मस्तिष्क, कृतिको पारखी तथा अभिव्यञ्जनाको
क्षमता भएको हुनुपर्छ ।

नेपाली साहित्यमा समालोचनाको क्रमिक विकास हुँदै छ । यस क्षेत्रमा देखिएका
विभिन्न किसिमका आलोचनात्मक कृतिहरूमध्ये केही यी हुन्–

केही नेपाली नाटक–   हृदयचन्द्रसिंह प्रधान

दस गोर्खा–   रामकृष्ण शर्मा

नेपाली साहित्यको झलक–   रत्नध्वज जोशी

घोल्ट्याइँहरू, भानुभक्तदेखि तेस्रो आयामसम्म– ताना शर्मा

कवि व्यथित र काव्य-साधना–   कृष्णचन्द्रसिंह प्रधान

समालोचनाको बाटोतिर—   आनन्ददेव भट्ट
समालोचनाको सिद्धान्त—   यदुनाथ खनाल
यथार्थबादी रागालोचना—   डी० पी० अधिकारी
प्रगतिशील दृष्टिमा केही समालोचना—   सरिता ढकाल
सिंहावलोकन, विचरण—   वासुदेव त्रिपाठी
साझा समालोचना—   साझा प्रकाशन
नेपाली काव्य र कवि—   राममणि रिसाल
बृहत् समालोचना—   सम्पा० शिव प्रधान

साहित्यमा समालोचनाको महत्त्वपूर्ण स्थान छ । नेपालीमा विधागत, कृतिगत विषयमा जति समालोचना लेखिनुपर्थ्यो, लेखिइसकेका छैनन् । नेपाली भाषामा यस क्षेत्रमा धेरै काम हुन बाँकी भए तापनि सैद्धान्तिक, ऐतिहासिक, तुलनात्मक, जीवनीपरक परिप्रेक्ष्यदेखि अनुसन्धानात्मक तथा विश्लेषणात्मक तहसम्म पुग्ने विभिन्न प्रयास भइरहेका छन्, हुँदै छन् । नेपाली समालोचनाले नयाँ मार्ग-निर्माण गर्दै साहित्यको विकासमा गहकिलो योगदान पुर्‍याउने सम्भावना देखिएका छन् ।

साहित्यमा प्रमुख केही वाद

साहित्यमा उद्देश्य र विषयलाई लिएर पहिलेदेखि विभिन्न तर्क र विचार उठिरहेका छन् । त्यही सिलसिलामा उद्देश्य, रूप र विचार फरक भएका कुनै निश्चित वा स्थापित प्रवृत्ति र सिद्धान्तलाई एउटा-एउटा 'वाद' को नाम दिने काम पनि हुँदै गयो । यसबारे कृष्णचन्द्रसिंह प्रधानद्वारा आफ्नो 'भन्ज्याङनिरै' को भूमिकामा यसरी उल्लेख र पुष्टि भएको छ–

"परिस्थिति र समाजसापेक्ष साहित्य भएकोले जबजब परिस्थितिमा परिवर्तन भो तबतब समाजको गतिविधि साथै विचार र साहित्य पनि बदलिँदै आएको छ । यो परिवर्तनका आधार मुख्य गरी भौतिक वस्तु नै देखिएका छन् । .... किनभने भौतिक जीवनको विकास र आवश्यक वस्तुको पूर्तिद्वारा समाजमा नयाँ धन्दाहरू थपिन्छन् । नयाँ कामकाजबाट नयाँ सामाजिक विचार र वादहरूको पनि सृष्टि हुन्छ । यही वाद वा विचार पछि गईकन एउटा शक्ति बन्दछ । यो सामूहिक शक्ति नै प्रस्तुत कार्य र जीवन विकास, समाजको प्रगतिमा जोडदार सहायक बन्दछ । ....

साहित्य यिनै परिस्थितिजन्य विचारशक्ति हो ।"

साहित्यमा नामकरण पाएका विभिन्न वाद प्रचलित छन् । तीमध्ये नेपालीमा चलेका र चर्चा भएका केही प्रमुख वादको परिचय यहाँ दिइन्छ । यिनमा एउटा वादको तत्त्व वा रूप अर्कोमा हुँदैन भन्ने कुरा छैन । एक-अर्कामा यी आफ्ना उद्देश्य र तरिकाअनुसार समन्वय र सम्बन्धित भएर आउँछन् । मुख्य कुरा, आदर्श र यथार्थको सार्वजनीनता, छाया, प्रतीक र प्रयोगका नयाँ रूप, सापेक्ष मानवता र रहस्यलाई जीवनका पृष्ठतिर तान्ने स्वस्थ र युगानुकूल चिन्तनका साथ सबै पक्षका राम्रा कुरा लिई काव्यलाई जीवन र प्रगतिको नवीन दिशामा लैजानु आजका साहित्यकारको दायित्व हो । यसरी काव्यलाई जसले माटो र मुटु, जीवन र युगसित सम्बन्धित राख्छ, जसले नौलो ज्योति फुटाई यी सबको प्रतिनिधित्व गर्न सक्छ– त्यही नै कवि महान् हो, त्यही नै साहित्यकार श्रेष्ठ हो ।

आदर्शवाद

'आदर्शवाद' सिद्धान्तमा आधारित एक किसिमको दृष्टिकोण हो । केही सीमासम्म यसलाई 'विचारवाद' पनि मान्छन् । यथार्थका मूल तत्त्वबाहेक अर्को चेतनसत्ता छ भन्ने विश्वासका साथै यसमा आदर्श चरित्र, विशिष्ट गुण, अलौकिक तत्त्व आदिको स्थापना

गरिन्छ । जीवनका मसिना र मङ्गलमय मूल्यलाई महत्त्व दिन चाहने भएकाले यो आध्यात्मिक पनि हुन्छ । आदर्शवाद सामाजिक परिवेश र वस्तुस्थितिको ख्याल नगरी खास गरी के हुनुपर्छ भन्ने कल्पना र सपनामा दगुर्छ र यसमा उपदेशात्मक तत्त्व पनि रहन्छन् । यसैले यो जीवनको गहिराइ र यथार्थलाई त्यति छुँदैन । आदर्शवादले आन्तरिक पक्षमा जोड दिन्छ र मानसिक सुख, प्रसन्नता, आनन्द आदिको प्राप्ति चाहन्छ ।

आदर्शवादी केही अंशमा रहस्यवादी पनि हुन्छन् । पौराणिक कृतिहरू विशेषतः यिनै दृष्टिकोण र परिधिमा आउँछन् । नेपाली साहित्यमा प्राथमिक कालका रचना प्रायः आदर्शवादी नै हुन्थे । वसन्त शर्माको 'श्रीकृष्णचरित्र', भानुभक्तको 'रामायण' आदि यसका उदाहरण हुन् । मानवमूल्यलाई महत्त्व दिन खोज्नाले सबैजसो साहित्यकारमा आदर्श छाप वा पुट पाइन्छ । यस किसिमका कृतिको गणनाचाहिँ थुप्रै हुन सक्छ ।

स्वच्छन्दतावाद

स्वच्छन्दतावाद अङ्ग्रेजी रोमान्टिसिज्मको निकटतम रूपमा चलेको शब्द हो; यसैलाई 'रोमान्टिक धारा' पनि भनिन्छ । स्वच्छदतावादले सामान्यतः प्रवृत्तिविशेषको सङ्केत गर्छ । यो प्रवृत्ति धेरथोर विभिन्न कालमा देखिन्छ तापनि प्राचीन शास्त्रीयतावादका विपक्षमा उठेको साहित्यिक उदारतावादलाई नै स्वच्छन्दतावादका रूपमा लिइएको छ । प्रकृतिप्रेम, देशभक्ति, विद्रोही स्वर, मानवतावादी विश्वास र काव्यका मुक्त वा स्वच्छन्द लय यस वादका विशेषता हुन् । शिल्प-सौन्दर्यमा विशेष अभिरुचि राख्नु र बौद्धिकता एवं तर्कभन्दा कोमलता र भावनामा जोड दिनु पनि यसमा भेटिने आफ्नै पन हो ।

फ्रान्सको राज्यक्रान्तिको परिणामपछि स्वच्छन्दतावादको जन्म भएको हो । यसपछि साहित्यलाई उद्देश्य, सीमा, नियम आदिबाट फराक तुल्याउँदै लगियो । साहित्य जीवनजस्तै गतिशील हुनाका साथै युग एवं परिवेशअनुकूल हुन्छ भन्ने धारणाको विकास पनि भयो । यसको बोध भएपछि साहित्यकारहरूले परम्पराप्रति विद्रोह गरे र आन्तरिक प्रेरणालाई महत्त्व दिन थाले । क्रोचे, फ्रायड र मार्क्सले पछि यही गद्यात्मक स्वरूपको समर्थन गरे । स्वच्छन्दतावादको विशेष प्रयोग उन्नाइसौँ शताब्दीमा अङ्ग्रेजी साहित्यमा भयो । यसका प्रमुख कविहरूमा वर्डस्वर्थ, शेली, कीट्स, बायरन र काउ उथर थिए । संस्कृत साहित्यमा पनि रसवादी र ध्वनिवादीहरूलाई यसअन्तर्गत लिन सकिन्छ, तर उनीहरू भावमा भन्दा बाह्य रूपमा बढी महत्त्व दिन्छन् । बङ्गाली साहित्यमा रवीन्द्रनाथ ठाकुरले यसलाई पल्लवित तुल्याए । हिन्दीमा पनि यो केही प्रत्यक्ष रूपमा र केही रवीन्द्रनाथकै माध्यमबाट आएको हो । हिन्दीमा यस धाराबाट प्रभावित कविहरूमा सुमित्रानन्दन पन्त, महादेवी वर्मा आदि हुन् ।

छायावाद र रहस्यवाद विचारपद्धति तथा रूपविधानका दृष्टिमा स्वच्छन्दतावादप्रति ऋणी छन्, किनभने यस वादका मूल प्रवृत्ति छायावाद र रहस्यवादसित मिल्छन् ।

नेपाली साहित्यमा स्वच्छन्दतावादको सङ्केत भानुभक्त आचार्यका 'बालाजु' र 'कान्तिपुरी' जस्ता कविताहरूमा पनि पाइन्छन्, तर यसको नवीनतम प्रयोग भने देवकोटा र सिद्धिचरणबाट भएको हो । यी कविहरूले नेपाली कवितालाई स्वच्छन्दवादी धारामा विकसित गर्न प्रशस्त भूमिका खेलेका छन् ।

छायावाद

छायावाद थाहा नपाइने कुरामा जिज्ञासा र प्राकृतिक कुरामा मानिसका रूपको छाया दिने काव्यगत अभिव्यञ्जनाशैली हो । अङ्ग्रेजी स्वच्छन्दतावादी कवि तथा बङ्गालका रवीन्द्रनाथ आदि कविका काव्यधाराका छाँटको वा त्यसबाट प्रभावित यो धारा हिन्दी कवितामा आदर्शवादका माभmबाट खास गरी रीतिकालीन काव्य प्रवृत्तिको विद्रोहका रूपमा प्रवाहित भएको पाइन्छ । छायावादी काव्य मूलतः प्राकृतिक सौन्दर्य र सामयिक जीवन-परिस्थितिबाट अनुप्राणित छन् ।[१] यसैले रचनामा प्रकृतिका साथ मानवहृदयको कोमल ममता, अभिन्न आत्मीयता र सुकुमार कल्पना गाँसिएर जान्छ । छायावादका भावविशेष र शैलीविशेष रचना हुन्छन् । यसमा सूक्ष्म भावयोजनाका साथ नयाँ आभ्यन्तर अनुभूति व्यक्त गर्ने प्रयास रहन्छ र त्यसका निम्ति भाषामा पनि लाक्षणिक र प्रतीकात्मक शैलीलाई अँगालिन्छ ।

छायावाद एक किसिमको पलायन पनि हो । यसमा कवि जीवनदेखि भाग्छ, तर अड्ने ठाउँ कहीँ पाउँदैन । अनि ऊ नियतिको पथरा पर्ने गर्छ । अभिव्यक्तिका स्तरमा सूक्ष्म विद्रोहको प्रवृत्ति पनि रहेको मानिने यस धारामा स्वच्छन्दतावादका केही मिल्दाजुल्दा विशेषता पनि भेटिन्छन् । छायावादबारे भवानी भिक्षुको धारणा छ– "मेरो विचारले छायावाद, मूलतः भयङ्कर असन्तोष र कुण्ठाको उब्जा हो, कहाँसम्म भने, जोर लगाउने क्रममा कवि अक्सर गरी आफैँ आफ्नो भर्त्सनासमेत गर्छ ।"

रहस्यवाद

रहस्य भावनाको पृष्ठमा आधारित छ र यो स्थितिविशेषमा उत्पन्न काव्यधारा मानिन्छ । आत्मसङ्कल्पात्मक मुख्य अनुभूति दिँदै दार्शनिक चिन्तनमा प्रवाहित हुनु रहस्यवादको प्रवृत्ति हो । यसले रचनामा मानव-मनको परमसत्ताप्रति जिज्ञासा र कौतूहलको भाव जगाउँछ । रहस्यवादी रचनामा आउने प्रमुख विषय हुन्– प्रेम र सौन्दर्य, ज्ञान र दर्शन, उपासना र भक्ति, साधनात्मक रहस्य ।

छायावादको भावलोक प्रकृति हुन्छ भने रहस्यवादको भावलोक अध्यात्म । छायावादमा विशेषतः अनुराग र प्रणयका गुञ्जन हुन्छन्, रहस्यवादमा चाहिँ अगोचर उपास्यलाई नै आलम्बन बनाउने गरिन्छ । यसरी, रहस्यवाद समष्टिको अद्भुत रहस्य देखाउने आत्माको प्रतीति हो । यसले अहंबाट ब्रह्मको अभिन्नताको स्थापना गर्न खोज्छ ।

---

१. *हिन्दी साहित्य कोश*, भाग १ : ३२६-२७ ।

नेपाली साहित्यमा यसै विषयमा लेखिएका सिङ्गै ग्रन्थ छैनन् । भए पनि ती सबै छायावादसँगै गाँसिएर आएका छन् । तर केही कविहरूका कृतिमा रहस्यवाद र त्यसको पुट पाइन्छ । जस्तो गोपालीका लेखनाथको 'तरुण तपसी', भिक्षुको 'छाया', केदारमान व्यथितको 'सङ्गम', प्रेमराजेश्वरी थापाका फुटकर कविता आदिलाई आंशिक वा पूर्ण रूपमा यसअन्तर्गत लिन सकिन्छ ।

प्रतीकवाद

मानिसलाई भाव व्यक्त गर्ने शब्द पुग्दैन, अनि ऊ प्रतीकको आड लिन्छ । यो रूप मानिसका हरेक स्वभाव र क्रियाभित्र पर्छ । शब्दहरू विशिष्ट सङ्केतका प्रतीक हुन् र रूपक, उपमा, विम्ब आदि प्रतीकका प्रविधि हुन् । यसै प्रतीकात्मक माध्यमले कुनै कुरालाई प्रकट गर्ने क्रिया प्रतीकवाद हो । प्रतीकका दुई विशेषता मानिन्छन् । एउटा, यो बीचमा रहेर मध्यस्थताको काम गर्छ; यसैले प्रतीकको अर्थ प्रत्यक्ष अनुभवद्वारा थाहा पाउन सकिँदैन । अर्को, प्रतीक आफआफैँमा फैलन्छ, विशेष अर्थ दिन्छ । प्रतीकको परम्परा हाम्रो जनजीवन र लोकसाहित्यदेखि चलेको छ र पौराणिक साहित्यमा पनि यसको प्रयोग प्रशस्त पाइन्छ । प्रतीक एक किसिमले शैलीविशेष रूप हो । समय र परिस्थिति तथा कविको अनुभूति र ग्रहणशीलताअनुसार नै नयाँ-नयाँ प्रतीकहरू आउँछन् ।

प्रतीक प्रस्तुत र अप्रस्तुत दुवै थरी हुन्छन् । व्यक्त भावलाई प्रस्तुतमा मनोरम बनाउनु र अप्रस्तुतमा सघन तुल्याउनु यसको विशेषता हो । जस्तो 'चन्द्रमुहार' मा रूपकत्व छ भने 'मेरो मन डाँडाको बतास भयो' मा चित्त चञ्चल रहेको व्यञ्जना-सौन्दर्य भल्केको छ । प्रतीकका रूप, पद, पदावधि तथा टुक्का आदिमा मनग्य पाइन्छन् । गाई, गोरु, बाँदरजस्ता शब्द क्रमशः सोझो, मूर्ख र चकचकेका प्रतीक हुन् । 'परेवा-परेवी' मायाप्रीति वा शान्तिका सूचक हुन् र 'लाजबन्ती भार' लजालुको चिह्न हो । 'पेट खोल्नु'-को अर्थ मनमा कत्ति पनि गाभ नराखी गुह्य कुरा सबै पोख्नु हुन्छ, 'हात काट्नु'-बाट चाहिँ स्वतः आफ्नो हक छाडिसकेको कुरा बुझिन्छ । नेपाली भाषामा प्रतीकका यस्ता विभिन्न प्रयोग निरन्तर भइरहेका छन् ।

प्रतीकका विषयमा ताना शर्माको विचारको एक अंश यो हो– "प्रतीकहरू सामाजिक हुनुपर्छ, सबैले बुझ्ने हुनुपर्छ, किनभने कविता समाजका लागि लेखिन्छ भनी मैले लेखेको थिएँ । विरोध त के कुरामा छ भने जगदीशशमशेर परिचित वस्तुहरूलाई पनि प्रतीकका प्रयोगले बिराना बनाई रहस्यको अद्भुत संसार सृष्टि गर्ने पक्षमा हुनुहुन्छ, म भने त्यसको ठीक उल्टो, अमूर्त भावहरू र अपरिचित वस्तुहरूलाई सामाजिक र उपयुक्त, नौला, कलात्मक र आकर्षक प्रतीकहरूद्वारा स्पष्ट गर्ने र चिनाउने पक्षमा छु । प्रतीकले अप्ठ्यारा, अपरिचित र अमूर्त गुण या कुरालाई ज्यादै स्पष्टसित र तीव्र प्रभाव पर्ने गरी व्यक्त गर्न सक्छ, प्रकाश पार्न सक्छ । 'पिँजराको सुगा' भन्ने पद्यात्मक कवितामा राणाकालमा कसरी जनजीवन थुनामा थियो भन्ने प्रतीकका

रूपमा 'पिँजरा' लाई सफलतासाथ लेखनाथले प्रयोग गर्नुभएको छ । प्रतीक प्रयोग नगरी सोझै लेखेको भए त्यस कविताको केही महत्त्व हुने थिएन । 'आमाको सपना'मा गोपालप्रसाद रिमालले नेपालको रूप 'आमा'का प्रतीकद्वारा ज्यादै मनमा च्वास्स बिझ्ने गरी प्रस्तुत गर्नुभएको छ । 'चिसो चूल्हो' नेपाली दारिद्रय र भोकको प्रतीक हो । प्रतीकका प्रयोगमा पनि विकास हुँदै जान्छ तापनि प्रतीकवादी कविता अस्पष्ट वा रहस्यमय हुन थाल्यो भने त्यसको विरोध गर्नु मार्क्सेली पद्धति हो— प्रतीकवादलाई मार्क्सवादले शत्रु कहिल्यै ठान्दैन ।"

यथार्थवाद

साहित्यका सबै पक्षमा वस्तुयथार्थता दिने वा मानवचरित्रलाई वास्तविक रूपले चित्रित गर्ने सिद्धान्तलाई 'यथार्थवाद' को संज्ञा दिइएको छ । मूलतः यथार्थवाद सोझो रूपमा नआई प्रतीकात्मक रूपमा आउनुपर्छ । विषयवस्तुको सलक्क चित्रणमा नयाँ बान्की र दृष्टिले युगसापेक्ष कृतिको सिर्जना गर्नु यथार्थवादी कला हो । यसै तथ्यबारे 'साहित्यमा यथार्थवाद' लेखमा लैनसिंह बाङ्देलको व्याख्या छ— "तर हिजोआज कस्तो छ भने यथार्थवादको नाउँमा कलाकारहरू बडो कुरूप, भद्दा र कलाहीन विषयवस्तु चित्रण गर्दछन् । जहाँ यथार्थताको होइन परन्तु अश्लीलताको चित्रण हुन्छ र कुरूप अश्लील चित्र प्रस्तुत गर्दैमा यथार्थवादी हुँदैन । यथार्थवादको आदर्श र त्यसको सिद्धान्त नै बेग्लै हुनुपर्छ । हुन त अचेलका बडाबडा Critic (आलोचक) हरूले यथार्थवादलाई अर्कै दृष्टिले पनि हेर्न खोजेका छन् । परन्तु यो लेखका लेखकले यथार्थवादको आदर्शलाई दुई दृष्टिले हेर्न खोज्छ । एउटा विषयवस्तुको यथार्थ चित्र प्रस्तुत गर्नु, अर्को त्यस चित्रणबाट मनुष्यसमाजको पनि केही कल्याण हुनु ।"

साहित्यमा यथार्थताको चित्रणबारे श्यामप्रसादको राय यसरी प्रकट भएको छ— "साहित्यमा यथार्थताको चित्रण गर्दा फोटोग्राफीको शिल्प मात्रले पनि पुग्दैन, एक्स-रे चित्र लिएजस्तो समेत गर्न सक्नुपर्छ । जस्तै कुनै ठालुको अधिल्लिर लुरुक्क परेको देखिने किसानको हृदयमा पनि अन्याय र अत्याचारप्रति असन्तोष र विद्रोहको ठूलो आँधीबेहरी मडारिएको हुन सक्छ । यथार्थको नाउँमा बाहिरी रूप मात्र देखाउने साहित्यकार अर्धयथार्थवादी हो, पूरा यथार्थवादी होइन ।"[२]

माथिका कुराले के प्रस्ट्याउँछ भने यथार्थवाद पनि साहित्यमा भिन्नाभिन्नै दुई रूपमा आउँछ, यथार्थवाद र अतियथार्थवाद ।

यथार्थवाद— यसले सामाजिक मर्यादा र हितलाई ख्याल राख्छ र त्यसै रूपमा यथार्थ परिस्थितिको उद्घाटन गर्दै आफ्नो अभिव्यक्ति दिन्छ । यो दृष्टिकोण वास्तवमा आदर्शवादको विरोधी पनि मानिन्छ र यसलाई सामाजिक यथार्थवाद पनि भनिन्छ । यथार्थवादले जीवनका गहिरा समस्या, अन्तर्द्वन्द्व र वस्तुस्थितिको चित्रण मात्र गर्दैन; यसले त साहित्यमा सुधार र सङ्घर्ष, परिवर्तन र विद्रोहको छनक पनि दिन्छ ।

---

२. *साहित्यसम्बन्धी दुई-चार कुरा*, २०२२ : ५६ ।

यसरी यथार्थवाद साहित्यिक क्षेत्रमा बढी कलात्मक तथा सामाजिक बनेको हुन्छ ।

बाल्जाक, टाल्सटाय, गोर्की आदि सामाजिक यथार्थवादका प्रतिनिधि लेखक हुन् । हिन्दी साहित्यमा यस कोटिका लेखकमा प्रेमचन्द, यशपाल आदि देखिन्छन् । नेपाली भाषामा यस्ता कृतिहरूमा 'मुटुको व्यथा' (बालकृष्ण सम), 'मसान' र 'आमाको सपना' (गोपालप्रसाद रिमाल), 'मुनामदन' (लक्ष्मीप्रसाद देवकोटा), 'लँगडाको साथी' (लैनसिंह बाङ्गदेल) आदिलाई पूर्ण वा आंशिक रूपमा लिन सकिन्छ ।

अतियथार्थवाद– अतियथार्थवाद साहित्यमा पुँजीवादी जीवनपद्धतिका विरुद्ध उब्जिएको एक किसिमको असन्तोष र विद्रोहको अभिव्यक्ति हो । यसले चाहे नाङ्गो रूपमा होस्, चाहे श्रृङ्गारित रूपमा– जस्ताको तस्तै चित्रण गर्छ । यसैले यसलाई कोही-कोही 'नाङ्गोवाद' पनि भन्छन् । अतियथार्थवादको जन्म सर्वप्रथम फ्रान्समा भयो । १९०० इ० यता वास्तविकता तथा यथार्थको अर्थ सर्वमान्य भौतिक तथा मानव-प्रकृतिसम्बन्धी सिद्धान्तमा आधारित नरही साहित्यमा जीवनका विकृतिहरू खोतल्नतिर लाग्यो । यस आन्दोलनका जन्मदाता आन्द्रे ब्रेतन थिए र फ्रान्सेली कवितामा सर्वप्रथम यो प्रवृत्ति अभिव्यक्त भएको हो ।

सैद्धान्तिक दृष्टिले अतियथार्थवादी कृतिको सम्बन्ध मुख्य रूपमा स्वप्न तथा अर्द्धजागृत अवस्थामा रहन्छ । अतियथार्थवादले जीवनदर्शन, मानव-विचारधारा र कलात्मक सृजनाका क्षेत्रमा व्यवस्था, क्रमबद्धता र नैतिक मान्यताका प्रति विद्रोह गर्छ । रूढि र परम्परालाई आमूल नष्ट गर्नु पनि यस आन्दोलनको मुख्य उद्देश्य मानिन्छ, तर यस किसिमका कृतित्वसँग पाठक वा दर्शकको सजिलै साधारणीकरण हुन पाउँदैन र यस परम्पराको अनुसरण गर्ने चित्र तथा कविताको स्वरूप पनि दुरुह भइदिन्छ ।

प्रगतिवाद

यथार्थको चरम विकसित रूप नै प्रगतिवाद हो । यसैलाई 'समाजवादी यथार्थवाद' पनि भनिन्छ । भौतिकवादमा यसको आस्था रहन्छ र यसले शोषण र पुँजीवादका प्रति विद्रोह गर्छ । राष्ट्रिय जीवनका साथै अन्तर्राष्ट्रिय गतिविधिमा समेत सचेत रही विश्वका दलित-पीडित र शोषित वर्गका पक्षमा बोल्नु पनि यसको स्वभाव हो । प्रेमचन्दले प्रगतिवादलाई आदर्शोन्मुख यथार्थ भनेका छन् । डी० पी० अधिकारीका शब्दमा "प्रगतिवाद स्वयंमै समाजको आजको त्यो गतिमय बाटोको निर्माण गर्ने गर्छ, र प्रगतिवादभित्रको मानवता त आजको समाजभित्रको द्वन्द्वमा आधारित गतिलाई नै आफूमा निरन्तर भैरहने प्रगतिको अभिन्न स्वरूप हो भन्ने दृष्टिमा हेर्छ ।"

आदिकालदेखि नै काव्य प्रगतिशील छँदै थिएन भन्ने होइन, तर वास्तविक रूपमा स्वच्छन्दतावाद तथा छायावादपछि यो काव्यमा उत्रन लाग्यो । मार्क्सको दर्शनमा साहित्यको अभिव्यक्ति मिलेपछि त्यसलाई प्रगतिवादको संज्ञा दिइयो । नेपालमा प्रगतिवादी साहित्यिक धारा सातसाले क्रान्तिपछि अगाडि बढ्दै आएको छ ।

प्रगतिवादले विज्ञानलाई आधार बनाउँछ, रूढि तथा अन्धपरम्पराप्रति घृणा गर्छ र आर्थिक समानता चाहन्छ । यो वस्तुस्थिति के हो भन्नेमा मात्र सीमित नभएर त्यसभन्दा अगाडि बढी परिवर्तन र क्रान्तिको माग जसबाट पूरा हुन्छ त्यस लक्ष्यतिर जान्छ । प्रगतिवादी नेपाली कृतिहरूका केही उदाहरण यी हुन्– स्वास्नीमान्छे (हृदयचन्द्रसिंह प्रधान), अगुल्टो (पूर्णप्रसाद ब्राह्मण), नमस्ते (ताना शर्मा), भन्ज्याङनिरै (कृष्णचन्द्रसिंह प्रधान), तँ-तिमी, तपाईं-हजूर (श्यामप्रसाद), सिमानाको दीप (गोकुलप्रसाद जोशी), जोवनकै थुम्कोबाट (आनन्ददेव भट्ट), कोसेली (धर्मराज थापा), बाघ आयो (देवीप्रसाद किसान), शान्ति-सन्देश (गोविन्द भट्ट), दुःखी गरिबको सवाई (जनकप्रसाद हुमागाई), खदमाको गाउँ (तीर्थ न्यौपाने) आदि ।

प्रयोगवाद

'प्रयोगवाद' नयाँ प्रयोग हुँदै जाने साहित्यिक प्रवृत्ति हो । प्रयोग सबै कालका कविले गर्दै आएका छन् तापनि कुनै विशेष दिशामा प्रयोग गर्ने नयाँ धारा यो हो । प्रयोगवाद प्राचीन परम्परालाई तोडी त्यसको ठाउँमा नयाँ र जीवन्त तत्त्वलाई अन्वेषण गर्न चाहन्छ । यसमा मुख्यतः बुद्धिवादी दृष्टिकोण अँगालिन्छ ।

जीवनका परिवर्तित क्षणमा मानिसका भावना र विचार पनि नौला-नौला रूप लिएर आउँछन् । नयाँ अभिव्यक्तिका लागि नयाँ माध्यम पनि चाहिन्छ । प्रयोगवाद र प्रगतिवादीले यिनै माध्यमको खोजी गर्छ । यसै क्रममा शब्दको छनोट, अभिव्यञ्जना, छन्दको रचना र भाषामा किसिम-किसिमका प्रयोग भइरहेछन् । नेपाली साहित्यमा पनि यो परम्परा बढ्दै गएको छ ।

भाव र कलालाई सुन्दर र परिमार्जित बनाउनका निमित्त प्रयोगवाद नराम्रो होइन भन्दै यसको सह्रनी निकैले गरेका छन्, तर कवि अस्पष्ट र व्यक्तिवादी भएकाले उसका रचना पनि व्यक्तिपरक भइरहेका छन् र ती समाजपरक हुन सके बेस हुनेछ भन्ने धेरैको धारणा छ । नेपाली साहित्यमा नयाँ प्रयोगकर्ताका रूपमा लिइएका कविहरूमा मोहन कोइराला, कृष्णभक्त श्रेष्ठ, वैरागी काइँला, ईश्वरबल्लभ, द्वारिका श्रेष्ठ, उपेन्द्र श्रेष्ठ, मदन रेग्मी आदि हुन् ।

अस्तित्ववाद

अस्तित्ववाद वर्तमान दार्शनिक र साहित्यिक चिन्तनपद्धति हो । यसको थाल्नी दर्शनका फाँटमा भएको हो र पहिले जर्मन दार्शनिक हसरेल तथा हेडेगर र डेनिश चिन्तक किर्कगार्डका विचारपद्धतिमा यो देख्न पाइन्छ । यस युगमा यसले फ्रान्समा आफ्नो थलो कायम गर्‍यो । अस्तित्ववादको साहित्यिक ख्याति फ्रान्सेली ज्याँ पाल सार्त्रद्वारा भएको हो । जीवनका साथ प्रत्यक्ष सम्बद्ध हुँदा अस्तित्ववादको राजनीतिक पक्ष पनि छ । यसको सैद्धान्तिक विवेचना अलबर्ट कामुका कृतिमा पाइन्छ ।

अस्तित्ववादी विचारधारा मानिसको जीवनलाई अर्थहीन ठान्छ, ऊ ईश्वरको अस्तित्व पनि स्वीकार्दैन । यो धर्मनिरपेक्ष स्तरमा मानिसको जीवनका निम्ति चिन्तित हुन्छ । जीवनलाई निरूपाय, अनास्था र अर्थहीन मान्दै मानवीय अर्थ र मूल्य दिने जमर्को गर्छ । अस्तित्ववादी जहिले पनि मनुष्यजीवनका जीवित सन्दर्भमा घोत्लिने गर्छ । मृत्यु अनिवार्य भएकाले अल्प समयभित्रै उसलाई जीवनको अर्थ र मूल्यबोध दिनु आवश्यक छ । यसरी आत्मपरकताभित्र वस्तुपरकता (Objectivity Within Subjectivity) र वस्तुपरकताभित्र आत्मपरकता (Subjectivity Within Objectivity) खोज्नु अस्तित्ववादीहरूको काम हो । उनीहरूको सिद्धान्तको मुख्य सम्बन्ध नै भविता (being) र शून्यता (Nothingness) सँग छ । अस्तित्ववादी लेखकहरू काल्पनिक साहित्यमा विश्वास गर्दैनन् । उनीहरूको मतोमा साहित्य जीवनको दैनिक सङ्घर्षद्वारा घनिष्ठ रूपमा सम्बन्धित छ । मानवमुक्तिमा उनीहरूको अटुट आस्था रहन्छ ।

अस्तित्ववादका दुई धारा छन्– एउटा ईश्वर मान्ने र अर्को ईश्वर पटक्कै नमान्ने । शार्त्र निरीश्वरवादी पक्षका प्रतिनिधि हुन् । उनको मौलिकतामा परम्परावादी धारणा मात्र छैन । उनी भन्छन्– “आफूलाई दुई अरब भोकाहरूको पक्षमा नराख्ने लेखक, सबैका लागि सोच्न र सबैद्वारा पढिन प्रयत्न गर्दैन भने ऊ शोषक धनीमानी वर्गको सेवामा अर्पित भइरहेको हुन्छ ।” यसै हुनाले भारतेली लेखक अलखनारायण के भन्छन् भने सार्त्रको दृष्टिकोण नवअस्तित्ववादद्वारा पुष्ट भएर पनि मानवतावादलाई कहिल्यै पन्छाउँदैन ।

अहिले विश्वका धेरै बुद्धिजीवीहरू अस्तित्ववादी दर्शनबाट प्रभावित छन् । हिन्दीमा अज्ञेयको ‘अपने-अपने अजनवी’ भन्ने उपन्यास यसै दर्शनको पृष्ठभूमिमा रचिएको उपन्यास हो । नेपाली साहित्यमा पनि यता अस्तित्ववादको रचना-प्रक्रिया सुरु भएको छ । पारिजातको ‘शिरीषको फूल’ उपन्यास तथा अन्य आख्यानकारका कतिपय कृति यसकै धरातलमा सिर्जिएका मानिन्छन् ।

नेपाली भाषाको विकास

संसारमा हजारौँ भाषा छन् र ती विभिन्न परिवारमा विभाजित छन् । नेपालमा बोलिने भाषाहरू भारोपेली, भोट-बर्मेली, द्रविडेली र अग्नेली परिवारमा पर्छन् । नेपाली भाषा भारोपेली परिवारको हो । भारत-इरानेली शाखाको प्रमुख भाषाका रूपमा रहेको यस भाषा-परिवारलाई 'भारोपेली भाषा' वा 'आर्यभाषा' भनिन्छ । नेपाली, हिन्दी, बङ्गाली, उर्दू, अङ्ग्रेजी आदि भारोपेली भाषापरिवारअन्तर्गतका भाषा हुन् । नेपालमा बोलिने भाषाहरूमा भारोपेली परिवारका नेपाली, मैथिली, भोजपुरी, थरुवानी, अवधी, राजवंशी, दनुवार, दरै, कुमाले, माझी, बोटे आदि; आग्नेली शाखापरिवारका सतार र सन्थाल अनि द्रविडेली भाषापरिवारका भाँगड वा घाँगड हुन् । यस्तै भोट-बर्मेली वा चिनियाँ-तिब्बती परिवारका भाषाहरूमा तामाङ, नेपाल भाषा, मगर, राई-किराँती, लिम्बू, गुरुङ, सेर्पेली, चेपाङ, धामी, धिमाल, थकाली, जिरेली, मेचे, सुनवार, राजी र अन्य केही बोलिन्छन् ।

आर्यभाषाको सबभन्दा पुरानो रूप वैदिक भाषा हो । त्यसपछि लौकिक रूपमा आयो संस्कृत भाषा । सामान्य जनताले बोल्ने संस्कृत भाषाको रूप प्राकृत थियो । त्यसमा मागधी, अर्धमागधी, महाराष्ट्री र शौरसेनी– यी चार प्राकृत मुख्य छन् । हुँदाहुँदै यी प्राकृतबाट पनि अनेक अपभ्रंश भाषाहरू बन्न गए । जस्तै–

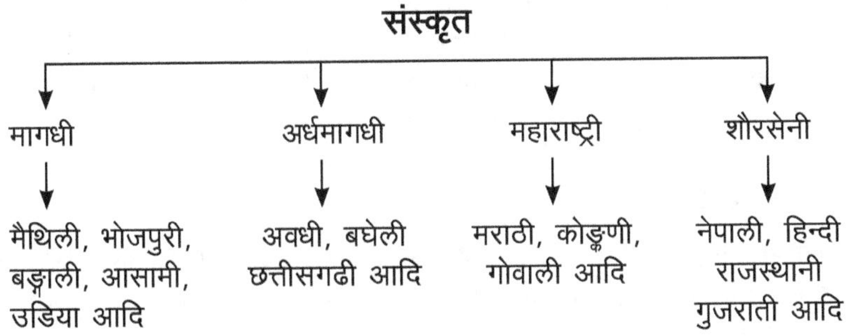

माथि दिएअनुसार सबै भाषा संस्कृतका सन्तान हुन् र नेपाली भाषाको माउ संस्कृत नै हो, तर संस्कृतबाट चार प्राकृत र फेरि तिनका पनि हाँगा फाट्तै गएर अपभ्रंश भाषाहरू बने । यस क्रममा नेपाली भाषाको उत्पत्ति शौरसेनी प्राकृतको पहाडी अपभ्रंश हुँदै भएको मानिन्छ । नेपाली भाषालाई संस्कृतको उदीच्य भेदबाट विकसित पूर्वी खस प्राकृत वा खस अपभ्रंशको पहाडी खस अपभ्रंश भाषासँग सम्बद्ध पनि मान्ने गरिन्छ । शौरसेनी प्राकृत भने भारतको शूरसेन प्रान्तमा बोलिने भाषा थियो ।

मूल स्थान

नेपाली भाषाको प्रारम्भिक रूप र मूल स्थानका विषयमा खोजी गर्दा सुदूर पश्चिमतिर हेर्नुपर्छ । अझ खस जातिका विषयमा जान्नु आवश्यक छ । कुमाउँ र गढवालका इतिहासमा खस जातिका वर्ण पाइन्छन् । त्यसभन्दा पनि पूर्वतिर लागे नेपाली खसहरू बसेका ठाउँको पत्तो लाग्छ । तिनताक कुमाउँ पनि नेपाल राज्यभित्रै पर्थ्यो । यस प्रकार, वि० सं० ८५० तिर खसहरू गढवाल, कुमाउँ र पश्चिमी नेपालसम्म फैलिसकेको अनुमान छ । गढवाल र कुमाउँमा आफ्नो प्रभाव कायम गर्न नसकेपछि खसहरू वर्तमान पश्चिमी नेपालका भूभागतिर सर्दै आएका हुन् । वि० सं० ११५० सम्ममा खसहरूको राइँदाइँ यहाँ राम्रैसित हुन गयो ।

खस जातिको मुख्य आबादी कर्णाली प्रदेशको सिन्जा उपत्यका (जसलाई खसान वा खसरातको केन्द्र मानिन्छ) थियो । ती शौरसेनी प्राकृत भाषा बोल्ने गर्थे, तर त्यसमा पुराना भाषाको असर पनि छँदै थियो । यसरी उनीहरूका माझ पहाडी खस अपभ्रंश भाषा अर्थात् खस कुरा बन्यो ।[1] सिन्जा उपत्यकामा त्यसैताक शृङ्खलाबद्ध रूपमा विकसित भइसकेको नेपाली भाषाको पुरानो अवस्थालाई 'सिन्जाली भाषा' पनि भनिन्छ । यस भाषामा राज्यका साइनोले गर्दा मागधी प्राकृतका मैथिली, भोजपुरी, बङ्गाली आदि अपभ्रंशको प्रभाव पर्नु पनि स्वाभाविकै थियो । नेपाल पस्नेहरूमा भारतका उत्तर-पश्चिमबाट आउने र राजपुतानाका क्षत्री मात्र नभई भारतका अन्य प्रान्तबाट आउने मानिस पनि थिए । मुसलमान शासकहरूको आक्रमण बढ्दै जाँदा खास गरी सिन्जाली राजा पृथ्वी मल्लका समयमा यता आउनेहरूको सङ्ख्या झन् बढ्दै गयो । परिणाम के भयो भने सतलजदेखि भेरीसम्मका कतिपय पहाडी बोली बने । यिनैमध्येबाट अरू-अरू प्रभावसमेत परेर खस बोलीले 'परवतिया' नाम पनि पायो ।[2] यस प्रकार खस भाषा अर्थात् नेपाली भाषाको माउथलो जुम्लाको सिन्जा उपत्यका (प्रदेश) हो । यही बोली लिई ब्राह्मण, क्षत्री, सार्की, कामी र दमाईहरू यहाँबाट पूर्वतिर लागे र सँगसँगै नेपाली भाषा क्रमशः फिँजारिन थाल्यो ।

विस्तार र प्रसार

आफ्नो भाषा लिएर कर्णाली प्रदेशका खसहरू पूर्वतिर लाग्दा यताका रैथानेहरूलाई यो भाषा धेरै सजिलो ठहरियो । अनि मगर, गुरुङ, मुर्मी, धामी, सुनुवार, खम्बू आदिले पनि यो बोली जान्दै गए । यस किसिमले त्यस समयको बैस राज्यका सिमानाभित्र यो बोली राष्ट्रभाषाका रूपमा प्रचलित भयो ।

यताका रैथानेहरूले बोल्ने भाषा भोट-बर्मेली खालका थिए । यस कारण, पूर्व विजयमा लागेका खसले तिनका भाषा सिक्न र बोल्न चाख लिएनन् । फलस्वरूप विजेताहरूले भाषामाथि पनि आफ्नै राइँदाइँ चलाए । यसरी विभिन्न जातिसँगको भेटघाट र बसोबासले कालान्तरमा खस वा परवतिया बोलीले आफ्नो रूप फेर्नु र रैथानेहरूका भाषाका शब्द ग्रहण गर्नु अचम्मको कुरो थिएन ।

नेपाली भाषाको अहिलेसम्म पत्ता लागेको सबभन्दा पुरानो प्रमाणित अभिलेखमा वि॰ सं॰ १३१२ को अशोक चल्लका पालाको हुम्ला जिल्लाको रेलिङ गुम्बामा पाइएको प्रशासनिक ताम्रपत्र हो । यसको भाषा यस्तो छ– "हाम्रा आलि अटली अटल करि अक्रा छु ।" (हाम्रा देशको सिमाना दिगो गरेका छौँ)

दोस्रो दैलेखको दुल्लुमा अवस्थित ज्वालामुखी मन्दिरनिर खोलामाथि भीरमा पाइएको अभिलेख हो । सो अभिलेख अशोक चल्ल (खस राजा) का पालाकै र वि॰ सं॰ १३१७ देखि १३२७ सम्म भएको अनुमान छ । तेस्रो १३३७ को अछाम जिल्ला विनायक देवलमा प्राप्त अक्षय मल्लको शिलापत्र हो । त्यसपछि १३४४ को नागमल्लको ताम्रपत्र, १३७८ को आदित्य मल्लको गोरखाको ताम्रपत्र र १३९३ को पुण्य मल्लको गोल्हणले कपेको ताम्रपत्र मुख्य हुन् । खस कुरा बोल्ने माझखण्डी सीमाभित्र रहुन्जेल तिनको बोली उतिसारो फैलिइसकेको थिएन । फेरि पनि गोरखादेखि पश्चिम म्याङ्दी, लमजुङ र गण्डकी प्रदेश यसका प्रभावमा आइसकेका थिए ।

पृथ्वीनारायण शाहका पुर्खाहरूले पन्ध्रौँ-सोह्रौँ शताब्दीतिर बिस्तार-बिस्तार नुवाकोट, कास्की, लमजुङ राज्य जिती आफ्ना राज्य निकै ठूलो पारे । वि॰ सं॰ १६१६ मा द्रव्य शाहले गोर्खा जिते । यतिन्जेलमा नेपाली भाषा पूर्वी पहाडहरूमा पाँजिँदै गइसकेको थियो । यो भाषा अब काठमाडौँ खाल्डोभित्र पनि पस्यो । यहाँका मल्ल राजाहरूले नेपाली भाषालाई क्रमशः राम्रै महत्त्व दिँदै गए । काठमाडौँका राजा प्रताप मल्लको रानीपोखरी छेउनेरको वि॰ सं॰ १७२७ को अभिलेख र १६९८ को लक्ष्मीनरसिंहको अभिलेखबाट यो झन् स्पष्ट हुन्छ ।

पृथ्वीनारायण शाह र उनका पुर्खाहरूमा राज्यको कामकाज, लेखापढी, सनदसवाल, उर्दी तमाम व्यवहार नेपाली भाषामा चलिसकेको थियो । पृथ्वीनारायण शाहको विजयपछि राजधानी गोरखाबाट काठमाडौँ सर्‍यो । अनि ता नेपाली भाषाले ठूलो विस्तार पायो र यसको महत्त्व र प्रसिद्धि झन् बढ्यो । यसरी पृथ्वीनारायण शाहले गोरखाबाट आई जितेकाले यो भाषालाई 'गोरखाली' भाषा पनि भनियो । तर यही भाषा समग्र नेपालको राष्ट्रभाषा भएको हुनाले यो नेपाली भाषा र यहाँका मानिस नेपाली जाति भए । त्यसपछि नेपाल फराकिलो भयो र नेपाली बोली सतलजसम्म पुग्यो । यसरी नै पश्चिममा यस भाषाले काली नदीसम्म आफ्नो उज्यालो फिँजायो ।

लेखन-प्रकाशन

पहिले नेपाली भाषा कागतपत्र, बोलीव्यवहार र लोकसाहित्यका रूपमा मात्र बेसी थियो। ब्राह्मण-पण्डितवर्ग यसलाई 'भाखा' भनेर होच्याउँथ्यो। केही ग्रन्थका निर्माण भए त ती पनि संस्कृतमै। बरु अवधी र ब्रज भाषाको कदर थियो। यसैले त्यस समयको नेपाली भाषाको रूप हेर्न अभिलेख, चिठीपत्र तथा तमसुकहरू केलाउने आवश्यकता पर्छ।

भाषालाई व्यापक र उत्कृष्ट बनाउन साहित्यको ठूलो आवश्यकता हुन्छ, तर नेपाली भाषामा धेरै समयसम्म साहित्यको रचना हुन सकेन। १८०० देखि यता मात्र नेपाली भाषामा साहित्यको रचना हुन थाल्यो : उदयानन्द, इन्दिरस, गुमानी पन्त, विद्यारण्यकेशरी, वसन्त शर्मा आदि कविले नेपालीमा कविताहरू लेखे। तिनका सबै कृतिमा भाषाको विशुद्धता नभए तापनि केही योगदान त भयो नै। भानुभक्तले रामायण र अन्य कृतिहरूद्वारा साहित्यमा जुन योगदान दिए त्यसले समस्त नेपाली जनमानसलाई रसाइदियो। मोतीरामजस्ता युवक भाषासेवीको सत्यप्रयासले भानुभक्तलाई मात्र अमर बनाएन, नेपाली भाषाको ठूलो सेवा र उपकार पनि गर्यो। यसै क्रममा अरू पनि अनेक कवि-लेखकले आफ्ना विभिन्न कृतिद्वारा नेपाली भाषालाई धनी बनाउँदै लगे।

नेपाली भाषामा पुस्तक छपाउने काम १८७७ देखि थालियो। काठमाडौँमा सबभन्दा पहिले १९०८ मा एउटा सानो प्रेस ल्याइएको थियो। उड्ने गिद्ध अङ्कित त्यस प्रेसको नाउँ थियो– नेपाल मनोरञ्जन यन्त्रालय। १९४५ देखि काशीमा भारत जीवन प्रेसबाट पुस्तकहरू धमाधम छापिन लागे। १९५९ मा काठमाडौँमा गोरखापत्र छापाखानाको स्थापना भयो र पुरानो प्रेस नेपाल मनोरञ्जन यन्त्रालय (गिद्ध प्रेस) पनि त्यसैमा मिल्यो। १९७० मा गोरखा भाषा प्रकाशिनी समिति खुल्यो। अनेक प्रतिबन्धले लेखकको स्वतन्त्र सत्तामाथि आघात पुर्याएर साहित्यको स्वस्थ संवर्द्धनमा धेरै बाधा पारे तापनि केही न केही साहित्य र पाठ्यपुस्तकका प्रणयन, प्रकाशन र अनुवादका राम्रा कार्यहरू यहाँबाट भए। पछि यो संस्था नेपाली भाषा प्रकाशिनी समितिको नामले कायम भयो। दार्जीलिङमा १९८१ मा खुलेको नेपाली साहित्य सम्मेलनले पनि त्यस क्षेत्रमा निकै जुर्मुराएर भाषासेवाको काम गर्यो।

अहिले त धडाधड निकै प्रकाशन-संस्था खोलिइसकेका छन्। यसले व्यवसाय वा उद्योगको धेरथोर राम्रै सङ्केत दिइसकेको छ। यस समय नेपालभित्र र बाहिर गरी यस्ता प्रकाशन-संस्थाहरूको सङ्ख्या ५०० भन्दा बढी नै पुगेको अनुमान छ। यी प्रकाशन-संस्थामध्ये कतिपयबाट भाषाका क्षेत्रमा पुस्तकहरूको प्रकाशनका साथसाथै निकै खँदिला र आसलाग्दा काम पनि भइरहेका छन्।

१९४३ देखि नेपाली भाषामा पत्रिकाहरू पनि निस्कन थाले। यस भाषामा सबभन्दा पहिले निस्केको पत्रिका 'गोरखा भारत जीवन' हो। यो मोतीराम भट्टको सम्पादकत्वमा गोरखा भारत जीवन प्रेस, वाराणसीबाट निस्केको थियो। साप्ताहिकमा १९५८ देखी राजधानीबाट 'गोरखापत्र' निस्क्यो (यो अहिले दैनिक छ)। यसरी नै विभिन्न मासिक, पाक्षिक, साप्ताहिक, दैनिक आदि पत्रिकाहरू निस्कँदै गए। अघि निस्कँदै बिलाएका र हाल चलिरहेका समेत नेपाली भाषाका पत्रिकाहरूको सङ्ख्या ४००० भन्दा बढी पुगेको छ।

शिक्षण-व्यवस्था

नेपाली भाषामा शिक्षा दिने व्यवस्था पनि छिटो हुन सकेन । यसका कारणमा देशको अस्थिर राजनीति, पारस्परिक बेमेल र फुट तथा जनतालाई दबाउने र थिच्ने व्यक्तिगत स्वार्थ नै प्रमुख थिए । नेपाली भाषाप्रति मोह र प्रेम भएका विद्वान्‌हरूको प्रयासमा इलाहाबादको विश्वविद्यालयमा नेपाली भाषालाई स्थान दिलाउने प्रयत्न भयो । नेपालबाहिरका नेपालीहरूले निकै परिश्रमपछि बङ्गालका स्कुल-कलेजमा नेपाली भाषाका दुई-चार पुस्तक पढाउने सफलता पाए । नेपालमा पनि राणा-शासनकालमा केही स्कुल र भाषा पाठशालाहरूको स्थापना भयो, तर यी प्रयास अधुरा र अपर्याप्त थिए । देशभित्र उच्च शिक्षाका निम्ति राजधानीमै पनि अध्ययनसम्म गर्न पाइने संस्कृत विद्यालय र बल्लतल्ल खुलेको त्रिचन्द्र कलेजबाहेक अन्य खास आधार थिएन ।

सातसाले क्रान्तिउप्रान्त नेपाली जनतामा शिक्षाप्रति मनग्यै चाख जाग्यो । यसै बेलादेखि संस्कृत शिक्षाको ठाउँ अङ्ग्रेजीले अझै बढी लिँदै गयो र नेपाली भाषालाई पनि धेरथोर अँगालिन थाल्यो । यता नेपालको शिक्षण-परिपाटीमा कतिपय परीक्षाहरूका निम्ति नेपाली भाषा माध्यमका रूपमा स्वीकार गरिएको छ र नेपाली भाषालाई नै पनि अनिवार्य पार्दै लगिएको छ । नेपाली भाषाको विकासको गतिमा अहिले नेपालबाहिरका कतिपय विश्वविद्यालयमा समेत यस भाषामा अध्ययन गर्न पाइने व्यवस्था हुँदै गएको छ ।

भाषाको सामर्थ्य र प्रयास

नेपाली भाषाले परिवर्तनका धेरै काँचुली फेरिसकेको छ । हुँदाहुँदा यो भाषा बाहुन, क्षत्री, कामी, दमाई र मिजारमा मात्र सीमित नभई सबै नेपाली जातिको साझा भाषा हुन गयो । अहिले लगभग तीन करोड जनसङ्ख्या पुगेको नेपालमा एक करोडभन्दा बर्ते मानिसको मातृभाषा नेपाली छ । एकातिर मातृभाषा नेपाली नहुनेहरू कतिले नेपालीलाई मातृभाषाको रूपमा स्वीकार गरिसकेका छन् भने अर्कातिर दुई बेग्लै मातृभाषा भएकाहरू यसै भाषाका माध्यमले आफुसमा कुराकानी गर्छन्, सुख-दुःख पोख्छन् र आफ्नो विचार व्यक्त गर्छन् । नेपालभित्र मात्र होइन नेपालबाहिर पनि नेपाली भाषा बोल्नेहरूको ठूलो सङ्ख्या छ । नेपालीहरू मुलुकबाहिर र मुलुकभित्र राजनीतिक सीमाले भिन्न भए पनि सांस्कृतिक दृष्टिमा एउटै लुममा उनिएका छन् । भारत र अरू विभिन्न राज्यका स्थानमा, खास गरी दार्जीलिङ, सिक्किम र भुटानमा, बहुसङ्ख्यक नेपालीभाषीहरू छन् । आसाम प्रदेश तथा बर्माहुँदो निकै नेपालीहरू छरिएर बसेको पाइन्छ । नेपालीभाषीहरू आसाम प्रदेशमा मात्रै पन्ध्र-बीस लाखजति र सिक्किम राज्यमा पचहत्तर प्रतिशतभन्दा बेसी भएको लख छ । त्यसरी भारतमा बसोबास गरेका नेपालीहरू नै पनि मुलुकभित्रका नेपालीभाषीको सङ्ख्यामा आधा अर्थात् पचासौँ लाख पुग्छन् ।

कुनै पनि भाषाले राष्ट्रभाषाको उच्च स्थान ओगट्नलाई त्यसमा जनमानसको मन र मथिङ्गललाई छुन र मथ्न सक्ने तागत र ल्यागत हुनुपर्छ । यस दृष्टिमा नेपाली भाषा धेरै सम्पन्न छ । नेपाली भाषामा पउल शब्दराशि छन्, अनि चमत्कार तथा श्लेषउपयुक्त र अनुकरणीय शब्दको छेलोखेलो नै यस भाषामा छ । यसको अर्को विशेषता सरलता, परिवर्तन हुन सक्ने क्षमता र विकासशीलता पनि हो । जीवित भाषामा यस्तै गुणहरू हुन्छन् । नेपाली भाषा जीवित भाषा हो । छिमेकी भाषाले एक-अर्कालाई प्रभावित पार्छन् । अरू भाषाका शब्दलाई आफूमा मिलाउन सक्नु पनि त्यस भाषाको विशेषता हो । नेपाली भाषा संस्कृतिनिष्ठ भएर पनि क्षेत्रीय तथा अन्य भाषाको देनले समृद्धशाली छ । कति आगन्तुक शब्दहरूलाई नेपाली भाषाले आफूमा पचाएर, तिनमा पाइन हालेर अनि नेपालीपन दिएर आफ्नो पारिसकेको छ । ती शब्दहरू पराईका देखिँदैनन् । यिनै कारणले नेपाली भाषा व्यापक रूपमा फैलन सकेको हो ।

एउटै भाषामा पनि वाक्यरचना, शब्दयोजना र विशेष वाक्यका प्रयोगमा स्थानभेदले फरक हुन्छ । हुम्ला, जुम्ला, पाल्पा, दार्जीलिङ आदि ठाउँमा बोलिने नेपाली भाषामा यस्तो भाषिकाभेद भएको देखिनु स्वाभाविक हो । भारतको बसोबास, संसर्ग तथा प्रभावका कारण प्रवासी क्षेत्रतिर 'बोट, चिया, कीला, भन्टा, कागती' आदि शब्दका ठाउँमा 'गाछ, चा, काँटी, बैगन, निम्बु' आदिजस्ता बाहिरी शब्द पनि प्रयोग गरिन्छन् । मुख्य कुरा मिसनरीहरूको प्रचारले गर्दा दार्जीलिङ, सिक्किम र भुटानतिरको नेपाली भाषा विशुद्ध हुन सकेको थिएन । बोलाइमा अन्तर भए पनि लेखाइमा भाषाको साधु वा मानक रूप एकै हुन्छ र हुनुपर्छ पनि । अब त्यतातिरको भाषा पनि परिमार्जित र मधुर भइरहेको छ । दार्जीलिङ नेपाली साहित्यको एक मुहान भएको छ र उसको भाषा र साहित्यसेवा सराहनीय छ । अहिले सिक्किम पनि निकै जुर्मुराइसकेको छ । यस्तै नेपाली भाषामा काशीको साहित्यिक देनलाई पनि बिर्सन सकिन्न । भाषालाई विकृत र क्लिष्ट रूपमा नलगेर हराएका-बिलाएका र पाखा-पर्वतमै छिपेका आफ्नै किसिमका मीठा झर्रा शब्दहरूको प्रयोग हुनुपर्ने आवश्यकता अनुभव गरी यस किसिमको प्रयास र परम्परा नेपालीमा चले र चल्दै छन् । यस क्रममा २०१३ सालमा बनारसमा पढ्ने तन्नेरी नेपाली विद्यार्थीहरूले उठाएको झर्रोवादी आन्दोलन तथा त्यसपछिका विभिन्न भाषिक प्रयास महत्त्वपूर्ण रहेका छन् ।

नेपाली साहित्यका सन्दर्भमा

प्रारम्भिक चरणमा नेपाली भाषामा सम्भवतः सवाई, भजन, लोकगीत र लोककथाहरू नै जनमानसमा भिज्ने प्रमुख साधन थिए । पुस्तकका रूपमा चाहिँ पन्ध्रौँ शताब्दीसम्मका कृति फेला पर्छन् (भास्वतीको नेपाली अनुवाद– १४५७ मा लेखिएको अनुमान), तर लगभग अठारौँ शताब्दीसम्म नेपाली भाषा भाषाको रूप वा प्रयोगमा नै सीमित रह्यो, शुद्ध साहित्यिकताको श्रीगणेश हुन सकेन । नेपालीमा अहिलेसम्म पाइएको पुरानो कवितामा नुगाली सुवानन्ददासले लेखेको (सं० १८२६ अघि) कविता 'पृथ्वीनारायण शाह' देखिन्छ । वीरकालबाट प्रारम्भ भएको नेपाली काव्य उत्थान र विकासको फड्को मार्दै आधुनिक

कालमा आइपुगेको छ । भानुभक्त, मोतीराम, लेखनाथ, बालकृष्ण सम, लक्ष्मीप्रसाद देवकोटा आदि साहित्यिक विभूतिहरूले यसलाई माथि उठाए भने सात सालयता नेपाली साहित्य क्रान्तिकारी भावना र युगचेतनाको प्रस्फुरण लिएर अघि लम्कँदै छ । यसरी नेपाली साहित्यको विकास र सेवाको यो यात्रापथमा अहिले सयौं साधक कलाकार र प्रतिभाहरू, अनेकौं पत्रपत्रिका र दर्जनौं संस्था सम्बद्ध र प्रयत्नशील भइरहेका छन् ।

बौद्धिक, मानसिक पोषणका क्रममा पुस्तकको आवश्यकता र उपयोगिता साह्रै महत्त्वपूर्ण छ भने साहित्य जीवन र जगत्को आधार वा प्रतिविम्ब हुन्छ भन्ने तथ्य बिर्सनु हुँदैन । नेपाली साहित्यमा अझै सन्तोषपूर्ण प्रयास हुन सकेको छैन । नेपाली कृतिमा पाठकको सङ्ख्या केही बढे पनि अझै कम्ती छ र लेखेरै बाँच्ने स्थिति लेखकलाई छैन । यसो हुँदा नेपाली प्रकाशनको स्थिति नै पनि ओइलाइएको प्रतीत हुन्छ । नेपाली बालसाहित्यको इतिहास लगभग एक सय वर्षको छ । २००७ सालपछि बालसाहित्यका कृतिहरूले फड्को मार्दै आएका छन् । नेपाली बालसाहित्यमा बल्लतल्ल सास फेर्न पाइने स्थिति आएको छ तापनि अझै व्यापक प्रयास हुनुपर्ने खाँचो छँदै छ । यस प्रकार नेपाली साहित्यमा विषयको विविधताका साथै प्रकाशन-स्तरीयता, मुद्रण-सुरुचि, पाठकको आकाङ्क्षा र वैचारिक गतिलाई प्रोत्साहित गर्ने प्रयासको आवश्यकता र गतिविधिबारे गम्भीरतासाथ सोच्नुपरेको छ, यो सत्य हो ।[३]

गर्नुपर्ने कुरा

मानिसका निम्ति सबभन्दा ठूलो, प्यारो र नजिकको वस्तु भाषा नै हो । जीवनका सम्पूर्ण क्रियाकलाप, चिन्तनमननको सबभन्दा जोडदार माध्यम भाषा नै हुन्छ । भाषाकै आधारमा भाव वा विचार पोखिन्छन्, इच्छा-आकाङ्क्षा प्रकट हुन्छन् र परस्परमा गहिरो स्नेह-सम्बन्ध गाँसिन्छ । भाषाले सामाजिक जीवनलाई सचेत र गतिशील पार्नाका साथै साहित्य तथा साहित्येतर ज्ञान-विज्ञानको शिखरमा उकाल्ने गर्छ । यिनै विभिन्न कुराले भाषालाई बढी माया गर्ने गरिन्छ । नेपाली भाषालाई माया गर्नाका पनि यस्तै विविध पक्ष छन् । भाषाका माध्यमले राष्ट्रिय मनोबल बढाउन सकिन्न भने राष्ट्रियता र अखण्डताको जगेर्ना गर्न गाह्रो पर्छ । त्यसैले नेपालीहरूले भाषाको उपयोग पारस्परिक सद्भावना र एकता बढाउनाका साथै साझा शक्तिलाई दरिलो भरिलो पार्ने दृष्टिमा नै गर्नु अपेक्षित हुन्छ ।[४]

नेपाली भाषाका निम्ति गर्नुपर्ने र सोच्नुपर्ने कामकुराहरू पनि धेरै छन् । शिक्षण संस्थाहरू खोलिनु र शिक्षा पाउनु नै मात्र भाषाको उद्देश्य कदापि होइन । त्यसमा उपयोगिता र राष्ट्रिय दृष्टिकोण अँगाल्नु पनि साह्रै आवश्यक हुन्छ । यस किसिमका प्रयासहरूले कत्तिको प्रोत्साहन र सहयोग पाइरहेका छन् र अब तिनका लागि के

---

३. नेपाली साहित्यको विशेष विवरण तथा परिचयका निम्ति, द्रष्टव्य : कृष्णप्रसाद पराजुली, **पन्ध तारा र नेपाली साहित्य** : साझा प्रकाशन, काठमाडौँ ।

४. विशेष विस्तारका निम्ति हेर्नू– कृष्णप्रसाद पराजुली, **भाषाको माया** (२०४४), दो० सं० २०५७, रत्न पुस्तक भण्डार, काठमाडौँ ।

गर्नुपर्छ भन्ने बढी सोचाइ र त्यसको क्रियान्विति पनि हुनुपर्छ । अर्को कुरा, राष्ट्रिय र अन्तर्राष्ट्रिय तहका भाषा सिक्नु, जान्नु र तिनका लाभ उठाउनुपर्छ, तर यसको अभिप्राय अरूको दासता स्वीकार गर्ने किसिमले होइन, किनभने भाषा संस्कृतिको अभिन्न अङ्ग हो । यसका आफ्नै प्रवृत्ति, आफ्नै पन र लक्ष्य हुन्छन् । यसैले नेपाली भाषाको संरक्षण, संवर्द्धन र विकासमा हामीले आफ्नो बाटो लिएर हिँड्नुपर्छ ।

भाषामा हेलचेक्र्याइँ हुनु हुँदैन । अड्डाखाना, व्यापार-व्यवसाय र कतिपय लेखककै भाषामा पनि अचाक्ली अशुद्धि पाइन्छ । आफ्नो विद्वत्ता देखाउन कतिले भने कृत्रिम भाषाको व्यवहार गर्छन् । भाषाको यो अशुद्धि र अवैज्ञानिक तहलाई हटाएर सजिलो, सुहाउँदो र मीठो बनाउने दिशातिर लाग्नु सबै दृष्टिमा जाती कुरा हो ।

नेपाली भाषामा व्याकरणको एकरूपता पनि राम्रो छैन । धेरैको आफ्नै ताल छ र यसै हुँदा नयाँ अनुहारहरू अन्योलको भुमरीमा छन् । अरू नभए पनि अहिलेलाई संस्कृत तत्समबाहेक अरू जुनसुकै भाषाका आगन्तुक शब्दहरूलाई नेपाली व्याकरणअनुसार लेख्नुपर्ने हो, त्यसको प्रयास नेपालीका उच्च शैक्षिक क्षेत्र, शब्दकोश र लेखनमा भइरहेको छ; धेरैले यसलाई अनुसरण पनि गरेका छन् तापनि सबैतिर क्रियान्वित भइसकेको छैन । लेखाइमा एकरूपता दिने दिशामा निकै खुल्दुली चलिरहेको छ, तर सर्वमान्य वैज्ञानिक नियम बसी नसकेकाले अभै अलमल र मतभेदमा पारेको छ । यसैले विभिन्न विद्वान् र सम्बन्धित तहको संयुक्त प्रयास र छलफलबाट नेपाली व्याकरणमा खास गरी वर्णविन्यासलाई स्थिर रूप दिनुपरेको छ ।

नेपालीमा नाम र भाव दर्साउनका लागि आवश्यक शब्दहरू पैँचो पनि लिन सक्नुपर्छ । केही शब्दहरू नयाँ बनाउनु पनि पर्छ । शब्दलाई खँजाहा पार्नु हुन्न र भाषालाई ललित र अलङ्कृत पार्नुपर्छ । भाषामा एकरूपताका साथै आफ्नै विशेषता हुनु पनि अनिवार्य छ । यसैले नेपाली भाषालाई व्याकरण, कोश, उखान-तुक्का आदिले अभै समृद्ध बनाउनुपर्छ ।

नेपाली भाषाको प्रचार र प्रसारका लागि थुप्रै र व्यापक प्रयत्न हुनुपर्छ । यो भाषा बोल्न र सिक्न चाहनेहरूका लागि पनि सजिला र राम्रा उपायहरू निकाल्नुपर्छ । यसरी विभिन्न तहबाट भाषाको प्रचार र प्रसार तथा विकास र विस्तार गरियो भने नेपाली भाषा आफ्नै अस्तित्व लिएर बाँचिरहनेछ, फैलिरहनेछ, जुगजुगान्तसम्म । हामीले के बिर्सन हुन्न भने हामी नेपाली हौँ, हाम्रो साझा भाषा नेपाली हो । यसरी भाषा र संस्कृतिको दृष्टिबाट हाम्रो मन्त्र यो हुनेछ–

हाम्रो जाति, हाम्रो देश
हाम्रो भाषा, हाम्रो भेष !

राम्रो रचना मीठो नेपाली कृष्णप्रसाद पराजुलीद्वारा लेखिएको नेपाली व्याकरणको पुस्तक हो । यो पुस्तक नेपालमा सर्वाधिक बिक्री हुने पुस्तकमध्ये एउटा हो ।

विकिपिडिया

नेपाली भाषाका लागि त्यो पुस्तक अनिवार्य र अपरिहार्य थियो । त्यही पुस्तक पढेर, त्यसैबाट सिकेर विद्वान् हुनेहरू समाजमा अझै पनि प्रसस्त छन् जसले पराजुलीको त्यो पुस्तकलाई आफ्नो सुरुवाती ज्ञानको मूल श्रोतको रूपमा उपयोग गरे ।

गोविन्द गिरी प्रेरणा, साहित्यपोष्ट

'राम्रो रचना : मीठो नेपाली'लाई व्याकरणको प्रभावकारी, आधिकारिक एवं लोकप्रिय पुस्तक मानिन्छ । यसको यत्तिको लोकप्रियताको मूल कारण यसमा निहित सरसता, सरलता र संरचनाको आकर्षण एवं विषयवस्तुको योग्य संयोजन नै हो ।

डा० शैलेन्द्रप्रकाश नेपाल

न्युयोर्क, डिसी, लण्डन, टोरन्टोलगायत पश्चिमका विभिन्न सहरमा पिताजी निम्त्याइनु भयो । 'राम्रो रचना मीठो नेपाली' पढेर हुर्केका ठूलै जमात उहाँलाई भेट्दा पुलकित भए । अङ्ग्रेजीमा समेत नभएका थुप्रै अनुकरणात्मक शब्दहरू, मीठा टुक्का र चोटिला उखानहरूले नेपाली भाषालाई विशिष्ट बनाएको उदाहरण-सहितको तर्कले डायस्पोराका धेरै नेपालीको मन छोयो ।

शाश्वत पराजुली, अन्नपूर्ण दैनिक

राम्रो रचना, मीठो नेपाली' साहित्यकार कृष्णप्रसाद पराजुलीद्वारा लिखित एक प्रसिद्ध पुस्तक हो । भाषा, व्याकरण र राम्रो लेखन सम्बन्धी यो पुस्तक प्रकाशनको धेरै वर्ष पछि पनि उत्तिकै लोकप्रिय छ ।

गुडरीड

धेरै-धेरै लेखकहरू पराजुलीको राम्रो रचना मीठो नेपाली पढेर आफ्नो लेखनी परिमार्जन गर्छन्, भाषामा निखार ल्याउँछन्, कलात्मक सीप तिखार्छन् ।

डा० खेम कोइराला

त्रिभुवन विश्वविद्यालय, पश्चिम बङ्गाल, हिन्दु विश्वविद्यालयलगायत धेरै शिक्षण संस्थाले यो पुस्तकलाई पाठ्यक्रममा समावेश गरे । 'इलाहाबाद र दार्जिलिङमा मेरो स्वीकृतिविनै राम्रो रचना मिठो नेपाली चोरेर समेत छापियो । केपी शर्मालगायत चारजनाको नाम राखेर केही सामग्री तलमाथि पारेर छापेछन् ।' पराजुली भन्छन् ।

सन्तोष न्यौपाने, नागरिक दैनिक

भाषा शिल्पीहरूले 'महाभारत' नै मानेका छन्– 'राम्रो रचना मीठो नेपाली'लाई, अर्थात् नेपाली भाषा तथा वाङ्मयका सबै पक्षहरू यो कृतिमा छन् र यो कृतिमा नसमेटिएका बुँदाहरू नेपाली भाषामा नै छैनन् ।

निर्मल अर्याल, नयाँ पत्रिका